新吴年鉴

XIN WU YEARBOOK

2024

无锡市新吴区档案史志馆　编

方志出版社
Publishing House of Local Records

图书在版编目（CIP）数据

新吴年鉴. 2024 / 无锡市新吴区档案史志馆编. 北京 : 方志出版社, 2024. 11. -- ISBN 978-7-5144-6463-4

Ⅰ. Z525.34

中国国家版本馆CIP数据核字第2024BX1597号

责任编辑：何明忠
责任校对：张玉霞
责任印制：梅中英
出 版 者：方志出版社
地　　址：北京市朝阳区潘家园东里9号（国家方志馆4层）
邮　　编：100021
网　　址：http://www.zgfzcb.cn
发　　行：方志出版社图书营销中心（010-67110500）
印　　刷：无锡轻工大学印刷厂
开　　本：889毫米×1194毫米　1/16
印　　张：20.5
字　　数：687千字
版　　次：2024年11月第1版
印　　次：2024年11月第1次印刷
定　　价：280.00元

无锡市测绘院有限责任公司编制　　地图审图号：苏B（2024）012号　　2024年9月

《新吴年鉴（2024）》编纂委员会

主　　任：崔荣国　章金伟

副 主 任：李桂林

委　　员：刘　霞　顾国栋　罗功新　韩　杨　李伟敏　丁洪军　王庆春
朱晓峰　陈　龙　孙　磊　华艳红　吴　珂　冼　薇　李桂林

《新吴年鉴（2024）》编辑部

主　　编：李桂林

副 主 编：韩　宁　彭啸宇　胡　碧

执行主编：胡　碧

责任编辑：尤维娜

统　　稿：陆雨峰　胡光明　李　河

编　　辑：张　丽　马　瑜　承剑芬

《新吴年鉴（2024）》撰稿单位审稿人员

丁少春　丁旭东　丁宏伟　丁洪军　丁　强　万　江　王　松　王　佳　王立新
王光远　王庆春　王里成　尤　伟　卞惠忠　方　军　包旭东　冯惠兴　匡　宏
朱　飞　朱志宏　朱春华　朱晓红　朱晓峰　任　俊　华艳红　刘　霞　刘一勤
刘家祺　汤华联　阮　杰　孙　昊　孙　磊　严　茵　李伟敏　李桂林　李敏芸
杨　柳　杨渊斌　肖伟民　吴　炜　吴　珂　吴立新　吴宏达　吴治军　余银龙
邹如春　沈　琦　张　涛　张叶军　张国华　陈　龙　邵登云　郜学爱　林星州
郁　江　罗功新　罗建兵　季　茗　周　青　周　栋　周立峰　郑江伟　庞正方
冼　薇　居宏健　封　雷　赵　宏　赵　彬　赵志东　胡　碧　胡晓明　袁乃佳
袁秋明　夏同军　顾国栋　顾国峰　钱淡江　殷　璐　高前锋　郭中华　黄　强
黄际洲　黄海清　常　欣　崔荣国　章金伟　韩　杨　韩建中　焦夕莲　鲁逸梅
阙尧尧　鲍宇红

新吴足迹 2023

01 党建引领

1月3日，中国人民政治协商会议江苏省无锡市新吴区第二届委员会第二次会议

（区融媒体 供图）

1月4日，无锡市新吴区第二届人民代表大会第二次会议

（区融媒体 供图）

3月1日，省委第二巡视组巡视无锡市新吴区反馈意见整改落实工作推进会

（区融媒体　供图）

4月26日，新吴区“庆五一”表彰大会暨“四敢”职工谈主题活动

（区融媒体　供图）

9月30日，烈士纪念日向烈士敬献花篮仪式

（区融媒体　供图）

10 月 12 日，无锡高新区（新吴区）县处级以上领导干部主题教育读书班专题辅导

（区融媒体　供图）

11 月 9 日，党建“擎”动太湖，聚“链”探苍穹 2023 无锡高新区（新吴区）航空航天产业链党建专项行动启动仪式

（区融媒体　供图）

12 月 20 日，区委专题民主协商会

（区融媒体　供图）

12 月 26 日，无锡高新区（新吴区）领导干部警示教育大会

（区融媒体　供图）

12 月 29 日，中共无锡高新区工委（扩大）会议暨中共无锡市新吴区委二届五次全会　（区融媒体　供图）

02 产业强区

1月27日，无锡高新区（新吴区）中国式现代化建设研究合作签约仪式　　（区融媒体　供图）

3月6日，汽车零部件制造基地暨亚太区研发中心项目签约仪式　（区融媒体　供图）

3月21日，鸿山旅游度假区（鸿山街道）重大项目集中签约仪式暨德国威能研发生产基地开工典礼　　　（区融媒体　供图）

3月24日，无锡高新区科技人才创新大会暨争创具有世界影响力的高科技园区推进大会

（区融媒体　供图）

3月30日，首届中国硅光大会暨太湖湾硅光产业创新中心建设大会　　　（区融媒体　供图）

6月13日，尚实航空发动机无锡总部及产业化基地项目签约仪式　　（区融媒体　供图）

6月30日，华虹无锡集成电路研发和制造基地二期项目开工仪式　　（区融媒体　供图）

8 月 18 日，阿斯利康无锡供应基地战略发展协议签约仪式

（区融媒体　供图）

10 月 7 日，无锡高新区新港集成电路装备零部件及材料产业园开园暨 2023 年四季度重大项目集中开竣工仪式

（区融媒体　供图）

11 月 27 日，施耐德电气无锡绿色智慧产业园奠基仪式

（区融媒体　供图）

03 能级攀升

3月24日，江苏省集成电路先进封装技术创新联合体揭牌仪式

（区融媒体　供图）

3月27日，博世—无锡战略合作项目签约仪式

（区融媒体　供图）

3 月 31 日，无锡日联科技股份有限公司首次公开发行 A 股上市仪式　（区融媒体　供图）

6 月 12 日，科笛集团上市仪式

（区融媒体　供图）

6 月 28 日，“智能制造 未来已来”德国柏丽 / 德禄亚太生产研发总部启幕盛典

（区融媒体　供图）

9月11日，奕拓医药总部项目签约仪式暨无锡高新区生物与化学交叉研究成果转化平台揭牌仪式

（区融媒体　供图）

10月19日，区块链测评中心项目签约仪式

（区融媒体　供图）

11月13日，无锡高新区—扬贺扬存储芯片总部项目签约仪式　　（区融媒体　供图）

11 月 17 日，药明合联生物技术有限公司香港交易所主板上市仪式　　（区融媒体　供图）

12 月 8 日，卓品智能科技总部基地项目开工仪式　　（区融媒体　供图）

04 科技创新

2月6日，无锡国际生命科学创新园·硕鸿园区开工仪式　　（区融媒体　供图）

3月11日，2023年无锡高新区（新吴区）数字经济提速和数字化转型大会　　（区融媒体　供图）

3月24日，国家集成电路制造创新型产业集群授牌仪式

（区融媒体　供图）

4月7日，“专精特新”产业基地（无锡）签约仪式

（区融媒体　供图）

5月29日，瑞金长三角健康研究院开业仪式

（区融媒体　供图）

10 月 23 日，2023 中国物联网新物种企业大会　　（区融媒体　供图）

11 月 2 日，香港理工大学无锡科技创新研究院启用仪式　　（区融媒体　供图）

12 月 7 日，2023ECI 国际数字创新节暨 ECI（无锡）数字创新产业论坛

（区融媒体　供图）

12 月 13 日，无锡北京大学电子设计自动化研究院揭牌仪式

（区融媒体　供图）

国家物联网感知装备产业计量测试中心

（区融媒体　供图）

05 改革开放

3月10日，无锡高新区管委会 索尼数字产品（无锡）有限公司合作框架协议签约仪式（区融媒体 供图）

4月26日，上港ICT（无锡）项目签约暨河海直达船首航仪式（区融媒体 供图）

6 月 26 日，瑞典阿特拉斯·科普柯工业压缩机业务研发制造中国总部奠基仪式　（区融媒体　供图）

7 月 14 日，松下冰箱全球研发中心启幕盛典　（区融媒体　供图）

7月18日，中法（无锡）产业合作园启动暨重大项目签约仪式

（区融媒体　供图）

7月28日，京东集团跨境产业综合体项目签约活动

（区融媒体　供图）

11月8日，中欧（无锡）产业创新合作大会、中欧产业创新区高质量发展圆桌会议

（区融媒体　供图）

11 月 28 日，中欧产业创新区坤鼎·无锡未来智造园开园仪式

（区融媒体　供图）

12 月 18 日，无锡新加坡工业园合作开发 30 周年暨无锡新加坡科创城高质量建设大会

（区融媒体　供图）

无锡港单月集装箱吞吐量突破 5000 标箱

（区融媒体　供图）

06 产城融合

2月3日，全区深入打好污染防治攻坚战大会
（区融媒体 供图）

2月21日，阿斯利康中国物流中心碳中和授证仪式
（区融媒体 供图）

3月10日，苏南硕放机场苏锡毗邻公交一体化先行暨苏锡公交一号线开通仪式

（区融媒体　供图）

5月4日，无锡高新区（新吴区）打造"全国最干净城市"工作推进会

（区融媒体　供图）

8月28日，政府开放日——公共资源交易开评标现场，我来见证

（区融媒体　供图）

鸿山街道“洋马”收割机在收割　（区融媒体　供图）

9月22日，《无锡高新区（新吴区）知识产权高质量发展暨知识产权保护示范区建设三年行动计划（2023—2025年）》正式发布　（区融媒体　供图）

10 月 27 日，2023 太湖湾首届美丽健康产业生态圈大会暨无锡美丽健康产业园开园仪式

（区融媒体　供图）

12 月 24 日，全区卫生健康事业高质量发展大会暨深化医改推进会

（区融媒体　供图）

无锡高新区展示中心

（区融媒体　供图）

07 民生固优

3 月 8 日，湖湾儿童友好 PARK 开园仪式　　（区融媒体　供图）

3 月 10 日，苏锡公交一号线开通　（区融媒体　供图）

6 月 23 日，无锡高新万达广场盛大开业启幕仪式　　（区融媒体　供图）

7月15日，“约惠新吴”夏季促消费活动暨无锡·新吴首届国际啤酒节启动仪式

（区融媒体　供图）

8月29日，2023年新吴“慈善一日捐”现场捐赠仪式

（区融媒体　供图）

无锡金桥教育集团鸿山校区 无锡市新吴区金鸿实验学校　（区融媒体　供图）

9月28日，“美食之都 购物天堂”2023“太湖购物节”金秋消费季启动仪式

（区融媒体　供图）

梅里农贸市场
（区融媒体　供图）

新吴区外企扶残助残活动中心　（区融媒体　供图）

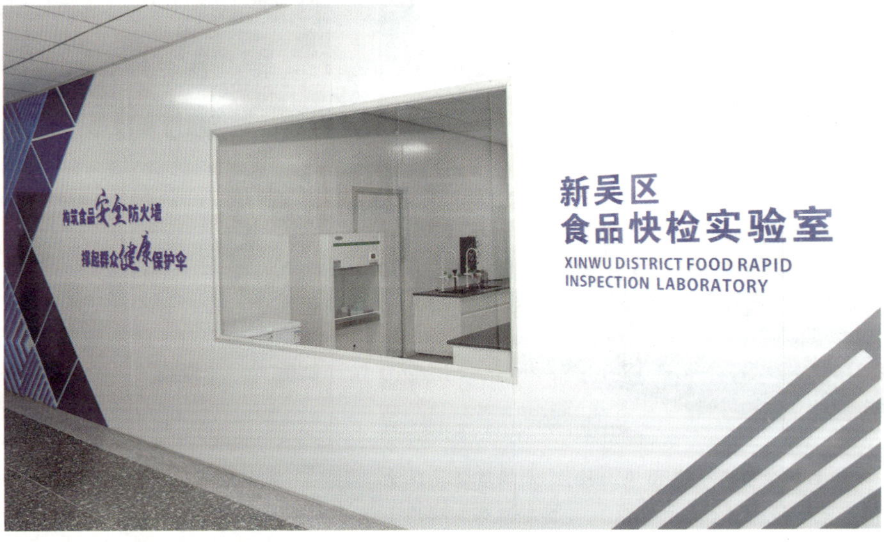

新吴区食品快检实验室
（区融媒体　供图）

08 社会治理

1月21日，全市首座高等级警务联勤中心——无锡市公安局新吴分局天山路警务工作站投入运行

（区融媒体　供图）

5月30日，全区机关作风建设暨优化营商环境大会　　（区融媒体　供图）

7月24日，“聚合聚力邻里圈共建共享‘新’福里”无锡高新区(新吴区)党建引领基层治理项目启动暨泰伯大道“三大联体”成立仪式

（区融媒体　供图）

8月2日，无锡高新区生物医药产业人才服务中心·链空间、无锡市生物医药行业协会党建荟融基地揭牌仪式

（区融媒体　供图）

8月18日，无锡市新吴区综治中心一站式服务平台启用

（区融媒体　供图）

9 月 21 日，青年企业家协会成立大会暨青年企业家"菁腾"成长计划启动仪式　　（区融媒体　供图）

12 月 14 日，无锡市新吴区"平安回家"志愿服务团成立暨梅村街道警保合作交通安全劝导站启动仪式

（区融媒体　供图）

新吴区网格化服务管理指挥中心　　（区融媒体　供图）

新吴区区级机关“悦享空间”党群服务中心

（区融媒体　供图）

无锡市新吴区梅村街道警保合作交通安全劝导站

（区融媒体　供图）

09 合作共建

4 月 4 日，2023 年无锡高新区（新吴区）—海东市互助县东西部协作工作项目签约仪式

（区融媒体　供图）

4 月 18 日，江苏省食品药品监督检验研究院无锡检验室共建合作协议签约仪式　（区融媒体　供图）

5月18日，共建无锡（深圳）智能制造产业园战略合作签约仪式　（区融媒体　供图）

6月1日，2023年无锡高新区（新吴区）—延安市宜川县东西部协作工作第一次联席会议　（区融媒体　供图）

7月22日，中共江苏省委群众杂志社无锡高新区（新吴区）调研基地合作签约、揭牌仪式　（区融媒体　供图）

7 月 25 日，“践行双碳目标　赋能绿色新吴”无锡高新区（新吴区）与国家电投集团江苏电力有限公司双碳全面战略合作签约仪式　　（区融媒体　供图）

8 月 27 日，迪哲医药新一轮基地化发展合作协议签约暨舒沃哲（舒沃替尼）新药获批上市启动仪式（区融媒体　供图）

9月9日，延安市宜川县—无锡高新区（新吴区）东西部协作暨革命老区重点城市对口合作项目签约仪式

（区融媒体　供图）

9月10日，2023年无锡高新区（新吴区）—海东市互助县东西部协作项目签约仪式

（区融媒体　供图）

无锡·连云港科创飞地 连云港高新区（无锡）科创孵化基地

（区融媒体　供图）

10 文旅融合

1 月 17 日，2023 年无锡市“我们的节日”系列活动启动仪式暨春节专场活动在梅村街道梅里古镇举办（区融媒体　供图）

2 月 20 日，“似是故人来”2023 无锡（香港）文化旅游推介会在香港中文大学举行（区融媒体　供图）

4月2日，无锡美术馆、无锡市文化艺术中心、无锡交响音乐厅奠基仪式

（区融媒体 供图）

4月9日“吴韵鸿山，灿烂江南”2023吴文化旅游季活动启动仪式 （区融媒体 供图）

6月9日，2023年“文化和自然遗产日”系列活动暨首届鸿山国家考古遗址公园文化艺术周启动仪式

（区融媒体 供图）

6月18日，无锡交响乐团启动仪式在新吴区政府报告厅举办　　（区融媒体　供图）

7月22日，“葡醉鸿山 乡约仲夏”2023葡萄文化旅游季　　（区融媒体　供图）

10月22日，无锡高新区（新吴区）第八届运动会开幕式　　（区融媒体　供图）

鸿山国家考古遗址公园　　（区融媒体　供图）

钱穆 钱伟长故居纪念馆　　（区融媒体　供图）

编辑说明

一、《新吴年鉴》是无锡市新吴区人民政府主办、无锡市新吴区档案史志馆编纂的年度资料性文献，于2018年开始编纂。本年鉴以马克思列宁主义、毛泽东思想、邓小平理论、“三个代表”重要思想、科学发展观、习近平新时代中国特色社会主义思想为指导，坚持辩证唯物主义和历史唯物主义的立场、观点和方法，旨在全面系统地记述新吴区政治、经济、文化、社会、生态各方面发展的基本情况，为领导决策和管理提供参考，为社会各界认识新吴、了解新吴、建设新吴提供最新、最基本的信息，也为编史修志积累史料。

二、《新吴年鉴（2024）》全面记述2023年1月1日至2023年12月31日新吴区各项事业的发展状况和重要成就。记载范围为新吴区行政管辖区域，涵盖新吴区所属部门、街道及驻区企事业单位。

三、《新吴年鉴（2024）》按照分类编辑法，设类目、分目、条目三个层次，条目为记述的基本形式。类目下有综述，分目下一般先有简略介绍行业或事业情况的概况，然后按“一事一条”的原则设置条目。

四、《新吴年鉴（2024）》设特载、大事记、新吴概貌、中共新吴区委员会、新吴区人民代表大会、新吴区人民政府、政协新吴区委员会、中国共产党无锡市新吴区纪律检查委员会·无锡市新吴区监察委员会、民主党派·工商联、群众团体、法治·军事、经济管理、数字经济、总部经济、园区经济、新兴产业、商贸服务业、都市农业、经贸合作、城乡建设与管理、生态环境、科技创新、教育、文化、卫生健康、体育、就业与社会保障、社会事务、公共安全、街道、人物·荣誉共31个类目及附录。书后附索引。

五、《新吴年鉴（2024）》所用统计数据，以区统计局提供的数据为主。区统计局以外的部门提供的数据，因统计来源、口径、方法和时间不同而有不同，如需引用应予注意。所用数据采用法定计量单位，个别遵从习惯。

六、《新吴年鉴（2024）》各条目由各撰稿单位确定专人撰写，并经单位主要领导审定。撰稿人姓名署于条目之后，审稿人员名单列于卷首。书中图片由各职能单位提供。

七、《新吴年鉴（2024）》的检索方法有目录检索和索引检索两种。目录编排至条目。索引采用主题分析法编制。

八、数字用法、标点符号分别采用国家标准《出版物上数字用法》（GB/T 15835—2011）、《标点符号用法》（GB/T 15834—2011），计量单位采用国家技术监督局1993年12月发布的《量和单位》系列国家标准。

目 录

特 载

大事记

新吴概貌

中共新吴区委员会

生态环境

科技创新

教　育

文　化

体　育

就业与社会保障

社会事务

奋力在推进中国式现代化中走在前做示范
谱写“强富美高”新吴区现代化建设新篇章

——在中共无锡高新区工委（扩大）会议暨新吴区委二届四次全会上的讲话

（2023 年 8 月 3 日）

无锡高新区党工委书记、无锡市新吴区委书记 崔荣国

这次区委全会的主要任务是，坚持以习近平新时代中国特色社会主义思想为指导，按照省委十四届四次全会、市委十四届五次全会要求，对深入学习贯彻习近平总书记对江苏工作重要讲话精神作出全面部署，对全面推进中国式现代化新吴新实践进行深化部署，总结上半年，安排下半年，纵深推进全面从严治党，动员全区上下以习近平总书记考察江苏为强大动力，锚定目标、凝心聚力，高质量完成全年目标任务，奋力在推进中国式现代化中走在前做示范，谱写“强富美高”新吴区现代化建设新篇章。

一、今年以来工作

今年以来，区委坚持把学习贯彻习近平总书记对江苏工作历次重要讲话重要指示精神，作为谋划和开展工作的根本和主线，与学习贯彻党的二十大精神紧密结合、一体推进，坚定自觉用习近平新时代中国特色社会主义思想统一意志、指导行动，推动经济运行持续好转、内生动力持续增强、社会大局持续稳定，为完成全年任务打下坚实基础。主要抓了八个方面工作。

一是坚持抓学习、重实践，推动学习贯彻习近平新时代中国特色社会主义思想走深走实。坚持常学常新，及时跟进学习习近平总书记重要讲话、重要指示批示精神，今年以来组织集中学习 13 次、交流研讨 3 次，集中发布六个理论宣讲品牌，开展“宣讲轻骑兵”等线上线下理论宣讲 1200 余场，举办区管干部学习贯彻党的二十大精神轮训班，引领全区上下切实增强坚定拥护“两个确立”、坚决做到“两个维护”的政治自觉。坚持细研细悟，认真落实大兴调查研究部署，围绕学习贯彻习近平总书记参加江苏代表团审议时重要讲话精神，区四套班子领导共领题调研 28 项，党工委（区委常委会）带头对太湖治理等开展专题调研。坚持笃信笃行，把“以敢为敢闯敢干敢首创的担当作为建设中国式现代化先行示范动员大会”作为开年第一会，对推进中国式现代化新吴新实践作出全面部署；围绕学习贯彻习近平总书记对江苏提出的高质量发展“四个走在前”重大要求，制定出台《无锡高新区（新吴区）“四个走在前”实施方案》，明确了 4 个方面 41 项具体任务，推动总书记重要讲话精神在我区率先落地见效。

二是坚持抓项目、稳增长，推动经济运行整体好转。针对持续加大的下行压力，坚持逐月拼抢、抓细抓实，高效运行稳增长服务专班、重大项目建设服务专班，推动全区经济持续恢复、回升向好。1—6 月，全区地区生产总值、规上工业总产值、规上工业增加值、固定资产投资、工业投资累计增幅，分别比一季度提高了 1.3、1.5、1.7、6.4、23.4 个百分点。其中，规上工业增加值增长 7.9%，总量和增量均居全市第一；实际利用外资 7.25 亿美元，进出口占全市比重，由年初的 48.9% 回升至 50.9%；完成一般公共预算收入 166.5 亿元，同比增长 26%，占 GDP 比重达 14.7%，收入总量和税收占比均居全市第一。举办海内外经贸招商活动 29 场，新招引亿元以上项目

83个、总投资909.7亿元，省重大项目开工率、省市重大项目投资总量均为全市第一。

三是坚持抓企业、强服务，推动产业强区成效显著。召开民营企业家、上市后备企业、股权投资机构等座谈会，面对面服务企业、解决难题、提振信心。全面落实各级稳增长政策，拨付区本级产业发展基金7.22亿元，惠及企业近千家。成功举办首届中国硅光大会暨太湖湾硅光产业创新中心建设大会等重大产业活动，华虹二期等重大产业项目正式开工，集成电路制造创新型产业集群入选国家级创新型产业集群。上半年，全区工业对GDP的贡献率达64.9%，全市第一；高新技术产业、战略性新兴产业占规上工业比重分别达73.7%和57%。

四是坚持抓创新、聚人才，推动科创动能不断增强。推动无锡北京大学电子设计自动化研究院、北京大学长三角未来技术生命健康研究院、中科城市安全技术研究中心3家新型研发机构完成注册，省药监局审评核查无锡分中心、省食药检院无锡检验室、省医疗器械检验所无锡检验室顺利挂牌。新增上市（过会）企业3家，新招引科技企业1337家，新增国家级专精特新“小巨人”企业33家，是去年的2.5倍、全市第一。制定科技领军人才、青年人才、技能人才等5类人才队伍建设实施办法，成立“卡脖子”技术攻关人才工作推进小组，引进高层次人才1508人，博士后人才17人，新增高技能人才1696人，引才数量领跑全市。

五是坚持抓改革、扩开放，推动发展活力充分迸发。明确“两城四区”六大功能区定位，实现功能区街道全覆盖。新加坡科创城管理办公室实体化运行，中欧产业创新区起步区中法（无锡）产业合作园启动建设。稳步推进国企架构优化整合，搭建新一轮国企改革层级框架，健全国资公司参与功能区建设运行机制。深化“三提三即”改革，全面推广“分阶段施工许可”和“一证到底”，营商环境进一步优化。顺利开启新综保区建设，长三角电子元器件国际分拨中心高效运行，扎实开展跨境贸易便利化专项行动，京东跨境产业综合体成功签约。苏南硕放国际机场改扩建工程顺利启动，上港ICT（无锡）中心正式揭牌。

六是坚持抓环境、促提升，推动城市面貌更加优美。有效推进中央生态环保督察及“回头看”、省市专项督察、春雷行动交办反馈问题整改销号，上半年$PM_{2.5}$浓度同比下降14.6%、优良天数同比提升8个百分点，国省考断面优Ⅲ比例100%、优Ⅱ达50%，太湖水质首次达Ⅲ类，实现历史性突破。深化重点地区城市设计，大力推进312国道快速化、高浪路二期、地铁4号线二期等重大交通工程建设，开通首条跨区线路苏锡1号线。聚力打造“全国最干净城市”，新增美丽街区3个，新改建公园9个。推进乡村振兴“书记项目”，获评全市农业物联网示范点1个，建成数字农场1个，启动建设“美丽农居”村4个。

七是坚持抓民生、提品质，推动群众生活更有温度。多措并举援企、稳岗、扩就业，新增城镇就业1.24万人、支持成功自主创业2052人。推进17所中小学、幼儿园建设，成功引进锡师附小等优质教育资源合作办学，区中考成绩创历史新高。协同共建“无锡市人民医院—瑞金医院无锡分院—基层医疗机构”区域医联体，成功获评省健康区。无锡交响音乐厅、伯渎河文化中心、伯渎河体育中心开工建设，鸿山国家考古遗址公园考古体验中心项目正式启动。突出抓好重点行业领域安全生产，生产安全事故起数和死亡人数分别下降25%和33.3%，安全生产红榜数全市第一。推进各类涉稳矛盾化解，社会大局保持和谐稳定。

八是坚持抓党建、优作风，推动发展合力充分凝聚。实施党的创新理论传播工程，压实意识形态工作责任制，精神文明建设、外宣工作迈出新步伐。全面落实在职党员“三报到三服务”机制，深入开展“三联三强基”工程，启用全省首个长三角新就业产业园党群服务中心。深化专项治理和日常监督，锲而不舍纠“四风”树新风，综合运用监督执纪“四种形态”提醒教育帮助和处理党员干部153人次。高标准做好省委巡视整改“后半篇文章”，部署开展巡视整改一周年“回头看”。启动区委第四轮巡察，实现区属国企巡察全覆盖。注重发挥人大、政协和统一战线、群团组织优势作用，营造了凝心聚力、干事创业的良好氛围。

成绩饱含艰辛、来之不易，是我们坚持以习近平同志为核心的党中央坚强领导、坚持习近平新时代中国特色社会主义思想科学指引的结果，是我们全面落实省、市委决策部署的结果，是我们勠力同心、迎难而上、攻坚克难、执着奋进的结果。全区各级干部以“敢为”的状态，有力扛起了“促一方发展、保一方平安”的政治责任；各级各部门特别是基层板块以“敢闯”的劲头，为支撑全区发展大局贡献了智慧力量；广大企业和企业家以“敢干”的胆识，在推动经济整体好转中发挥了中流砥柱作用；全体市民以“敢首创”的精神，共同营造了齐心协力谋发展、不畏艰险勇争先的浓厚氛围。借此机会，我代表无锡高新区党工委、新吴区委，向全区广大干部群众、向关心支持我区发展的各界朋友，表示崇高的敬意和衷心的感谢！

在看到成绩的同时，也要清醒认识到，全区工作还存在一些问题和不足：一是少数指标增长未达预期，房地产、进出口等工作面临较大压力，需要加快补齐短板、缩小差距；二是重大创新平台的集聚度不够高，“国家级”创新中心、研发平台数量与先进地区存在差距；三是重点工作推进力度不够均衡，房屋征收拆迁、“三优化三提升”等工作，完成全年任务落额较大，等等。对此，我们必须采取有力措施，加快扭转局面。

二、聚力率先突破、致力多作贡献，在推进中国式现代化中走在前、做示范

党的十八大以来，习近平总书记四次亲临江苏考察，两次参加全国人代会江苏代表团审议，多次发表重要讲话、作出重要指示，体现了对江苏工作的高度关心和巨大关怀。在推进中国式现代化新征程中，总书记对江苏提出走在前、做示范的重大要求，是我们谋划推进各项工作的主题主线，更是推进现代化建设的目标指引。总书记在江苏考察时特别强调，“高科技园区在科技自立自强中承担着重大而光荣的历史使命，要加强科技创新和产业创新对接，加强以企业为主导的产学研深度融合，提高科技成果转化和产业化水平，不断以新技术培育新产业、引领产业升级”，为我区争创具有世界影响力的高科技园区、争当中国式现代化先行示范，指明了前进方向、提供了根本遵循、注入了强大动力。

省委十四届四次全会对深入学习贯彻总书记对江苏工作重要讲话精神作出了全面部署，强调全省上下要认清自身所处的时代方位，善于把握机遇、发挥优势、应对挑战，以更加扎实的工作补短板强弱项，确保始终沿着正确方向走在前、做示范，在稳大局、应变局、开新局中走在前、做示范，在不断突破既往、超越自我中走在前、做示范。市委十四届五次全会围绕贯彻总书记重要讲话精神、落实省委全会部署，要求全市上下要坚持高质量高标准，锚定国际一流标准、国内最好水平，虚心学习先进，不断超越自我，矢志追求卓越，确保始终走在前、做示范，扛起经济大市勇挑大梁的政治责任，在推进中国式现代化中多作贡献。

无锡高新区（新吴区）作为科技自立自强的“国家队”，无锡、全省高质量发展的“领跑者”，理应始终保持走在前、做示范的政治意识和责任意识，昂扬扛红旗、站排头的拼抢精神和闯劲干劲，在深入贯彻总书记重大要求、全面落实省市委决策部署、坚决扛起肩负的重大使命上，聚力率先突破、致力多作贡献。率先突破，就是要拿出敢为人先的勇气、改革创新的锐气、善作善成的底气，在中国式现代化新征程中争当“先行示范”、勇做“开路先锋”，创造更多突破性、引领性成果。多作贡献，就是要扛起“重大而光荣的历史使命”，在全市全省全国高质量发展大局中，发挥更强支撑度、体现更大贡献度，以实际行动彰显“新吴作为”和“新吴贡献”。

1. 要扛起率先突破、多作贡献的使命担当

要坚定信心、笃定前行。按照“四个走在前”“四个新”要求，奋力谱写“强富美高”新江苏现代化建设新篇章，是习近平总书记亲自为我们擘画的宏伟蓝图。省委全会围绕推进中国式现代化江苏新实践，作出了明确安排。市委全会就推进中国式现代化走在前、做示范、多作贡献，进行了具体部署。可以说，我们前进的方向十分明确、道路愈发宽广、前景无比光明。全区上下要胸怀“国之大者”、坚定必胜信心，沿着习近平总书记指引的方向，在省、市委的坚强领导下，踔厉奋发、勇毅前行，早日展现中国式现代化先行示范的现实模样。要乘势而上、主动有为。既要看到宏观层面的国家战略机遇、上级政策机遇；也要看到全球新科技新技术广泛应用、国内外产业格局深度调整带来的发展机遇、开放机遇；更要看到高新区所拥有的实体经济优势、科技创新优势、体制机制优势、干部人才优势，在应对变量、迎接挑战中，我们有着更强的实力底气、更多的办法工具、更大的腾挪空间，一定能够率先把握机遇、开创新局，走在高质量发展最前列。要勇于突破、大胆超越。坚持目标导向、问题导向，对标先进地区、一流园区，把各项工作置于国际一流标准、国内最好水平的参照系中，认清差距所在、问题所在，着力补短板、强弱项、固底板、扬优势，致力出实招、求实效、打基础、利长远，扎扎实实提升区域发展整体水平，以重点难点的聚力攻坚，瓶颈制约的有效突破，优势特色的充分彰显，不断突破既往、超越自我，确保我区现代化建设行稳致远、经得起检验。

2. 要明确率先突破、多作贡献的目标追求

总体要求上，我们必须坚持以习近平新时代中国特色社会主义思想为指导，全面贯彻党的二十大精神和习近平总书记对江苏工作重要讲话精神，深入落实省委十四届四次全会、市委十四届五次全会精神，坚持稳中求进工作总基调，统筹推进“五位一体”总体布局、协调推进“四个全面”战略布局，完整准确全面贯彻新发展理念，全面落实“四个走在前”“四个新”重大任务，以率先突破、多作贡献的担当作为，继续在改革创新、推动高质量发展上争当表率，在服务全国构建新发展格局上争做示范，在率先实现社会主义现代化上走在前列，奋力推进中国式现代化新吴新实践，谱写“强富美高”新吴区现代化建设新篇章。

实现步骤上，要按照定3年、谋8年、展望13年的思路，一步一个脚印把美好愿景转化为生动实景。到2025年，实现创新链、产业链、人才链高效互动，以先进制造业为骨干的现代化产业集群全面构建，国内国际双循环枢纽节点基本建成，在全国全省新发展格局中的地位更加突出，共同富裕制度体系有效建立，社会事业和公共服务大幅提高，社会文明程度达到新高度，治理体系和治理能力现代化基本形成，基本建成具有世界影响力的高科技园区。到2030年，经济实力、创新能力和城市竞争力明显提升，建成具有高新区鲜明特色，在全国乃至全球具有重要创新力、吸引力、影响力的中国式现代化先行示范。到2035年，率先基本实现社会主义现代化，把“强富美高”新吴区变为更加美好的现实图景，成为高水平展示中国式现代化的区域窗口。

工作导向上，要坚持速度与质量相统一，在实现现代化的时间进度上走在前列，质量成色上扎实过硬，整体上做到先行示范。扬长与补短相兼顾，充分发挥优势，为全市全省全国当好先锋；注重补齐短板，以问题导向推动现代化建设。务实与创新相融合，在脚踏实地、埋头实干的基础上，守正创新、主动探索，努力开创新的发展路径、打开新的发展局面。当前与长远相协调，既立足当下，抓紧抓实各项在手任务、重点工作；又着眼未来，谋划推进好打基础、利长远的大事要事。发展与安全相统筹，坚持稳中求进、抓好经济建设的同时，强化底线思维、确保安全稳定，以高水平安全支撑高质量发展。

3. 要聚焦率先突破、多作贡献的关键重点

一要在加快推进科技自立自强上率先突破、多作贡献。聚焦打造具有全球影响力的产业科技创新中心，要壮大创新主体，积极构建全链条科技企业孵化育成体系，大力培育瞪羚、（准）独角兽、专精特新“小巨人”等创新标杆企业，打造大中小企业梯次并进的创新矩阵。要建强创新平台，加快引进国内外一流的研发机构，有效整合区内创新平台资源，高效运行海外人才飞地和离岸研发中心，针对集成电路、物联网等领域“筑墙设垒”问题，坚决打赢关键核心技术攻坚战。要完善创新生态，全面探索系统化科技创新机制体制改革，建立面向重点产业、重点企业的科技创新生态系统，全力打通创新链、产业链、人才链、资金链、政策链。要引育创新人才，持续完善“飞凤人才计划”政策体系，以“卡脖子”人才为重点，大力引进海内外高水平创新人才，推动打造塔基更大、塔身更牢、塔尖更高的“金字塔”式人才队伍。

二要在构建现代化产业集群上率先突破、多作贡献。聚焦打造具有国际竞争力的先进制造业基地，要推动产业融合发展，积极塑造集成电路、生物医药等主导产业突出、核心竞争力强劲、地标特征明显的卓越产业链，抢占硅基光电、航空航天、新能源、美丽健康等新兴产业制高点，布局量子光科技、人工智能、区块链、元宇宙等未来产业新赛道，着力构建“6+2+X”现代产业集群。要提升企业竞争实力，进一步完善创新型中小企业、专精特新“小巨人”企业、单项冠军企业和产业链领航企业、上市企业招引培育机制，全力支持企业走专精特新、上市发展道路。要加快数字转型步伐，积极发挥“灯塔工厂”引领示范作用，推行工业互联网、数字孪生等技术，加快实施“智能化改造、数字化转型”，持续推进企业转型升级步伐，打造国家级智能制造先行区。

三要在全面推进乡村振兴上率先突破、多作贡献。聚焦打造苏南地区农业农村现代化先行区，要做好“农业特”文章，整区域推进高标准“吨粮田”建设，发挥“未来农场”等农业产业重大项目牵引作用，大力发展园区农业、都市农业、智慧农业。要做好“农村美”文章，优化村庄规划布局，借鉴“千万工程”成功经验，常态化开展村庄清洁行动和农村环境整治提升，扎实推进“美丽农居”建设，着力打造“吴韵江南”美丽乡村示范带。要做好“农民富”文章，深化农村集体产权制度改革，巩固“两项清理”整治成果，实施集体经济发展“五项行动”，加快盘活集体闲置资产、做大集体优质资产，推动强村富民高质量发展。

四要在更好担负起新的文化使命上率先突破、多作贡献。聚焦高质量建设社会主义文化强区，要涵养文明底蕴，牢牢掌握党对意识形态工作领导权，深化理论舆论融合传播，营造健康网络空间，巩固壮大主流思想舆论，扎实开展精神文明创建，全面提升市民思想道德素质和科学文化素养。要促进文体繁荣，大力建设“十分钟文体圈”，加快推进“1+3+10+N”文体设施布局，推进国家文化出口基地建设，做强吴越文化数字科创谷、国家广告产业园、电子竞技产业园等园区，实现文商旅高水平融合发展。要做好文化传承，加强鸿山遗址博物馆、泰伯庙等文化遗产保护利用，钱氏故居、梅里古镇等古镇、街区活化利用，进一步提升吴文化发源地影响力。

五要在创造人民群众高品质生活上率先突破、多作贡献。聚焦打造群众认可的最具幸福感城区，要兜牢民生底线，健全以养老、扶残、医疗等为重点的基本保障制度，完善分层分类社会救助机制，提高住房保障、退役军人服务保障、妇女儿童权益保障和残疾人福利保障等水平，进一步织密扎牢社会保障网。要优化公共服务，围绕群众普遍关注的住房、教育、医疗、“一老一小”等领域，构建更加优质便捷的公共服务体系，扩大衣食住行等高品质生活元素供给，加快全龄友好型社会建设，建成本地市民近悦、国际化人才远来的幸福美好家园。要推进共同富裕，加快探索共同富裕实践路径，积极推进收入分配制度改革，落实差别化收入分配激励政策，完善高质量就业政策支撑体系，拓展城乡居民增收渠道，扩大中等收入群体规模。

六要在推进绿色低碳发展上率先突破、多作贡献。聚焦美丽新吴建设，要提高精准科学依法治污水平，深入打好蓝天、碧水、净土保卫战，在治气上靶向攻坚，狠抓 $PM_{2.5}$ 和臭氧“双控双减”；在治水上协同联动，确保国省考断面水质稳定达标；在治土上靠高一档，加快推进“无废城市”建设，持续改善生态环境质量。要精心打造美丽幸福河湖样板，把长江大保护和太湖治理作为重中之重，着力建好大运河文化带新吴段，推进河道综合整治，打造一批美丽幸福示范河湖亮点，全面推进全域水生态修复，因地制宜抓好河湖岸线林带、绿带、生态带建设，确保河湖长治久美。要加快构建绿色低碳发展体系，加强绿色技术供给、优化绿色产业结构、健全绿色发展机制，打造一批具有示范带动作用的绿色产品、绿色工厂、绿色园区，深化绿色生活创建行动，积极申报国家级“碳达峰试点园区”，打造无锡绿色发展新样板。

七要在全面深化改革上率先突破、多作贡献。聚焦激发高质量发展动力活力，要完善市场经济体系，持续深化自然资源要素配置、财税金融、投融资等经济领域改革，坚持“两个毫不动摇”，鼓励民营经济做大做强，打造全省营商环境“第一区”。要推进功能园区建设，加快“一区多园”路径探索，推动“两城四区”功能园区与行政区深度融合发展，统筹优化功能园区管理机构，与时俱进设计、开发、建设更多高水平功能区。要深化国有企业改革，统筹谋划区属国企“进、退、整、合”，通过资产证券化、组建 SPV 公司等方式盘活、整合经营性国有资产，优化国企主业布局调整，促进国有资产提质增效。要激发干部队伍活力，打通“三支队伍”身份转换渠道，深化事业单位雇员制改革试点。

八要在塑造开放型经济新优势上率先突破、多作贡献。聚焦打造国内国际双循环枢纽节点，要加强区域融合发展，深度融入长三角一体化发展，全面接轨上海大都市圈建设，加快苏锡临界地区同城化发展，协作共创国家级临空经济示范区，积极探索与粤港澳大湾区跨区域对接合作。要放大外资高地优势，加快推进中韩、中欧、中新等中外合作园区建设，积极拓展国际科技合作渠道和领域，开展多层次国际科技、经贸投资等活动，加快引进一批世界 500 强、跨国公司等外资龙头企业。要建好重大开放平台，全力支持苏南硕放国际机场、上港 ICT（无锡）中心发展，积极推动进口贸易促进创新示范区、长三角电子元器件国际分拨中心、新综保区建设，拓展保税贸易和服务新业态，大力争取数字服务、跨境电商等对外开放新平台。

九要在推进社会治理现代化上率先突破、多作贡献。聚焦全面提升区域善治能力水平，要坚持党建引领，完善党建引领基层治理机制，推广区域化党建联建等创新举措，优化“基层吹哨、部门报到”工作机制。要强化治理效能，完善矛盾纠纷多元化解工作体系，扎实构建“精网微格”，推进新型智慧城市建设，以数字化智能化赋能城市治理，实现区域治理法治化、智能化、专业化。要提升管理水平，加强城市精细化管理，增强住宅管理服务能力，提高城市公共空间功能品质，全力打造“全国最干净城市”。

十要在防范化解风险隐患上率先突破、多作贡献。聚焦更好统筹发展和安全，要维护国家安全，坚定不移贯彻总体国家安全观，建立大安全大应急框架，升级完善现代化公共安全体系，推动公共安全治理模式向事前预防转型。要加强安全能力建设，确保粮食、能源资源、重要产业链供应链安全，有效防范化解政府性债务、房地产、金融等领域风险，牢牢守住不发生系统性风险底线。要提升本质安全水平，抓牢抓实安全生产工作、食品药品监管、应急救援能力建设，建强城市交通、市政等基础设施，提升防灾减灾救灾和重大突发公共事件处置保障能力，全力消除各类风险隐患。

三、牢牢把握高质量发展首要任务，全面做好下半年工作

全区上下要认真贯彻中央政治局会议和省、市委全会关于下半年工作的部署安排，坚持稳字当头、稳中求进，昂扬“敢为、敢闯、敢干、敢首创”的责任担当，一招不让推进各项工作，努力在开局之年交上一份优异答卷。重点做好七个方面工作。

一是推动经济增长加速好转。一要提速项目建设。持续加大“双招双引”攻势，加强与重点央企、知名民企、外资企业、金融机构的深度对接，精心策划组织 8 月赴英国、匈牙利等经贸招商活动，组织好 11 月份中欧投资峰会，做好上海、北京、深圳等综合性招商推介，努力在新的世界 500 强企业和百亿级重大项目上实现突破。紧盯实物量抓投资落地，

加快海力士七期、华虹二期等143个省市区重大项目建设力度，全年新开工、竣工区级以上重大项目不少于30个，硅基光电产业园9月开工，鸿山机光电工业园（南区）先导示范园项目、生物医药智慧服务创新平台项目年内开工，航亚三期、新港集成电路产业园、生命科学创新园二期等项目年内竣工投产，抓紧形成更多实物量，确保省市重大项目当年投资完成不少于315亿元。紧盯项目招引建设所需，高效解决用地、用能、用电、用才及载体、平台等要素需求，为项目招引建设提供坚实保障。二要做优对企服务。结合贯彻落实促进民营经济发展28条，用好领导挂钩服务、企业服务专员等制度，落实“一企一策”“一业一策”对接机制，加大对重点企业动态全覆盖走访，面对面了解企业所需、所盼、所求，及时精准为企业提供政策、资金、税费等支持与倾斜，尽心竭力帮助企业降成本、争订单、扩产能、拓市场，最大程度激发市场主体活力、社会创新动力，提振企业发展信心。三要提升外贸质效。强化正向激励，用好稳外贸增长资金，开展外贸企业季度增量竞赛，加快改善外贸承压态势。用好进口贸易促进创新示范区、综合保税区、长三角电子元器件国际分拨中心等平台，积极拓展跨境电商等业务，加速京东集团跨境产业综合体项目见效，年内实现净增量，推动进出口企稳回升、提质增量。四要促进消费回升。贯彻落实国家二十条促消费政策，稳定大宗消费，支持刚性和改善性住房需求，联动“太湖购物节”，办好“约惠新吴”夏季啤酒音乐节、秋冬消费季等促消费活动，激发夜市经济、外摆经济的消费市场活力。优化消费供给，推动梅里古镇、新地假日广场等示范街区和夜间经济载体积极参评省级高品位步行街。支持新兴消费业态创新，积极引进新能源汽车、穿戴设备等消费风口项目，挖掘电商潜力，强化数字赋能，支持发展“互联网+”、新零售、直播带货等各种新业态，全方位多领域激发消费潜力。

二是锻造科技创新强力引擎。一要引育一流主体。深入实施创新型企业倍增行动，力争下半年新增科技型中小企业700家以上，全年有效高企总数达到1600家；新增市雏鹰、瞪羚、准独角兽企业培育入库突破280家。二要打造一流平台。持续加大对“6+2+X”各产业发展重大创新平台的搭建力度，强化企业科技创新主体地位，加强以企业为主导的产学研深度融合，促进创新要素向企业集聚，不断提高科技成果转化和产业化水平。大力实施企业研发机构扩容提质行动，引导鼓励龙头企业创建创新联合体，全力推进华进半导体争创集成电路封测领域国家技术创新中心，全年新增省级以上工程技术研究中心20家。稳步推进无锡北京大学电子设计自动化研究院建设，确保北京大学长三角未来技术生命健康研究院、香港理工大学无锡科技创新研究院年内正式运行，推进与西安交大未来技术学院合作，共建储能创新联合体。三要集聚一流资源。发挥1800多家外资企业、67家世界500强企业集聚优势，鼓励外企整合优势资源，在我区设立创新中心、工程技术研究中心等研发机构，下半年新增不少于5家。优化科技服务体系，建好用好国家市场监管技术创新中心（特殊食品）以及中科院战略研究所、长城战略咨询等专业科技服务平台。探索“百企百楼科技赋能计划”，大力推进新型科创载体建设，确保全年新开工98万平方米、建成投用110万平方米，加速打造“无锡高新区科技大市场”。组织设立上市公司高质量发展基金、集成电路产业专项基金，做大做强“高新金融谷”，力争年底基金规模超1000亿元。四要招引一流人才。实施更高水平全球引才聚才计划，建立顶尖人才专班联系服务制度，加快海内外引才联络站、海外人才飞地和离岸研发中心建设。成立国企人才安居集团，加大人才房、人才公寓保障力度，确保年内引进高层次人才2600人、培育区领军人才创新创业项目200个以上，争创省级特色产业人才集聚区。

三是加快现代产业集群发展。一要夯实产业基础。坚定不移实施产业强区主导战略，落实“争当现代特色产业先行示范三年行动计划”要求，力争集成电路产业规模达到1480亿元，同比增长超10%；推动生物医药、新能源产业加快跻身千亿级产业俱乐部。加快成立生物医药产业综合服务中心、集成电路产业发展服务中心，更好发挥对产业的引导、服务和支撑功能。以项目招引为牵引，加快硅基光电、航空航天、美丽健康等新兴产业，以及人工智能、区块链、元宇宙等未来产业发展，确保9月下旬，无锡美丽健康产业园项目启动实施。推进生产性服务业十年倍增计划，加快生产性服务业向专业化、高端化延伸，推动生活性服务业向高品质、高能级跃升。二要加快企业提质。充分发挥市场主体在稳定经济大盘中的关键作用，深化“百企引航、千企升级”行动、专精特新“小巨人”企业培育计划和上市企业“十四五”倍增计划，支持中小微企业和专精特新企业发展，加快建设“专精特新”产业园，全年新增省级以上专精特新“小巨人”企业110家、上市（过会）企业5家。三要强化数智赋能。推进200个企业升级改造项目、80个智能化建设重点项目和50个两化深度融合重点项目，打造130个智能制造标杆。大力发展数字经济，全年引进数字经济企业总量不低于1000家、数字经济重大项目不少于17个，数字经济产业规模突破3000亿元。与此同时，要狠抓“三优化三提升”，坚持目标倒逼进度、时间倒逼进度，在细化分解三年目标任务的基础上，将年度任务推进“作战图”细化到月、到周，确保完成全年目标。

四是释放改革开放动力活力。一要发力深层次改革。围绕功能区、国企、选人用人等重点领域，着力破解体制机制障碍。充分发挥区深入推进功能区建设工作领导小组牵头抓总、统筹协调作用，加快推进“功能区 + 街道”一体融合，全面释放功能区赋能板块活力。按照市场类和功能类分开、平台类与非平台类清晰的原则，搭建新一轮国企改革层级框架，科学设定国企监管层级和架构，重点围绕“突出实业、聚焦主业、做精一业”的目标，积极增创 AAA 级国有企业。坚持政府资金和社会资本协同发力，适时启动 REITs 项目，通过多样化投融资渠道，为经济社会发展引入更多“源头活水”。二要打造最满意环境。围绕打造“全省营商环境第一区”“外商投资最满意城市”要求，以运营成本最低、办事效能最高、贸易投资最便利、发展预期最稳定为评价标准，深化“一件事”、企业开办“110”、“三提三即”等改革，优化专利及专利代理服务机构培育奖补政策，深入实施知识产权强企培育工程，积极探索知识产权融资产品。三要扩大制度型开放。做好 RCEP、CPTPP 等高水平自由贸易协定政策研究，推动联动创新区与自贸试验区同步开展制度创新。提速新综保区建设步伐，加快吴都时代 QFLP 项目、国资外债返投项目进展，深入开展跨境贸易便利化专项行动。支持跨境电商、海外仓等新业态新模式发展，树立中韩产业园、中欧产业合作创新区等国际合作园区新品牌，积极争创国家第二批数字服务出口基地、江苏省外资总部集聚区。深度融入国家和省市重大战略，加快建设长三角—粤港澳（无锡）科创产业融合发展区，协作共建无锡连云港产业园、青海零碳产业园。

五是打造产城融合样板示范。一要优化空间功能布局。立足“两城四区”发展布局，加快稳定太湖湾科创城、新加坡科创城、中欧产业创新区等重点片区城市设计、功能策划、生活配套、产业发展规划，提速中欧产业创新区起步区中法（无锡）产业合作园建设进度。推进华光锅炉厂地块省级试点项目、外下甸及硕北市级重点单元城市更新，加快形成全区综合交通体系规划和红线专项规划成果，着力推动城市空间结构、功能形态整体提升。二要提升城市气韵品质。以城市管理领域行政执法规范化建设专项行动为支撑，健全打造“全国最干净城市”工作体系，持续深化生活垃圾分类，全力推动 15 个“美丽街区”建设，全速推进 10 个单元综合提升，全要素开展 7 个方面 22 个小专项区域性综合提升，高品质完成 16 处桥下空间改造升级，高标准推进精品公园绿地建设，全面通过国家生态园林城市创建验收。将市、区攻坚拔点项目、清点拆平项目作为全区征收拆迁工作的重中之重，确保全年目标任务按时保质保量完成。三要擦亮绿色生态底基。紧盯 $PM_{2.5}$、优良天数比例、国省考断面优Ⅲ比例等指标，深入打好污染防治攻坚战，推动生态环境质量持续向好，积极争创国家生态文明建设示范区。重点发力新一轮太湖综合治理，提速 14 项重点工程建设进度，一体落实太湖生态清淤、污水处理提质、美丽河湖建设、工业点源整治、全域水生态修复，以“两河”整治提升工程示范段建设为抓手，加快建设“三水汇”科技生态公园，高质量实现“两保两提”。四要绘就乡村振兴画卷。以农业现代化走在前为目标，突出都市农业、智慧农业特色，夯实粮食安全根基，抓好整区域耕地整治和 2000 亩高标准农田建设，提速“未来农场”等重大项目进度，推进“智慧 + 绿色”农业先行区建设，以农文旅融合为主线，精心建设“吴韵江南”美丽乡村示范带，全力打造全市农业农村现代化创新示范实践地。

六是促进民生福祉持续改善。一要提升社会保障温度。完善应届毕业生、农民工、退役军人等重点群体就业支持体系，加强困难群体就业兜底帮扶，继续办好“就业援助月”“春风行动”“金秋招聘月”等品牌招聘活动，持续擦亮产业人才实训品牌。加强创业载体建设，创建以“互联网 +”工作空间、网络空间、社交空间和资源空间为一体的优质创业孵化载体，为全民创业提供优质的公共服务平台。落实分层分类社会救助机制，大力发展慈善信托和慈善基金，丰富“慈善 + 救助”帮扶项目内涵，打造特色社会救助品牌。二要加大民生供给力度。用情用力办好 8 大类 50 个为民办实事重点项目。围绕“一老一小”、教育、医疗等热点领域，全面整合资源、优化布局、提升品质，年内启动区域“一老一小”综合服务中心建设，完成新建改扩建中小学、幼儿园 8 所，召开全区教育高质量发展大会，力争首批创成“全国义务教育优质均衡发展区”“学前教育普及普惠示范区”。三要拓展文化文明深度。深化文明实践活动，凝聚文明创建合力，拓展幸福自治楼道内涵，不断提升社会文明程度指数。深入实施“玉飞凤”精品创作工程、“白玉兰”文化惠民工程，切实打造鲜明的吴文化标识。完善文体设施布局，启动梅村鸿山、空港片区级文体中心选址，推进无锡太湖湾国际文化艺术中心暨交响音乐厅、伯渎河文化中心、伯渎河体育中心建设。加大文物保护利用力度，推进鸿山遗址博物馆配套设施及周边景观提升工程，引入考古工作站、研学体验、游客服务等相关功能，擦亮鸿山国家考古遗址公园品牌，提升吴文化发源地影响力。

七是固牢安全发展坚固防线。一要严查重点领域隐患。以“时时放心不下”的责任感，纵深推进消防安全“五大工程”“十项行动”“四个专项”和整治提升行动，巩固工业企业、商业载体、群租房、“九小场所”、高层建筑消防安全整治成效。紧盯燃气、学校、自建房、旅游、道路交通等安全生产重点领域，压实企业主体责任、部门监管责任、党委政府领导责任，加大“拉网式”排查力度，推动重大事故隐患专项排查整治行动不断走向纵深，确保责任到底、问题见底、整改彻底，有效防范遏制重大安全事故发生。密切关注雨情汛情发展，紧盯易涝点、薄弱点，全面做好防汛抗汛准备，不断提升防灾减灾救灾能力。二要提升本质安全水平。以开展“企业安全生产主体责任提升年”行动为抓手，围绕安全管理能力、装备技术水平、安全生产投入、应急处置能力、“一把手”安全素养、从业人员安全素质，着力补短板、强能力、促提升，加快形成“防、治、管、控、应”联动防控格局。紧盯各领域反复性、顽固性问题，坚持节点倒排、清单推进、闭环销号，综合运用标准化提升、信息化赋能、制度性举措，夯实基层基础能力建设，从根本上消除事故隐患，推动安全生产治理体系和治理能力现代化。三要维护社会大局稳定。深化发展新时代“枫桥经验”，重点攻坚信访突出问题、涉法问题楼盘、债务化解、电信诈骗、大运会、亚运会维稳安保等工作，从源头上控增量、减存量、防变量，确保实现解决一项、带动一片、治理一域，提升平安新吴、法治新吴建设水平。

四、纵深推进全面从严治党，为现代化建设提供坚强保障

推进中国式现代化新吴新实践，关键在党。全区各级党组织要深入学习贯彻习近平总书记关于党的建设的重要思想，在新征程上坚决扛起坚定自觉拥护“两个确立”、做到“两个维护”的重大责任，推动党的建设不断迈上新水平，为我区现代化建设提供坚强政治引领和政治保障。

一要以主题教育筑牢思想根基。注重学深悟透。坚持思想建党、理论强党，把习近平总书记对江苏工作重要讲话精神作为重要学习内容，扎实开展第二批学习贯彻习近平新时代中国特色社会主义思想主题教育。坚持以学铸魂、以学增智、以学正风、以学促干，抓实抓细读书班、“三会一课”、主题党日、专题党课等“规定动作”，扎实开展“牢记嘱托、感恩奋进、走在前列”大讨论，推动学习往深里走、往实里走、往心里走。强化政治引领。聚焦领导干部政治能力提升，实施党的全面领导、党章党规党纪学习培训，进一步严明政治纪律规矩，优化党内政治生态。大力弘扬伟大建党精神，充分挖掘本土红色资源，打造“实境课堂”教学基地，提升党组织向心力、凝聚力、战斗力，推动党中央各项决策部署完整、准确贯彻落实。健全长效机制。以主题教育为契机，提升理论学习的时度效，完善面向基层、面向群众的理论学习教育工作体系，推动马克思主义中国化时代化最新成果更加深入人心，使全区上下始终保持统一的思想、坚定的意志、协调的行动。

二要以严管厚爱锻造过硬队伍。精准选才育才。注重选贤任能、育才聚才，优化选人用人标准，突出德才兼备、注重实干导向，大力实施新时代干部现代化能力提升工程、基层干部队伍专业化体系建设，纵深推进“知学研修”“琢璞”计划、“鸿鹄青年”工程等项目，不断提升领导干部、年轻干部“选育管用”质效，把改革闯将、发展干将、攻坚能将精准识别出来、大胆使用起来。锤炼综合素养。优化干部队伍结构，健全培养历练机制，畅通“三支队伍”交流和机关、街道干部双向交流渠道。以优秀年轻干部、党外中青年干部、村（社区）书记等为对象，办好各类主体培训班次，提高党员干部“七种能力”、增强“八项本领”，在思想淬炼、政治历练、实践锻炼、专业训练中全面提升干部素养。严管厚爱结合。加强对干部的全方位管理和经常性监督，坚持严管和厚爱结合、激励和约束并重、温度和力度融合、容错和纠错衔接，认真落实“三个区分开来”，深入贯彻“三项机制”，推动能上能下、能进能出成为常态，激励推动干部队伍敢闯敢干、勇当“锡新先锋”，推动形成能者上、优者奖、庸者下、劣者汰的良好局面。

三要以固本强基聚合发展力量。强化基层导向。深入推进乡村振兴“书记项目”、党建引领基层治理“红梅领航”计划，常态长效落实“三联三强基”、在职党员“三报到三服务”等机制，推动党建和网格管理、乡村振兴、基层治理有机融合，激活基层党建“红色细胞”。筑牢战斗堡垒。扎实推进“雁阵计划”示范带建设，健全完善党群服务阵地体系，深化“红色物业”“红色业委会”实践，加强社区物业党建联建，织密“两新”组织党建网络，建强专业化基层干部队伍，壮大“两路一湾”区域化大党建格局，释放战斗堡垒强劲活力。擦亮党建特色。深入推进产业链党建“书记项目”，巩固实施新业态新就业群体党建“八项机制”，培育壮大园区党建特色品牌，持续放大外企党建集群效应，抓好社会组织党建“强

基提质”行动，推动产业链党建、外企党建、行业党建、村（社区）党建、社会组织党建融合发展，全力争创省级初创型产业链党建先行点、引领型产业链党建创新点、标杆型产业链党建特色点，激发新兴领域“红色动能”。

四要以正风肃纪砥砺忠诚本色。强化政治巡察。做好省委巡视整改“后半篇文章”，高质量完成一年集中整改期各项任务。统筹推进二届区委巡察全覆盖，加强巡察整改成效量化评估，推动解决一批影响破坏营商环境、群众反映强烈的问题，深化“巡审联动”“巡纪联动”实践运用，以案促改推动巡视巡察提质增效、建章立制、走深走实。深化纠治“四风”。持续加固中央八项规定堤坝，坚持风腐一体纠治，大力惩治形式主义、官僚主义问题和“躺平式”现象，时刻防范“四风”隐形变异新动向，久久为功树新风。深入推进为基层减负，大力整治加重村级组织负担的突出问题、基层群众反映的显著问题，用基层减负成果彰显作风建设成效。严格监督执纪。统筹衔接“四项监督”，深化运用监督执纪“四种形态”，推动党委（党组）全面监督、纪委监委专责监督、党的工作部门职能监督、党的基层组织日常监督、党员民主监督贯通融合。一体推进“三不腐”，聚焦征地拆迁、行政执法、富民利民政策等权力集中、资金密集、资源富集的重点领域、重点环节、重点岗位，强化监督检查，坚决查处、严肃惩治领域性腐败、新型腐败、隐性腐败和群众身边的“微腐败”，深化源头治理、强化建章立制，持续提升综合治理效能。

同志们，实干成就事业，奋斗创造未来。让我们更加紧密地团结在以习近平同志为核心的党中央周围，深入学习贯彻习近平总书记对江苏工作重要讲话精神，增强“四个意识”、坚定“四个自信”、做到“两个维护”，以当表率、做示范、走在前的果敢担当，聚力率先突破、致力多作贡献，奋力推动中国式现代化新吴新实践，谱写“强富美高”新吴区现代化建设新篇章！

无锡高新区党工委（新吴区委常委会）工作报告

——中共无锡高新区工委（扩大）会议暨新吴区委二届五次全会上的报告

（2023 年 12 月 29 日）

无锡高新区党工委书记、无锡市新吴区委书记　崔荣国

高新区党工委(扩大)会议暨区委二届三次全会以来，党工委(区委常委会)坚持以习近平新时代中国特色社会主义思想为指导，全面贯彻党的二十大、二十届二中全会和习近平总书记对江苏工作重要讲话重要指示精神，一体推进三件大事，突出抓好九个方面工作，推动全区改革发展稳定和党的各项建设工作取得新成就。

一体推进三件大事，就是把深入学习贯彻党的二十大精神、习近平总书记对江苏工作重要讲话重要指示精神和开展学习贯彻习近平新时代中国特色社会主义思想主题教育这三件大事紧密结合起来，作为贯穿全年工作的主题主线，引领推动现代化建设新征程开好局、起好步。

我们坚持把学习贯彻党的二十大精神作为首要政治任务，兴起学习宣传贯彻热潮，举办区管干部学习贯彻党的二十大精神轮训班，分层分类对各级干部开展培训，着力在全面学习、全面把握、全面落实上下功夫，切实以党的二十大精神统一思想、统一意志、统一行动。

1 月，习近平总书记在江苏全票当选第十四届全国人大代表，3 月 5 日参加江苏代表团审议并发表重要讲话，强调江苏应当在高质量发展上继续走在前列，明确了“四个走在前”重大任务。两会结束后，我们围绕学习贯彻总书记重要讲话精神，区委理论学习中心组分专题开展集中学习交流，党工委(区委常委会)带头对太湖治理等开展专题调研，带动各级党组织广泛开展学习交流。在学深悟透的基础上，制定出台《无锡高新区(新吴区)“四个走在前”实施方案》，明确了 4 个方面 41 项具体任务，推动总书记重要讲话精神在我区率先落地见效。

7 月初，总书记亲临江苏考察、听取省委省政府工作汇报并发表重要讲话，强调江苏有能力也有责任在推进中国式现代化中走在前、做示范，明确了“四个新”重大任务。我们认真传达学习研讨，深化拓展专题调研，召开高新区党工委(扩大)会议暨区委二届四次全会，对深入学习贯彻习近平总书记对江苏工作重要讲话精神作出《决定》，进行全面部署，瞄准 2025 年、2030 年、2035 年三个时间节点递进确定目标任务，提出了 10 个方面“率先突破、多作贡献”的关键重点。

9 月起，第二批学习贯彻习近平新时代中国特色社会主义思想主题教育开展。我们牢牢把握“学思想、强党性、重实践、建新功”总要求，持续深入推进以学铸魂、以学增智、以学正风、以学促干，把“牢记嘱托、感恩奋进、走在前列”贯穿始终，制定区级领导班子、县处级以上领导干部、基层党组织和党员 3 大方面 48 个重点工作推进事项和 16 张指导清单，党工委(区委常委会)集中学习研讨 7 次，分两个阶段集中开展主题教育读书班，举办专题党课；四套班子领导深入开展“四下基层”，对“6+2+X”现代产业集群建设、街道和村级工业集中区低效用地问题开展解剖式调研，形成调研报告 64 篇，带动全区县处级以上领导下基层 590 人次，现场办公 146 次，牵头领办民生实事 66 项，解决实际问题 150 个。始终坚持问题导向，建立县处级以上领导干部查摆清单，形成涉及国企改革、消防安全、太湖治理等 100 个问题，承接上下联动问题 15 个，共制定 321 条整改措施，持续推动“问题清单”转化为“成效清单”。

本月初，总书记亲临江苏盐城考察，作出重要指示。我们及时召开党工委(区委常委会)传达学习，把总书记今年对江苏的三次重要讲话重要指示精神一体学习、一体把握、一体贯彻，推动学习宣传贯彻往深里走、往实里走、往心里走。

通过深学深悟、笃信笃行，我们更加深刻感悟到总书记对江苏工作重要讲话重要指示精神是习近平新时代中国特色社会主义思想的“江苏篇”，是党的二十大精神在江苏的具体化；更加深刻感悟到习近平新时代中国特色社会主义思想是系统全面、逻辑严密、内涵丰富、内在统一、不断发展的科学理论体系，具有强大真理力量和实践伟力；更加深刻感悟到总书记党的核心、军队统帅、人民领袖的非凡政治智慧、顽强意志品质和深厚人民情怀；更加深刻感悟到总书记对江苏人民的牵挂、对江苏发展的厚望。学之愈深，知之愈明，行之愈笃，全区上下更加坚定自觉地以忠诚感恩之心、实干担当之行拥护“两个确立”、做到“两个维护”，紧跟伟大复兴领路人开创更加美好未来。

突出抓好九个方面工作。

一、全力稳住经济基本盘，高质量发展迈上新台阶

党工委（区委常委会）始终坚持把产业强区主导战略、创新驱动核心战略作为推动高质量发展的重中之重，完整、准确、全面贯彻新发展理念，千方百计稳预期、强动能、促发展，坚决扛起经济大区"走在前、挑大梁、多作贡献"责任担当。在市季季评活动中，我区前三季度共获奖项6项，总数排名全市第一。

我们持续保持经济回升向好势头。针对经济下行压力加大的实际，快速落实省市关于推动经济运行率先整体好转等一揽子稳增长政策，制定"批发5条"、促进外贸稳增长的若干意见、金融支持实体经济高质量发展、"助企、引才、筑巢"安居计划等举措，高效运行稳增长服务专班，逐月召开经济运行分析会，今年以来减税降费、发放各类补贴超23亿元，有效推动全区经济持续恢复、整体好转。深化产业链招商、百渠招商、驻点招商、平台招商、基金招商、离岸创新中心招商、龙头企业产业生态圈招商等打法战术体系，举办境内外招商活动71场，签约项目299个、总投资2384.9亿元，1—11月新批超10亿元项目18个，其中包括华虹二期、海力士七期两个百亿级项目。紧盯重大产业项目"五率"，加快实施"五百工程"及重点科技新城项目，61个市级重大项目完成投资345.63亿元、完成率109.7%，总量全市第一。华虹二期等25个重大产业项目全部开工，17个计划竣工项目全部竣工。开展新春年货节、啤酒音乐节、金秋咖啡节等"约惠新吴"系列消费季活动，联动"无锡太湖购物节"，发放百货零售消费券500万元、汽车消费券1500万元，打造"高新YES"夜市经济，充分释放消费潜力。加快推进国际消费中心城区培育建设，高新万达、美华里购物中心等载体开业，新地假日广场精品街区焕然一新。出台主辅分离支持政策，累计完成主辅分离企业注册31家。软件园等7家集聚区获评省级现代服务业集聚示范区。全年预计完成GDP2540亿元、同比增长5.8%；完成一般公共预算收入262.2亿元、总量位居全省县市区第三、全市第一，税收增幅预计全市第二、税占比全市第一；规上工业总产值预计突破6500亿元，规上工业增加值增长7.7%，贡献度全市第一；预计完成固定资产投资800亿元、同比增长8.5%；预计完成工业投资399亿元、同比增长8.6%，规上营利性服务业营业收入增长19.8%，增速排名全市第一。

我们精准实施产业强区主导战略。聚力做优做强"6+2+X"现代产业集群，出台物联网、集成电路、新能源等12个产业三年行动计划，谋划推进"5+N"未来产业，成功举办首届中国硅光大会暨太湖湾硅光产业创新中心建设大会等重大产业活动，积极构建"产业集聚区+功能园区+特色园区+龙头企业生态圈"发展新格局，全面固强集成电路、物联网、生物医药等地标产业，"6+2+X"现代产业集群中的物联网及数字经济、集成电路、生物医药、智能装备、汽车零部件、新能源6个产业，有望全部突破千亿级大关。集成电路获批国家级创新型产业集群，蝉联中国集成电路园区综合实力第二名，物联网MEMS传感器产业集群入选省级中小企业特色产业集群，美丽大健康、航空航天、新型食品等领域加速布局。加快推进新型工业化建设，聚焦"智改数转网联"方向，数字经济核心产业产值达到3000亿元、总量全市第一，新增国家级智能制造示范工厂1家、实现全市零的突破，新增国家级智能制造优秀场景1个、5G全连接工厂1个，新增省级智能制造示范工厂3家、省级工业互联网标杆工厂6家、省级智能制造领军服务机构1家；新增市级智能工厂15个、智能车间54个、智能场景84个，均为全市第一。新增省级重点工业互联网平台3个、星级上云企业172家、省两化融合贯标试点培育企业46家，均为全市第一；获得省长质量奖提名奖企业1家，新增省级新兴产业标准化试点2个；成功创建省信息技术应用创新先导区，智能制造能力成熟度蝉联全省县（市、区）第一。空港经开区入选全国首批快递业与制造业融合发展试点先行区。产业园区"三优化三提升"盘活低效用地约1500亩，建成高标准工业载体超80万平方米。全年高新技术产业产值占规上工业比重达74.66%，同比提升了2.68个百分点。

我们坚定实施创新驱动核心战略。坚持把科技自立自强放在突出位置，聚焦建设具有世界影响力的高科技园区发展目标，推动国家高新区排名持续进位，成功跻身全国18强，在全省高新区创新驱动综合评价中连续三年排名第二，科技创新"关键变量"加速转化为经济发展"最大增量"。强化"科技型中小企业—高新技术企业—瞪羚企业—独角兽企业"的创新型企业培育路径，国家科技型中小企业入库首次突破2500家，预计全年有效期内高新技术企业超过1520家、全市第一。入围中国潜在独角兽企业榜单企业9家，上榜中国物联网"新物种"企业榜单企业7家，入选省独角兽、瞪羚企业76家，新增上市企业3家。成功导入中国中小企业发展促进中心专精特新企业培育基地（无锡）等优质平台，新增国家级专精特新"小巨人"企业33家、全市第一。成功引进中国药科大学无锡创新研究院，揭牌启用香港理工大学无锡科技创新研究院，相继投用北京大学长三角未来技术生命健康研究院、北京大学无锡 EDA 研究院、江南大学无锡特殊食品与营养健康研究院;入围省新型研发机构 12 家、全市第一;认定省级企业技术中心 18 家、新增 12 个首台(套)重大装备,全市第一。北京、深圳、上海科创飞地先后落地运营,6 个海外创新中心签约揭牌,新增国家级科技企业孵化器 2 家,十年来首次同年新增 2 家。竣工投用科创载体 65.8 万平方米。加快建设"高新金融谷",新增基金 136 家,注册规模 192.5 亿元。前三季度新增授权专利 8935 件、有效发明专利 12503 件,全市第一,万人有效发明专利拥有量同比增长 14.48%,是全市平均的 2.46 倍。推动优化"飞凤人才计划"3.0 版本,出台攻克"卡脖子"技术人才配置特殊政策,作为全省唯一区县级单位,在全省组织部长会议上交流引进"卡脖子"人才经验。入选国家重大人才工程 A 类项目 16 人、B 类项目 7 人,创历年之最,一名外籍院士入选首批省级顶尖人才"登峰计划",引育省"双创"计划团队 1 个、人才 16 个,国省市各级人才项目申报入选数持续保持全市第一。

二、释放改革开放强动能,发展活力实现新提升

党工委(区委常委会)全面融入国家和省市改革开放总体战略,因地制宜深化改革,与时俱进扩大开放,不断增创现代化建设新优势。

我们以更大力度推动深层次改革。优化"园街合一"管理体制,出台加快功能区建设"1+2+N"系列文件,成功获批无锡中欧产业创新区管理办公室,全面启动中欧产业创新区、新加坡科创城建设。加快推进"功能区 + 街道"一体融合,探索"管理办 + 街道办 + 国企"运行模式,"两城四区"六大功能区建设迈出实质性步伐。实施新一轮国企架构整合改革,重新界定核心公司功能,清晰切分功能类与市场类定位,形成"五大集团十大公司",在高发集团成为全市首家区级 AAA 主体国资公司后,新设并推动文商旅集团积极争创 AAA 评级,建立各级国资平台参与功能区建设运行机制,进一步推动国企做大做强。注重"三支队伍"交流,选配 10 名区级机关、事业单位干部和 7 名街道(园区)干部交流任职。

我们以更强举措打造高质量环境。聚力打造"全省营商环境第一区""外商投资最满意城区",打好"放管服"改革"组合拳",积极探索"联合竣工验收"2.0 版,在全省率先实现工程建设项目从"拿地即开工"到"竣工即投用"的全链审批服务,较一般项目竣工验收提速 90%;率先完成全市"锡银·苏服办"省级政银合作试点全覆盖;深化"三提三即"改革,推行规划方案"多审合一",保障省市重大项目开工进度比计划时间提速 70 天;优化市场主体全生命周期服务机制,扎实开展"审批—监管—执法—信用"全链改革全市试点,深化"一件事"改革,推动数字和政务融合发展,实现"一网通办"一体化运行。全省率先开展长三角远程异地评标。推动法律服务国际合作,企业涉外法律服务水平持续提升。入选全口径权责清单编制全市唯一试点县(市、区)。

我们以更快步伐扩大制度型开放。密集启动海外全球招商模式,开展赴新日韩、欧洲、中东等境外专题招商活动 10 场,成功举办无锡新加坡工业园合作开发 30 周年暨无锡新加坡科创城高质量建设大会、中欧(无锡)产业创新合作大会、中法(无锡)产业合作园启动暨重大项目签约仪式等一批有影响力的对外活动。主动融入 RCEP 高水平自由贸易协定,全面打造以"空港型集成电路、生物医药产业链进口 + 消费品跨境电商进口"为特色的进口贸易促进创新示范区;深度融入长三角一体化发展,探索自贸联创区开放新路径,药明等企业入围生物医药研发用物品进口"白名单"制度全市首批试点;新增 QFLP 基金项目 2 个,丰富跨境投融资渠道。新综保区建设取得实质性进展,跨境电商综试区建设有力推动,扎实开展跨境贸易便利化专项行动,长三角电子元器件国际分拨中心高效运行,"保税 +"新业态取得新成效,京东跨境产业综合体成功签约。苏南硕放国际机场改扩建工程顺利启动,上港 ICT(无锡)中心正式揭牌。新增省级跨国公司地区总部和功能性机构 2 家、总数达到 23 家,占全市比重 46%。1—11 月,预计完成进出口总额 3550 亿元,总量占全市一半以上;全年新批注册外资 3000 万美元以上重大外资项目 15 个。努力在"一带一路"建设中发挥更大作用,1—11 月,赴沿线地区投资项目 23 个、协议投资 2.07 亿美元,创近年新高。全面启动无锡连云港工业园区共建,推动青海零碳产业园、宜川工业园规划建设,对口支援协作取得新成效。

三、弹好产城融合多重奏,城市品质展现新面貌

党工委(区委常委会)坚持以人民为中心推进城市建设,注重产城人融合发展,着力建设具有国际气息、蕴含现代气质、充满都市活力的宜居宜业新城区。

我们更加有效推动规划建设。深入开展功能区控制规划编制,形成"两城四区"六大产城融合功能区,完成太湖湾科创城、无锡新加坡科创城、中欧产业创新区等重点地区城市设计。实施综合交通体系规划修编论证,实现路网红线一张图。大力推进 312 国道快速化、高浪路二期、地铁 4 号线二期等重大交

通工程建设，开通首条跨区线路苏锡1号线，京杭运河无锡段跨度最大桥梁——菱湖大桥建成通车，春达路、黄山路等7条道路顺利竣工。改造安置房小区6个，惠及居民1.59万户；攻坚房屋征收拆迁，完成市攻坚拔点项目36个、拆房面积150万平方米。新增公共停车泊位820个，落实错时共享停车场10处、泊位805个，加装电梯40台。统筹推进大运河（伯渎河）文化带建设，完成先导段"三水汇"科技生态公园建设。荣获全国首批自然资源节约集约示范县（市）。

我们更加有序推动城市管理。聚力打造"最干净城市"，全面提升环卫作业质量，打造"席地而坐"城市客厅24处；推进垃圾分类提质增效，新增"四分类"住宅小区12个，省达标小区45个；新改建公厕20座。新增屋顶绿化面积600平方米、绿地46公顷，新改建公园游园15个，构建"公园绿地10分钟服务圈"。健全物业管理长效机制，探索"红色物业"建设，有效提高物业管理水平。推动"新街吴韵"治理更新，完成10个区域性单元综合提升。全面推进"城管进社区"，持续深化"一长五员"机制，打通服务联系群众"最后一公里"。深入开展违建拆除、垃圾分类、建筑垃圾、停车秩序等专项整治，城市精细化管理水平显著提升。

我们更加有力推动乡村振兴。坚决扛稳粮食生产和粮食安全重任，整区域推进2000亩高标准农田建设，预计粮食总产7200吨，粮食日烘干能力从46吨提升至150吨以上，粮食面积和产量实现多年连续增长。深化"智慧+绿色"示范区建设，获评全国数字农业农村"三新"优秀项目1个，举办首届"长三角"精品葡萄推介活动，新增国家级绿色食品4个。开工4个规划发展村庄"美丽农居"建设，全域开展"三清三治"拉网式整治，组织开展"全域美村"达标建设。和美乡村展现新面貌，完成章家浜、坊南等10个自然村更新改造，大坊桥村成功命名为中国传统村落，七房桥村入选省乡村振兴示范村。实施壮大全区集体经济"五项行动"，有效提升农村集体资产管理水平。

四、打造美丽新吴全景图，绿色发展铺展新画卷

党工委（区委常委会）深入践行"两山"理念，坚持生态优先绿色发展，统筹推动减污降碳协同增效，努力在推进人与自然和谐共生的现代化中走在前列，创成国家生态文明建设示范区。

我们全力攻坚生态环境突出问题。中央生态环境保护督察交办件13批次20件全部办结，其中18件已经通过市级部门验收销号。针对第二轮中央环保督察反馈问题中涉及我区的3个共性问题，成立区整改工作领导小组并制定整改方案，1个问题已完成省级销号验收，2个问题按照时序进度推进。针对重复信访率较高的环境问题，制定"一案一策"化解方案，启动约谈机制，邀请第三方及专家开展现场巡检，1—11月，全区共受理环境信访420件、同比下降14.6%；共受理省部级环境信访10件，同比下降56.5%。

我们持续深入打好污染防治攻坚战。治水方面，统筹推进污水处理厂能力建设，加速推动新城二厂5万吨/日扩建项目、梅村厂原一期土建改造及深度处理设备安装和硕放厂深度处理项目（一阶段）土建及主要设备安装，建成美丽幸福河湖35条，38条市级新一轮整治河道优Ⅲ比例达100%，6个国省考断面优Ⅲ比例达100%、优Ⅱ达50%；太湖流域新吴水域水质达Ⅲ类，实现连续十六年安全度夏；成功创建第六批国家级节水型社会建设达标县（区）。治气方面，538项年度治气任务全部完成，截至11月底，$PM_{2.5}$平均浓度26.2微克/立方米、同比下降4.7%，空气质量优良天数比率81.8%，同比上升4.8个百分点。治土方面，启动首轮环境化学物质统计调查，推进高风险地块分类管理，完成20个地块"一地一档"报告编制和39个优先管控地块信息核查。

我们推动发展方式绿色低碳转型。积极稳妥推进碳达峰碳中和，全方位全过程推行绿色低碳发展，坚决遏制"两高一低"项目盲目发展。加快生产生活方式绿色转型，聚焦零碳技术、低碳企业、近零碳园区三大重点，加快推动零碳科技产业园建设，新增国家级绿色工业园区1家、省级绿色工业园区1家、省级以上绿色工厂24家，均为全市第一；大力优化能源供给结构，鼓励"源网荷储一体化""光伏建筑一体化"等项目建设；建设高品质绿色建筑，保持绿色建筑占新建建筑比例100%。

五、增强人民群众幸福感，共同富裕开启新篇章

党工委（区委常委会）牢固树立以人民为中心的发展思想，用心用情用力办好民生实事，一体考量、一体推进民生"七有"各项工作，加快建设人民满意的共同富裕幸福美好城区。

我们扎实推进为民办实事工程。强力推进总投资106.2亿元8大类50个为民办实事项目，完成"微幸福"民生工程事项218件，满足群众教育、医疗需求，改善群众住房、出行条件，更好地提升群众获得感幸福感。树牢过"紧日子"的思想，持续优化财政支出结构，进一步压降全区行政开支比例，一般公共预算支出中民生方面超过70%。

我们精准施策拓宽富民增收渠道。围绕援企、稳岗、扩就业，有力帮助企业减负降本，累计发放社

保补贴和公益性岗位补贴3791.68万元、失业保险金(补助金)1.61亿元、技能提升补贴1395.53万元,全省县区唯一获评首届全国和谐劳动关系创建工作先进集体。深入实施高质量就业促进行动,针对高校毕业生、就业困难人员、失业人员等重点群体,开展“就业援助月”“春风行动”“民营企业招聘月”等招聘活动200场,8187名城镇失业人员和1752名就业困难人员实现就业。落实创业扶持政策,成功支持自主创业2911人、完成率超过170%。成立退役军人创业创新服务指导团,对近400家退役军人个体工商户开展走访服务。

我们致力创造人民群众高品质生活。召开全区教育高质量发展大会,深化教育领域综合改革,教育综合实力走在省市前列,新建改扩建学校7所,深化与大桥、金桥、锡师附小等教育品牌合作办学,区中考成绩创历史新高,入选江苏省智慧教育样板区培育区域,教育高质量发展考核、区政府履行教育职责评价水平保持全市第一,作为全国首批、全省领先、全市唯一入选全国完善普惠性学前教育保障机制实验区,高质量通过义务教育优质均衡发展区、学前教育普及普惠区国家评估认定。无锡科技职业学院牵头成立集成电路产教联合体,入选首批国家级市域产教联合体。召开全区卫生健康事业高质量发展大会暨深化医改推进会,促进医疗资源优质均衡布局,SK集团与上海仁济医院高效推进爱思开无锡医院建设,鸿山医院、江溪街道第二中心(区中医医院)新址正式启用。协同共建以瑞金医院无锡分院为龙头医院、7家社区卫生服务中心为成员单位的区域医联体,深化“府院合作”,新安医院、鸿山医院加强与无锡市人民医院紧密型医联体建设,区中医医院加入无锡市中医医院城市医疗集团,成功获评江苏省健康区。切实关爱“一老一小”,高标准构建三级养老体系,通过全国医养结合示范区培养对象省级评估,打造全市首个“适老生活体验馆”、社区级“智慧餐厅”、园区托育点。

六、打好安全发展组合拳,国家安全和社会稳定得到新加强

党工委(区委常委会)自觉践行总体国家安全观,严格执行经济社会重点领域安全稳定风险排查化解工作机制,全力防范化解重大风险,努力实现高质量发展和高水平安全的良性互动。

我们坚定维护政治和意识形态安全。坚持党对国家安全工作的绝对领导,强化政治安全联席会议制度,深入开展政治重点“两项攻坚”行动,深入推进打击邪教专项行动,建成新安反邪教警示教育基地。坚决抵御境外势力渗透破坏。全面落实意识形态工作责任制,加强新闻、学校、宗教、网络、社科文化等重点阵地和领域管理,意识形态领域保持向上向好态势。

我们全力防范重点领域风险。毫不松懈防范化解重大金融风险,扎实做好政府债务和隐性债务化解工作,累计完成化债总进度超全市平均水平,政府性债务率有序下降,债务风险等级继续保持在中低风险区间。全面落实融资平台公司整合撤并及市场化转型要求,加快乡镇平台清理进度,稳控基层债务风险。上线首个AI食品安全智慧监管平台,实现食品安全共治“可感知、可识别、可警示”数字化转型。

我们持之以恒抓好安全生产。扎实做好“三年大灶”经验和成果应用的“后半篇文章”,纵深推进消防安全“五大工程”“十项行动”“十一个专项”,聚焦危化品、冶金工贸、交通运输、城镇燃气、建筑施工、既有建筑、特种设备等重点行业领域开展重大事故隐患排查整治,五洲国际、招商城等“老大难”问题整治取得显著成效。截至目前,全区生产安全事故起数和死亡人数分别下降16.7%和20%,未发生较大及以上事故。

我们深入推进平安新吴建设。深入开展“信访突出问题攻坚化解巩固提升年”行动以及涉法涉诉信访突出问题攻坚化解、“百日会战”、“双月攻坚”行动,推动化解信访积案24件。紧盯问题楼盘、金融、劳动等重点领域矛盾化解,最大限度降低涉稳风险,“一楼一策”化解或钝化问题楼盘16个,其中涌金城、嘉汇环球、君域嘉园三期3个历时5年以上的突出矛盾顺利复工或办证。在全市率先揭牌启用区综治中心一站式服务平台,成为省级示范观摩点,推动三级综治中心规范化建设,打造“1+6+N”基层社会治理现代化新模式。创新建立“基层吹哨、部门报到”党建引领基层治理机制,为提升基层综合治理能力注入新的活力动能。实施“精网微格”工程,将全区(村)社区优化划分为576个综合网格、280个专属网格、2429个微网格,进一步提升网格化治理水平。高分通过市域社会治理现代化省级验收。

七、增强文化自信软实力,宣传思想文化工作开创新局面

党工委(区委常委会)深入学习贯彻习近平文化思想,紧紧围绕举旗帜、聚民心、育新人、兴文化、展形象的使命任务,不断巩固团结奋斗的共同思想基础,努力提升我区城市文化软实力和影响力。

我们坚持不懈用党的创新理论凝心铸魂。坚持“第一议题”、理论学习中心组学习等制度,及时跟进

学习习近平总书记重要讲话重要指示精神，今年以来组织集体学习39次、研讨交流10余次。举办4期“新吴大讲堂”，集中发布六个理论宣讲品牌，开展“宣讲轻骑兵”等线上线下理论宣讲2200余场，受众15.3万余人次。相继挂牌新华社江苏分社全媒体中心实践基地、中共江苏省委群众杂志社无锡高新区（新吴区）调研基地、“中国式现代化江苏新图景”融媒实践（无锡高新区）基地。

我们全面加强社会主义精神文明建设。深入推进文明城市创建工作，综合成绩位列全市第一。深化“彩虹桥”等品牌项目建设，持续开展“这Li很新吴”等品牌活动，组织开展学雷锋志愿服务等文明实践活动9000余场次，服务人群50万余人次。获评市首批优秀新时代文明实践中心1个、所1个、站5个。“学习强国”线下体验馆、区图书馆获评2023年度江苏省科普教育基地。

我们积极推进文化事业和文化产业繁荣发展。开工建设无锡交响音乐厅、吴越文化数字科创谷、伯渎河文化中心、伯渎河体育中心，启动鸿山国家考古遗址公园考古体验中心项目，钱穆钱伟长故居活化利用工程完工并开馆，完成鸿山遗址博物馆可移动文物数字化保护二期项目。成功举办高新区（新吴区）第八届运动会。新吴区作家协会正式成立，创作现代锡剧《蔡凤仪》等11部优质作品。举行中鹰黑森林交响音乐会、“白玉兰”文化惠民工程巡演等文化活动。荣获江苏书香城市建设示范城区，梅里古镇创成省级夜间文旅消费集聚区，梅村二胡文化园、硕放街道文化站入选省“最美公共文化空间”打造对象。

八、唱响民主法治好声音，全过程人民民主迈出新步伐

党工委（区委常委会）着力加强社会主义民主法治建设，坚持发展更加广泛、更加充分、更加健全的全过程人民民主，充分体现人民意志、保障人民权益、激发人民创造活力。

我们支持区人大及其常委会依法履职。聚力打造区人大践行全过程人民民主基层载体，进一步提升“代表之家”“代表工作站”以及代表“家站点”等履职平台载体规范化建设水平，深化“132找代表”活动，有效扩大联络平台在群众中的吸引力和影响力。支持区人大围绕区委中心和发展主题开展重点监督、过程监督、联合监督，督出威信、督出发展、督出群众满意度。健全代表议案建议提出、办理、答复、评价、公开等全过程管理机制，今年建议办复率达到100%。

我们充分发挥人民政协专门协商机构作用。制订区政协年度协商计划，区委主要领导亲自参加区政协重点提案督办暨专题协商会，支持区政协围绕高质量发展、高品质生活、高水平治理扎实履职，完善民主监督机制、跨区域联动协商机制，推动“有事好商量”协商议事工作提质增效，联合党派团体开展活动150余次，收集社情民意信息87件，撰写调研报告28篇，立案提案办复率达100%，委员对提案办理满意率达100%。

我们着力完善大统战工作格局。加强思想政治引领，建成全市唯一统战教育馆，支持广大统战成员开展“凝心铸魂强根基、团结奋进新征程”主题教育，区委主要领导亲自参加区委专题民主协商会，围绕“助力建设中国式现代化先行示范”主题，各民主党派、工商联和无党派人士积极资政建言发挥作用。擦亮“同新石榴红”新吴民族工作品牌，获评省民族团结进步示范单位。启动宗教中国化“新吴微课堂”工程，开展宗教界人士素质提升行动。成立青年企业家协会，启动民营企业雇主评选。打造无锡市党外知识分子“知联护新”工作品牌，深挖新阶层“一街道一品牌”特色，拓展外企、社会组织、新媒体、会计师等资源，增强新阶层人士团结向心力。提档升级全市唯一省级“华创苑”阵地，做实做强锡港澳青年创新创业基地，承办市“双湾融合·共创未来”似是故人来音诗画演出、ECI国际数字创新节等活动，首创发起岛内大学（长三角）校友会联盟，全区统一战线展示出新作为、呈现出新气象。

我们加强和改进新形势下党的群团工作。持续推进产业工人队伍建设改革和共青团基层组织改革，推进青年发展型城区建设，实施“爱在新吴，益起守护”家庭教育指导项目，建成全市首家儿童友好公园、5个儿童友好社区，海智基地连续五年获省级表彰。构建机构康复、社区康复、家庭康复“三位一体”残疾人全生命周期康复服务体系，实现有需求的残疾人全类别全覆盖。

我们深入推进法治新吴建设。全面推进法制审查工作，建成“一站式”公共法律服务中心、矛盾纠纷调处服务中心和行政复议中心。支持和保证法院、检察院依法独立公正行使职权，持续深化政法领域改革，巩固深化政法队伍教育整顿成果，切实维护社会公平正义。积极推行司法所协理员和政治指导员制度。

九、守好管党治党责任田，党的建设呈现新气象

党工委（区委常委会）深刻认识到，习近平总书记在江苏首次提出全面从严治党，是一份重大政治责

任，必须坚持全面从严治党永远在路上，坚决扛起管党治党政治责任，以高质量党建引领高质量发展。

我们坚持以政治建设统领党的各方面建设。始终把政治建设摆在首位，深刻领悟“两个确立”的决定性意义，坚持从政治上认识问题、分析问题、推动工作，不断提高政治判断力、政治领悟力、政治执行力。高标准做好省委巡视整改“后半篇文章”，开展3轮巡察，实现区属国企巡察全覆盖。注重发挥人大、政协和统一战线、群团组织优势作用，营造了凝心聚力、干事创业的良好氛围。

我们聚力抓好基层党组织建设。全覆盖推进区街村三级乡村振兴“书记项目”，实施红色振兴三大行动，成立全市首个新农人联合党支部，激活乡村共富基因。分层分级开展“小区党建”试点，全域打造298个红色驿站，启动红色物业、业委会建设三年行动，全面落实在职党员“三报到三服务”机制，深入开展“三联三强基”工程，织密“两路一湾”区域化大党建格局。深化产业链党建探索实践，举办长三角高新区党建联盟第二次联席会议暨党建引领高水平科技自立自强研讨会，签署长三角国家高新区集成电路产业链党建共建协议，启用全省首个长三角新就业产业园党群服务中心。全面实施基层党建提质增效行动、“两新”党组织书记“赋能提升”行动，进一步夯实全域战斗堡垒坚实基础。

我们着力打造高素质干部队伍。出台《全面加强干部队伍建设三年行动计划（2023—2025年）》。扎实开展国企领导选聘工作。大力实施“鸿鹄青年”工程，为全区97名选调人才和近两年新入职的16名选调生配备政治辅导员和实践导师，积极鼓励、充分动员全区年轻干部参与“琢璞”计划年轻干部调研课题活动，共有25篇调研文章获奖，其中一等奖1篇。落实“三项机制”，制定《贯彻落实“四敢”要求的实施方案》，推动干部敢为善为、勇挑大梁。用好综合考核“指挥棒”，开展季季评、“红黑榜”等评价，营造百舸争流、攀高比强的浓厚氛围。

我们坚持驰而不息正风肃纪反腐。持续加固中央八项规定堤坝，坚决纠治形式主义、官僚主义，查处违反中央八项规定精神问题43起47人，今年以来涉及“四风”问题的信访举报同比下降8.7%，查处的新发生问题同比下降16.6 %。扎实推进营商环境、镇（街）国有资产、一线行政执法、安置房小区物业管理等重点领域专项治理，坚决向侵害群众利益的行为亮剑。一体推进不敢腐、不能腐、不想腐，综合运用监督执纪“四种形态”提醒教育帮助和处理党员干部249人次，其中运用第一、第二种形态提醒教育帮助占比87.1%；留置13人，其中本区干部6人、上级指定管辖央企和市属国企干部7人。

一年来，党工委（区委常委会）高度重视自身建设，带头扎实开展第二批主题教育，深入学习贯彻习近平总书记对江苏工作重要讲话重要指示精神，严守政治纪律和政治规矩，以实际行动捍卫“两个确立”、做到“两个维护”。带头加强思想理论武装，自觉用习近平新时代中国特色社会主义思想武装头脑、指导实践、推动工作。带头严格遵守新形势下党内政治生活的若干准则，认真贯彻民主集中制，全面落实党工委（区委常委会）议事决策规则，严格执行重大事项请示报告制度。带头廉洁自律，建设忠诚干净担当的坚强领导集体。区委主要领导认真履行全面从严治党第一责任人职责，其他常委同志认真履行“一岗双责”。

1月

3—5日　政协新吴区第二届委员会第二次会议召开。无锡高新区党工委书记、新吴区委书记崔荣国发表讲话。区政协主席焦夕莲代表区二届政协常委会向大会报告工作。

4—6日　新吴区第二届人民代表大会第二次会议召开。无锡高新区党工委书记、新吴区委书记崔荣国主持会议。无锡高新区党工委副书记、管委会副主任、新吴区委副书记、区长章金伟代表区人民政府向大会报告工作。补选新吴区第二届人民代表大会常务委员会委员2人。

7日　2023年无锡高新区(新吴区)重点工程项目开竣工暨伯渎河文化中心开工仪式举行。开竣工项目总计210个,总投资613亿元,其中开工项目132个,总投资475亿元。

7—14日　无锡高新区首个境外招商团在海外招商,首日拜访韩国十大企业集团之一的LS集团,正式签约LS机械电动注塑系统第二工厂项目,投资规模超过5000万美元。招商期间共签约10亿美元项目,开拓洽谈推进75亿美元项目。

12日　“城门挂春联 江苏开门红”无锡揭联暨梅里古镇春节系列活动启动仪式在中华德城广场成功举办。

13日　2022苏南智造太湖湾创新峰会暨第八届苏南全球创客大赛颁奖典礼在无锡高新区召开。无锡高新区2家省级科技企业孵化器和6家新备案众创空间入选,占全市三分之一。

14日　无锡高新区(新吴区)2023年“双招双引”大会在科技商务中心举行。

16日　区人民政府印发《无锡市新吴区2023年为民办实事重点项目计划》。区党政办印发《无锡高新区(新吴区)全民科学素质行动规划纲要实施方案(2021—2025年)》。

18日　无锡高新区管委会、新吴区人民政府印发《无锡高新区(新吴区)“三重一大”决策制度实施办法》。

20日　中信泰富能源下属新力时代能源科技有限公司与无锡高新区(新吴区)投资合作协议签约仪式举行。世界500强企业中信集团牵手无锡高新区。

21日　在2022中国停车产业(海南)年度峰会上,新吴智慧停车运营管理有限公司(锡慧停)获“2021中国城市停车平台公司创新标杆”荣誉。

27日　无锡高新区(新吴区)以敢为敢闯敢干敢首创的担当作为建设中国式现代化先行示范区动员大会召开。出台《无锡高新区(新吴区)建设中国式现代化先行示范区总体方案》《关于贯彻落实“干部敢为、地方敢闯、企业敢干、群众敢首创”精神要求的实施方案》,细化出台“三年行动计划”,“无锡高新区(新吴区)中国式现代化建设研究中心”揭牌。

是月　苏南硕放国际机场改扩建工程项目、无锡国际邮件互换局项目启动建设,DHL快递无锡口岸正式投运。

△　新吴区入选全国首批典型地区再生水利用配置试点城市。

△　无锡市快递行业(硕放)劳动争议调解中心获全国“2022年度工作突出基层劳动人事争议调解组织”荣誉,是无锡市唯一获此称号的单位。

△　无锡高新区7家企业获2022年江苏省级绿色工厂称号。

△　德勤发布“2022中国高科技高成长50强暨明日之星”榜单,无锡高新区两家企业荣登榜单。芯潭微电子有限公司入选“2022中国高科技高成长50强榜单”、芯河半导体科技(无锡)有限公司入选“2022中国明日之星榜单”。

△　江苏省发展改革委发布2022年省创业投

资企业竞争力提升行动计划及创业投资示范载体建设工程认定名单，无锡国际生命科学创新园被评为“江苏省创业投资集聚发展示范区”。

是月　江苏省物流与供应链研究院和江苏省物流产业促进会首次发布2022年度江苏省省级示范物流园区10强，苏南快递产业园名列其中。

2月

1日　无锡产业人才实训学院揭牌暨2023年无锡高新区（新吴区）生物医药人才实训开班仪式举行。

6日　无锡新加坡生命科学创新园开工仪式举行。一期、二期占地面积22.13公顷，总投资超50亿元。

9日　科技部火炬中心发布《科技部火炬中心关于2022年创新型产业集群的公示》，无锡高新区集成电路制造创新型产业集群为无锡市唯一上榜的产业集群。

10日　无锡市2023年一季度重大产业项目集中开工仪式在无锡高新区举行。无锡高新区（新吴区）一季度开工的重大产业项目26个，计划投资101.5亿元。

△　新吴区第三届江苏发展大会暨全球苏商大会及无锡行活动参会嘉宾推荐工作推进会召开。

15日　德国威能亚太区研发制造基地项目签约落户无锡高新区，这是全球供暖龙头企业德国威能集团在欧洲以外布局建设的唯一研发生产基地。

△　中国共产主义青年团新吴区第二次代表大会召开。大会审议通过共青团无锡市新吴区第一届委员会工作报告，选举产生共青团新吴区第二届委员会，选举产生书记、副书记和常务委员。刘璐当选为新一届团区委书记。

16日　无锡市数字经济提速和数字化转型大会召开，新吴区获评无锡市数字经济和数字化转型推进先进地区。

18日　58集团本地服务、汽车服务总部项目签约落户无锡高新区。

20日　无锡高新区（大湾区）创新中心金融专场推介会在深圳市南山区举行。无锡高新区创投基金联盟大湾区办事处揭牌。

20—22日　“才聚高新 智汇新吴”2023无锡高新区（新吴区）国企全球选聘高端人才开启香港之旅。香港新吴同乡联谊会揭牌成立。

22日　江苏省医疗器械检验所无锡检验室（分所）共建合作协议签约仪式在无锡高新区举行。

△　全市首个世界500强韩资独立研发中心韩国LG化学（中国）技术中心项目竣工仪式在无锡高新区举行。

△　自然资源部办公厅发布《2022年度国家级开发区土地集约利用监测统计情况的通报》，无锡高新区综保区位列全国448个工业主导型开发区中土地集约利用第一。

△　科技部火炬中心发布2022年国家高新区综合评价结果，无锡高新区在全国169家国家级高新区中位列第18，在全国所有普通地级市高新区中位列第二，连续四年实现“争先进位”。

3月

2日　新吴区行政审批局为全市首批新设企业免费发放电子印章。

6日　英国海尔曼太通汽车零部件制造基地暨亚太区研发中心项目落户无锡高新区。

8日　全市首家湖湾儿童友好PARK开园暨新吴区妇联“新馨”品牌发布仪式在大溪港湿地公园举行。

9日　苏州银行无锡分行“苏赢兴吴”金融计划发布暨政银企合作签约仪式举行。无锡高新区（新吴区）与苏州银行携手发布150亿元“苏赢兴吴”金融计划，探索政府债务优化、服务产业发展、解决企业融资问题的政银合作新模式。

10日　无锡高新区与索尼数字合作框架协议签约仪式在高新区举行。

△　苏南硕放机场苏锡毗邻公交一体化先行暨苏锡公交1号线路开通仪式在苏南硕放机场举行。

11日　无锡高新区（新吴区）2023年数字经济提速和数字化转型大会召开。

15日　新吴区国家生态文明建设示范区创建动员部署会召开。

17日　上海瑞金医院无锡分院2023年新项目发布会举行，无锡地区最先进的直线加速器——新吴区首台瓦里安True Beam直线加速器开机，发布2023年度无锡市“50个第一”技术。

18日　国泰军安微波组件和毫米波微系统生产基地项目签约仪式举行，总投资10亿元重大项目落户中欧产业创新区。

20日　“无锡高新区（新吴区）企业家核心领导力高层次研修班（第五期）”在南开大学开班。

21日　新吴区在锡东革命烈士陵园举行零散烈士墓集中安葬仪式。

23日　由中国电子技术标准化研究院、全国信标委物联网分技术委员会、物联网标准与应用工业和信息化部重点实验室、无锡市人民政府联合主办的“2023 物联网创新发展论坛”在无锡高新区举办。

△ 无锡高新区(大湾区)创新中心与深圳市芯凯瑞生物科技有限公司签订入驻孵化协议。

24 日 无锡高新区科技人才创新大会暨争创具有世界影响力的高科技园区推进大会召开。

△ 无锡高新区(新吴区)区(部)管干部学习贯彻习近平新时代中国特色社会主义思想和中共二十大精神轮训班开班式举行。

25 日 博世动力总成与无锡高新区签署战略合作协议,进一步推动博世氢燃料电池和商用车电动化产品的本土化开发和商业化进程。

28 日 德国普发真空亚太区总部化项目落户无锡高新区,签约仪式举行。

△ “党建引领促振兴 美丽乡村入画来”——“映山鸿”红色振兴三大行动(强基赋能行动、示范领航行动、富民强村行动)启动仪式在鸿山街道大坊桥村姚更上举行。

29 日 施耐德电气中国自动化研发中心开幕仪式举行。

30 日 玉柴芯蓝氢能源总部项目正式签约落地无锡高新区。

△ 由中国光学学会、中国仪器仪表学会、中国集成电路创新联盟、无锡市人民政府联合主办,无锡国家高新技术产业开发区管理委员会承办的首届中国硅光大会暨太湖湾硅光产业创新中心建设大会在无锡举行。太湖湾硅光产业创新中心建设启动。

31 日 “新吴区社会协同发展创新中心”成立暨新吴区 2023 年国际社工日主题宣传活动在新吴区科技交流中心一楼剧场举办。

△ 无锡日联科技股份有限公司(简称“日联科技”,股票代码:688531)在上海证券交易所科创板上市。

4 月

1 日 中电海康无锡科技有限公司总部大楼启用仪式举行。

7 日 中国中小企业发展促进中心与无锡高新区管委会签署战略合作协议,“专精特新”产业基地(无锡)启动建设。

8 日 2023 年浙江大学全球校友经济论坛在无锡举办,无锡高新区与浙江大学无锡校友会签署招才引智协议。

9 日 “吴韵鸿山 灿烂江南”——2023 吴文化旅游季启动仪式在鸿山旅游度假区吴文化广场举行。鸿山泰伯文化区被授予“中国华侨国际文化交流基地”称号。

10 日 无锡高新区(新吴区)新就业群体融智聚力行动发布暨长三角新就业产业园党群服务中心启用仪式在旺庄街道科技创新园举行。

△ “2023 吴文化发展大会——梅里经济发展论坛暨区域价值品鉴会”在梅村街道举行。

11 日 中铁十七局市政建设总部项目签约,落地无锡高新区。

12 日 2023 年春季无锡传感网国家大学科技园入孵企业揭牌仪式暨 2023 年第 3 期无锡学院师生创新创业训练营开营仪式举行。

13 日 由无锡市人民政府、全国工商联科技装备业商会共同主办,无锡高新区管委会、无锡市发展改革委和无锡市工商联联合承办的全国工商联科技装备业商会助力无锡民营经济高质量发展合作大会举行。无锡高新区与北京、上海、广东等 13 家全联商会省级商会签署全面战略合作协议。

△ “产融结合 赋能兴吴”政银企合作签约仪式举行,无锡高新区(新吴区)与兴业银行无锡分行签署 200 亿元政银企战略合作协议。

14 日 瑞士布勒集团大中华区创新研发中心及创新食品项目落户无锡高新区。

15 日 全市首个总体国家安全观主题公园——新安街道国家安全主题公园开园仪式在新安月牙湖畔举行。

△ 无锡高新区与泽平宏观商学院合作协议签约仪式举行。

18 日 由江苏省食品药品监督检验研究院、无锡高新区、无锡市市场监管局三方共建的江苏省食品药品监督检验研究院无锡检验室签约,落户无锡高新区无锡国际生命科学创新园。

△ 无锡高新区·珠三角科技招商推介会在广州举行。粤港澳大湾区粒子应用技术创新中心鉴微华芯光子计数成像光子芯片项目签约,落户无锡高新区。

19 日 无锡高新区——深圳大湾区智能装备产业交流活动在高新区(大湾区)科创飞地举办。

21 日 锡鲨客电子竞技俱乐部、无锡 KONE 电子竞技俱乐部签约落户无锡高新区(新吴区)电子竞技产业基地。

24 日 “知识产权助力企业加速创新创造”无锡高新区知识产权宣传周启动仪式举办。

25 日 在江阴举行的科技部火炬中心企业创新积分制(南方片区)工作推进会上,作为全国首批十三家企业创新积分试点国家高新区之一的无锡高新区，被评为2022年度“企业创新积分积分制”优秀工作单位。

△ 全市首个知识产权强企培育工程——《无锡高新区（新吴区）知识产权强企培育工程实施方案》发布。

26日 新吴区召开“庆五一”表彰大会暨“四敢”职工谈主题活动。会上，区领导为2023年全国五一劳动奖章获得者、江苏省五一劳动奖章和江苏省五一劳动荣誉奖章获奖者颁发新吴区“劳动贡献奖”；为2023年无锡市五一劳动奖章获奖者代表、2023年新吴区优秀外籍员工代表、2023年新吴区平凡岗位不平凡职工代表，以及5位无锡大工匠、无锡工匠和10位新吴工匠颁奖。

△ 上港ICT（无锡）项目签约暨河海直达船“汉唐无锡号”首航仪式在无锡高新区举行。

27日 长三角科创投资促进会与无锡高新区签署战略合作协议。

28日 无锡高新区与江南大学Josef Kittler人工智能研究院共建签约仪式举行。

5月

4日 “Xin‘吴’所畏·这Young敢为”无锡高新区（新吴区）青年发展型城区建设活动季启动暨青年发展基金成立仪式在无锡永乐万悦集举办。全市首个青年发展基金在无锡高新区（新吴区）成立。

4—6日 无锡高新区代表团赴新加坡开展经贸交流，艾迈斯欧司朗高功率LED芯片封装及全球研发中心项目签约仪式举行。在新加坡举行的无锡（新加坡）城市国际化发展合作交流会上，无锡高新区与新加坡胜科集团签约共建无锡新加坡科创城，无锡祥生医疗科技股份有限公司与新加坡南洋理工大学进行了高端医学影像关键技术攻关科研合作项目签约。

6日 2023年“红十字博爱周”主题活动启动仪式暨水域应急救援演练活动在伯渎河公园音乐广场举行。

△ 2023年第七届未来医疗100强榜单发布。无锡国际生命科学创新园（I· Campus）蝉联入选年度生物医药标杆产业园区，罗益生物入选中国创新生物医药榜，睿健时代入选中国创新医疗服务榜，启益医疗入选中国创新数字医疗榜。

7—8日 在韩国举办的“合作共赢·携手未来”中韩（无锡）科技创新合作交流会上，无锡高新区与韩国成均馆大学共建中韩（无锡）科技创新中心签约仪式，以及无锡高新区与君海创芯基金二期项目签约仪式举行。

8日 无锡市硕放中学入选首批全国健康学校建设单位名单，是无锡市唯一入选的中学。

9日 浪潮软件一网统管总部基地项目战略合作签约仪式举行。

10日 无锡高新区（京都）日本跨国企业高层恳亲会在日本京都举办。签约了一批涉及高端装备、新型显示、智能制造、新能源等产业领域的优质总部类、基地类项目。

11日 “无锡旅情 携手未来”无锡（东京）经贸文化合作交流会在东京举办。无锡高新区签约了日本航空电子智能电子元器件、日本美里工业自动化设备、久保田建机智能分拨中心等4个优质产业类项目。

△ 2023年无锡市“文明家门口”文明实践进社区活动启动，全市首个新时代文明实践主题公园在江溪街道开园。

13日 第十届IEEE下一代电子国际学术会议暨第一届无锡集成电路产研融合发展高峰论坛在无锡高新区举行。

△ 新华网发布2023市辖区高质量发展百强（地级城市市辖区）榜单，新吴区排名全国第四，较上年度提升1个位次。新吴区连续四年位列全国百强区前五。

14日 “一代鸿儒 弦歌不辍”2023新吴区吴文化旅游季系列活动之钱穆故居活化利用开馆仪式举行。

16日 亿利科创产业园开园仪式举行。无锡北京大学EDA研究院、兴晟新视智能装备、WTI高端汽车零部件检测、江苏坤震电子科技有限公司4个重点项目与亿利科创产业园签署入园协议。

18日 由中国药学会与无锡高新区共同主办的“生物医药前沿技术发展与政策研讨会”举行。

△ 2023太湖湾生命健康未来大会举行。无锡高新区签约国风投生物科技（无锡）基金、锡创益世科QFLP生物医药基金及全球创新中心（无锡）、肿瘤介入诊疗器械项目、大分子创新药研发基地4个项目。

18—19日 太湖湾（无锡）—大湾区（深圳）智能装备产业合作洽谈会在无锡高新区举行，深圳市电子装备产业协会无锡办事处揭牌。

19日 作为“2023太湖湾生命健康未来大会”的重要组成部分，由GE医疗无锡基地、无锡市新吴区人民政府、无锡市生物医药行业协会共同承办的首届GE医疗生态圈大会举行；第六届阿斯利康中国生态圈大会暨阿斯利康中国30周年活动举行；2023国投招商生命科学生态圈会议举办。

△ 在2023生物医药创新论坛暨第三届药物

创新济世奖颁奖大会上，迪哲医药荣获“年度十大药物创新新锐公司”，公司创始人、董事长兼首席执行官张小林博士荣膺“年度十大药物创新领军人物”。

△　和誉医药子公司无锡和誉开业。

22 日　新吴区侨联与德国华人华侨联合会缔结为友好侨联。

23 日　无锡高新区（新吴区）和连云港市海州区（高新区）南北结对合作联席会议召开，无锡连云港工业园区重点项目签约仪式举行。

29 日　由无锡高新区和上海交通大学医学院附属瑞金医院、院士蒋建东合作共建的瑞金长三角健康研究院开业。

31 日　奥特维新能源装备研发制造基地开工暨奥特维智能装备生态圈项目签约仪式在无锡高新区举行。

是月　国家知识产权局公布了第二十四届中国专利奖评审结果，无锡华润上华科技有限公司荣获“中国专利优秀奖”。

△　文化和旅游部推出 10 条长江主题国家级旅游线路，鸿山国家考古遗址公园入选长江文明溯源之旅。

△　无锡（国家）软件园荣获 2022—2023 大数据产业标杆园区，是江苏省唯一获此殊荣的科技类专业园区。

6 月

1 日　新吴区“护光计划”暨“春风化雨润心田”儿童关爱保护项目联合启动仪式举行。

6 日　新吴区全省首批仪器仪表产业园通过验收。

7 日　中科院—无锡高新区合作对接会举行。

△　无锡高新区在德国慕尼黑举办慕尼黑开放创新合作企业家恳谈会。

8 日　华虹无锡集成电路研发和制造基地二期项目签约仪式在南京举行。

9 日　2023 年“文化和自然遗产日”无锡系列活动暨首届鸿山国家考古遗址公园文化艺术周启动仪式在新吴区举行。遗址公园功能服务区的核心项目——鸿山国家考古遗址公园考古体验中心项目启动。

10 日　2023 视觉与学习青年学者研讨会在无锡太湖国际博览中心开幕。无锡高新区与江南大学共建的 Josef Kittler 人工智能研究院启动。

△　无锡高新区（新吴区）2023 年“安全生产月”启动仪式暨安全生产宣传咨询活动举行。

△　无锡太湖国际科技园管理办公室与普华永道举行战略合作签约仪式，无锡（国家）软件园与小马有数、AIGC 大数据智能解决方案项目举行落地合作签约仪式。

△　英臻科技股份公司创立大会暨乔迁庆典在无锡高新区微纳园进行。

11 日　“凤飞高新 乐动新吴”无锡高新区（新吴区）第八届运动会龙舟、皮划艇、桨板大赛在伯渎河公园举行。

12 日　“知联护新 聚力发展”新吴区党外知识分子助力专精特新企业知识产权保护专项行动启动仪式举行。

△　2023 年新吴区首家生物医药上市企业——科笛集团（股票代码:2487.HK）上市仪式举行，登陆香港交易所。

13 日　无锡高新区首个航空发动机项目——尚实航空发动机无锡总部及产业化基地项目签约。

15 日　吴博园公司与万达投资集团举行无锡美华里商业街（吴越水街）项目签约仪式。

△　韩国 LS 机械智能注塑机生产基地项目竣工。

16 日　无锡高新区“高企融资服务直通车”成效发布会举行。科技金融创新试点无锡高新区基地揭牌。

△　企业新型学徒制政策发布会暨无锡工匠·无锡高新区（新吴区）第七届职业技能大赛决赛启动仪式在无锡科技职业学院举行。发布了无锡高新区《关于在重点产业集群龙头企业中推行企业新型学徒制 加强技能人才培育的实施办法》。

18 日　无锡交响乐团启动仪式在无锡高新区（新吴区）举行。

△　“凤飞高新　乐动新吴”无锡高新区（新吴区）第八届运动会电子竞技大赛总决赛在百联奥特莱斯广场举办。

20 日　同济大学第四代半导体氧化镓材料项目签约，落地无锡高新区。

23 日　无锡高新“万达广场”开业仪式举行。

26 日　瑞典阿特拉斯·科普柯工业压缩机业务研发制造中国总部项目开工。

28 日　德国柏丽 / 德禄亚太生产研发销售总部项目开业仪式举行。

△　“中国式现代化江苏新图景”融媒体行动走进无锡高新区启动仪式举行。“中国式现代化江苏新图景”融媒实践（无锡高新区）基地揭牌。

△　由无锡市承办的生物医药及医疗器械产业合作交流会在苏州举行，落户于无锡国际生命科学创新园的“医疗健康创新国际化发展共享基地”揭牌。

29 日　无锡高新区联合阿联酋迪拜商会、沙特阿吉兰兄弟控股集团、CGI 基金举办中沙中阿产业对接会。

△ 软通动力·无锡开源鸿蒙生态建设暨鸿湖万联合作伙伴签约仪式举行。

△ 江苏省人民政府发布关于 2022 年度江苏省科学技术奖励的决定，无锡高新区共获得 7 个奖项，其中企业技术创新奖 1 个、二等奖 2 个、三等奖 4 个，获奖项目数全市第一。

30 日 总投资 67 亿美元的华虹无锡集成电路研发和制造基地二期项目开工。

7 月

4 日 江苏省工业和信息化厅发布《关于 2023 年度省级中小企业特色产业集群拟认定名单公示》，无锡高新区（新吴区）物联网 MEMS 传感器产业集群入选。

8 日 无锡市 2023 年第一季度无锡好人发布会暨新吴区双层巴士文农旅研学游启动仪式在无锡高新区（新吴区）融媒体中心举行。

10 日 2023 无锡—西安交通大学创新合作大会在西安交通大学创新港校区举行。无锡高新区（西安）创新中心正式揭牌。

△ 无锡市社会组织党组织"四聚"行动启动暨无锡市社会组织党建指导中心启用揭牌仪式在江溪街道举办。

12 日 由无锡军分区主办，新吴区人民政府承办，梅村街道办事处协办的第二届"太湖美·天山情"国防军事夏令营在梅里古镇正式开营。

13 日 瑞士博力吉纳中国区研发制造基地项目签约仪式在新加坡科创城（旺庄街道）举行。

当月 以"应用引领集成电路产业高质量发展"为主题的第三届中国集成电路设计创新大会暨 IC 应用博览会（ICDIA 2023）举行。无锡高新区与 8 个重点项目签约。

14 日 日本松下冰箱全球研发中心开业仪式在无锡高新区举行。

△ 无锡养乐多乳品有限公司第二工厂竣工仪式举行。无锡养乐多乳品有限公司第二工厂总投资 3 亿美元，占地面积约 6.67 公顷，计划分批引进 12 条生产线，无锡养乐多乳品有限公司将成为养乐多全球规模最大的生产基地。

15 日 "约惠新吴"夏季促消费活动暨"无锡·新吴国际啤酒节"在新地假日广场举行。

17 日 力特半导体（无锡）有限公司新地块竣工仪式举行。此次竣工的新地块占地 0.92 公顷，总投资 9000 万美元。

18 日 中法（无锡）产业合作园启动暨重大项目签约仪式在高新区举行，中法（无锡）产业合作园、中法合作示范区正式揭牌启动，总投资超 10 亿美元 6 个法资重大项目完成签约。

20 日 2023 世界半导体大会暨南京国际半导体博览会上，赛迪顾问发布 2022—2023 年度中国集成电路高质量发展优秀园区，无锡国家集成电路设计产业化基地获全国十大集成电路高质量发展优秀园区称号。

22 日 "萄醉鸿山 乡约仲夏"2023 葡萄文化旅游季于鸿山生态葡萄园广场开幕。

△ 中共江苏省委群众杂志社无锡高新区（新吴区）调研基地合作签约、揭牌仪式举行。

24 日 "聚合聚力邻里圈 共建共享'新'福里"无锡高新区（新吴区）党建引领基层治理项目启动暨泰伯大道"三大联体"成立仪式举行。

25 日 联合飞机航空发动机生产研发总部签约落户无锡高新区，无人直升机产业化基地项目同步落地。该项目总投资 70 亿元。

△ "践行'双碳'目标，赋能绿色新吴"国家电投与高新区'双碳'全面战略合作签约仪式举行。

26 日 钠远新材总部及研发工程一体化中心项目签约仪式举行。公司总部落户无锡高新区太湖湾科创城，总投资约 5 亿元。

28 日 京东集团跨境产业综合体项目签约仪式在无锡高新区举行。

△ 景嘉微无锡 GPU 产业项目签约仪式举行，落户无锡高新区。

△ 2021—2022 年度江苏基层社会治理创新成果获奖项目公布，新吴区报送的"治荟基金添动能，五社联动显活力"——新安街道双驱四级五联机制探索基层治理创新项目获治理创新提名奖。

△ 工业和信息化部第五批专精特新"小巨人"企业公示结束，无锡高新区新增认定国家级专精特新"小巨人"企业 33 家，复核通过 2 家，新认定数位居全市第一。

8 月

2 日 无锡高新区（新吴区）生物医药产业链党建"链合企航"专项行动启动暨生物医药产业人才服务中心·链空间揭牌仪式举办。

3 日 中共无锡高新区工委（扩大）会议暨中共无锡市新吴区委二届四次全会举行。

4 日 市天使引导基金走进孵化器暨无锡高新

区“天使会客厅”启用仪式在无锡（国家）软件园天鹅座C座16楼举办。

8日　长三角国家高新区党建联盟第二次联席会议暨党建引领高水平科技自立自强研讨会在无锡高新区召开。

△　由科技部火炬中心联合中国银行主办的企业创新积分贷“走进高新区”系列活动在无锡高新区启航。

△　康明斯（中国）投资有限公司与卓品智能科技无锡股份有限公司在无锡高新区签署协议。

8—11日　2023集成电路（无锡）创新发展大会举办，无锡高新区先后承办第十五届中国集成电路封测产业链创新发展高峰论坛、第十一届中国电子专用设备工业协会年会暨产业链合作高峰论坛、半导体设备材料与核心部件展示会三个重要活动和重点集成电路企业产业生态圈活动。

8—14日　无锡高新区代表团到英国、沙特开展经贸文化交流系列活动，对接全球优质企业、科创、人才、金融资源。

9日　无锡高新区管委会（新吴区政府）第二次全体（扩大）会议暨廉政工作会议举行。

9—10日　新吴区通过国家再生水利用配置试点中期评估。

10日　由江苏省工业和信息化厅、无锡市人民政府指导，中国电子专用设备工业协会、无锡国家高新技术产业开发区管理委员会主办的第十一届（2023年）中国电子专用设备工业协会半导体设备年会暨产业链合作论坛（CSEAC 2023）在无锡太湖国际博览中心开幕。无锡高新区集成电路产业专项政策兑现仪式举行。

△　昇迪凡科技术有限公司亚太总部基地项目签约仪式举行。

10—11日　2023年长三角党建引领基层治理主题研讨会在无锡高新区（新吴区）举办。

14日　工业和信息化部公布2023年物联网赋能行业发展典型案例公示名单，无锡高新区朗新科技集团股份有限公司的智慧能源数字化服务平台项目、无锡高科物联网科技发展有限公司的“感知环境、智慧环保”环境监控物联网系统应用项目入选社会治理、行业应用领域典型案例，无锡高新区占全市50%。

18日　无锡高新区与阿斯利康制药有限公司在无锡签署阿斯利康无锡供应基地战略发展协议。

△　新吴区综治中心一站式服务平台正式启用，这是全市首家区级综治中心一站式服务平台。无锡高新区党工委书记、新吴区委书记崔荣国为社会矛盾纠纷调处服务中心、人民来信来访接待中心、诉讼与非诉讼对接中心、公共法律服务中心、网格化服务管理指挥中心5个中心授牌。

22日　2023未来技术合作（无锡）大会召开，无锡高新区（新吴区）企业元旭半导体科技（无锡）有限公司、威脉清通医疗科技（无锡）有限公司与清华大学签约。

23日　无锡太湖国际科技园管理办公室干部会议召开，宣布市委关于太科园管理办主要领导调整的决定：阙尧尧任无锡太湖国际科技园管理办公室主任。

24日　2023“百万青年看祖国——江苏行”（无锡站）活动总结会暨“双湾融合共创未来”香港大学生暑期实习结营仪式在无锡市新吴区青少年活动中心举办。

25日　首届太湖湾特殊食品生态圈大会暨无锡特殊食品与营养健康研究院投用仪式在无锡高新区举办。无锡特殊食品与营养健康研究院一期投用和二期启动仪式举行，签约总部项目1个、入驻企业7家、生态圈企业和机构11家。

△　无锡高新区、韩国纳科新公司、市产业集团合作，总投资2亿美元的韩国NEXTIN半导体高端检测量测装备生产研发基地项目签约仪式举办。

26日　2023哈佛大学无锡校友会暨哈佛大学校友（长三角）创新中心周年庆在无锡高新区举办。

27日　无锡市第一家本土创新型生物医药公司迪哲医药新一轮基地化发展合作协议签约暨新药舒沃哲获批上市启动。

29日　2023年新吴“慈善一日捐”现场捐赠仪式举行。

30日　质量标准品牌赋值中小企业专项行动产业集群全国行无锡站活动在无锡高新区举行。

△　高端光通信芯片项目签约落户无锡高新区，总投资10亿元。

31日　无锡市与青海省海东市以视频连线方式，签约共建零碳产业园。零碳产业园由无锡高新区与海东工业园合作共建。一批东西部协作项目同步签约。

是月　2023年度江苏省工业互联网标杆工厂拟认定名单出炉，无锡高新区6家，占全市总数的35.3%，位居全市第一。

△　新吴区入选全市全口径权责清单编制试点唯一县（市、区）。

△《江苏省智能制造发展指数报告（2022版）》显示，无锡高新区智能制造能力成熟度位列全省县（市、区）第一，连续两年问鼎全省第一。

9月

1日　江苏省文化产业高质量发展推进会在南京召开。闻泰科技（无锡）有限公司、邦道科技有限公司2家企业入选江苏民营文化企业30强。邦道科技有限公司、江苏云工场信息技术有限公司、无锡珍岛数字生态服务平台技术有限公司3家企业入选第五批江苏重点文化科技企业。

4日　无锡高新区（新吴区）新学校启用（揭牌）仪式举行，无锡市大桥实验学校清晏校区无锡高新区（新吴区）太科城实验学校、无锡金桥教育集团鸿山校区无锡市新吴区金鸿实验学校、无锡连元教育集团联盟校无锡市新吴区泰山路实验小学、新吴实验教育集团无锡市新吴区文博实验中学4所学校揭牌。新吴区新光幼儿园、景渎幼儿园、泰山路幼儿园、实验幼儿园、鸿山至德实验幼儿园、红蕾幼儿园6所新幼儿园投入使用。

5日　由江苏分社与无锡高新区共建的新华社江苏分社全媒体中心实践基地揭牌。

6日　THK直线导轨智造基地项目投资备忘录签约仪式在无锡高新区举行。

8—9日　无锡高新区（新吴区）党政代表团赴陕西省延安市宜川县推进对口帮扶工作。无锡高新区—宜川县产业协作（西安）中心揭牌。

9—10日　无锡高新区（新吴区）党政代表团赴青海省互助县推进东西部协作工作，举行项目集中签约和捐赠仪式。赴青海省海东工业园推进零碳产业园合作共建工作。2023年海东工业园区—无锡高新区（新吴区）合作共建青海零碳产业园第一次联席会议暨零碳协作项目签约仪式在海东工业园举行。

11日　奕拓医药总部项目签约暨无锡高新区生物与化学交叉研究成果转化平台揭牌仪式举行。

12日　绿氢创新发展论坛暨科技成果发布会在无锡高新区举行，隆基氢能无锡二期扩建项目签约落地。

18日　无锡高新区党工委（新吴区委）学习贯彻习近平新时代中国特色社会主义思想主题教育领导小组第一次会议召开。

19日　2023年新吴区“全国科普日”主场活动启动仪式在新吴实验小学举行。

20日　药明合联新商业化厂房启动仪式在无锡高新区举行。药明合联投产的无锡基地新GMP生产设施占地面积近7000平方米，年产能500万瓶。

21日　第二届ADC及偶联药全球创新峰会在无锡高新区举行。

22日　《无锡高新区（新吴区）知识产权高质量发展暨知识产权保护示范区建设三年行动计划（2023—2025年）》正式发布。

24日　无锡高新区（新吴区）县处级以上领导干部学习贯彻习近平新时代中国特色社会主义思想主题教育读书班开班。

△　无锡高新区“助企、引才、筑巢”安居计划正式启动。

24—25日　2023引凤工程创新营在无锡高新区正式启动，引凤工程太湖湾科创城创新创业基地揭牌。

25日　阿迩发（无锡）医疗科技有限公司一期项目量产启动暨二期项目签约仪式于无锡高新区举行，标志着国内首家外资角膜塑形镜企业正式进入国产化交付阶段。

27日　玉柴芯蓝（江苏）氢能公司启动仪式在无锡高新区举行。玉柴芯蓝（江苏）氢能公司总投资额约17亿元。

△　钱伟长爱国精神纪念馆“中国民主同盟传统教育基地”揭牌仪式在钱伟长故居举行。江南大学统一战线“同心”教育实践基地揭牌。由民盟无锡市委会与江南大学理学院共同建立的“伟长实验班”正式签约。

△　无锡高新区（新吴区）“花好月圆共相约”——“我们的节日·精神的家园”中秋主题活动在空港经开区硕放便民服务中心广场举办。

30日　无锡高新区（新吴区）在锡东革命烈士陵园举行向烈士敬献花篮仪式。

是月　无锡高新区企业纽迪希亚制药（无锡）有限公司、无锡市恒益健康科技有限公司的4款产品获批特殊医学用途配方食品注册证书，实现了全市特医食品注册获批“零突破”。

△　省科技厅发布2022年度全省高新区创新驱动高质量发展综合评价排名，无锡高新区连续三年在全省57家国家和省级高新区中名列第二，其中绿色发展和宜居包容性、开放创新和国际竞争力、综合质效和持续创新力3项指标位居全省高新区第二，安全专项整治评价位居全省高新区第一。

△　无锡复生智慧医疗科技有限公司自主研发出国内首款多镜头结肠胶囊内镜，打破国外垄断，实现高端医疗器械国产化。

10月

2日　江苏省梅村高级中学、无锡市梅村实验小学百又十周年办学成果展在无锡高新区举行。

7日　无锡高新区新港集成电路装备零部件及

材料产业园开园暨2023年四季度重大项目集中开竣工仪式举行。

△ 全市生物医药产业发展推进会召开，无锡高新区签约无锡太湖湾生物医药产业母基金项目、思远云骞医疗器械产业化项目、迈诺威新药研发项目3个项目。

△ 2023年度江苏省省长质量奖揭晓，无锡高新区企业无锡宝通科技股份有限公司获得江苏省省长质量奖提名奖。

8日 无锡高新区（新吴区）“锡银·苏服办”政银合作正式启动。

10日 无锡高新区—大湾区科技招商推介会在无锡高新区（大湾区）创新中心举行。

11日 由中央广播电视总台和上海市人民政府共同主办的2023科创大会在上海举行。无锡高新区等11家园区共同启动中国园区科创联盟。

15日 博世零碳氢运示范项目启动仪式在无锡高新区举行。博世零碳氢运示范项目是创新应用氢燃料商用车在博世物流业务相关场景的探索。

17日 无锡高新区与德国西门子医疗高端CT机核心部件生产研发基地项目签约。西门子爱克斯射线真空技术（无锡）有限公司20周年活动举行。

18日 苏创联名院名所智能制造成果转化与投资论坛在新吴区举办。新吴区政府、无锡市科协与苏创联三方就建设苏创联智能制造新吴国际人才科创中心签署战略合作协议。

19日 由无锡高新区和中国电子技术标准化研究院共同支持和指导，电子标准院华东分院联合区内国有企业和区块链龙头企业共同建设运营的区块链测评中心项目签约落户无锡高新区。

△ 省委统战部、省侨办指导无锡共同建设的侨商产业集聚区和华人华侨创新创业基地——“无锡华创苑”揭牌仪式在无锡高新区（新吴区）国际生命科学创新园链空间举行。

△ 在2023中国生物技术创新大会上，中国生物技术发展中心公布了《2023中国生物医药产业园区竞争力评价及分析报告》，无锡高新区跻身国家生物医药产业园区综合竞争力前20强。

21日 2023中国先进感知产业高峰论坛在无锡高新区举行，包括关键传感器及芯片项目、重大物联网应用项目在内的16个先进感知重大项目集中签约。

△ 作为2023世界物联网博览会重要分论坛之一的慧海湾小微特机器人高峰论坛在无锡高新区中电海康无锡物联网产业基地举行。

△ 第四届新吴区乡村文化旅游季暨2023长三角自驾游产业发展大会于鸿山旅游度假区举行。

22日 无锡高新区（新吴区）第八届运动会开幕式在无锡科技职业学院田径场举办。本届运动会分设机关企业部、街道部、中小学部和高校部，共设置43个单项比赛项目，189个小项，总参赛运动员达到8041人。

23日 由长城战略咨询和无锡高新区管委会共同主办的2023中国物联网新物种企业大会举办。活动现场发布《中国物联网新物种企业发展报告2023》，这是长城战略咨询第二次在无锡高新区发布物联网范畴新物种企业报告。无锡高新区上榜物联网新物种企业7家，入选数全市占比达77.8%，连续两年位列全国高新区第四。

△ 作为2023世界物联网博览会重要活动之一的中欧物联网产业合作洽谈会在位于无锡高新区的欧盟项目创新中心（无锡）举行。中欧产业创新区规划面积24.5平方千米。

26日 工业和信息化部公示2023年度智能制造示范工厂揭榜单位和优秀场景名单。无锡高新区企业无锡威孚高科技股份有限公司入选智能制造示范工厂揭榜单位，是全市唯一上榜企业，实现无锡市国家级智能制造示范工厂零的突破。无锡百年通工业输送有限公司的数据治理与流通场景入选优秀场景。

27日 2023太湖湾美丽健康产业生态圈大会暨无锡美丽健康产业园开园仪式在无锡高新区举办。江南大学与无锡高新区签约，中国香料香精化妆品工业协会、中国洗涤用品工业协会、中国口腔清洁护理用品工业协会三大协会合作指导园区揭牌。

28日 中国生态文明论坛济南年会召开。新吴区被生态环境部命名为第七批国家生态文明建设示范区。

31日 省科技厅公布的2022年度江苏省科技企业孵化器绩效评价结果，微纳公司运营的中国物联网国际创新园（微纳园）、无锡国际生命科学创新园（I· Campus）等5家孵化器荣获A类评价。

△ 水利部公示第六批节水型社会建设达标县（区）名单，新吴区位列其中。新吴区高耗水企业节水型企业建成率达100%。

△ 无锡国际生命科学创新园（I· Campus）企业无锡诺宇医药科技有限公司自主研发的1类放射性诊断药物68Ga-NY104（NYM005）新药临床试验（IND）申请获得国家药品监督管理局药品审评中心（CDE）正式受理。

11月

2日 位于无锡空港经开区航空产业孵化园的

香港理工大学无锡科技创新研究院启用,在无锡高新区(新吴区)汇业广场设立科研成果转化中心。

3日　2023中欧疫苗产业国际合作论坛在无锡高新区开幕。由市科技局、无锡高新区管委会、欧洲疫苗倡议组织和欧盟项目创新中心共建的全国首个中欧疫苗研发与产业合作中心签约。

△　第十五届中国(无锡)国际新能源大会分论坛——2023新能源智能装备产业对接会举办。无锡高新区共签约7个项目,总投资达122.2亿元。

3—5日　“鸿山秋韵”2023鸿山音乐产业峰会暨山水音乐雅集在鸿山旅游度假区(鸿山街道)举行。“鸿山音乐潮流粮仓”“鸿山数字音乐基地”“鸿山寒儒桥音乐村落”等文化园区建设正式启动。

5日　第六届中国国际进口博览会在上海拉开帷幕,无锡高新区报名参展注册单位224家,注册观众数982人,在无锡高新区有投资的重点参展商展位24个,位居全市第一。

6日　省工业和信息化厅公示2023年度省“互联网+先进制造业”特色产业基地名单,无锡空港经济开发区是本年度无锡市唯一上榜单位。

8日　“千年文德·翰墨梅里”——中国书画收藏家协会长三角(梅里)代表处揭牌仪式在梅里古镇文德梅里广场举行。

△　工业和信息化部公示2023年度国家级绿色制造名单,无锡空港经济开发区入围绿色工业园区公示名单,是2023年度全市唯一入围园区。

△　2023中欧(无锡)职业教育论坛在无锡高新区举行。

△　作为2023中欧(无锡)产业创新合作大会的重要组成部分,中欧产业创新区高质量发展圆桌会议在无锡高新区举行。

9日　2023无锡高新区(新吴区)航空航天产业链党建“‘擎’动太湖畔 聚‘链’探苍穹”专项行动启动仪式举行。

10日　无锡高新区综合保税区通过省水利厅、省工业和信息化厅组织的验收,在参评的全省8个工业园区中得分第一,获评新吴区首个省级节水型工业园区。

11日　由江苏省研究型医院学会、江南大学、无锡市卫生健康委员会、新吴区人民政府主办,新吴区民政和卫生健康局、江南大学附属医院、江溪街道办事处承办的2023紫金转化医学峰会举行。

11日至12日　2023年中国湿地学校网络年会上,梁鸿国家湿地公园被国际湿地(中国湿地学校网络委员会)授予“湿地学校”称号,成为无锡市首个获此称号的湿地公园。

11日至22日　开源技术沙龙(无锡站)暨开放原子开源大赛路演活动在无锡高新区举办。开放原子开源基金会与Eclipse基金会签署协议。此次协议签署是国内开源基金会第一次与海外基金会完成合作签约。

14日　全球临床研究与新药研发领军人才创新论坛在无锡高新区举行。

15日　新吴区红石榴就业促进“1+6+N”服务体系发布仪式暨“同新石榴红 服务暖民心”政策宣贯会在新吴区科技交流中心举行。

17日　药明合联生物技术有限公司香港交易所主板上市仪式举行。药明合联(股票代码:2268.HK)成功登陆港交所主板,成为2023年无锡高新区第二家生物医药港股上市公司。

18日　全市首条以“一站一美食”为主题的新吴区泰伯美食公交专线开通仪式举行。

19日　2023无锡新加坡科创城旺庄金秋双创周暨项目签约仪式在无锡高新区举行。

21日　无锡高新区与迪哲医药皮肤制剂创新药研发生产新公司签约仪式举行。迪哲医药是无锡高新区首个政府投资亿元以上的生物医药项目。

23日　2023年无锡芯火沙龙(第四期)暨国产EDA供需对接专场活动在无锡高新区“芯火”多功能厅举办。华大九天EDA创新联合实验室与线上实训中心揭牌。

△　“E路苏心”无锡市中医惠侨云平台启动仪式在新吴区中医医院举办。

24日　江苏省生产力促进中心发布2023年江苏独角兽企业暨高新区瞪羚企业名单,无锡高新区共上榜76家,占全市入选数53.5%,居无锡首位。

△　“文明中国·看无锡”研讨会在新吴区举办。

24—26日　2023江苏民建民营经济发展论坛在无锡高新区举行。

29日　国家知识产权局发布2023年新一批入选国家知识产权示范企业和优势企业的名单,无锡高新区5家企业获批。

是月　扬贺扬存储芯片总部项目签约仪式在无锡高新区举行。

△　新吴区太湖水域首次未出现规模性藻情,成为全市唯一蓝藻打捞量为零的板块,太湖蓝藻治理取得历史最好成绩,高质量实现太湖连续十六年安全度夏。

12月

1日　埃瑞微半导体前道套刻设备总部项目签

约落户无锡高新区。

△ 省人力资源社会保障厅发布《2023年度江苏省留学回国人员创新创业园和创新创业示范园名单公示》的通知，由无锡国际生命科学创新园（I·Campus）建设运营的中国无锡留学人员创业园获评“2023年江苏省留学回国人员创新创业示范园”。

4日 2023年“宪法宣传周”活动暨新吴区首届法治文化节启动仪式在无锡科技职业学院举行。

7日 2023ECI国际数字创新节暨ECI（无锡）数字创新产业论坛在无锡高新区启幕。活动中进行了无锡高新区数字经济产业推介。

8日 卓品智能科技总部基地项目开工仪式在无锡高新区举行。卓品智能科技总部基地项目用地面积约1.5公顷，总投资3亿元，规划建筑面积4.4万平方米。

△ 省工业和信息化厅公示2023年江苏省信息消费十大优秀平台名单，江苏中科西北星信息科技有限公司的“家庭养老床位数字化安全运营平台”入选，成为无锡市此次唯一获此奖项的项目。

10日 天助畅运（无锡）华东生产运营基地项目奠基仪式举行。天助畅运（无锡）华东生产运营基地投资5.2亿元，占地面积约2万平方米，总建设面积约6万平方米。

11日 比利时Agio Group集团中国区总部落户无锡高新区。

12日 无锡高新区与澳门科学技术协进会在珠海举办无锡—澳门科技合作交流会，并签署了多项合作协议。

△ 广电计量华东检测基地开园仪式暨第二届科创节活动在无锡高新区举行。广电计量华东检测基地是广电计量的华东区总部项目，总投资5亿元。

13日 北京大学无锡EDA研究院揭牌。北京大学无锡EDA研究院由无锡高新区与北京大学合作共建，项目总投资3亿元。

14日 新吴区举行“平安回家”志愿服务团成立暨梅村街道警保合作交通安全劝导站启动仪式举行。

15日 新吴区举行2023年“善治新吴”社区治理创新成果展示汇报会。

△ 康卓电子（无锡）有限公司开业仪式在无锡高新区举行。康卓电子（无锡）有限公司是全球发动机领军企业与无锡高新区重点民营企业合作的典型案例，是省、市外企与民企深度合作的优秀范例。

16日 以“一切为了开发者”为主题的开放原子开发者大会在无锡高新区召开。

18日 无锡新加坡工业园合作开发30周年暨无锡新加坡科创城高质量建设大会召开。无锡高新区与新加坡胜科工业集团签署新一轮战略合作协议，联手打造无锡新加坡科创城。无锡新加坡科创城生命科学创新园、集成电路产业园、专精特新产业园揭牌。新加坡中国商会（无锡高新区）科技商务联络处揭牌。

20日 无锡高新区党工委（新吴区委）召开“助力建设中国式现代化先行示范”专题民主协商会。

23日 新吴区慈善总会召开第五届会员大会，选举产生了新吴区慈善总会新一届理事会、监事。

24日 新吴区鸿山医院（鸿山街道社区卫生服务中心）、新吴区中医医院（江溪街道第二社区卫生服务中心）启用。无锡高新区（新吴区）与市人民医院、市中医医院签订“府院合作框架协议”。

△ 无锡高新区（新吴区）卫生健康事业高质量发展大会暨深化医改推进会召开。无锡高新区（新吴区）区域医疗联合体签约。无锡高新区（新吴区）医改系列新政策发布。

△ 华虹制造（无锡）项目主厂房钢屋架吊装仪式在无锡高新区举行。

26日 同济大学物理科学与工程学院晶体产业（无锡）研发中心揭牌仪式在同济大学举行。

28日 净慧科创园开园仪式在太湖湾科创城举办。

△ 无锡高新区（新吴区）召开领导干部警示教育大会。

29日 中共无锡高新区工委（扩大）会议暨中共无锡市新吴区委二届五次全会举行。全会听取和讨论崔荣国受党工委（区委常委会）委托作的工作报告，审议通过《中共无锡高新区工委（扩大）会议暨中共无锡市新吴区委二届五次全会决议》，书面审议《无锡高新区党工委（新吴区委常委会）2023年度落实全面从严治党主体责任情况的报告》。

是月 国家邮政局、工业和信息化部公布了第一批“快递业与制造业融合发展试点先行区”名单，无锡空港经济开发区作为江苏省唯一试点入选。

△ 省工业和信息化厅发布2023年度江苏省人工智能融合创新产品和应用解决方案名单，无锡高新区分别入选3个融合创新产品和2个应用解决方案，总数居全市第一。

地理环境

【概况】 无锡市新吴区地处长三角中部，位于无锡市东南部，东至锡山区，南至望虞河、太湖、苏州市，西至滨湖区、梁溪区，北至梁溪区、锡山区。辖区东西最大距离为22.17千米，南北最大距离为15.34千米，总面积219.79平方千米。（朱晓婷）

【地理位置】 新吴区介于北纬31°7′至32°2′、东经119°33′至120°38′，距上海125千米，距南京183千米。（朱晓婷）

【地形地貌】 新吴区境内以平原为主，星散分布着低山、残丘，南部为水网平原，北部低地辟成的水网圩田，河道纵横，地势平坦广阔。新吴区区域总面积219.79平方千米，农用地47.33平方千米（耕地24.4平方千米），建设用地157.73平方千米，未利用地14.73平方千米。新吴区的矿产资源主要有黏土矿、陶土、石灰石、石英砂岩、大理石等非金属矿。（朱晓婷）

【气候】 新吴区地处北亚热带湿润区，四季分明，气候温和。雨季较长，雨水充沛，主要集中在夏季，属湿润地区，日照充足，无霜期长，温度、光线、水资源较丰富，常见的气象灾害有台风、暴风、连阴雨、干旱、寒潮、冰雹和大风等。（朱晓婷）

【道路交通】 新吴区内国际机场、城际高铁、京杭大运河以及多条高速公路构成了水陆空立体交通体系。公路有G312、G42（沪宁高速）、S19（通锡高速）等；城市主要道路有机场路、高浪东路（高架）、金城东路（高架）、长江南路、长江北路、吴都路、菱湖大道、泰伯大道等。（朱晓婷）

区划人口

【行政区划】 2023年年末，新吴区辖江溪街道、旺庄街道、梅村街道、硕放街道，新安街道、鸿山街道6个街道。设5个村委会、114个居委会。区人民政府驻新安街道和风路28号。区内有无锡（太湖）国际科技园、无锡空港产业园区、江苏无锡出口加工区、中国工业博览园、中国吴文化博览园、无锡新加坡工业园等功能园区。（区民政卫健局）

【人口】 2023年年末，新吴区户籍人口41.34万人，比上年增长1.8%。全年出生人口2965人，出生率7.2‰；死亡人口3325人，死亡率8.0‰；人口自然增长率-0.8‰。年末全区常住人口72.85万人，比上年增长0.29%；常住人口城镇化率89.73%，比上年年末提高0.25%。（区统计局）

【民族】 2023年年末，新吴区有汉族、满族、蒙古族、朝鲜族、回族、苗族等民族54个。少数民族常住人口4200余人，流动人口18600余人。（季颖）

【宗教】 2023年年末，有宗教活动场所16处，教职人员24名（不含散居道士）。（区统计局）

历史人文

【文化遗产】 新吴区共有各级不可移动文物35处。其中国保单位4处，分别是鸿山墓群、泰伯墓、泰伯庙、昭嗣堂；省保单位1处，即彭祖墩；市保单位11处；市控单位9处；尚未公布为文保单位的不可移动文物10处。大部分文物资源集中在鸿山旅游度假区（鸿山街道）和梅村街道区域内。其中，鸿山旅游度假区

（鸿山街道）有各级文物保护单位及文物点24处。梅村街道有泰伯庙、梅里遗址、新四军江抗东进纪念馆等文物资源。集义桥、积福桥、大通桥等11座古石桥建筑是江南文化的典型代表，体现着江南文化典雅灵动的特质。2023年，新增3处市级地名文化遗产：江溪桥、丰乐桥、西仓（街）。（逯俊宁）

【名胜古迹】 3200多年前，泰伯三让王位，定都梅里（今梅村），开创吴文化。境内现存鸿山遗址、泰伯庙、泰伯墓和世界第一条人工运河——伯渎河、昭嗣堂等历史名胜，钱穆、钱伟长等名人故居。鸿山遗址位于新吴区鸿山街道东部，是我国长江下游地区春秋战国时期的墓葬类遗址，北依伯渎河，南靠九曲河，东接漕湖，与苏州相望，保护面积达7.5平方千米，已探明有大型土台、土墩130余座。在抢救性考古发掘的7座墓葬中，出土了青瓷、硬陶、玉器等器物2300余件，被评为“2004年全国十大考古新发现之一”。2010年，鸿山遗址被国家文物局公布为第一批国家考古遗址公园之一。（王娟娟）

【历史名人】 新吴区自古钟灵毓秀，人文积淀丰厚，东汉时期的梁鸿夫妇就曾在此隐居。自19世纪末期以来，新吴地区经济发达、文风昌炽，受上海的辐射影响，集中了精英诞生的天时、地利，涌现出了一大批在全国乃至世界闻名的人物。其中，有承前启后的一代宗师钱穆、书画印三绝的天才艺术家钱瘦铁、尽一生之力留下《南明史》的钱海岳、技近乎道的一代治石大家黄怀觉、才德双馨的物理学家钱临照，以及有“中国密尔”之誉的政治学家邹文海、中国马克思主义经济学代表人物钱俊瑞、考古学家顾铁符，还有中国唯一终身任职的大学校长钱伟长、影响几代人的音乐教育家钱仁康、新中国美术出版事业的开拓者邹雅和中国应用力学大师钱令希。（王娟娟）

经济发展

【概况】 2023年，新吴区主要经济指标处于合理区间，生产供给稳步增加，市场需求持续扩大，发展质量不断提升，经济综合实力持续增强。年末，登记在册的企业法人59364户。其中，内资企业法人58073户，外资企业法人1291户。当年新办企业法人7849户。其中，新办内资企业法人7761户，新办外资企业法人88户。（区统计局）

【经济结构】 分产业看，新吴区第一产业实现增加值0.67亿元，比上年增长4.8%；第二产业实现增加值1560.55亿元，比上年增长6.7%；第三产业实现增加值954.47亿元，比上年增长5.1%。三次产业比例调整为0.03 ∶ 62.03 ∶ 37.94。（区统计局）

【企业上市】 2023年，新吴区新上市企业共3家。年末，新吴区拥有上市企业35家，其中主板8家、创业板8家、科创板10家、境外上市企业9家、北交所1家。过会企业1家、在会企业4家、在辅导企业13家，上市后备企业库近百家。

【经济总量】 2023年，新吴区经济综合实力持续增强，实现地区生产总值2515.69亿元，按可比价格计算，比上年增长6.1%。按常住人口计算人均地区生产总值达到34.58万元。

农业 2023年，新吴区实现农林牧渔总产值1.09亿元，按可比价格计算，比上年增长4.4%；粮食总产量6944.71吨，比上年增长2.6%；粮食作物播种面积1020公顷。

工业和建筑业 2023年，新吴区规模以上工业总产值6508.71亿元，比上年增长4.9%；规模以上工业实现增加值比上年增长7.8%。规模以上工业企业实现营业收入5811.10亿元，比上年下降1.4%；规模以上工业利润总额458.91亿元，比上年下降5.1%。全年建筑业实现增加值34.39亿元，比上年增长16.1%；完成建筑业总产值264.29亿元，比上年增长8.6%。6个建设工程项目申报江苏省优质工程奖“扬子杯”（房屋建筑工程），2022—2023年度24个建设工程项目获无锡市“太湖杯”优质工程奖，36个项目获评省级标准化工地。

固定资产投资 2023年，新吴区固定资产投资804.59亿元，比上年增长9.4%。其中，工业投资完成391.15亿元，比上年增长6.4%；第三产业投资完成413.44亿元，比上年增长12.4%。全年房地产开发投资146.71亿元，比上年下降30.8%。商品房施工面积598.97万平方米，比上年下降29.4%；竣工面积107.08万平方米，比上年下降31.8%。全年商品房销售面积127.63万平方米，比上年下降3.8%。全年新批总投资超亿元以上重大项目145个，总投资1087亿元。其中，超10亿元以上项目18个、超50亿元特大产业项目3个。全年6个列入省重点计划的重大产业项目完成投资101.29亿元，61个市级重大产业项目完成投资373.7亿元。

国内贸易 2023年，新吴区实现社会消费品零售总额426.86亿元，比上年增长1.8%。全区批发业销售额3437.91亿元，比上年增长2.8%；零售业销售额347.07亿元，比上年增长1.3%；住宿业营业额6.30

亿元，比上年增长18.1%；餐饮业营业额33.21亿元，比上年增长4.9%。在限额以上批发和零售业零售额中，汽车类比上年增长13.7%，书报杂志类比上年下降32.5%，服装、鞋帽、针纺织品类比上年下降8.4%，粮油、食品类比上年增长4.1%，石油及制品类比上年增长13.0%。

开放型经济 2023年，新吴区实现对外贸易进出口总额506.50亿美元，比上年下降13.1%。其中，进口总额203.78亿美元，比上年下降14.0%；出口总额302.72亿美元，比上年下降12.4%。按人民币计，全年实现对外贸易进出口总额3563.92亿元，比上年下降8.2%。其中，进口总额2128.51亿元，比上年下降7.7%；出口总额1435.41亿元，比上年下降8.9%。全年实际使用外资11.44亿美元，比上年下降15.4%，高技术产业实际使用外资比重71.0%。全年新设备案外资项目110个，比上年增长37.5%。其中，超3000万美元以上项目15个。全年服务外包执行金额45.14亿美元，比上年增长11.6%。其中，离岸外包执行金额22.59亿美元，比上年增长10.6%。

服务业 2023年，新吴区规模以上服务业营业收入650.02亿元，比上年增长9.0%。其中，租赁和商务服务业210.44亿元，比上年增长21.6%；信息传输、软件和信息技术服务业203.52亿元，比上年下降2.2%；交通运输、仓储和邮政业121.13亿元，比上年增长7.4%；科学研究和技术服务业68.01亿元，比上年增长29.1%，其他47.01亿元。年末，全区农村公路通车里程249.97千米。公共运营车辆357辆，年定运营线路46条，线路总长1078.76千米。全年公交运客总量1618.86万人次，比上年增长29.7%，平均每日运客量4.43万人次。全年完成港口吞吐量1081.27万吨，比上年增长32.6%。苏南硕放国际机场旅客吞吐量879.87万人次，比上年增长133.4%；航空货邮吞吐量12.56万吨，比上年增长28.1%。全区拥有旅游A级景区6家。其中，国家AAAA级景区3家，AAA级景区2家，AA级景区1家。全区有旅行社10家。

财政和金融业 2023年，新吴区实现一般公共预算收入262.20亿元，比上年增长8.3%。其中，税收收入232.16亿元，比上年增长18.4%，税收占一般公共预算收入比重的88.5%。全年一般公共预算支出202.22亿元，比上年增长6.0%。税收收入中，增值税111.85亿元，比上年增长31.1%；企业所得税56.03亿元，比上年增长10.2%；个人所得税17.67亿元，比上年下降3.5%；城市维护建设税16.07亿元，比上年增长9.3%；房产税12.12亿元，比上年增长8.2%；印花税5.85亿元，比上年增长71.5%；契税8.05亿元，比上年增长2.2%，其他4.52亿元。上划中央四税收入226.07亿元，比上年增长17.5%。年末金融机构各项本外币存款余额2284.59亿元，比上年增长12.5%；各项本外币贷款余额1848.18亿元，比上年增长9.8%。全年实现保费收入5.26亿元，比上年增长12.6%。其中，财产险收入4.41亿元，比上年增长14.5%；人寿险收入0.85亿元，比上年增长3.6%。

（区统计局）

社会事业

【科技】 2023年年末，新吴区国家科技型中小企业评价入库数2503家，国家高新技术企业1525家。全年高新技术产业实现产值4813.67亿元，比上年增长7.4%，占规模以上工业总产值比重达74.0%。全年专利授权数11956件，比上年下降15.3%。万人有效发明专利拥有量达183.59件。（区统计局）

【教育】 2023年年末，新吴区共有各级各类学校（不含幼儿园）48所，义务教育学校在校学生6.99万人，中高等职业学校在校生2.4万人。其中，高等学校1所，中等职业技术学校（含技工学校）5所，国际学校2所，普通高中3所，普通中学8所，一贯制学校6所，小学22所（含2所区属民办），特殊教育学校1所。有幼儿园70所，比上年增加2所；在园幼儿2.25万人，比上年减少0.12万人。（区统计局）

【文化】 2023年年末，新吴区共有文化馆1个、博物馆3个、美术馆4个、文化站6个、影剧院13个。区、街两级图书馆共有1个总馆、50个分馆，全区藏书量167.3万册。（区统计局）

【卫生】 2023年年末，新吴区拥有卫生医疗机构283家。其中，综合医院5家，社区卫服务中心（卫生院）7家，社区卫生服务站（村卫生室）36家，护理院8家，其他机构27家。全区共有卫生技术人才4988人。其中，医师2080人，护士2177人，其他卫生技术人员731人。全区共有医疗床位4409张。（区统计局）

【体育】 2023年年末，新吴区共有体育健身设施8360个，健身场地面积304万平方米。（区统计局）

城市建设

【资源用量】 2023年，新吴区出让用地205.08公顷，比上年增长4.4%。其中，工业用地139.50公顷，比上年增长 12.1%；商住用地 65.58 公顷，比上年下降 9.0%。全社会用电量 155.2 亿千瓦时，比上年增长 1.4%。其中，工业用电量 120.6 亿千瓦时，比上年增长 0.9%；城乡居民生活用电 9.78 亿千瓦时，比上年下降 5.8%，其他用电 24.82 亿千瓦时。（区统计局）

【公用事业】 2023 年，新吴区完成无锡太湖湾科创城、无锡新加坡科创城、无锡中欧产业创新区等重点地区城市设计。太湖湾国际文化艺术中心暨交响音乐厅、伯渎河体育中心、伯渎河文化中心等重大设施加快推进。京杭运河无锡段跨度最大桥梁——菱湖大桥建成通车，春达路、黄山路等 7 条道路顺利竣工。改造安置房小区 6 个、180 万平方米，加装电梯 42 台。打造“席地而坐”城市客厅 24 处，新改建公厕 20 座，新增公共停车泊位 1478 个，新改建公园游园 15 个，新增绿地 46 公顷。全年 $PM_{2.5}$ 浓度和空气质量优良天数比例改善幅度均位居无锡市前列。完成涉磷企业规范化整治 1033 家、入河（湖）排污口整治 357 个，改造管网 12 千米，完成太科城片区全域水生态修复工程。累计抽检监测各类食品 8500 批次，每千人抽检率达 11.8 批次，食品监测合格率 97.91%。（区统计局）

【环境保护与安全生产】 2023 年，新吴区空气质量 $PM_{2.5}$ 年均浓度降至 28.4 微克 / 立方米，优良天数比率达 80.6%。6 个国、省考断面达标率 100%，优Ⅲ比例 100%。建成区绿地面积 3546.27 万平方米，年内新增绿地面积 46 万平方米，人均公园绿地面积 15.01 平方米。全区林木覆盖率达 21.85%。全年发生各类事故 5 起，死亡 4 人。亿元 GDP 生产安全事故死亡率 0.0016 人 / 亿元。（区统计局）

人民生活

【就业创业】 2023 年，新吴区全年城镇新增就业 2.2 万人。其中，城镇失业人员实现再就业 0.97 万人，援助就业困难人员再就业 0.22 万人，其他就业 1.01 万人。支持成功自主创业 3134 人，支持离校 5 年内高校毕业生新创业 588 人，累计发放各类创业补贴 300.69 万元，发放富民创业担保贷款 8903.5 万元。（区统计局）

【社会保障】 2023 年，新吴区企业职工基本养老保险人数 56.69 万人，城乡居民基本养老保险参保 0.44 万人。新吴区城乡居民最低生活保障覆盖面 100%。全区拥有养老机构 7 家，年末床位数 3107 张，在院人数 983 人。年末，城乡居民最低生活保障对象 112 户、167 人，全年社会困难户临时救助、特困救助、低保救助、慈善救助、残疾人“两补”共计 45926 人次。保障性安居工程建设有序推进，年末，建成保障性住房 2014 套。（区统计局）

【居民收入】 2023 年，新吴区城镇居民人均可支配收入 75300 元，比上年增长 4.6%。全体居民人均生活消费支出 41249 元，比上年增长 7.0%。（区统计局）

中共新吴区委员会

综述

【学习宣传贯彻中共二十大精神】 2023年，中共无锡市新吴区委员会(以下简称新吴区委)坚持以习近平新时代中国特色社会主义思想为指导，持续深入学习贯彻中共二十大精神、习近平总书记对江苏工作重要讲话重要指示精神，各项事业不断取得新进展、新突破、新成效，建设具有世界影响力的高科技园区、争当中国式现代化先行示范实现良好开局。始终把政治建设摆在首位，坚持把学习贯彻中共二十大精神作为首要政治任务，深入开展学习贯彻习近平新时代中国特色社会主义思想主题教育，深刻领悟“两个确立”的决定性意义，坚持从政治上认识问题、分析问题、推动工作，不断提高政治判断力、政治领悟力、政治执行力。开展区委理论学习中心组开展集中学习39次，举办“新吴大讲堂”4期。 (杨钊)

【全面从严治党】 2023年，新吴区委高标准做好省委巡视整改“后半篇文章”，以严肃认真态度开展巡视整改情况自查，从严从实接受省委巡视整改专项督查。围绕国企高质量发展、营商环境、党群部门等领域，开展3轮“组团式”专场巡察、1轮联动巡察、1轮专项督查，完成对25家单位及35个村(社区)巡察任务；坚决落实党管意识形态原则，持续聚焦省委巡视意识形态工作专项检查反馈意见5个方面问题，系统推动18项整改任务走向深入，区委专题研究部署意识形态工作2次，召开区委意识形态工作联席会议2次，意识形态工作联络员会议2次，制发《2023年全区意识形态工作任务清单》《关于深入学习贯彻〈党委(党组)意识形态工作责任制问责实施细则〉的通知》等文件，推动实现各直属党(工)委、党组维护意识形态(网络意识形态)安全专项督查全覆盖。聚力抓好基层党组织建设，全覆盖推进区、街道、村三级乡村振兴“书记项目”，实施红色振兴三大行动。成立全市首个新农人联合党支部，激活乡村共富基因；分层分级开展“小区党建”试点，全域打造298个红色驿站；启动红色物业、业委会建设三年行动，全面落实在职党员“三报到三服务”机制；深入开展“三联三强基”工程，织密“两路一湾”区域化大党建格局。深化产业链党建探索实践，举办长三角高新区党建联盟第二次联席会议暨党建引领高水平科技自立自强研讨会，签署长三角国家高新区集成电路产业链党建共建协议，启用全省首个长三角新就业产业园党群服务中心。全面实施基层党建提质增效行动、“两新”党组织书记“赋能提升”行动，进一步夯实全域战斗堡垒坚实基础。着力打造高素质干部队伍，出台《全面加强干部队伍建设三年行动计划(2023—2025年)》；扎实开展国企领导选聘工作，大力实施“鸿鹄青年”工程，为97名选调人才和近两年新入职的16名选调生配备政治辅导员和实践导师；鼓励、动员全体年轻干部参与“琢璞”计划年轻干部调研课题活动，共有25篇调研文章获奖，其中一等奖1篇。落实“三项机制”，制定《贯彻落实“四敢”要求的实施方案》，推动干部敢为善为、勇挑大梁。用好综合考核“指挥棒”，开展季季评、“红黑榜”等考评，营造百舸争流、攀高比强的浓厚氛围。持续推进正风肃纪反腐，查处违反中央八项规定精神问题43起47人，涉及“四风”问题的信访举报同比下降8.7%，查处的新发生问题同比下降16.6%；深入整治群众身边不正之风和腐败问题，查处问题46起47人，一体推进不敢腐、不能腐、不想腐，综合运用监督执纪“四种形态”提醒教育帮助和处理党员干部249人次。扛牢党管武装政治责任，规范落实“双重领导、党委议军、现场办公、双向兼职、武装例会、党管武装述职、军事日制度”7项党管武装制度。狠抓民兵队伍能力建设，编组民兵分队44支1400人，其中新质力量分队22支560人，研究出台《国防动员新域新质力量高质量发展三年行动计划》，大力推动基层规范化建设，实施《关于加强现役军人家庭服务保障工作意见》，成立全国首家现役军人家庭关爱中心，举办“首届现役军人家庭日”活动，开展各类关爱活动27场。（杨钊）

【高质量发展】 2023年，新吴区委坚持把“推动经济运行率先整体好转”放在突出位置，快速落实中央和省、市关于推动经济运行率先整体好转各项部署要求，推出一系列扎实有效稳增长举措，千方百计稳预期、强动能、促发展，坚决扛起经济大区“走在前、挑大梁、多作贡献”责任担当。完成地区生产总值2515.69亿元，增长6.1%，高于省、市平均值，人均GDP全省县（市、区）第一；一般公共预算收入262.2亿元，总量全市第一、全省县（市、区）第三；税收增幅全市第二、税占比保持88.5%的高位、全市第一；规模以上工业总产值达6508.7亿元，增长4.9%；规模以上工业增加值增长7.8%，贡献度全市第一；规模以上营利性服务业营业收入增幅全市第一；完成固定资产投资804.62亿元，其中工业投资391.15亿元，增长6.4%，总量全市第一。坚定不移实施产业强区主导战略，新批亿元以上项目145个，其中超10亿元以上项目18个，包括华虹无锡集成电路研发和制造基地二期项目、SK海力士半导体（中国）有限公司七期两个百亿级项目。华虹无锡集成电路研发和制造基地二期等25个重大产业项目全部开工，17个计划竣工项目全部竣工。（杨钊）

【现代产业体系】 2023年，新吴区推进“6+2+X”现代产业集群建设，物联网及数字经济、集成电路、生物医药、智能装备、汽车零部件、新能源6大产业突破千亿级大关，集成电路获批国家级创新型产业集群，蝉联中国集成电路园区综合实力第二名，物联网MEMS传感器产业集群入选省级中小企业特色产业集群。围绕抢占未来产业发展新赛道，明确以化合物半导体和先进封测、人工智能和机器人等为主的“5+N”主攻方向。持续推进“智改数转网联”，新增国家级智能制造示范工厂1家、国家级智能制造优秀场景1个、5G全连接工厂1个，智能制造能力成熟度蝉联全省县市区第一。新增国家级专精特新“小巨人”企业33家，全市第一。加速建设具有世界影响力的高科技园区，国家科技型中小企业入库首次达到2500家，有效期内高新技术企业达1525家、全市第一。入围中国潜在独角兽企业榜单企业9家，上榜中国物联网“新物种”企业榜单企业7家，入选省独角兽、瞪羚企业76家，新增上市企业3家。北京、深圳、上海科创飞地先后落地运营，6个海外创新中心签约揭牌，十年来首次同年新增国家级科技企业孵化器2家。引进中国药科大学无锡创新研究院，揭牌启用香港理工大学无锡科技创新研究院，相继投用北京大学长三角未来技术生命健康研究院、北京大学无锡EDA研究院、江南大学无锡特殊食品与营养健康研究院，在全省高新区创新驱动综合评价中连续三年排名第二。推动优化“飞凤人才计划”3.0版本，出台攻克“卡脖子”技术人才配置特殊政策，入选国家重大人才工程A类项目16人、B类项目7人，创历年新高；引育省“双创”计划团队1个、人才16个；国家、省、市各级人才项目申报入选数持续保持全市第一。（杨钊）

【改革开放】 2023年，新吴区优化“园街合一”管理体制，出台加快功能区建设“1+2+N”系列文件，全面启动中欧产业创新区、新加坡科创城建设，“两城四区”六大功能区建设迈出实质性步伐。实施新一轮国企架构整合改革，形成“五大集团十大公司”，新设并推动文商旅集团积极争创AAA评级。积极探索“联合竣工验收”2.0版，深化“三提三即”改革，实现“一网通办”一体化运行。举办无锡新加坡工业园合作开发30周年暨无锡新加坡科创城高质量建设大会、中欧（无锡）产业创新合作大会、中法（无锡）产业合作园启动暨重大项目签约仪式等一批重大对外活动。苏南硕放国际机场改扩建工程启动，上港ICT（无锡）中心正式揭牌，新综保区建设取得进展，推动跨境电商综试区建设，京东跨境产业综合体签约。赴“一带一路”沿线地区投资项目23个、协议投资2.07亿美元，创近年新高，完成进出口总额约3563.9亿元，实际使用外资11.44亿美元，新批注册外资3000万美元以上重大外资项目15个，包含总投资30亿元的阿特拉斯·科普柯工业压缩机业务研发制造中国总部、总投资15亿美元的村田电子MLCC新工厂等项目，进出口总额、实际利用外资总量全市第一。（杨钊）

【产城融合】 2023年，新吴区深入开展功能区控制规划编制，形成“两城四区”六大产城融合功能区，完成太湖湾科创城、无锡新加坡科创城、中欧产业创新区等重点地区城市设计。推进国道312线快速化、高浪路二期、地铁4号线二期等重大交通工程建设，开通首条跨区线路苏锡1号线，菱湖大桥建成通车。改造安置房小区6个，惠及居民1.59万户，全部完成36个市级攻坚拔点项目，完成拆房面积151.08万平方米、超额完成市下达任务。聚力建设“最干净城市”，打造“席地而坐”城市客厅24处，完成10个区域性单元综合提升;新改建公厕20座、新增公共停车泊位1478个。坚决扛稳粮食生产和粮食安全重任,整区域推进2000亩高标准农田建设,粮食面积和产量实现多年连续增长。深化"智慧+绿色"示范区建设,获评全国数字农业农村"三新"优秀项目1个,新增国家级绿色食品4个。开工建设4个"美丽农居"规划发展村庄,全域开展"三清三治"拉网式整治,组织开展"全域美村"达标建设,着力打造宜居宜业和美乡村,完成10个自然村更新改造,大坊桥村命名为中国传统村落,七房桥村入选省乡村振兴示范村。（杨钊）

【安全稳定】 2023年,新吴区毫不松懈防范化解重大金融风险,累计完成化债总进度超全市平均水平,政府性债务率有序下降,债务风险等级继续保持在中低风险区间。全面落实融资平台公司整合撤并及市场化转型要求,加快乡镇平台清理进度,稳控基层债务风险。上线首个AI食品安全智慧监管平台,实现食品安全共治"可感知、可识别、可警示"数字化转型。扎实做好"三年大灶"经验和成果应用的"后半篇文章",在全市率先开展消防安全"五大工程""十项行动""十一个专项",聚焦危化品、冶金工贸、交通运输、城镇燃气、建筑施工、既有建筑、特种设备等重点行业领域开展重大事故隐患排查整治,五洲国际、招商城等"老大难"问题整治取得显著成效。全区生产安全事故起数和死亡人数分别下降16.7%和20%,未发生较大及以上事故。扎实开展"信访突出问题攻坚化解巩固提升年"行动以及涉法涉诉信访突出问题攻坚化解、"百日会战"、"双月攻坚"行动,化解信访积案24件。紧盯问题楼盘、金融、劳动等重点领域矛盾化解,最大限度降低涉稳风险,"一楼一策"化解或钝化问题楼盘16个。在全市率先揭牌启用区综治中心一站式服务平台,成为省级示范观摩点,高分通过省级市域社会治理现代化验收。（杨钊）

【生态环境】 2023年,新吴区全部办结中央生态环境保护13批次20件督察交办件。$PM_{2.5}$浓度同比继续下降,空气质量优良天数比率同比上升3.2个百分点。完成首轮环境化学物质统计调查,统筹水资源、水环境、水生态、水安全治理,完成涉磷企业规范化整治1033家、入河(湖)排污口整治357个,改造管网12千米。有序推进太湖治理工程14个,太湖藻情形势为2007年以来最好,实现连续16年安全度夏。建成美丽幸福河湖35条,完成太科城片区全域水生态修复工程,38条市级新一轮整治河道优Ⅲ比例达100%,6个国、省考断面优Ⅲ比例达100%,太湖流域新吴水域水质达Ⅲ类,创建国家生态文明建设示范区。（杨钊）

【人民生活】 2023年,新吴区委牢固树立以人民为中心的发展思想,着力统筹推进为民办实事项目、"微幸福"民生工程,一体考量、一体推进民生"七有"向"七优"提升转变,加快建设人民满意的共同富裕幸福美好城区。强力推进总投资106.2亿元、8大类50个为民办实事项目,完成"微幸福"民生工程事项218件,获得市"民心工程"金奖1个,"微幸福"民生工程金奖、银奖各1个,一般公共预算支出中民生方面超过70%。精准施策拓宽富民增收渠道,发放社保补贴和公益性岗位补贴6941万元、失业保险金(补助金)1.98亿元、技能提升补贴1395万元,全省县、区唯一获评首届全国和谐劳动关系创建工作先进集体。开展"就业援助月""春风行动""民营企业招聘月"等招聘活动200场,8187名城镇失业人员和1752名就业困难人员实现就业。召开全区教育高质量发展大会,新建改扩建学校7所,深化与大桥、金桥、锡师附小等教育品牌合作办学,区中考成绩创历史新高,全国首批、全省领先、全市唯一入选全国完善普惠性学前教育保障机制实验区,高质量通过义务教育优质均衡发展区、学前教育普及普惠区国家评估认定。召开全区卫生健康事业高质量发展大会暨深化医改推进会,鸿山医院、区中医医院新址正式启用,获评江苏省健康区。（杨钊）

【文旅融合】 2023年,新吴区委加快"1+3+10+N"文体设施布局落地,无锡交响音乐厅、吴越文化数字科创谷、伯渎河文化中心、伯渎河体育中心建设全面提速,新改建公园游园15个。精心筹办"白玉兰"文化惠民演出工程、"玉飞凤"精品文艺创作展等文化活动,举办无锡交响乐团首演暨新年音乐会、中鹰黑森林交响音乐会,荣获省书香城市建设示范区。启动鸿山国家考古遗址公园考古体验中心项目,钱穆钱伟长故居活化利用工程完工并开馆,完成鸿山遗址博物馆可移动文物数字化保护二期项目。举办全区第八届运动会,赛事规模、参与人数再创新高。发挥新时代文明实践中心(所、站)作用,实施"彩虹圆"共创计划,开展"最美人物"走基层等互融共建活动,深化"幸福自治楼道"创建,组织开展学雷锋志愿服务等文明实践活动9000余场次,服务人群50万余人次。（杨钊）

重要会议

【中共无锡高新区工委(扩大)会议暨新吴区委二届四次全会】 8月3日,中国共产党无锡高新区工作委员会(扩大)会议暨中国共产党无锡市新吴区委员会第二届第四次全体会议召开。会议以习近平新时代中国特色社会主义思想为指导，认真贯彻习近平总书记对江苏工作重要讲话精神作出全面部署和省委十四届四次全会、市委十四届五次全会精神，深化部署全面推进中国式现代化新吴新实践，总结上半年工作，安排下半年任务，纵深推进全面从严治党，动员全区上下以习近平总书记考察江苏重要讲话精神为强大动力，锚定目标、凝心聚力，高质量完成全年目标任务，奋力在推进中国式现代化中走在前做示范。

会议充分肯定了上半年以来的工作。会议指出，上半年，区委坚持把学习贯彻习近平总书记对江苏工作历次重要讲话重要指示精神，作为谋划和开展工作的根本和主线，与学习贯彻中共二十大精神紧密结合、一体推进，坚定自觉用习近平新时代中国特色社会主义思想统一意志、指导行动，坚持抓学习、重实践，推动学习贯彻习近平新时代中国特色社会主义思想走深走实；坚持抓项目、稳增长，推动经济运行整体好转；坚持抓企业、强服务，推动产业强区成效显著；坚持抓创新、聚人才，推动科创动能不断增强；坚持抓改革、扩开放，推动发展活力充分迸发；坚持抓环境、促提升，推动城市面貌更加优美；坚持抓民生、提品质，推动群众生活更有温度；坚持抓党建、优作风，推动发展合力充分凝聚，全区经济运行持续好转、内生动力持续增强、社会大局持续稳定，为完成全年任务打下坚实基础。

会议指出，中共十八大以来，习近平总书记四次亲临江苏考察，两次参加全国人代会江苏代表团审议，多次发表重要讲话、作出重要指示。在推进中国式现代化新征程中，习近平总书记对江苏提出走在前、做示范的重大要求，是全区谋划推进各项工作的主题主线，更是推进现代化建设的目标指引。省委全会围绕推进中国式现代化江苏新实践，作出了明确安排。市委全会就推进中国式现代化走在前、做示范、多作贡献，进行了具体部署。作为科技自立自强的“国家队”，无锡、全省高质量发展的“领跑者”，无锡高新区（新吴区）理应始终保持走在前、做示范的政治意识和责任意识，昂扬扛红旗、站排头的拼抢精神和闯劲干劲，按照定3年、谋8年、展望13年的思路，坚定信心、笃定前行，乘势而上、主动作为，勇于突破、大胆超越，在深入贯彻习近平总书记重大要求、全面落实省市委决策部署、坚决扛起肩负的重大使命上，下好先手棋、打好主动仗，努力为全省全市大局多作贡献。

全会强调，要坚持以习近平新时代中国特色社会主义思想为指导，全面贯彻中共二十大精神和习近平总书记对江苏工作重要讲话精神，深入落实省委十四届四次全会、市委十四届五次全会精神，坚持稳中求进工作总基调，统筹推进“五位一体”总体布局、协调推进“四个全面”战略布局，完整准确全面贯彻新发展理念，全面落实“四个走在前”“四个新”重大任务，坚持速度与质量相统一、扬长与补短相兼顾、务实与创新相融合、当前与长远相协调、发展与安全相统筹的工作导向，聚焦加快推进科技自立自强、构建现代化产业集群、全面推进乡村振兴、更好担负起新的文化使命、创造人民群众高品质生活、推进绿色低碳发展、全面深化改革、塑造开放型经济新优势、推进社会治理现代化、防范化解风险隐患“十个方面”关键重点，以率先突破、多作贡献的担当作为，继续在改革创新、推动高质量发展上争当表率，在服务全国构建新发展格局上争做示范，在率先实现社会主义现代化上走在前列。

会议指出，下半年要牢牢把握高质量发展首要任务，认真贯彻中央政治局会议和省、市委全会部署安排，坚持稳字当头、稳中求进，以“敢为、敢闯、敢干、敢首创”的昂扬斗志，推动经济增长加速好转，锻造科技创新强力引擎，加快现代产业集群发展，释放改革开放动力活力，打造产城融合样板示范，促进民生福祉持续改善，固牢安全发展坚固防线，努力在开局之年交上一份优异答卷。

会议强调，要深入学习贯彻习近平总书记关于党的建设的重要思想，在新征程上坚决扛起坚定自觉拥护“两个确立”、做到“两个维护”的重大责任，要注重学深悟透、强化政治引领、健全长效机制，以主题教育筑牢思想根基；要精准选才育才、锤炼综合素养、激励约束并重，以严管厚爱锻造过硬队伍；要强化基层导向、筑牢战斗堡垒、擦亮党建特色，以固本强基聚合发展力量；要强化政治巡察、深化纠治“四风”、严格监督执纪，一体推进“三不腐”，持续巩固风清气正政治生态，为新吴区现代化建设提供坚强政治保障。

全会号召，要更加紧密地团结在以习近平同志为核心的党中央周围，深入学习贯彻习近平总书记对江苏工作重要讲话精神，增强“四个意识”、坚定“四个自信”、做到“两个维护”，扛起“争当表率、争做示范、走在前列”光荣使命，聚力率先突破、致力多作贡献，奋力推动中国式现代化新吴新实践，谱写“强富美高”新吴区现代化建设新篇章。

会议审议通过了《中共无锡高新区工委（新吴区委）关于深入学习贯彻习近平总书记对江苏工作重要讲话精神在推进中国式现代化中走在前做示范谱写“强富美高”新吴区现代化建设新篇章的决定》《中共无锡高新区工委（扩大）会议暨中共无锡市新吴区委二届四次全会决议》。 （杨钊）

【中共无锡高新区工委（扩大）会议暨新吴区委二届五次全会】 12月29日，中国共产党无锡高新区工作委员会(扩大)会议暨中国共产党无锡市新吴区委员会第二届第五次全体会议召开。会议以习近平新时代中国特色社会主义思想为指导,全面贯彻中共二十大和二十届二中全会精神,认真落实中央经济工作会议部署,按照省委十四届五次全会、省委经济工作会议和市委十四届六次全会要求,对学习贯彻习近平总书记关于江苏工作重要讲话重要指示精神进行阶段性总结和进一步部署,动员全区上下坚定自觉地牢记嘱托、感恩奋进、走在前列,奋力谱写"强富美高"新吴区现代化建设新篇章。

会议认为,一年以来,区委坚持以贯彻落实习近平总书记对江苏工作重要讲话重要指示精神为主线,深入学习宣传贯彻中共二十大精神,扎实开展学习贯彻习近平新时代中国特色社会主义思想主题教育,按照中共中央和省、市委决策部署,牢记嘱托、感恩奋进,知重负重、攻坚克难,切实当好经济压舱石,奋力当好创新强引擎,主动当好改革先行军,自觉当好群众贴心人,坚决当好安全守护者,各项事业不断取得新发展、新突破、新成效,建设具有世界影响力的高科技园区、争当中国式现代化先行示范实现良好开局。这些成绩的取得,根本在于习近平总书记的指航定向,在于习近平新时代中国特色社会主义思想的科学指导,在于习近平总书记对江苏的关心关怀极大激发了全区广大干部群众的积极性主动性创造性,充分凝聚了全区上下扛起新使命、谱写新篇章的澎湃动力。

会议强调,习近平新时代中国特色社会主义思想是一个逻辑严密、内涵丰富、系统全面、博大精深的科学体系,学习贯彻习近平总书记重要讲话重要指示精神始终是进行时。要持之以恒地在学懂弄通做实上下功夫,锚定中国式现代化的奋斗目标不动摇,牢牢把握高质量发展首要任务不动摇,坚持以人民为中心的发展思想不动摇,从学习贯彻中深刻感悟"两个确立"的决定性意义,感悟责任使命、"国之大者"、科学方法和人民情怀,从而更加自觉地用这一重要思想改造客观世界、推动事业发展,在中国式现代化新吴新实践中,更加生动地彰显习近平新时代中国特色社会主义思想的真理力量和实践伟力。

会议强调,2024年是中华人民共和国成立75周年,是实现"十四五"规划目标任务的关键一年,也是习近平总书记擘画"强富美高"新江苏宏伟蓝图10周年,做好2024年工作意义重大。全区工作总的要求是,坚持以习近平新时代中国特色社会主义思想为指导,全面贯彻中共二十大精神和习近平总书记对江苏工作重要讲话重要指示精神,高举旗帜、感恩奋进,坚定信心、笃定前行,锚定目标、挑起大梁,坚持稳中求进工作总基调,统筹推进"五位一体"总体布局、协调推进"四个全面"战略布局,完整准确全面贯彻新发展理念,全面落实"四个走在前""四个新"重大任务,扎扎实实、踏踏实实,聚力实施重大项目提速、创新发展提质、改革开放提升、狠抓落实提效"四大行动",重点抓好以进促稳巩固经济基本盘、创新驱动厚植发展新优势、系统深入布局新质生产力、改革开放激活发展动力源、加快擦亮产城融合显示度、生态优先展现美丽新面貌、守正创新提升文化软实力、注重品质提高群众幸福感、科学统筹筑牢安全防护墙"九个方面"关键工作,以勇挑大梁、狠抓落实的担当作为,巩固和增强经济回升向好态势,更好统筹发展和安全,努力在高质量发展上走在前列、在推进中国式现代化中走在前做示范多作贡献,不断谱写"强富美高"新吴区现代化建设新篇章。

会议指出,要深入学习贯彻习近平总书记关于党的建设的重要思想,把全面从严治党作为长期战略、永恒课题,强化政治引领,凝聚广泛力量;把严政治标准,锻造过硬队伍;激励担当作为,激发干事活力;优化政治功能,建强基层堡垒;深化正风肃纪,营造廉洁生态,坚定不移纵深推进全面从严治党,为中国式现代化建设贡献坚实政治力量和政治保障。

会议号召,要更加紧密地团结在以习近平同志为核心的党中央周围,高举习近平新时代中国特色社会主义思想伟大旗帜,牢记嘱托、感恩奋进、走在前列,奋力建设具有世界影响力的高科技园区、争当中国式现代化先行示范,着力展现走在前做示范多作贡献的新气象新成效,为奋力谱写"强富美高"新吴区现代化建设新篇章作出新的更大贡献。

全会审议通过了《中共无锡高新区工委(扩大)会议暨中共无锡市新吴区委二届五次全会决议》。

(杨钊)

8月3日,中共无锡高新区工委(扩大)会议暨中共无锡市新吴区委二届四次全会　(区融媒体　供图)

巡察工作

【概况】 2023年,区委共开展3轮常规巡察、1轮联动巡察、1轮巡察整改专项督查,完成对24个区属单位以及36个村(社区)、37个股份合作社的巡察,形成巡察报告25份,专题报告7份,累计发现问题1106个,下发立行立改通知书19份,移交问题线索20条,推动立案11人,留置1人,党纪政务处分4人。(姚棉响)

【巡察工作机制】 2023年,区委修订了《巡察五年工作规划》,制定了《巡前准备多方联动实施办法》和《约谈被巡察党组织"一把手"的工作办法》等6项巡察制度,进一步梳理巡察工作流程指引,打造巡前、巡中、巡后全流程制度链条。建立巡前情况通报、巡中联合研判、巡后协同整改以及衔接专项治理机制,探索"巡、纪、治"一体化监督治理模式。(姚棉响)

【整改跟踪问效】 2023年,区委建立《巡后"3+X"专项治理跟踪督办机制》,针对巡察发现的行业性、领域性突出问题和群众反映强烈的急难愁盼问题,推动职能部门开展专项治理,实现巡察整改与专项治理流程衔接、双向嵌入、合力推进,相关经验做法被中央纪委国家监委网站和省、市纪委监委公众号专题报道。(姚棉响)

【围绕中心服务大局】 2023年,区委聚焦打造全省"营商环境第一区"目标定位,以常专一体方式,对7家区级机关部门开展优化营商环境专题巡察,精准发现并推动解决影响新吴区营商环境的问题,围绕政策环境、政府服务等六个方面形成专题报告,全面客观呈现相关领域内营商环境状况。会同纪委监委推动实施容错免责2人。围绕做大做强国有资产,深入开展区属国企巡察专场,完成对区属国有企业及新瑞医院巡察,共发现问题655个,推动压降融资成本593万元,推动收回已代偿金额172.4万元,市委巡察办专题召开座谈会听取新吴区经验做法。紧盯纠治群众反响强烈问题和社会各阶层人士关心问题,分别开展一体联动巡察和"统战+群团"组合式巡察。配合市委提级巡察旺庄街道、梅村街道,同步开展区委联动巡察,对两个街道所辖村(社区)开展巡察,围绕"产业兴旺、生态宜居、乡风文明、治理有效、生活富裕"5个方面,推动基层解决安全生产、环境治理、资产管理等方面的突出问题。聚焦社会各阶层人士关心的问题,对区委统战部、区总工会等8家单位及党组织开展组合式巡察,发现问题190个。(姚棉响)

【二届区委第三轮巡察工作书记专题会议】 5月3日,无锡高新区党工委(新吴区委)召开二届区委第三轮巡察工作书记专题会议,无锡高新区党工委书记、新吴区委书记崔荣国主持会议并讲话。会议指出,本轮巡察在区委的统一领导下,组织严密、推进有力,精准发现被巡察单位存在的问题,为区委下一步有关决策提供了有力参考。会议要求,要提高政治站位,始终把"两个维护"作为根本任务,聚焦"国之大者",持续深化政治巡察。要强化贯通融合,推进"四项监督"统筹衔接,提升巡察监督质效。要以制度化促进巡察工作规范化,不断健全完善巡察制度体系,加强巡察队伍建设,发挥好巡察工作锻炼、培养、发现干部的熔炉作用。会议还传达学习了上级有关巡视巡察工作会议精神,对区委第四轮巡察工作进行部署。(姚棉响)

【二届区委第四轮巡察工作动员部署会】 5月12日,无锡高新区党工委(新吴区委)召开二届区委第四轮巡察工作动员部署会。市纪委常委,无锡高新区党工委委员、纪工委书记、新吴区委常委、纪委书记、监委主任罗功新出席会议并作动员讲话。区委巡察工作领导小组成员,被巡察单位主要负责人,区选人用人、意识形态专项检查组成员,区委巡察办、区纪委监委相关部门负责人以及二届区委第四轮全体巡察干部参加会议。会议传达了上级有关巡视巡察工作会议精神,宣布本轮巡察工作组长授权任职及任务分工决定。本轮巡察坚守政治定位,聚焦优化营商环境,对区科技局、区工业和信息化局、区人力资源社会保障局、区住房建设局、区商务局、区行政审批局、区科协7家单位党组织开展巡察。(姚棉响)

【上半年工作座谈会】 8月8日,区委巡察机构召开2023年上半年工作座谈会,总结回顾上半年工作,研究部署下半年工作打算。市纪委常委、无锡高新区党工委委员、纪工委书记、新吴区委常委、纪委书记、监委主任罗功新出席会议并讲话。会上,各巡察干部立足自身工作实际,围绕职能职责,谈经验、讲体会、提建议,就如何做好巡察工作进行深入探讨和交流,区纪委监委相关领导作补充发言。区纪委监委相关领导和巡察办、各巡察组全体巡察干部参加会议。

(姚棉响)

【二届区委第四轮巡察工作书记专题会议】 7月26日,无锡高新区党工委(新吴区委)召开二届区委第四轮巡察工作书记专题会议，听取巡察工作情况。无锡高新区党工委书记、新吴区委书记崔荣国主持会议并讲话。会议指出，本轮巡察在区委的统一领导下，推进有力、成效显著，选取优化营商环境这个“小切口”，形成专题报告，为区委、区政府提供了决策参考。围绕做好下一阶段巡察工作，会议要求，要强化政治担当，突出对维护中共中央集中统一领导的监督、突出对贯彻落实中共二十大精神的监督、突出对领导班子特别是“一把手”的监督，聚焦区委、区政府中心工作，坚定不移深化政治巡察。要加强协作配合，发挥巡察综合监督平台作用，加强巡察与纪检监察、组织、审计、财会、统计等监督的贯通协调，整合监督力量、共享监督成果，打好“组合拳”推进各项监督贯通融合。要把巡察岗位作为发现、培养、锻炼干部的重要平台，选优配强巡察干部，强化能力培训，努力打造一支适应新时代发展需要，政治上靠得住、作风上过得硬、忠诚干净担当的巡察干部队伍。会上传达学习上级巡视巡察会议精神，对下阶段区委巡察工作进行部署。（姚棉响）

【二届区委第五轮巡察工作动员部署会】 12月5日，无锡高新区党工委（新吴区委）召开第五轮巡察工作动员部署会。会议深入贯彻习近平总书记和中共中央关于巡视工作重要部署要求，认真学习全省巡视巡察工作会议和省委第四轮巡视工作动员部署会、市委第六轮巡察工作动员部署会精神。无锡高新区党工委委员、新吴区委常委、组织部部长韩杨宣布巡察组长授权任职和任务分工。市纪委常委、无锡高新区党工委委员、纪工委书记、新吴区委常委、纪委书记、监委主任罗功新出席会议并作动员讲话。各被巡察单位负责人，区选人用人、意识形态专项检查组成员，区委巡察办、区纪委监委相关部门负责人以及区委第五轮巡察干部参加会议。本轮巡察对区委统战部、区总工会、团区委、区妇联、区侨联、区残联、区红十字会、区工商联8家单位及党组织开展巡察。（姚棉响）

12月5日，二届新吴区委第五轮巡察工作动员部署会

（区纪委 摄）

组织工作

【主题教育】 2023年，新吴区扎实开展学习贯彻习近平新时代中国特色社会主义思想主题教育，出台16张分级分类指导清单，明确48项重点工作推进事项，分类推动主题教育全员覆盖，高位推动各项工作落细落深。推动全区70家单位、1700余个基层党组织，结合“三会一课”、主题党日等形式抓好主题教育“规定动作”，按时调度各部门各单位主题教育进展情况、计划安排。锚定真抓实干导向，持续推进为民办实事重点项目，妥善化解“钉子案”“骨头案”28件，解决企业生产用地不足、问题楼盘项目复工等问题，确保主题教育取得实效，运用“千万工程”经验、践行“四下基层”等做法获中央主题教育官网、人民网刊文报道。（苏伟东）

8月8日，长三角国家高新区党建联盟第二次联席会议暨党建引领高水平科技自立自强研讨会

（区委组织部 供图）

7月24日，无锡高新区（新吴区）党建引领基层治理项目启动暨泰伯大道“三大联体”成立仪式

（区委组织部 供图）

【基层党建】 2023年，新吴区全面实施基层党建提质增效行动，获评市示范型党支部5个、市担当贡献者5名、市五星级党群服务中心5个，打造基层党建新标杆。扎实抓好发展党员工作，举办两期发展对象培训班，覆盖发展对象299名。实施村（社区）党组织书记“头雁争锋”行动，培育省“百名示范”“千名领先”村（社区）书记7名。制定《无锡高新区（新吴区）专职党建指导员队伍管理办法（试行）》，实施“两新”党组织书记“赋能提升”行动，培育5名新认证高级“两新”党务工作者，数量全市第一。深化“三精三名”党员教育品牌建设，《我和我的社区》等6部党员教育作品获省、市级荣誉。构建“5分钟红驿服务圈”，分类设置“红色先锋、红色共享、红色睦邻”三类红色驿站近300个，提供业务指导、“睦邻”议事等特色服务。

（苏伟东）

【党建引领基层治理】 2023年，新吴区全覆盖推进区、街道、村三级乡村振兴“书记项目”，实施红色振兴三大行动，成立全省首个新农人联合党支部，激活乡村共富基因。探索推进小区党建新路径，推动党支部建在小区（自然村），实施党建引领业主委员会和物业行业建设三年行动计划，落实“三联三强基”机制，推广“打卡积分榜”等志愿服务积分管理模式，吸纳3万余名热心党员群众与机关国企干部常态化支援一线，特色做法在《新华日报》头版报道。壮大区域化大党建格局，举办长三角党建引领基层治理主题研讨会、太湖湾党建共同体创新大会，实施泰伯大道“三大联体”项目，推动党建联建共建厚积成势。实施村（社区）党组织书记“头雁争锋”行动，成立领航书记工作室，开展基层六大治理调研课题，压担锤炼基层干部。

（苏伟东）

【新兴领域党建工作】 2023年，新吴区召开党建领航助力企业“敢干”座谈会，深入推进“两新”党建“双有”工程，启用全省首个长三角新就业产业园党群服务中心，发布新就业群体融智聚力行动，相关做法被《光明日报》头版头条报道。成立社会组织党建指导中心，启动社会组织党组织“四聚”行动计划，推动社会组织党建与业务互融互促。举办长三角高新区党建联盟第二次联席会议暨党建引领高水平科技自立自强研讨会，签署长三角国家高新区集成电路产业链党建共建协议，科技部火炬中心党委书记吕先志到会指导。开展生物医药产业链党建“链合企航”专项行动，组建红“链”管家、红“链”导师两支队伍，启用产业链一站式党员人才服务中心“链·空间”，推动组织建在链上、资源聚在链上、发展融在链上。推进外企党组织“东西部结对共建”工程，举办外企党组织“老书记”恳谈会，《人民日报》深度报道新吴区外企党建工作。

（苏伟东）

3月24日，无锡高新区（新吴区）区（部）管干部学习贯彻习近平新时代中国特色社会主义思想和中共二十大精神轮训班 （区委组织部 供图）

【老干部工作】 2023年，新吴区一体推进离退休干部工作规范化建设，高质量保障离退休干部“两项待遇”，旗帜鲜明抓好离退休干部党建工作，构建银辉“吴”限“1+X”全域党建品牌，培育市“六好”示范党支部1个、锡阳正红党建基地2个，联动打造“锡阳正红”双轴红色学习线路，开辟钱穆钱伟长故居等实景教育课堂，创设鸿邻学苑等一批与老干部“零距离”身边课堂，不断点亮老干部“政治属性”。织牢老干部“抓管带”组织体系，激活银发先锋牵引力，广泛选树银发先锋优秀典型，焕新升级“红色初心热线”老党员工作站等平台，打造“桑榆未晚”等全新党建项目和“江燕成长导师团”等一批志愿队伍，培育“双千”“双万”“双同”典型8个，激励银发先锋在经济社会发展中持续发光发热。用心用情用力提升服务保障，靠前推出适老化改造、保健疗养、养老服务购买等一系列暖心服务，提高老干部幸福指数。

（苏伟东）

【干部队伍建设】 2023年，新吴区以“20字”好干部标准为遵循，贯彻落实《关于贯彻落实〈2019—2023年全国党政领导班子建设规划纲要〉行动计划》，不断优化干部队伍结构，提升干部队伍综合素质。制定出台《贯彻落实“四敢”要求的实施方案》《全面加强干部队伍建设三年行动计划（2023—2025年）》《关于开展“勇挑大梁、狠抓落实”机关作风建设专项行动的实施方案》，推动干部敢为善为。年内共调配干部8批次331人次，注重在基层培养锻炼、识别选拔干部，择优从街道提拔干部16名。盘活干部资源，推动17名区级机关、事业单位和街道（园区）干部交流任职，选配5名熟悉经济、科技、建设等工作的机关事业优秀干部到国企领导岗位历练，择优调任6名在建设、金融、招商等方面专业能力强的企事业人员到机关、街道任职。促进人岗相适，推进国企改革干部配备，准确把握不同类型企业特点和职责要求，优化国企队伍结构，力求干部使用与岗位需求相适应、干部选拔与班子配备相符合。深化地校合作，组织24名高校优秀年轻干部到区部门实践锻炼。持续实施“鸿鹄青年”工程，承办“名校优岗”优秀大学生政务见习活动，组织开展全区年轻干部培训班，选派优秀年轻干部赴上级机关、先进地区挂职锻炼，强化年轻干部“选育管用”全链条。注重多维比选配强援派干部队伍，完成新一批援派青海、陕西干部压茬交接。出台《2023年全区干部教育培训工作要点》，全年统筹开展各类主体班14个、干部专业化培训项目26个，累计培训约4900人次；举办区（部）管干部学习贯彻习近平新时代中国特色社会主义思想和中共二十大精神轮训班，培训干部近600人。（苏伟东）

【干部管理监督】 2023年，新吴区严格落实全面从严治党政治要求，持续深入推进全区干部管理监督工作。紧盯关键少数，结合2022年度考核工作，对26名“一把手”开展落实监督要求测评，在干部提拔晋升等关键环节，开展年轻干部政治监督鉴定33人。突出全面从严，严格执行领导干部个人有关事项报告制度，领导干部个人有关事项报告参阅信息获评全国组织系统2022年度优秀信息三等奖。探索将领导干部履职评价融入年度考核工作，围绕5个方面30项指标，开展领导干部能“下”情形测评，深度了解干部工作表现，为做好领导干部能上能下工作提供重要参考。从严规范选人用人检查，结合区委巡察工作，对18家单位开展选人用人专项检查，提出整改意见。运用“三项机制”能上能下3人、容错纠错2例、风险备案7例。强化典型案例推介，2篇激励干部担当作为经验做法被省委组织部推广，2篇案例被《无锡组织工作》录用。（苏伟东）

【公务员管理】 2023年，新吴区完成1130名公务员（参照管理人员）的2022年度考核工作，按照公务员奖励政策，给予52人记三等功奖励，给予263人嘉奖奖励；深入实施《公务员平时考核办法（试行）》，强化平时考核结果运用，进一步健全公务员考核评价体系，以“考在平时”激发“干在日常”的积极性。完成2023年度21名公务员招录，严格按政策办理公务员调配，完成公务员调任7人。有序推进公务员初任培训、任职培训和自主选学。（苏伟东）

【年度综合考核】 2023年，新吴区认真贯彻落实中央有关要求，滚动开展对省、市年度综合考核政策的分析研究，制定2023年度区“1+3+2”综合考核文件，以“充分吸收、全面承接”为原则，将市考指标全部分解纳入区本级考核指标体系，在框架体系、结果运用、组织管理等方面既对标市级要求、又体现地区特色，首次将区属企业、高校、医院全面纳入年度综合考核体系，实现综合考核“全覆盖”，紧紧围绕“争先进位”的总体要求，为全部113个市考指标拟订目标任务。创新开展全区综合考核展评会，组织63家被考核单位“同台展评”。统筹做好市对区综合考核半年评估和三季度监测，组织全区32家市考指标责任单位认真开展自查分析，严把上报材料质量，督促落实市反馈改进建议，根据各指标责任单位自查情况，对关键指标、薄弱指标进行重点督办，向相关责任部门下达《目标任务提示单》13份、《督促状》2轮共36份。修订区“担使命作贡献”季季评《工作细则》，制定季度流动红旗评选反向标准。新吴区获市真抓实干奖4次、“四争”先进集体4次，获奖总数全市第一。出台新吴区“一建设、五争当”活动实施方案，在街道（园区）、机关部门、企事业单位评选“五先五强”好班子10个。（苏伟东）

【人才工程】 2023年，新吴区以强化现代化建设人才支撑为目标，大力实施人才强区战略，系统推进生态、计划、平台、服务“四位一体”发展，升格成立区委人才工作领导小组、“卡脖子”技术攻关人才工作推进小组，全面提升党管人才工作格局。起草“飞凤人才计划”3.0版本，谋划出台“卡脖子”技术攻关人才特殊配置政策，拟订科技领军人才等5类人才队伍建设实施办法，重点扶持集成电路、生物医药产业人才及青年科技人才，继续保持人才政策比较优势。以重大人才工程为抓手，大力招引科技创新、产业发展急需的科技领军人才和创新团队，全年新招引科技人才项目355个。国家重大人才工程项目入选23人，国家人才计划青年项目申报57个、入选1个，国家博士后项目申报81个、入选12个；1人入选省“登峰计划”，引育省“双创”计划团队1个、人才16人、博士33人；入选市“太湖人才计划”人才和团队67个，国家、省、市三级重点人才项目入选总数连续六年保持全市第一。培育区科技领军人才及团队245项，新增留学回国人员创新创业人数650人；引进高层次人才超3100人、大学生24932人、高技能人才超4100人、数字技能人才4707人，引才数均居全市第一；引进博士后人才29人，创历史新高。引进“卡脖子”人才做法获得省委组织部肯定。（苏伟东）

3月24日，无锡高新区科技人才创新大会暨争创具有世界影响力的高科技园区推进大会

（区委组织部　供图）

3月3日，全区宣传思想文化工作会议

（区融媒体　供图）

【人才交流与服务】 2023年，新吴区大力布局异地引才服务点，在法国、德国、中国香港设立人才工作联络站，驻欧盟、英国、日本、韩国、新加坡等6个海外创新中心揭牌签约。注重以赛引才、以会聚才，持续办好太湖人才峰会、“百企千才高校行”等系列活动30余场次，发动1587个海内外项目参加“太湖杯”“创业江苏”等国家、省、市级创新创业大赛，26个项目获奖。面向全球发布279个国企高端岗位，拟录用211人。向26家优秀人才工作职能部门、最佳聚才单位、中介机构以及66名人才专员发放奖补资金1836万元，释放社会化和市场化引才资源配置能力。建立锡港澳青年人才联盟、澳门——无锡离岸孵化中心，揭牌成立西南交通大学——无锡新加坡科创城技术转移创新中心、北大无锡EDA研究院等新型研发机构，产研协作重大创新平台支撑力显著提升。启用全市首个区级移民事务服务中心，优化人才服务网点布局。达成全省首个知识产权证券化ABN项目，知识产权质押融资备案额达16.16亿元。天使创投基金8个项目投资4300万元，540个科技项目获得风险补偿贷款15.5亿元，50亿元集成电路产业基金落户高新区，人才企业科笛集团、日联科技、盛景微过会上市。出台《“助企、引才、筑巢”安居计划》，升级改造1500余套人才公寓。发放人才租购房、薪酬、贡献补贴等超1.5亿元；落实人才子女入学保障、1100余名人才健康体检，开通3条“人才穿梭巴士”，新增人才分类认定超250人，常态化开展交友联谊、运动会、“好声音”等活动，全方位扩容“安新吴忧才精彩”计划。

（苏伟东）

宣传工作

【政治理论学习】 2023年，区委宣传部紧扣主题教育要求，深入学习习近平总书记关于主题教育系列重要讲话和重要指示批示精神；宣传部班子成员领题带队开展靶向调研，完成调研报告6篇；“四下基层”经验做法等在人民网、中央主题教育官网等重点平台报道；“无锡高新区在线”微信公众号等区宣传平台开设“主题教育”专栏发布相关报道19篇；组织拍摄“前卫路（万科东郡）”站点更名、数政局优化营商环境等成果转化案例在《联播无锡》播出；全年累计编印《学习参考文选》12期，举办“新吴大讲堂”4期，区委理论学习中心组累计开展专题学习34次。举办践行“四敢”要求、强“四力”宣传思想文化队伍“精进提升行动”专题讲座4场。抓实基层党员冬训，获评2022年度全省基层党员冬训工作示范县（市、区）和省、市冬训工作示范乡镇（街道）各1个，市级党员冬训工作示范村（社区）2个、《我是冬训主讲人》优秀视频2个。推荐思想政治工作研究成果19篇，1篇入选中国政研会2023年度基层思想政治工作优秀案例，2篇刊登在《江苏政工新视界》，4篇入选中宣部《思想政治工作研究》；推荐中铁十九局集团第六工程有限公司等4家单位为江苏省思想政治工作研究会会员；举办“伯渎”公开课第二季走基层活动13场，举办区“百姓名嘴”风采展示（决赛）暨“高新青年说”集中宣讲活动，获评无锡市“百姓名嘴”风采展示活动优秀组织奖。集中发布6个街道理论宣讲品牌，持续开展“宣讲轻骑兵”等线上线下理论宣讲2000余场，受众14万余人次，经验做法被《江苏宣传工作动态》报道。发布举办深化“强国复兴有我”群众性主题宣传教育“九大系列”百场活动；承办全市庆祝中华人民共和国成立74周年升国旗仪式和新婚夫妇向革命烈士献花活动。双拥公园等3家单位获评无锡市国防教育基地；全区爱国主义教育基地共接待政府机关、企事业单位、社会面19万余人次参观。“学习强国”学习平台稿件录用总数位列全市各板块第一；“学习

强国”线下体验馆和新吴区图书馆获批 2023 年度江苏省科普教育基地。（邓芳芳）

【意识形态工作】 2023 年，新吴区委制定印发《2023 年全区意识形态工作任务清单》《关于深入学习贯彻〈党委（党组）意识形态工作责任制问责实施细则〉的通知》《关于印发〈维护意识形态（网络意识形态）安全专项督查活动方案〉的通知》等文件，落实完善意识形态工作责任制；召开区委意识形态工作联席会议 4 次。对 11 家国企党组织和区科技局等 7 家单位党组织开展区委巡察意识形态工作专项检查；开展维护意识形态（网络意识形态）安全专项督查；推进无锡市意识形态强基计划“7+7”综合试点工作，探索服务凝聚新就业群体、基层社会治理的新制度新机制。（邓芳芳）

【新闻宣传工作】 2023 年，新吴区聚焦城区高质量发展实践，围绕“高质量发展调研行”主题采访活动以及“中国式现代化无锡新实践· 2023 年长三角主流媒体看无锡”活动做好宣传报道；加强与主流媒体合作，新华社江苏分社全媒体中心实践基地、中共江苏省委群众杂志社无锡高新区（新吴区）调研基地、“中国式现代化江苏新图景”融媒实践（无锡高新区）基地陆续挂牌落地，举办无锡高新区（新吴区）全力争当中国式现代化先行示范研讨会。联合法新社、美联社等发布高层次人才全球招募令、无锡交响乐团全球招聘等；新华社摄影部副主任兰红光带队拍摄二胡相关题材系列组图，新华社境内外平台连发 7 篇报道，总浏览量破 370 万；与《中国日报》合作的无锡高新区“八联版”在第 44 届世界新闻设计大赛评选中获得“插画”卓越奖。无锡高新区英文网、日文网、韩文网总浏览量达到 168 万人次，脸谱页面“粉丝”数为 65.4 万，覆盖全球 45 个国家和地区，页面阅读量超 1609.9 万次。组织全媒体采访 137 次，在各级主流媒体发布报道 9401 篇次，先后 22 次登上央视新闻；有序推进融媒体中心建设，制作微信推文、微博、微视频、杂志、抖音、报纸专版等融媒体产品 3600 余个，其中“无锡高新区在线”微信公众号保持城区各板块前列。（尤冰）

【网络建设】 2023 年，新吴区开展网络素养教育活动近百场，“而立锡高新 e 起向未来”新吴区网络中国节系列活动获第十届网络文化季最佳网络文化项目奖。承办无锡市网络社会工作推进会，入围省级网络文明素养实践教育基地争创单位 1 家，新培育市、区级基地各 1 家。承办 2023 年无锡市网络普法启动仪式。实施正能量网络代表人士“引育计划”。深入实施互联网党建“走听转办”工程，实行组织部门党建指导、网信办挂钩联系制度。指导江苏税软软件科技有限公司党支部建设互联网企业党建工作室示范点。（区委宣传部）

11 月 24 日，“文明中国·看无锡”研讨会

（区委宣传部 供图）

【精神文明建设】 2023 年，新吴区实现全区新时代文明实践中心（所、站）与 56 家文明单位结对共建，深入开展推荐选树新时代文明实践示范中心（所、站）工作，获评市首批优秀中心 1 个、所 1 个、站 5 个，其中中心荣获城区第一名。相关工作被各级媒体报道 120 余篇，获《中国日报》、央视网、中国新闻网、新华网等媒体多次报道，“暖‘新’千万家”文明实践示范活动获省委宣传部《宣传工作快报》刊发录用。协办省级活动“文明中国·看无锡”研讨会，全年承办市级活动 5 场。持续深化“彩虹桥”等品牌项目建设。组织开展崇德乐善“一月一主题”“这 Li 很新吴”活动，服务人群 7 万余人次；开展“我们的节日·精神的家园”主题活动 580 余场次；社会文明指数在全市前列，季度测评成绩位列全市第一，市文明创建红黑榜净红榜 2 个，成绩位于全市前列。深化幸福自治楼道建设工作获《光明日报》报道，19 个楼道被评为无锡市星级楼道，数量位列全市第一。运用区“红黑榜”“重点点位监测”两大机制，共检查点位 1119 个，整改问题 14467 个。利用市级“12345”热线与“啄木鸟”平台，全年处理环境卫生、交通秩序、基础设施破损等问题 703 个；充分挖掘基层先进典型、先进做法，获评全省宣传系统先进工作者 1 人、江苏好人 1 人、无锡好人 3 人、新时代江苏好少年 1 人、无锡市新时代好少年 5 人、无锡“最美人物”6 人。（尤冰）

统战工作

【概况】 2023 年，新吴区统战工作围绕中心大局，锚

定目标任务，聚焦“1366”工作品牌，紧扣中共二十大精神主线，在“思想引领、凝聚力量、履职尽责”上持续发力，创新开展“聚共识、献良策、共发展、促和谐、助振兴、联四海”六大行动，抓实党外人士、新阶层、民营经济、民族宗教、港澳台侨、基层基础六项重点工作，高标准完成市考核目标，大统战工作格局更加稳固，高质量发展根基更加厚植，优质化服务水平更加彰显，统一战线各项工作取得显著成效。区委常委会学习研究、安排统战工作6次，理论中心组3次专题学习统战业务知识，专题研究统战议题12项，召开统战工作、对台工作、民宗工作、非公有制经济、侨务工作、台胞投资权益保障、新阶层统战工作、“聚贤惠锡”专班工作等会议10余次，落实党外代表人士联谊交友制度，区委、区政府领导班子成员全年开展走访联谊、谈心谈话等活动50余次。（王聪）

【平台基地】 2023年，新吴区投资150余万元，建成全市唯一的统战教育馆——新吴区江溪街道统战教育实践体验馆，新华日报“同心圆”创新实践基地挂牌，以“初心映苍穹、齐心谱华章、凝心聚伟力、同心启新程”4个篇章，展示统一战线法宝优势，打造统一战线文化品牌，建成统一战线爱国主义教育基地和宣传统一战线的重要载体。在无锡硕放机场连接国际国内的重要廊桥设置宣传阵地，集中展示14名与无锡高新区共成长的民主党派成员、欧美同学会会员、新联会会员、少数民族代表等统战代表人士和6个特色阵地。打造全市唯一省级“华创苑”阵地，服务广大华人华侨及海外高层次人才归国投资需求。做实做强无锡港澳青年创新创业基地，按照“一基地、多载体”的发展思路，紧扣全市“465”现代产业集群成立实践联盟，首创发起成立“筑梦双湾”港澳青年交流基金，打造与国际接轨的太湖湾锡港澳青年创新创业崭新模式。（王聪）

6月20日，“同新石榴红 共筑中国梦”无锡市铸牢中华民族共同体意识宣传进基层文艺会演走进新吴区（区融媒体 供图）

【多党合作】 2023年，区委统战部持续增强多党合作制度效能，深入实施政治引领工程，组织各民主党派举办纪念中共中央发布“五一口号”75周年“六个一”系列活动（“同心奋进新征程聚力共建现代化”多党合作座谈会、“不忘来时路薪火永相传”党外年轻干部读书分享沙龙、“重温‘五一口号’铭记合作初心”征文活动、“共建同心林共画同心圆”植树活动、“凝聚智慧力量与党同心同行”短视频征集活动、“七十五载心之所向七十五载砥砺前行”朗诵会），采用座谈交流、征文比赛、摄影活动、读书分享等多元形式，民主党派（无党派）人士参与活动600余人次。组织开展“凝心铸魂强根基、团结奋进新征程”主题教育活动100余场，2000余人次参与活动。加强民主党派基层组织建设，深化民主党派星级支部（支社）评比活动，评定区各民主党派五星级支部（支社）1个、四星级支部（支社）3个、三星级支部（支社）3个，不断激发基层组织新活力。积极支持各民主党派参与基层组织建设年、中央社会主义学院第21届年会等主题活动，民盟中央的“中国民主同盟传统教育基地”在钱伟长爱国精神纪念馆揭牌，民革中央的“民革江苏省企业家联谊会科技创新实践基地”在新吴区民革党员企业揭牌，中山博爱之家、致公党江苏省委为新吴区“引凤工程太湖湾科创城创新创业基地”授牌。完善落实联谊交友、对口联系、特约人员等系列制度，召开特约人员工作推进会，畅通党外人士监督渠道。推进党外干部队伍建设“321人才计划”，与组织部门探索建立“五个共同”机制，重点做好党外45周岁以下正科级、40周岁以下副科级干部的动态管理，着眼党外干部队伍梯队化建设，建立党外群众数据库，把优秀党外青年干部优先推荐到成员少的党派。推进党外干部实践锻炼和交流轮岗，提拔党外干部12人。打造党外年轻干部同心苗圃工程，创新开展“同心创新营”“高新青年说”“同心实践家”等系列活动20余场，组织60余名党外年轻干部赴陕西省延安市宜川县和重庆市参加党外培训班。（王聪）

【特色品牌】 2023年，区委统战部积极打造工作服务品牌，深化“主委座谈会”“民主党派议政日”等议政建言品牌，落实政党协商制度，协助区委制订2023年政党协商计划，首创推行区委、区政府领导出题点题，各民主党派结合界别特色认领答题的方式，围绕“助力建设中国式现代化先行示范区”主选题组织各民主党派、工商联、无党派开展精准调研。深耕民主党派“同心博爱”社会服务品牌，举办2023年同心博爱社会服务项目启动仪式，开展“党派成员亮身份，报到服务进社区”活动，升级“党派＋街道”结对服务模式。推进社会服务品牌矩阵建设，深化同心律动、同心智荟、同心医行等党派志愿服务进“三区”活动，将精品服务充分延伸至社区、园区和校区，开展服务150余场，受益群众万余人次。发挥“8+8”双督结对工作效能，主动挖掘致公党品牌项目资源，承办2023年致公党江苏省委“引凤工程”创新营启动仪式，打造创新创业交流营、科技项目孵化营、海外人才成长营，12个海归人才项目意向性签约，转化率达60%。打造无党派“知联护新”品牌，发挥无党派知联会法检资源密集优势，联合法院、检察院在专精特新企业和中小型科技企业开展知识产权保护系列活动，启动“知联护新聚力发展”新吴区党外知识分子助力专精特新企业知识产权保护专项行动。（王聪）

【新的社会阶层人士统战工作】 2023年，区委统战部做好新的社会阶层人士统战工作，通过理论学习、主题活动、座谈交流等形式，加强新的社会阶层人士思想建设。定期开展区新联会理事会议、新阶层人士专题学习会、骨干代表人士能力素质提升班等常态化学习教育活动。区新阶层联谊会各分会组织会员学习中共二十大精神、《统战工作条例》、《中央统战工作会议精神》等20多次。坚持“组织＋基地＋品牌”三位一体工作模式，深化和拓展“1+6+N”新阶层人士统战工作架构，强化新的社会阶层联谊会组织及品牌建设。完善好“1”的架构：做好新阶层代表人士的推荐选树及区新联会换届工作，健全组织网络，挖掘优秀代表人士并积极输送到市级以上平台；发挥好“6”的作用：充分释放6个街道新的社会阶层阵地活力，助力街道基地打造为集教育培训、联络联谊、建言献策、创业创新、社会服务、交流互动功能于一体的多功能平台，推进实践创新基地规范化、常态化、特色化发展，打造更多新阶层阵地争创市级、省级以上示范基地；拓展好“N”的资源：结合无锡高新区创新高地、产业高地的区域特点及外企民企管理技术人才密集的优势，建立外资企业管理技术人员、社会组织从业人员、新媒体从业人员、律师、会计师等区新联会功能性分会，以外企中方管理技术人员为增长点，开展“外企中方管理技术人员统战工作新路径”课题研究。

引导新的社会阶层人士发挥优势和专长，参与建言献策、乡村振兴、爱心帮扶等活动，先后开展“同心筑梦新智聚新”低碳徒步、“同心阅读同向聚力”第七届村田读书节、“少年急救官再出发”、“倾‘新’助力情暖新吴”、“苏新暖冬行动”、“宪在出发法润新吴”普法宣传、“直播助力文化润疆”、“湘村振兴公益捐步”、“鸿新富农”新阶层统战工作品牌发布等各种活动40余次，探索“统战＋志愿服务”新路径。（王聪）

【民营经济统战工作】 2023年，新吴区加强民营经济代表人士队伍建设，注重发挥主席（会长）联系群、常执委联系群、直属会员联系群和基层商会联系群功能作用。举办两期“无锡高新区（新吴区）企业家核心领导力高层次研修班，组织20余家重点民营企业主要负责人沿着习近平总书记视察广西足迹，开展“牢记嘱托，感恩奋进，高质量发展学习广西行”活动。融入全市“薪火计划”，将新生代企业家纳入民营经济代表人士数据库，实行动态管理，形成“蓄水池”效应。成立新吴区青年企业家协会，打造青年企业家“菁腾”成长计划。深入挖掘张立新、严奇等4名副主席（副会长）艰难创业史，在《中华工商时报》进行系列报道；选送民营企业家先进事迹在市工商联锡商之星专栏投稿，宣扬民营经济人士“四敢”精神；遴选13名在民营经济领域优秀的代表人士，在机场国际旅客出入口廊道进行为期一年的优秀民营经济代表人士展陈，开展首届“民营企业雇主品牌秀”活动。组织民营企业家赴青海省海东市互助县和陕西省延安市宜川县开展“对口协作”，捐助资金30余万元。旺庄街道和硕放街道商会组织会员企业赴青海省海东市互助县开展捐资助学活动。累计向对口协作地区捐款近100万元、购买农副产品400余万元，先后为600多人次提供就业服务。

帮助支持民营经济高质量发展，开展联合走访活动，收集企业发展的困难和建议16条；组织“知识产权专题讲座”，并邀请部分民营企业家参加商标侵权案的现场庭审。与宁波银行新区支行签订战略合作协议，为民营企业解决“融资难”的问题。做好第三届江苏发展大会、全球锡商大会的相关筹备工作。扎实做好标杆民营企业培育工作。无锡先导智能装备股份有限公司被评为江苏省优秀企业、入围2022年中国创新力企业50强榜单。无锡日联科技股份有限公司入围“2023年第十三届中国上市公司口碑榜”榜单并获“高端制造最具成长上市公司”称号。无锡日联科技股份有限公司董事长刘骏，无锡芯朋微电子股份有限公司董事长张立新，无锡奥特维科技股份有限公司董事长、总经理葛志勇获评江苏省优秀企业家。切实加强和改进新时代工商联工作，拓展巩固“1+N”政企合作机制，依托工商联纳税人之家、体育之家、法律服务之家等联系机制，常态化开展与民营经济代表人士联谊交友，落实领导班子成员联系商会、企业家工作制度。落实“红梅花香·锋彩商会”党建领航三年行

动计划，增强商会组织党建工作内生动力，旺庄街道商会书记项目获评“优秀书记项目”。（刘浩）

【欧美同学会】 2023年，新吴区完善欧美同学会会长轮值、双向联系、社会服务、新会员发展等多项制度，按照政治可靠、业务精湛、群众公认的原则，通过对近百家企业的走访调研，吸引会员150余人。成立欧美同学会功能性党支部，承办无锡市归国留学人员学习习近平总书记给南京大学留学归国青年学者重要回信座谈会，举办海归留学人员主题报国分享会。按照无锡高新区“6+2+X”产业布局，结合学长行业分布特点及现状，在无锡高新区欧美同学会总会下分设生命医药、集成电路、物联网会、智能制造4个产业分会，根据不同领域、不同人才需求，做好海外归国留学人员“引用育留”等工作，每个产业分会均由一名所属产业学长作为牵头人，一名专业园区学长作为联络员，联系对接相关产业学长。组织开展生物医药闭门会、长三角集成电路联盟等近10场闭门会议，组织100余位专业学长参与交流。牵头成立哈佛大学无锡校友会暨哈佛大学校友（长三角）创新中心，对接哈佛大学及其校友资源，汇集海外科技创新要素，扩展无锡与哈佛大学在产业生态、招才引智、技术交流、投融资等方面的交流合作，搭建链接世界各地哈佛校友的平台，招引海内外创新创业科技项目20个，11名高科技创新创业人才加盟高新区，其中启明计划3人、海外博士后专项1人。举办8场次各类校友活动，并在上海、美国波士顿、美国硅谷分设校友驿站。联手世界500强外企与全国首家核心智体园率先成立海归青年“联络站”“服务站”，举办“飞”你莫属学长快接“盘”首届无锡高新区欧美同学会飞盘友谊赛，为海外留学人员搭建桥梁，多维度打造海归留学人员交流、教育、服务全方位工作平台。（刘浩）

侨务工作

【概况】 2023年，新吴区以侨务“进三区”为抓手，扎实开展基层侨务工作，不断扩大侨务工作覆盖面，突出强化国有及民营科技园区侨务工作，形成6个街道板块、4个国控科技园区和6个民营园区全覆盖的立体式为侨服务网络。广泛开展侨情摸底，新摸排海外华人5人、海外留学人员超200人。区生命科技园成功申报江苏省人民政府侨务办公室“华创苑”，全市唯一。东庄电子电力科技园被评为全省侨务工作“进三区”评优项目。（黄骋）

【维护合法权益】 2023年，新吴区依法维护归侨侨眷和海外侨胞合法权益，进一步增强侨联组织的凝聚力。连续5年开展侨法宣传月活动，新聘任9位专业律师担任加入区侨资企业法律援助服务团，邀请各街道、国控、民营园区负责人参加主题讲座，加强他们对侨务工作的认识。加强中医惠侨工作覆盖面，通过直播、讲座等多种形式，开展6场中医惠侨主题活动，实现6个街道中医惠侨工作全覆盖，覆盖区内侨胞侨属100余人，辐射海外侨胞超千人。（黄骋）

【挖掘优势资源】 2023年，新吴区成立“聚贤惠锡”工作专班，由区委统战部牵头，在杨胜故居原址基础上新建杨胜纪念馆，以杨胜生平事迹介绍和动物营养学科普两个部分为主体的场馆，依托名人纪念馆，打造富有文化底蕴、禅意的文化品牌，提升新吴文化的厚度，彰显名人乡贤的引力作用，吸引杨胜的学生赴锡投资，对接项目。借助梅村高中110周年校庆契机，发掘各地校友会优势资源，梳理联系杰出校友。重点摸排、联系上海、南京乡贤资源，筹备召开乡贤恳谈会。推进新加坡、菲律宾等多个海外联络点挂牌。（黄骋）

【打造特色亮点】 2023年，新吴区以二胡为媒介，将海外联谊联络工作与区域经济、科技和文化等主题相结合，扩大对外交流渠道与层次。独家承办“亲清中华二胡大舞台”无锡网上特色营，美国、加拿大、意大利、法国等16个国家20多家华教机构和侨社团组织的750多名海外华裔青少年参与活动。制定二胡文化海外宣传推广方案，以纪念钱穆、刘天华的二胡情缘为主线，以乡情、乡贤与乡韵为主线，制作《乐韵琴心》海外宣传画册、《似是故人来》文化宣传片，策划开展二胡海外专场推广活动，弘扬宣传优秀中华传统文化。（黄骋）

港澳台事务

【平台建设】 2023年，新吴区主动融入大湾区发展大局，成立全省首家“锡港澳青年创新创业基地”，打造与国际接轨的锡港澳青年创新创业平台，拓展港澳青年到锡就业创业空间，进一步加强太湖湾科创带与粤港澳大湾区交流合作。拓宽香港—新吴两地交流平台，成功举办“吴韵绘同心云叙桑梓情”新吴区海外联谊（香港）联络站揭牌仪式，为在港乡贤回乡投资兴业、经贸文化交流提供服务。依托香港、澳门吴氏宗亲会、泰伯基金会等新吴海外社团及联谊组织资源，充分发挥海外吴氏宗亲及华侨华人梁纽带作用，推进澳门联络点的成立挂牌。（史玛莉、季颖）

【联络联谊】 2023年，新吴区围绕庆祝香港回归祖国25周年，举办共聚“青”合力同心创未来——锡港澳青年“云话未来”主题活动，启动市政协澳门委员“锡澳同心”公益项目，同步设立“锡澳同心”成长奖学金计划、“锡港澳青年志愿者”计划和公益入驻“梦想改造+”关爱计划，设立香港、澳门分会场，活动在线观看超5万人/次，三地取得较大反响。举办“青春有约智汇无线”——苏港澳台青年“云分享”活动，启动“益+青”公益行动，围绕助老、助苗、助残、助学等领域发布公益项目，扩大两岸三地青年交流交往。组织开展“你好！我来自1997”融媒体新闻行动，协助拍摄系列微纪录片《25年，25人——“双城记忆”》，介绍港人王忠炜在新吴的创业故事，VLOG在《香港商报》等多家媒体刊登宣传。推进吴文化、吴地历史进香港、澳门友好学校工作，牵线新吴区泰伯小学与香港吴氏宗亲总会泰伯纪念学校结为友好学校，架起两地两校交流桥梁，放大吴文化效应。拓宽传统文化领域交流。（史玛莉、季颖）

【对台交流交往】 2023年，新吴区巩固完善“党委统一领导、党政齐抓共管、部门分工协作、社会广泛参与”的对台工作大格局。召开区委对台工作领导小组会议，学习传达上级对台工作会议精神。区台湾同胞投资权益保障协调委员会成立护企惠台服务团，加大对台企台商的服务力度。进一步理顺新吴区台湾同胞投资企业协会的工作机制，圆满完成协会换届工作；加强对台商台胞宣贯引导，编制《无锡高新区（新吴区）支持促进台资企业融合发展政策选编》，召开高新区（新吴区）台资企业座谈会，结合高新区成立30周年，对长期默默扎根高新区做出突出贡献的7家卓越发展台企和11位担当奉献台企总经理进行表彰。推进太湖湾两岸青年双创园建设，开展服务需求征集，为13位台胞子女解决入学和转学等问题，办理赴台审批案卷130多批次，促进两岸经贸文化交流；开展台企台胞台属联谊交流，举办“传承农耕文化，共享丰收之乐”金秋乡村行活动，组织台胞子女参加“携手向未来　共绘中国梦”无锡市两岸红十字青少年文化交流作品评选活动，引导两岸青少年感悟在实现中华民族伟大复兴中国梦新征程上的责任和使命。组织第二届无锡高新区“旺庄杯”长三角城际慢投垒球邀请赛，推动两岸经济、文化、体育的交流交往和融合发展。（史玛莉、季颖）

机构编制管理

【机构编制配置】 2023年，新吴区落实国防动员改革要求，全面完成职能划转、机构设置、人员转隶；区疾病预防控制局挂牌；经北京大学和省、市委编办三方同意，由无锡国家高新技术产业开发区管理委员会和北京大学合作建设的北京大学长三角未来技术生命健康研究院登记设立；组建区大数据管理和政务服务局，将区行政审批局更名为大数据管理和政务服务局，挂“行政审批局”牌子；将无锡高新区生物医药产业创新发展服务中心更名为无锡市生物医药产业发展促进中心，隶属关系由无锡高新区（新吴区）市场监督管理局所属调整为无锡高新区管委会直属，机构规格由副科级调整为正科级；设立无锡中欧产业创新区管理办公室。（吴宏）

【内设机构编制】 2023年，新吴区优化机构设置，在新吴区健康促进与教育中心挂“养老指导服务中心”牌子，增设专门内设科室；优化调整区安委办内设机构职能配置；在区住房城乡建设局设置消防设计审查验收处，为新吴区应急指挥中心、建设工程安全质量监督站增核事业编制；区市场监管综合行政执法大队升格为正科级；调整区农业农村局动植物疫病防控职能，加强区农业服务中心编制保障；调整区委党校内设机构设置；在区婚姻登记服务中心挂牌设立未成年人救助保护中心；在江溪街道社区卫生服务中心挂牌设立江溪护理院；明确新吴区新瑞医院人员总额、领导职数和行政职能机构设置；完成新吴区疾病预防控制中心重组。（吴宏）

【教育卫生编制设置】 2023年，新吴区委编制办公室支持教育系统新建及改扩建学校、幼儿园，设立14所中小学、幼儿园，按标准核定教师招聘额度217名、核定中小学临时代课教师340名；支持医疗卫生人才引进，核准卫生系统招聘额度769名；用好支持卫生健康人才引进专项事业编制，核准使用专项编制70名。（吴宏）

【基层管理机制改革】 2023年，新吴区印发《无锡高新区（新吴区）关于建立健全“基层吹哨、部门报到”党建引领基层治理机制的实施方案》，形成了第一批7大类36项事项清单，建立“双维度”考核机制，在全市率先将考评纳入区综合考核体系开展“首考”，解决“见管脱节”、联动不强等问题，街道（园区）“吹哨”实现全覆盖，协调解决81个基层难点堵点问题，事件报到响应率100%、满意度100%。区委编制办公室深化“三整合”改革，针对“回头看”发现的51个问题、提出的79条意见建议，为各街道个性化制定“一对一”反馈清单，实行“点对点”对接把脉，并定期跟踪整改落实情况，持续巩固改革成效。向全区32个部门（单位）征求基层工作力量配备建议，组织各街道全口径采集人员基本情况，推动街道用工规范管理。（吴宏）

【责权清单管理】 2023年，新吴区委编办开展机构编制统计及实名制管理工作，严格落实规范性文件备案、重要事项报告等制度。入选全市全口径权责清单编制试点唯一县（市、区），指导区人力资源社会保障局、退役军人事务局、审计局3家试点单位，分别梳理出权责事项109项、74项、65项，完成全口径权责清单编制试点工作。研究制定《2023年度区级机关单位高质量发展绩效评价考核指标体系》，优化指标体系，进一步明确责任分工，强化责任落实。（吴宏）

【事业单位管理与改革】 2023年，新吴区做好事业单位登记管理和机关赋码工作，完成新设立14家、变更88家、注销8家事业单位法人的登记管理；完成17家机关、2家群团统一社会信用代码证书申领更换，规范机关群团赋码管理；强化事业单位法人年报制度，完成全区181家事业单位年报工作，实现"全覆盖"。（吴宏）

保密工作

【概况】 2023年，区机要保密局在贯彻落实中共二十大精神和习近平总书记关于机要密码、保密的重要指示批示精神，紧紧围绕新吴区建设工作大局，统筹发展与安全，主动适应新形势新挑战，进一步健全机要保密工作体系，圆满完成全区的保密工作目标任务。全年未发生任何失泄密事件。（李凡）

【制度保障】 2023年，新吴区加强保密关键部位管理、新增保密设备，优化密件管理全流程，减少密件传递环节的泄密风险隐患。加强日常工作秘密件流转审核甄别工作，规范标注相关提醒标识，在政务网协同办公平台增设下载权限管理、添加水印追溯、严格控制文件阅知范围。定期组织召开保密委员会扩大会议，印发《2023年无锡高新区（新吴区）机要保密工作要点》，进一步明确保密工作重点目标，健全各项保密管理制度，逐级签订保密责任书74份，保密承诺书11358份。（李凡）

【保密宣传】 2023年，新吴区以保密宣传月为契机，组织开展以"保密春风进万家"为主题的系列宣传活动，组织拍摄"人人话保密"微视频文案创作，利用各类宣传阵地，开展一系列富有新吴特色的保密宣传培训活动。进一步强化机关单位保密专项知识，组织开展3次保密宣传培训，邀请市机要保密局到区讲授《保密形势以及保密法十二条违规行为解读》《保密形势与保密工作基本规范》《机要保密知识要点培训》等。（李凡）

【检查督导】 2023年，新吴区严格落实各项保密制度，各从细节抓起，实现保密管理规范化、风险防控精准化。提前安排、部署自查自评工作与各街道的交叉检查工作，进一步梳理全区保密工作风险点，明确宣传、检查、整改重点。根据省、市部署，下发《关于组织开展涉密网络运维管理突出问题专项整治行动的通知》，组织全区涉密网络专项行动动员部署会、培训会，以"不漏一个涉密网络，不漏一个运维单位，不漏一名运维人员"的要求，梳理各单位涉密网络与涉密设备情况，加强对网站运维人员的监管。严格按照市局要求执行定密年度统计和报告工作，对全区各机关单位、各街道定密责任人定密制度落实情况进行检查，梳理审核2022年11月至2023年10月产生的国家秘密事项，确保全区定密工作符合相关法规和标准。（李凡）

机关党建

【概况】 2023年，新吴区机关工委共有直属党组织41个，其中党委5个、党总支7个、直属党支部29个，机关党员总人数2004人。区机关工委紧扣围绕中心、建设队伍、服务群众职责定位，深化模范机关建设，推进基层党建提质增效行动，全面提高机关党建质量，引导机关党员干部坚决落实"四敢"要求，提高整体素质。（刘丹丹）

【思想政治建设】 2023年，区机关工委以党的政治建设为统领，聚焦"首要任务"铸魂赋能。邀请中共二十大代表袁彩风作专题宣讲，贯彻落实中共二十大精神。践行"四敢"要求，举行主题教育先学先行青年风采展示、"先锋之声"理论宣讲，以及"理响新吴""宣讲轻骑兵"等理论学习宣讲80余次，受众达5000余人次。强化政治意识教育，深化"情系基层、先锋领跑"党建品牌内涵外延。严格按照组织程序发展新党员9人，推荐1人获评全市担当贡献者；规范党务工作"四查四清四严"专项行动"回头看"，摸排第三方合作事项18个。高度重视机关党建信息工作，发掘机关各部门落实上级重大战略决策部署、开展业务工作的好经验、好做法，"学习强国"平台录用信息32篇，省、市机关党建网录用信息27篇，连续三年被省级机关工委评为“机关党建信息工作优秀单位”，机关党建工作整体水平和落实能力不断提升。（刘丹丹）

【组织阵地建设】 2023年，区机关工委以组织建设为抓手，筑牢党建工作基石。紧扣中心工作，开展区级机关党建工作划片管理，由战斗力强、阵地过硬、制度完善、工作规范的一级党组织担任牵头组长单位，负责各自片区的基层党建工作谋划、推动、落实。各片组开展集中活动14次，形成片区党建工作统筹推进的生动局面；积极打造“悦享空间”党群服务中心，集阅读、会议、健身、休闲等多功能于一体，购置党建书籍400余册，与多处党建读书角一起，构建机关党员干部“不打烊”充电站。用足用好智慧党建和学习强国系统，坚持半月巡查、月度提醒和季度通报机制，提升“三会一课”和主题党日活动质量，全区40个机关直属党组织日常制度落实100%，台账生成率100%，“学习强国”积分全区前十中占7人。（刘丹丹）

【党风廉政建设】 2023年，区机关工委认真贯彻习近平总书记在二十届中央纪委二次全会上的重要讲话精神和中共中央关于全面从严治党战略部署，组织区级机关各党组织落实关于党风廉政建设和反腐败工作的要求，推动全面从严治党向纵深发展。对照全面从严治党主体责任清单，以区机关各级党委（党组）为关键主体，逐项明确领导班子和班子成员责任，推动党风廉政建设主体责任和领导班子“一岗双责”的落实。深入推进党风廉政教育常态化，营造学廉、思廉、践廉、守廉的良好氛围。围绕区第十届“清风新语”思廉月活动，精心组织安排廉政党课、主题党日、实践教学等教育活动，从严加强对党员干部的教育管理监督。逐层逐级签订《2023年度党风廉政建设责任书》，深化落实“两个责任”，严明政治纪律。组织观看反腐警示教育片《莫让“蛀虫”蚀民利》、党风廉政教育视频《永远在路上》等，以案为鉴，引导党员干部知敬畏、存戒惧、守底线，营造风清气正的良好政治生态。（刘丹丹）

【党组织书记培训】 10月8—13日，区机关工委在新吴区、陕西省延安市宜川县两地组织开展机关党组织书记培训班，无锡高新区党工委委员、新吴区委常委、组织部部长韩杨作开班动员，深刻阐述新形势下做好机关党的建设工作的重要性，就进一步开展机关党建工作提出具体要求。培训采取专题授课与实地教学相结合、分组研讨与交流分享相结合的形式，两地共80余名机关党务干部参加培训。学员们先后赴秋林抗战纪念地、南泥湾革命旧址、王家坪革命旧址、杨家岭革命旧址、枣园革命旧址及梁家河村等地进行现场教学，体会老一辈革命家不屈不挠、艰苦奋斗的革命精神和高尚情操，深层次领悟延安精神的丰富内涵，用实际行动传承红色基因。（刘丹丹）

【党建信息工作】 江苏省委省级机关工委印发《关于2023年度机关党建信息报送情况的通报》，新吴区委区级机关工委被评为2023年度机关党建信息工作优秀组织单位，这是继2020年以来连续4年蝉联此项殊荣。区机关工委充分发挥党建信息宣传“主阵地”作用，以主题党日活动、党建业务融合发展、廉政教育等为依托，形成大量题材新颖、内容丰富的党建宣传报道，发挥好党建宣传生力军作用，落实好信息宣传为党建服务的使命任务，以点带面，持续加强基层党组织凝聚力、影响力、战斗力。注重加强“学习强国”学习平台的推广应用，向“学习强国”平台供稿129篇，录用49篇。充分利用省、市机关党建网等载体，向省级机关党建信息平台投稿30篇，录用15篇；向市级机关党建信息平台投稿32篇，录用28篇。（刘丹丹）

【思廉月主题活动】 5月24日，区机关工委联合区纪委监委、区机关事务服务中心开展“品粽思廉至味清欢”思廉月主题活动，50余名党员代表参与活动，采用课堂教学和实践教学相结合的立体模式开展。在课堂教学环节，邀请无锡市文化旅游局专家库专家、梁溪区作协副主席黄玉梅作诗词文化讲座——《追根溯“粽”诗词润“莲”，从经典诗词中汲取前进的动力》，追溯中华历史优秀传统文化，结合传统民俗，以“莲”说“廉”。在实践教学环节，党员干部代表们亲自动手学习包“清白”粽，体验廉洁文化，激励党员干部立身清白、廉洁正直，推动机关党员干部崇德于心、倡廉于行，绷紧纪律规矩之弦，永葆共产党人清正廉洁的政治本色。（刘丹丹）

【“先锋领航”矩阵行动】 2023年，区机关工委统筹开展“先锋领航”行动，以项目化管理、多部门协同推动党建赋能理论学习、民生工程、乡村振兴和基层治理等工作提质增效，实现党建业务融合互促高质量开展，首批“先锋领航”行动5家领航单位签约。机关工委联合机关工会与机关事务服务中心联合打造“悦享空间”区级机关党群服务中心揭牌，构建集阅读、会议、健身、休闲等多功能于一体的开放式和共享式聚合空间。机关工委和团区委共同发起成立“新π机关青年社团联盟”，打造互动式青年网络社群，

构建机关青年培训学习、才艺展示和交流互动平台。（刘丹丹）

【健康救护服务】 2023年，区机关工委加强对机关女职工的关爱，与区民政卫健局党委携手机关工会女职工康乃馨服务站开展"'馨'系女职工呵护'她'健康"妇幼健康服务进机关活动，30余名女职工参与活动。采取知识科普与爱心义诊相结合的方式，邀请无锡市妇幼保健院教授专家开展女性健康知识讲座。区机关工委和区红十字会联合举办区级机关"'救'在身边"应急救护知识技能培训，普及应急救护知识技能，培训采用"理论授课＋技能实操"相结合的授课方式，为机关职工们开展现场应急救护培训，提升机关干部自救互救和应急处置突发事件的能力。（刘丹丹）

【赋能助力乡村振兴】 2023年，区机关工委抓好党建助力乡村振兴工作，深入宣传、推动、开展"千名党员认千树"党建助农爱心认领项目，动员机关部门党员干部开展实地采摘活动，将主题党日开展同爱心助农有机结合，推动组织建在田园、活动放在田园、服务落在田园、景色美在田园、爱心暖在田园。动员机关直属党组织加入到活动中，通过认养梨树、参与种植、体验劳作、志愿采摘、分享果实等活动形式，引导党员践行初心使命，提升党性修养，以实际行动助力乡村振兴。（刘丹丹）

党校工作

【党建引领】 2023年，区委党校坚守"为党育才，为党献策"的党校初心，以《中国共产党党校（行政学院）工作条例》和习近平总书记关于党校工作的重要论述为遵循，勇担使命、聚力争先。牢牢把握"党校姓党"根本原则，认真落实"第一议题"制度，围绕学习贯彻习近平新时代中国特色社会主义思想主题教育"学思想、强党性、重实践、建新功"的总要求，把开展主题教育作为首要政治任务。以学习为抓手，开展集中理论学习30次、校内学习研讨5次、现场参观研学4次，通过多样化的学习形式提升学习效果。开发完成主题教育专题课程24门，赴基层开展宣讲40余场次。推进"三联三强基"党员干部下沉基层常态化长效化工作，全面落实"基层吹哨、部门报到"党建引领基层治理机制。抓住意识形态工作和党风廉政建设，把旗帜鲜明讲政治融入党校工作全过程和各方面，营造党校学习之风、朴素之风、清朗之风。（欧婷）

【教育培训】 2023年，区委党校坚持围绕中心，服务

区委党校推进党员干部下沉基层，落实党建引领基层治理（区委党校 供图）

大局，按照干部教育培训计划，综合市、区机关各部门和基层单位培训需求，承办了新吴区县处级以上领导干部学习贯彻习近平新时代中国特色社会主义思想主题教育读书班、区管干部二十大精神轮训班、全区年轻干部培训班等各级各部门培训80期，受训学员超8000人次。发挥党校教学科研优势，开发了"习近平新时代中国特色社会主义思想概论"《习近平著作选读》第一卷、第二卷导读"等专题课程28门。突出抓好党的理论教育和党性教育、马克思主义基本理论教育，课程的比重高于总课时的70%。根据培训主体的个性化需求，统筹安排国防、法治、安全生产、意识形态、乡村振兴等内容进主题班次培训课程。充分利用区内现场教学点，精心设置教学单元，精准构建课程体系，形成"1+3"专题教学线路，即党校1个自主开发教学点中国精神主题展馆，产业发展类、人文主题类、红色教育类3条现场教学线路，遴选周边地区相关专题的现场教学点，综合运用讲授式和案例式、模拟式、体验式等互动式教学方法，全面提升干部培训质量。与中共陕西省延安市宜川县委党校签订合作框架协议，延安市宜川县干部教育培训新吴基地挂牌。（欧婷）

【科研工作】 2023年，区委党校强化科研兴校意识，着眼于服务区委、区政府中心工作，高质量开展系列研究活动，推进教研咨一体化，共形成研究成果12项。其中，"无锡高新区（新吴区）新时代干部现状调查及现代化建设能力提升工程的路径研究"在全省党校（行政学院）系统年度调研课题结项评审中被评为优秀课题（市县、区唯一）。《区委党校关于我区干部现代化建设能力的调研报告》获区委主要领导批示，1篇论文入选纪念孙冶方诞辰115周年学术研讨会，1篇论文入选全省党校系统"深入学习中共二十大精神"理论研讨会，1篇论文获得国家高新区发展

12月27—28日，全市党校系统“无锡高质量发展新实践”研讨会暨2023年科研协作会在新吴区委党校举行 （区委党校 供图）

战略研讨会优秀论文三等奖，2项课题研究获得全市党校系统科研课题优秀结项，5篇论文公开发表，创党校科研工作新成绩。全员参与“毛泽东哲学思想与现代企业管理”系列课题研究，从不同专业角度开展理论研究，形成专题课程10篇。主动加强科研合作，高质量承办全市党校系统科研协作会。与区发展改革委、政研室等机关部门合作，以“1+4”课题研究的形式，参与区委确定的中国式现代化先行示范区建设等中心工作的联合调研，该系列课题获2023年度无锡市党校系统科研年度课题立项，项目整体稳步推进。 （欧婷）

【办学质量评估】 2023年，区委党校完成了市委组织部、市委党校联合组织开展的首次党校办学治校质量与水平的综合性办学质量评估。评估标准共十大项、61个评估要点，满分为200分。经过材料收集、撰写评估报告，高质量完成无锡市县级党校（行政学校）办学质量评估迎评，取得优异成绩。 （欧婷）

【行政管理】 2023年，区委党校档案室顺利通过了省级示范档案室现场评估，经市档案史志馆综合评定，区委党校被评为市级数字档案室。区委党校始终坚持加强内控制度建设，积极探索办会办班、后勤管理、政府采购等工作规律，进一步规范内控体制机制，深化从严治校，杜绝风险隐患。强化“发展要安全”意识，深入学习贯彻中共二十大精神和习近平总书记关于安全生产重要论述，全面贯彻落实中共中央和省、市、区各级关于安全生产的部署要求，制定校委会委员安全生产工作责任清单，组织开展校园安全生产和消防安全大检查，做好食堂和物业的月度考核工作，抓好校园日常安全生产工作，推进平安校园建设，为党校事业发展提供安全稳定环境。 （欧婷）

综述

【概况】 2023年，新吴区人大常委会以习近平新时代中国特色社会主义思想为指导，按照中共中央决策部署和省、市、区委工作要求，紧贴人民群众对美好生活的期盼，立足“四个机关”职能定位，认真履行宪法法律赋予的职责，丰富和发展全过程人民民主的新吴实践。召开常委会会议6次、主任会议12次，开展执法检查2次，听取和审议“一府一委两院”专项工作报告61次，形成审议意见21项，作出决议决定8项。坚持党管干部与人大依法任免相统一，依法任免国家机关工作人员54人，组织好任前法律知识考试和宪法宣誓仪式。补选市人大代表2名、区人大代表15名。代表提出的建议全部办结并作出答复，完成区二届人大二次会议确定的各项任务。（朱新胜）

【深化理论武装】 2023年，区人大常委会牢牢把握政治机关定位，认真落实“第一议题”制度，把学习宣传贯彻中共二十大精神和习近平新时代中国特色社会主义思想作为首要政治任务，把贯彻落实习近平总书记关于坚持和完善人民代表大会制度重要思想作为精修课，深学笃行习近平总书记参加十四届全国人大一次会议江苏代表团审议时重要讲话和考察江苏重要讲话精神，全年理论中心组专题学习15次、研讨交流6次。开展学习贯彻习近平新时代中国特色社会主义思想主题教育，原原本本学、相互交流学、联系实际学，不断提高政治判断力、政治领悟力、政治执行力。（朱新胜）

【坚持党的领导】 2023年，区人大常委会自觉在区委的领导下开展工作，全局工作专题报告，重点专项工作及时请示。区委常委会专题听取人大党组工作报告，区委书记多次专题听取人大工作汇报，并就践行全过程人民民主，特别是推进基层民主作出重要指示。充分发挥区人大常委会党组“把方向、管大局、保落实”的领导作用，党组成为人大常委会及机关的“主心骨”，全年召开党组会议18次，议决事项12项。机关党支部严格党的组织生活制度，坚持“三会一课”，组织全体党员干部前往“四千四万”精神展馆、延安精神无锡学习天地等地开展“感悟延安精神，凝聚奋进力量”主题党日活动，以“实境化”“沉浸式”

2023年新吴区人大常委会任免一览表

表1

时间	会议名称	会议内容
2月27日	区第二届人大常委会第十次会议	任命蒋少文为无锡市新吴区人大常委会监察和司法工作委员会主任； 任命郭雪强为无锡市新吴区人大常委会财政经济工作委员会主任； 任命陆侃为无锡市新吴区人大常委会鸿山街道工作委员会主任； 任命韩建中为无锡市新吴区发展和改革委员会主任； 任命吴炜为无锡市新吴区工业和信息化局局长； 任命封雷为无锡市新吴区司法局局长； 任命邵登云为无锡市新吴区退役军人事务局局长； 任命沈琦为无锡市新吴区行政审批局局长；

续表 1

时间	会议名称	会议内容
2月27日	区第二届人大常委会第十次会议	任命秦志超为无锡市新吴区监察委员会副主任； 任命邵明为无锡市新吴区（高新区）人民法院副院长。
2月27日	区第二届人大常委会第十次会议	任命陈莹为无锡市新吴区（高新区）人民法院审判员。 免去郭雪强无锡市新吴区人大常委会监察和司法工作委员会主任职务； 免去陆侃无锡市新吴区人大常委会财政经济工作委员会主任职务； 免去李铭无锡市新吴区人大常委会鸿山街道工作委员会主任职务； 免去周群威无锡市新吴区人大常委会新安街道工作委员会主任职务； 免去韩建中无锡市新吴区工业和信息化局局长职务； 免去封雷无锡市新吴区退役军人事务局局长职务； 免去杜斌无锡市新吴区司法局局长职务； 免去张继鸿无锡市新吴区行政审批局局长职务； 免去蒋少文无锡市新吴区（高新区）人民法院副院长、审判委员会委员、审判员职务； 免去刘一刚无锡市新吴区（高新区）人民法院立案庭庭长职务； 免去陈睿无锡市新吴区（高新区）人民法院审判员职务。
6月29日	区第二届人大常委会第十二次会议	任命陈鹏为无锡市新吴区监察委员会委员； 任命黄惠芳为无锡市新吴区（高新区）人民法院审判委员会委员； 任命许超为无锡市新吴区（高新区）人民法院立案庭庭长； 任命温瑶为无锡市新吴区（高新区）人民检察院检查委员会委员； 任命赵晓荣为无锡市新吴区（高新区）人民检察院检查委员会委员。 免去王国柱无锡市新吴区监察委员会委员职务； 免去许超无锡市新吴区（高新区）人民法院知识产权审判庭庭长职务； 免去王莉娜无锡市新吴区（高新区）人民法院审判员职务； 免去尹开源无锡市新吴区（高新区）人民检察院检察委员会委员、检察员职务。
8月25日	区第二届人大常委会第十三会议	任命沈琦为无锡市新吴区大数据管理和政务服务局局长； 任命庞建新为无锡市新吴区人大常委会新安街道工作委员会主任。 免去沈琦无锡市新吴区行政审批局局长职务。
12月27日	区第二届人大常委会第十五次会议	任命郭雪强为无锡市新吴区人大财政经济委员会副主任委员； 任命蒋少文为无锡市新吴区法制委员会副主任委员； 任命朱逢吉为无锡市新吴区（高新区）人民法院知识产权审判庭庭长、审判委员会委员； 任命郭莹华为无锡市新吴区（高新区）人民法院行政审判庭庭长、审判委员会委员； 任命周倩倩为无锡市新吴区（高新区）人民法院审判监督庭庭长、审判委员会委员； 任命徐良俊为无锡市新吴区（高新区）人民法院民事审判庭副庭长； 任命刘博文为无锡市新吴区（高新区）人民法院旺庄人民法庭副庭长； 任命汤光辉、焦志敏、李浩为无锡市新吴区（高新区）人民法院审判员； 任命邱洁为无锡市新吴区（高新区）人民检察院检察员。 免去郭雪强无锡市新吴区二届人大法制委员会副主任委员职务； 免去陆侃无锡市新吴区二届人大财经委员会副主任委员职务； 免去朱逢吉无锡市新吴区（高新区）人民法院民事审判庭副庭长职务； 免去郭莹华无锡市新吴区（高新区）人民法院旺庄人民法庭副庭长职务； 免去周倩倩其无锡市新吴区（高新区）人民法院刑事审判庭副庭长职务； 免去刘博文无锡市新吴区（高新区）人民法院知识产权审判庭副庭长职务； 免去李庆玲无锡市新吴区（高新区）人民法院审判监督庭庭长职务； 免去顾玫无锡市新吴区（高新区）人民法院审判员职务； 免去李奇才无锡市新吴区（高新区）人民法院审判员职务。

（朱新胜）

学习体验提升党性教育质效。（朱新胜）

【发挥参谋助手作用】 2023年，区人大常委会按照区委决策部署，主动对标对表，自觉把人大工作放在区委工作大局中来把握，围绕产业强区、创新驱动、深化改革、产城融合、民生福祉、社会治理等区委重点工作，通过听取专项工作报告、重点工作视察、专题调研等方式进行监督检查，推进工作落实。当好区委参谋助手，宣传党的政策，主动建言献策助力破除改革的难点，开展监督视察疏通工作堵点。坚持党管干部与人大依法任免相统一，依法任免国家机关工作人员54人，认真组织好任前法律知识考试和宪法宣誓仪式。顺利补选市人大代表2名、区人大代表15名。（朱新胜）

重要会议

【新吴区第二届人民代表大会第二次会议】 1月4—6日，新吴区第二届人民代表大会第二次会议召开。出席会议代表205名，参加区政协二届二次会议的政协委员和其他有关人员列席会议。大会听取和审议了章金伟作的政府工作报告、余银龙作的人大常委会工作报告、刘一勤作的人民法院工作报告和丁宏伟作的人民检察院工作报告。书面听取审议区2022年国民经济和社会发展计划执行情况与2023年国民经济和社会发展计划安排草案的报告、区2022年预算执行情况和2023年预算草案的报告、区二届人大一次会议代表建议办理情况的报告，以及新吴区人民政府关于2022年民生实事项目完成情况的报告。通过无记名投票方式，票决新吴区2023年民生实事项目，选举金晓忠、戴鹏为新吴区第二届人民代表大会常务委员会委员。大会宣布新吴区2023年民生实事项目票决结果；书面听取财政经济审查委员会的预算审查报告；听取并通过议案审查委员会的议案审查报告；通过关于新吴区人民政府工作报告的决议；通过关于新吴区人大常委会工作报告的决议；通过关于新吴区人民法院工作报告的决议；通过关于新吴区人民检察院工作报告的决议；通过关于新吴区2022年国民经济和社会发展计划执行情况与2023年国民经济和社会发展计划的决议；通过关于新吴区2022年预算执行情况和2023年预算的决议；通过关于2022年民生实事项目完成情况的决议；表决新吴区人民代表大会议事规则。（朱新胜）

【2023年新吴区人大常委会会议】 2023年，新吴区人大召开六次常委会会议。

2月27日，区第二届人大常委会第十次会议召开。会议听取并通过区政府2023年向区人大常委会报告的重大事项清单；听取并决定区人大常委会、区政府、区监委、区法院相关人事任免的议案，余银龙宣布任命，为新当选人员颁发任命书；听取并通过区人大常委会2023年工作要点，首次在会上审议各街道工委2023年工作要点。审议通过关于成立无锡空港经开区人大工作联络委员会的决定，通过无锡空港经开区人大工作联络委员会组成人员名单。

4月27日，区第二届人大常委会第十一次会议召开。会议听取审议并通过丁洪军代表区政府所作新吴区2022年度生态环境工作报告；听取审议并通过新吴区2023年第一季度“双招双引”工作推进情况的报告；听取审议并通过无锡高新区（新吴区）2023年政府投资重点项目安排情况的报告，同意2023年政府投资重点项目的安排。

6月29日，区第二届人大常委会第十二次会议召开。会议听取无锡高新区（新吴区）关于国有企业资产管理情况的专项报告；听取新吴区产业园区“三优化三提升”推进情况的报告；书面听取区2022年法治政府建设情况的报告；审议通过修订《无锡市新吴区人民代表大会常务委员会议事规则》；通过个别区第二届人大代表的辞职请求；决定相关人事任免，余银龙宣布任命，并为陈鹏等新当选人员颁发任命书。

8月25日，区第二届人大常委会第十三次会议召开。会议听取并通过区政府关于2023年重点领域安全生产专项整治工作的报告；听取并通过区政府关于全区医疗卫生人才队伍建设情况的报告；听取并通过区政府关于新吴区2023年上半年国民经济和社会发展计划执行情况的报告；听取并通过区政府关于无锡市新吴区2022年财政决算（草案）和2023年上半年财政预算执行情况的报告；批准区2022年本级财政决算；听取并通过区政府关于新吴区2022年度本级预算执行和其他财政收支的审计工作报告；审议通过修订《无锡市新吴区人大常委会关于进一步提高常委会会议审议质量的意见》。会议决定相关人事任免，余银龙宣布任命，并为新当选人员颁发任命书。

10月31日，区第二届人大常委会第十四次会议召开。会议听取并通过太湖湾科创城推进情况的报告；听取并通过区学前教育普及普惠、义务教育优质均衡发展情况的报告；听取并通过新吴区检察院关于落实《无锡市新吴区人民代表大会常务委员会关于加强检察建议工作的决定》情况的报告；听取并通过新吴区“专精特新”企业培育情况的报告；审议通过关于接受部分区二届人大代表辞职的决定；审议通过《新吴区人民代表大会常务委员会关于补选区第二届人民代表大会代表的决定》。会议对4名市十七届人大代表进行履职测评；对吴治军等12名区人大常委会任命人员进行述职评议，当场宣布测评及评议结果，12名受评人员评议结果全部为优秀。会议结束各项议程后，举办“产业强区”代表讲坛，邹如春、匡宏、陆莉郡、周怡妮4位区人大代表结合自身工作，进行演讲。

12月27日，区第二届人大常委会第十五次会议召开。会议听取审议并通过《关于无锡市新吴区第二届人民代表大会补选代表资格的审查报告》；听取审议并通过了新吴法院诉源治理工作开展情况的报告；通过《无锡市新吴区人大常委会关于加强诉源治理进一步推动矛盾纠纷源头化解的决议》；听取审议并通过区政府关于2023年财政预算调整方案的报告；听取审议并通过区政府关于2023年国民经济和社会发展计划执行情况及2024年国民经济和社会发展计划草案的报告，同意将报告提请区二届人大三次会议审议；听取审议并通过区政府关于2023年预算执行情况和2024年财政预算草案的报告，同意将报告提请区二届人大三次会议审议；听取和审议区审计局、区财政局、区住房城乡建设局、高新创投4个单位关于审计整改情况的专题汇报，开展审计整改情况满意度测评，结果均为“满意”；听取审议并通过2023年区政府投资重点项目完成情况的报告；听取审议并通过新吴区“十四五”规划实施中期评估报告；听取审议并通过《无锡市新吴区国土空间总体规划（2021—2035年）》编制情况的报告；听取审议并通过区政府关于民生实事项目完成情况的报告，同意将报告提请区二届人大三次会议审议；听取审议并通过区政府关于二届人大二次会议代表建议办理情况的报告，同意将报告提请区二届人大三次会议审议；讨论了区人大常委会工作报告，同意将报告提请区二届人大三次会议审议；通过市、区人大部分人员的辞职请求；听取和审议区人大常委会补选市十七届人大代表的议案，并组织市人大代表补选；听取和审议关于《无锡市新吴区人民代表大会议事规则》的修订说明，同意在区二届人大三次会议上对议事规则进行修订；决定了区人大常委会、区法院、区检察院相关人事任免，余银龙宣布任命，为新当选人员颁发任命书；听取审议并通过区二届人大三次会议有关事项安排，区二届三次人代会定于2024年1月9日下午至1月12日上午召开，会期三天。（朱新胜）

人大监督

【经济工作监督】 2023年，区人大常委会听取和审议新吴区“十四五”规划纲要实施情况中期评估报告，“十四五”经济社会发展主要指标进展顺利。组织对全区产业园区的“三优化三提升”工作考察调研，听取审议三年行动计划落实情况；视察调研“双招双引”工作；开展“工业上楼”专题调研。组织人大代表实地考察文化、电竞产业发展情况，促进加快打造“文化+产业”新业态。（朱新胜）

1月4日，无锡市新吴区第二届人民代表大会第二次会议（区融媒体 供图）

【科技工作监督】 2023年，区人大常委会紧扣全区科技创新、争先进位等重点工作开展监督。调研“专精特新”企业培育情况，助力“专精特新”企业持续快速健康发展；组织人大代表深入重点科技企业、特色园区调研，促进孵化器和创新平台能级提升；听取和审议太湖湾科创城建设推进情况的报告；组织开展科技创新专题调研，建言高质量发展动能转换。（朱新胜）

【环保工作监督】 2023年，区人大常委会听取和审议区政府年度环境工作报告。开展太湖水环境治理视察活动，巩固流域治理成果，辖区黑臭水体基本消除，河道水质逐步好转，河道面貌持续改观。组织城市小区物业管理工作座谈会，听取和审议区政府相关工作汇报，专题研究物业管理的现状和存在的问题。（朱新胜）

【财经工作监督】 2023年，区人大常委会听取和审议国民经济和社会发展计划以及财政预算执行情况。高度重视“钱袋子”监管，完善区人大预算联网监督系统建设和运维，持续更新和丰富系统，推动财政部门落实全面规范、公开透明的预算执行制度。主任会听取和审议上年度债务管理及防范债务风险情况，关注政府融资平台治理情况，督促强化风控意识。依法审查批准2022年财政决算草案，持续跟踪审计报告反馈问题整改，整改效果逐年向好。跟踪政府投资重点项

目推进情况;按照计划开展国资监督工作。（朱新胜）

【干部任后监督】 2023 年,区人大常委会听取和审议 3 名区政府组成部门负责人和法院、检察院 9 名法官、检察官的履职情况报告,实行开门评议,主动听取群众或服务对象意见,12 名受评对象均被评为优秀。（朱新胜）

民生福祉

【聚焦群众关切】 2023 年,区人大常委会跟踪督办年度 20 项民生实事项目,确保实事办实、好事办好。组织区人大代表视察和调研在建学校建设情况,听取和审议区学前教育普及普惠、义务教育优质均衡发展情况;组织区人大代表调研医疗机构卫生人才队伍建设情况;调研全区“创业带动新就业形态”工作,促进“六稳六保”;跟踪现役军人家庭关爱中心建设;开展“15 分钟婴幼儿照护服务圈”专题调研。（朱新胜）

【助推良法善治】 2023 年,区人大常委会高标准完成旺庄街道基层立法联系点阵地标准化建设,以“1+16+N”立法调研信息网络,辐射带动街道立法意见建议收集,为立法提供综合性民意参考。立法联系点参与 7 部地方性法规草案起草,召开调研座谈会 18 次、与会代表群众 300 余人次,形成意见建议 60 余条,多条立法建议被市人大常委会采纳。坚持和发展新时代“枫桥经验”,作出《关于加强诉源治理进一步推动矛盾纠纷源头化解的决议》,推动形成从“源头预防为先,非诉机制挺前,法院裁判终局”为核心的诉源治理工作格局,建设更高水平的平安新吴。组织开展道路交通安全法执法检查工作;配合市人大常委会开展大溪港湿地“一法一条例”(《中华人民共和国长江保护法》《江苏省长江水污染防治条例》)执法检查,指导区政府相关部门整改落实反馈意见建议,促进完善执法程序,优化工作机制,实现法律效果和社会效果的有机统一。（朱新胜）

【促进司法为民】 2023 年,区人大常委会关注法治政府、平安建设、诉源治理、交通安全等百姓关注的热点问题。听取审议区政府法治政府建设情况,推动政府加强组织领导,推进执法体制改革,落实“三项制度”(行政执法公示制度、执法全过程记录制度、重大执法决定法制审核制度)。专题视察新吴公安分局“一主多联”智能巡控运行情况,视察天山路警务站接警处警、服务群众、矛盾调处、快反处突等工作;视察区综治中心一站式服务平台,推进统筹资源、融合力量、互动联动,提升基层治理效能。落实区委关于安全生产督导的部署要求,机关 3 名中层正职担任督导组组长,督导安置房小区、建筑工地、燃气企业和餐饮单位经营场所 80 余处,发现各类隐患 30 余个,助力搭建安全生产工作“防火墙”。（朱新胜）

代表工作

【学习培训】 2023 年,区人大常委会组织代表 110 余人次参加市、区人大组织的集中轮训。在人大代表中广泛开展“大学习”“大讨论”“大调研”“大走访”“大实践”五项行动。各级人大代表和街道议政代表 500 余人次,召开 40 余次座谈学习交流。组织四级人大代表和议政代表深入基层、走近群众开展调查研究,了解民情、反映民意,形成专题调研报告 20 余篇。（朱新胜）

【联系群众】 2023 年,区人大常委会将四级人大代表及 346 名街道议政代表编入代表联络站,常态化开展“132,找代表”等活动,架起代表与群众之间的“连心桥”。区委、区政府主要领导带头深入选区开展“人大代表联系服务群众日”活动,与群众代表座谈交流,面对面倾听群众意见建议。各级人大代表和街道议政代表 1200 余人次走进“家站点”,接待服务群众 3300 余人次,形成 90 余条建议,全部交办督办,群众反映的问题绝大多数得到及时解决,余者有序推进。（朱新胜）

【建议督办】 2023 年,区人大常委会健全代表议案建议提出、办理、答复、评价、公开全过程管理机制,让代表“好声音”成为政府“实行动”。区政府高度重视代表意见建议办理,班子成员领衔办理重点建议,承办部门主要领导亲自过问、亲自部署,人大加强督办指导。二届人大二次会议上代表提出的 59 件建议,均在法定时限内办理完毕,办复率 100%,满意率 100%。其中,解决或采纳的建议 40 件,占承办件总数的 67.8%;列入计划逐年解决的 15 件,占承办件总数的 25.42%。（朱新胜）

【平台建设】 2023 年,区人大常委会高标准打造代表履职平台,建成人大代表“家站点”108 个,其中五星级 11 个、四星级 18 个、三星级 25 个,五星级比例在全市各板块位居第一。加快推进数字人大建设,按照省、市“数字人大”项目总体方案和进度安排,全区 35 个代表联络站点安装数字人大系统,有效构建了“实体 + 网上 + 掌上”三位一体的人大代表“家站点”格局。“选民有话说”平台收集选民意见 180 余条，全部按规定进行了处置。推行代表联络站进产业链，建立产业园区代表全过程人民民主实践基地7处，受到省、市人大常委会肯定。按照市人大常委会的部署，4名市人大代表向区人大常委会述职并接受评议。 （朱新胜）

自身建设

【政治建设】 2023年，区人大坚持常委会党组学习制度和党组理论学习中心组学习制度。讲好人大故事，创新人大宣传方式，规范"新吴人大"微信公众号运维，开设代表"牢记嘱托、感恩奋进"学习实践活动专栏，12名基层人大代表依法履职典型事迹广受点赞。全年有154篇人大工作经验和代表履职风采被中国日报网、《人民与权力》、《新华日报》、"学习强国"等重要媒体转发，其中区人大常委会发挥代表作用、助推开发区产业发展走在前的做法被全国人大官方网站中国人大网刊载；《民呼我应，打通居民出行"最后一公里"》代表为民履职案例被央广网转发；"关于加强诉源治理进一步推动矛盾纠纷源头化解的实证研究"被市法学会定为2023年度优良研究课题。 （朱新胜）

【业务建设】 2023年，区人大常委会修订《无锡市新吴区人大常委会关于进一步提高常委会会议审议质量的意见》，进一步严格程序，明确标准。充实区人大监督和司法、财经和社会建设委员会专家库，专家审议前置，人大常委会的审议和评价更加科学。加强开发区人大工作，把无锡高新区经济运行、财政运作、园区建设等纳入人大监督。推进长三角一体化，按照"人大主导、政府参与，定期会商、菜单落实"的协作方针，落实落细和苏州市相城区人大的工作协作，开展会议座谈、联动视察等协作交流11次，参与交流协作人员180余人次，交换问题需求33条，双方均实现了问题闭环。 （朱新胜）

【效能建设】 2023年，区人大常委会大兴调查研究之风，班子成员围绕区委重点工作部署以及经济社会发展的重点难点问题，科学遴选课题，领衔调研，总结借鉴，前瞻务实，建议对策合理具体、现实可行。加强对人大常委会决议决定和审议意见落实情况的闭环督办，人大常委会提出的16项审议意见落实情况，区"一府两院"相关部门均以书面形式向主任会议报告。指导街道议政会议建设，对议政会联系服务群众、小组活动等6个方面工作进行制度规范，逐步形成较为完备的街道议政会议制度体系。严格落实中央八项规定及实施细则，持之以恒纠治形式主义、官僚主义。 （朱新胜）

新吴区人民政府

综　述

【概况】 2023年，新吴区政府坚持以习近平新时代中国特色社会主义思想为指导，在区人大和区政协的监督支持下，依靠全区广大人民，全面落实"四个走在前""四个新"重大任务，挑大梁、扛重任，全力推动经济运行率先整体好转，推动各项工作走在前列，推进中国式现代化新吴新实践实现良好开局。深入贯彻落实法治政府建设，持续完善政府工作规则制度，办理落实市、区人大代表建议59件、政协委员提案122件。严格落实法治政府建设纲要和"三重一大"实施办法，重大行政决策按法定程序实行，强化政务公开，自觉接受人大监督、政协民主监督、社会和舆论监督。将依法行政贯穿政府工作始终，建成区规范化行政复议中心，推进基层综合执法规范化建设。推进审计监督全覆盖，规范政府采购和招投标主体行为，规范政府投资项目全流程管理。深入开展主题教育，"学思想、强党性、重实践、建新功"，切实以学铸魂、以学增智、以学正风、以学促干。严格按照党章和党内关于纪律处分、政治生活的有关要求，严肃党内政治生活，组织召开专题民主生活会。严格落实中央八项规定及其实施细则精神，执行党风廉政建设责任制。严格落实意识形态工作责任制，配合省委巡视工作，持续跟进反馈问题整改进度，一体推进经济建设和从严治党。（曹雨）

【经济发展】 2023年，新吴区实现地区生产总值2515.69亿元，增长6.1%；一般公共预算收入约262.2亿元，增长8.3%，在全省县（市、区）中位居第三，全市第一，税占比保持88.5%的高位，全市第一；规模以上工业总产值突破6500亿元，增加值增长7.8%，贡献度全市第一；规模以上服务业营业收入635亿元、增长9%左右；实际使用外资总量全市第一；进出口总额3563.9亿元，继续保持全市占比50%以上；社会消费品零售总额426亿元；城镇居民人均可支配收入达7.55万元，人均GDP全省县（市、区）第一。落实"苏政42条""锡政22条"等一揽子稳增长政策；获批专项债券28.7亿元；各类市场主体持续扩容，新批内外资企业、个体工商户增幅均居全市前列；民营企业产值超亿元企业270家、超百亿元企业3家，获评国家专精特新"小巨人"企业33家。物联网、集成电路、生物医药、智能装备、新能源分别增长8.5%、10%、14.9%、10%、14%；营利性服务业营收增长19.8%、居全市第一；高新技术产业产值占规模上工业产值比重达74.7%；数字经济核心产业营收达到3000亿元，居全市第一。完成工业技改320亿元，占工业投资比重超80%；2家企业入选工业和信息化部物联网赋能行业发展典型案例，新增国家级智能制造示范工厂1家，创建省信息技术应用创新先导区；新增省长质量奖提名奖企业1家；产业园区"三优化三提升"三年行动腾退低效用地约100公顷，建成高标准工业载体超80万平方米，新增国家级绿色工业园区1家。新招引超亿元项目145个，总投资1087亿元，其中超10亿元项目18个、超100亿元项目2个。入围省重大项目数量全市第一，152个省、市、区级重大项目完成投资400亿元、投资完成率114.3%，省重大项目开工率、省、市重大项目投资完成总量全市第一，17个市级以上重大项目竣工投产。（曹雨）

【城市建设】 2023年，新吴区完成无锡太湖湾科创城、无锡新加坡科创城、无锡中欧产业创新区等重点地区城市设计。文商旅配套日趋健全，太湖湾国际文化艺术中心暨交响音乐厅、伯渎河体育中心、伯渎河文化中心等重大设施加快推进，高新万达开业运营。京杭运河无锡段跨度最大桥梁——菱湖大桥建成通车，春达路、黄山路等7条道路竣工。改造安置房小区6个、180万平方米，加装电梯42台。完成拆迁面积150万平方米。聚力打造“全国最干净城市”，建成“席地而坐”城市客厅24处，新增“垃圾四分类”小区12个、省达标小区45个，拆除违法建设435处、80万平方米，打造区域性综合提升单元10个，新改建公厕20座，新增公共停车泊位1478个，新改建公园游园15个，新增绿地46公顷，积极构建“公园绿地10分钟服务圈”。深入打好蓝天、碧水、净土保卫战，完成涉气项目411个，$PM_{2.5}$浓度和空气质量优良天数比例改善幅度均居全市前列。统筹水资源、水环境、水生态、水安全治理，完成涉磷企业规范化整治1033家、入河(湖)排污口整治357个，改造管网12千米，智慧水质实验室通过认证，完成太科城片区全域水生态修复工程，国、省考重点断面优Ⅲ比例100%，水源地地表水环境质量达到Ⅲ类要求；有序推进太湖治理工程14个，太湖藻情形势为2007年以来最好，实现连续十六年安全度夏。开展“无废城市”建设，完成首轮环境化学物质统计调查。（曹雨）

【科技创新】 2023年，新吴区引进中国药科大学无锡创新研究院，瑞金长三角健康研究院、香港理工大学无锡科技创新研究院、北京大学EDA研究院、长三角特殊食品健康营养研究院等揭牌启用，全国首个中欧疫苗研发与产业合作中心、区块链测评中心签约落地；入围省级新型研发机构12家，居全市第一；西安交通大学储能创新联合体签约成立，技术合同成交额378亿元，居全市第一；获批省知识产权示范园区。新引进科技企业2976家，新入库科技型中小企业2500家，有效期内高新技术企业超1520家，年度新认定首次超过600家，居全市第一，55家企业跻身企业创新积分全国500强，7家企业上榜中国物联网“新物种”企业榜单，9家企业入围中国潜在“独角兽”企业榜单，入选数量占全市二分之一；2家企业获中国专利银奖和优秀奖，新增上市企业3家。举办“百企千才高校行”等活动30余场，出台“助企、引才、筑巢”安居计划；产业人才实训学院有效留“新”率超八成，引进高层次人才超3100人、全市第一，新增高技能人才超4100人，入选首批省级顶尖人才“登峰计划”1人、科技部高端外国专家引进项目4个，国家重大人才工程B类入选数全市占比78%。新增基金注册规模192.5亿元、增长150%，投放风险补偿类科技贷款19.3亿元，获批省科技金融创新试点。科创空间不断扩容提效，中电海康一期、亿利科创产业园等园区建成开园，科创载体运营面积超320万平方米；入围国家级科技企业孵化器2个，建设海外创新中心6个。举办首届中国硅光大会、中国物联网新物种企业大会、开放原子开发者大会等重大品牌活动，行业创新影响力持续扩大。（曹雨）

【改革开放】 2023年，新吴区“两城四区”六大功能区总体规划落地，基本实现“功能区+街道”运行体制全覆盖。“龙头+”创新生态机制、“平台+”创新促进机制等不断优化。国资国企改革打造五大集团十大公司。基层治理创建“吹哨报到”机制，形成“上下联动、多方参与”的基层治理新格局；推出“出生一件事”等系列便民场景改革措施。建设数字政府，推动政务服务“一网通办”、公共治理“一网统管”。推进企业开办“110”改革，优化商事登记流程，在全省率先实现市场主体登记全生命周期全链通办；深化“三提三即”（项目评估论证再提前、审批服务再提效、验收发证再提速）改革，探索“联合竣工验收”2.0版，在全省率先实现工程建设项目从“拿地即开工”到“竣工即投用”全链审批服务；在全省率先开展长三角远程异地评标。入选全口径权责清单编制全市唯一试点区。加强涉外法律服务，为涉外企业发展保驾护航。组织全市首个境外招商团外出招商，举办境外招商活动11场，新批协议注册外资超3000万美元项目15个。与锡山区合作共建新综保区，无锡中欧产业创新区启动建设；召开无锡新加坡工业园合作开发30周年大会，推动新一轮战略合作；2个园区入选省级国际合作园区示范案例。长三角电子元器件国际分拨中心高效运行，建设国家跨境电商综合试验区，综保区“保税+”新业态扩容发展，上港ICT（无锡）中心揭牌，服务贸易进出口总额约35亿美元、增长约8%，总量全市第一。赴“一带一路”沿线地区投资项目23个、协议资金2.07亿美元，创近年新高。启动无锡连云港工业园区共建，推动青海零碳产业园、宜川工业园规划建设，对口支援协作取得新成效。（曹雨）

【民生改善】 2023年，新吴区民生支出占比达75%左右，完成8大类20项人大票决民生实事项目，完成“微幸福”民生工程事项218件，办理“民声留言板”事项4647件，办结“12345”政务服务便民热线8.3万条。发放吸纳就业、公益性岗位等各类补贴2.7亿元，开展“春风行动”等招聘活动200场，城镇新增就业2.2万人以上，帮扶失业人员8187人、就业困难人员1752人实现再就业，支持成功自主创业2911人，残疾人就业率全市第一。大桥清晏校区、金桥鸿山校区开办，锡师附小空港校区合作签约，新增“锡教名家”等高层次教师9人；区政府履行教育职责评价全市五连冠，高分通过国家义务教育优质均衡发展区、学前教育普及普惠区评估认定；中考成绩创历史新高，无锡科院牵头的集成电路产教联合体入选首批国家级名单。推进以瑞金无锡分院为龙头的区域医联体建设，成立“五大中心”，鸿山医院、区中医医院新址启用，创成市级临床重点专科2个、省级社区医院1个，获评省健康区。打造全市首个“适老生活体验馆”“智慧餐厅”，养老服务体系建设获省级督查激励，通过全国医养结合示范区省级评估；打造全市首个园区托育点，每千人托位数提前实现“十四五”目标。精心筹办“白玉兰”文化惠民演出工程、“玉飞凤”精品文艺创作展等文化活动，举办无锡交响乐团首演暨新年音乐会，获省书香城市建设示范区称号。鸿山墓群本体保护展示工程获评全省唯一“中国文物保护示范工程”，完成钱穆钱伟长故居活化利用工程。举办全区第八届运动会；发挥新时代文明实践中心（所、站）作用，实施“彩虹圆”共创计划，开展“最美人物”走基层等互融共建活动，深化“幸福自治楼道”创建。夯实耕地红线，建设高标准农田133.33公顷，粮食总产量稳中有增。壮大新型农业经营主体，获评全国数字农业农村“三新”优秀项目1个，鸿山农业产业园、七房桥村葡萄休闲特色园获评市级园区。开展农村人居环境整治、“三清三治”专项行动，长效管护合格村比例95%以上，农村生活污水全面纳管处理。建设和美乡村，大坊桥村跻身“中国传统村落”，七房桥入选省乡村振兴示范村。开展专项整治巩固提升年行动、重大事故隐患专项排查整治行动，实现规模以上及重点企业安全生产素质能力测试全覆盖，事故起数和死亡人数分别下降16.7%、20%。持续推进“精网微格”工程，构建“1+6+N”三级贯通矛盾纠纷多元化解机制，区级综治中心“一站式”服务平台成为省级示范观摩点。开展“信访突出问题攻坚化解巩固提升年”行动，涉法涉诉信访突出问题化解率居全市前列。严厉打击涉黑涉恶、电信诈骗等违法犯罪行为。推进“保交楼”，有效防范化解房地产、产业链供应链等领域风险；强化食品药品安全监管。有效防御洪涝、台风等自然灾害和极端天气。（曹雨）

重要会议

【财税国资审计工作会议】 3月23日，无锡高新区（新吴区）召开2023年财税国资审计工作会议，全面落实中央和省、市有关会议精神，回顾总结上年工作，研究部署年度重点工作任务。无锡高新区党工委副书记、管委会副主任、新吴区委副书记、区长章金伟出席会议并讲话。会议就做好2023年全区财税国资审计工作提出四个方面意见。一要充分肯定成绩，坚定发展信心。2022年，全区财税国资审计系统全面落实“疫情要防住、经济要稳住、发展要安全”要求，出色地完成了全年各项目标任务，为全区经济社会大局稳定发展提供了强力支撑。二要认真研判形势，明确努力方向。突出强化三种思维，即强化大局思维，将财政国资审计工作放在发展大局中去谋划、部署、推进，围绕区委、区政府重大决策部署，提前介入、深度参与各项规划、制度、政策的制定，增强工作的战略性、前瞻性、主动性；强化创新思维，切实把新发展理念贯彻到工作的全过程各领域，更加注重跨周期调节、全口径统筹，从“被动把关”的思维转变为“主动介入”的思维，审计工作要借助物联网等先进技术，从现场审计向远程审计迈进，从阶段性审计向实时审计迈进；强化底线思维，把“保基本民生、保工资、保运转”放在首位，全力以赴保障“三保”支出，增强托底意识，做好应急预案和政策储备，形成应对风险的快速决策和反应机制。三要锚定目标任务，加强推进力度，切实做到“收得来、用得好、管得精、审得清”。紧盯经济税源变化，挖掘财政增收潜力，按照政策做好征管；加大对上争取力度，确保年度调库指标平稳增长；积极探索多元融资机制，坚持政府资金和社会资本协同发力；完善财政资金使用绩效管理，深化财政体制改革，加强财政运行监测预警，增强财政可持续性，切实厉行节约，过“紧日子”。在落实好省、市有关助企纾困政策的基础上，统筹考虑财政承受能力和助企纾困需要，增强政策精准性、针对性；落实好“两个毫不动摇”，持续优化营商环境，落实落细就业优先政策，激发各类市场主体活力；加大固定资产投资，大力支持科技创新，加快推进产城融合，加大民生投入力度；多措并举、精准施策，严格落实区政府下达的债务管理工作目标，确保债务率有序下降，守住债务风险等级不返色的工作底线。按照“做强做优做大、功能和市场分开、一企业一主业”的原则，进一步提升区属国企核心竞争力；打造从天使、创投到并购接续助力的基金生态体系，为创新人才、科技项目提供更灵活、更有效的资金支持，提高基金运作效率；加强街道国有资产专项治理工作，为后续推进新一轮国资改革打好基础。聚焦重大项目建设、财政管理、国企改革、产业发展等重点领域，加大民生政策和民生项目审计力度；促进领导干部依法用权、秉公用权、廉洁用权，做到“管好关键人、管到关键处、管住关键事、管在关键时”。四要强化队伍建设，提升素质能力。要大力弘扬“四敢”精神，强化政治建设，提升能力素质，切实正风肃纪，激发干事激情。

会议通报了2022年度全区财税重点工作完成情况，下达了2023年度高质量推进财税重点工作指南、2023年度高质量推进经营管理重点工作指南、

2023年高质量推进国控公司经营重点工作目标任务书。传达了省、市财政工作会议精神，省、市税务工作会议精神和省、市审计工作会议精神。（曹雨）

【无锡高新区管委会（区政府）第二次全体（扩大）会议暨廉政工作会议】 8月9日，无锡高新区管委会（区政府）召开第二次全体（扩大）会议暨廉政工作会议，深入学习贯彻习近平总书记对江苏工作重要讲话精神，全面落实省委十四届四次全会、市委十四届五次全会、区委二届四次全会部署，总结上半年工作，安排下半年任务，研究部署全区政府系统党风廉政建设工作。区政府分管领导对各自分管联系工作进行安排部署。

会议指出，上半年以来，全区上下牢牢把握高质量发展这个首要任务和构建新发展格局这个战略任务，以敢为、敢闯、敢干、敢首创的担当作为，奋力争创具有世界影响力的高科技园区、争当中国式现代化先行示范，经济运行稳中有进、产业发展提质增效、发展动能加快转换、营商环境持续变优、产城融合步伐提速、公共服务持续进步、社会治理务实高效，较好地完成了各项工作任务。下阶段，要把“牢记嘱托、感恩奋进、走在前列”贯穿始终，学深悟透习近平总书记对江苏工作重要讲话精神，努力在以学铸魂、以学增智、以学正风、以学促干上下功夫求实效，进一步统一思想、凝聚共识、激发干劲，奋力推动全区“强富美高”现代化建设良好开局，更好展现“走在前、做示范、多作贡献”的新吴担当。

会议要求重点做好六个方面工作。一要全力提升产业发展支撑度。进一步夯实产业基础，加强服务企业的力度和精准度，实行“一业一策”“一企一策”，做好企业摸排挖潜，鼓励中小企业深耕细分市场，加快推进生产性服务业发展，更大力度吸引跨国公司设立地区总部和功能性机构，积极跟进解决企业反映的问题，积极服务企业上市。二要全力提升创新驱动加速度。在创新发展上做示范、走在前，提升科创浓度，培育科技创新“热带生态雨林”，提升平台高度，加快推进长三角（无锡）半导体设备零部件创新中心、集成电路材料研究院等高端平台，提升聚才力度，结合“太湖人才计划”和“飞凤人才计划”升级要求，推动区级人才政策升级完善。三要全力提升新发展格局融入度。充分发挥投资的带动作用，持续加大“双招双引”攻势，加快突破一批标志性重大项目、外资项目，充分发挥消费的基础作用，研究出台一系列促消费政策，精心组织“约惠新吴”系列活动，激发群众消费潜力，充分发挥外资外贸的促进作用，保持进出口总体稳定。四要全力提升改革开放纵深度。深化体制机制改革，力争形成更多可复制可推广的“新吴经验”，深化营商环境打造，营造“办事不找人”的良好环境，推动惠企纾困政策持续发力，加强行政审批领域制度性创新。五要全力提升美丽新吴宜居度。精致推动城市更新，优化六大功能板块范围、发展定位和功能布局，高站位研究策划重点地区更新方案，精心保护城市环境，深入打好蓝天、碧水、净土保卫战，坚持精准治污、科学治污、依法治污，精细抓好城市管理，专题推进“三清三治”专项整治，提升农村人居环境。六要全力提升人民群众满意度。立足发展实际和群众需求，加快补短补软，提升关键民生领域的服务和供给标准，促进就业创新，兜牢民生保障，办好公共服务，提升本质安全，让群众更幸福更安全。

会议强调，要坚定不移把政府党风廉政建设向纵深推进，加快提升政府治理体系和治理能力现代化水平，为各项工作推进提供坚强保障。要铸牢政治之魂。把全面加强党的建设摆在更加重要的位置，切实提高政治站位、增强政治能力，始终坚持正确政治方向，持续强化科学理论武装，认真执行上级决策部署。要勇担发展之责。牢固树立“有位就要有为”的责任意识，雷厉风行抓落实，主动服务抓落实，完善机制抓落实，在难题面前敢于攻坚，在矛盾面前敢于碰硬，做到在其位、谋其政、履其职、尽其责。要常吹廉洁之风。严明纪律要求，时时处处严要求、作表率，提升拒腐能力，继续发扬艰苦奋斗的优良传统，秉公行使权力，严肃执纪问责，继续深入推进反腐败斗争，聚焦重点领域加强廉政风险防控和审计监督。

会议邀请部分区人大代表、区政协委员、居民代表列席会议。（曹雨）

机关事务管理

【公务用车管理】 2023年，新吴区立足实际，出台了《新吴区机关事务服务中心车辆管理规定》《新吴区机关公务用车驾驶员管理规定》和《新吴区机关事务服务中心公务用车驾驶员出勤考核管理规定》，进一步规范公务用车使用管理相关制度，有力保障全区执法执勤和业务工作的顺利开展；科学统筹假期通勤保障工作，提前对接相关部门，了解区委、区政府领导以及各部门值班用车情况，合理安排车队驾驶员值班值守，遇紧急情况可及时安排人员迅速到岗，保证出行顺利；严格落实假期车辆管理制度，对其余滞留车辆统一进行封存。区机关事务中心所有车辆按照要求于上半年完成北斗定位系统设备更新（5G），并及时在公务用车平台进行终端号、卡号更新，保证公务车辆定位的准确以及高效。（丁松）

【办公用房管理】 2023年,新吴区组织召开了全区党政机关办公用房信息化系统建设动员暨专题培训会,全面启动办公用房信息化建设工作。依托"党政机关办公用房管理信息系统",严格按照要求进行全区数据收集、汇总,扎实完善"上下一体、互联互通、动态管理"的党政机关办公用房数据库。区机关事务服务中心集中1个多月,对照省局数据验收标准,综合采取"统一会审、明确标准""实时讨论、纠错借鉴""学习交流,取长补短"等多种方式,组织全区党政机关房产管理系统数据会审工作,全面核实完善房地产系统信息,对照系统填写标准要求,做到数据应填尽填,规范完整,实现了对纳入系统的所有单位、所有数据的全覆盖。共梳理、核实、完善130家单位的机构编制信息、47座院落楼座信息、房间人员信息、食堂车位信息等房地产数据。 (丁松)

【公共机构节能】 2023年,新吴区开展勤俭办一切事业暨迎峰度夏专项行动,根据市委、市政府部署要求,结合区迎峰度夏工作安排,在新吴区政务内网发布《关于开展全区党政机关勤俭办一切事业暨迎峰度夏专项检查的通知》。组织节能、办公室、食堂、车队、物业、礼仪、护卫等部门成立巡查小组,对照检查指标,明确职能分工,各司其职,加强公共机构节能工作;扎实推进垃圾分类工作,多批次实施党政机关生活垃圾分类专题培训,举行"生活垃圾分类知识小问卷"和"垃圾分一分,环境美十分"主题宣传活动,拍摄"垃圾分类始于点滴,保护环境机关先行"垃圾分类公益宣传片;加强"监督员、培训员、志愿者"队伍建设,邀请行业主管部门志愿讲师,组织物业、会务等后勤300余名一线服务保障人员开展垃圾分类实操培训。 (丁松)

【后勤服务保障】 2023年,新吴区在保障用餐方面首创餐单讨论分享会,每周三组织各点位负责人开展菜单讨论分享,由各厨师分享交流个人的拿手菜和创新菜,再结合时令节气、风俗习惯、口味需求、流行美食、饮食搭配等,共同探讨一周菜单,不断提高菜品质量,翻新菜样。加强培训教育,邀请确善公司专职培训经理对后勤服务人员进行食品安全专题培训,集中开展食品安全风险管控思路探讨培训会;推进仓储管理智慧化建设,依托供应链管理系统,通过每日定时登记食堂食品出入库信息,精确掌握每餐的成本预算以及近阶段食品价格走势等,实现食堂成本控制、库房管理、数据分析信息化、精准化保障,全力保障广大机关干部的食品安全。全面做好消防系统、供配电系统、供水系统、电梯、厨房燃气以及油烟管道等日常检查和维护保养,及时更换各楼层消防应急灯的电源,完成科技商务中心所有客梯、手扶电梯的大修工作;完善治安管理制度,从人防、物防、技防、制防四个方面入手,依托1楼接待大厅、2处门岗做好来访接待工作,严格落实24小时值班制度,不断完善治安巡逻区域和线路,全方位抓好党政机关大楼内部治安防范工作;紧抓科技商务中心楼层调整、会议室更新改造等施工,及时与相关单位做好前期沟通、进场登记、事中跟进、竣工验收等工作,尤其是涉及项目施工安全问题,不仅要求各项目手续必须到位,而且现场开工前必须由物业人员确认各项安全措施,确保各项改造维修工作安全进行。 (丁松)

调研督查

【概况】 2023年,区党政办督查室充分发挥督查"利剑"作用,立足本职工作,突出重点难点,加强统筹协调,积极对上争取,扎实有效开展督查工作,准确反督查结果,圆满完成上级和区委、区政府交办的工作任务,有力推动各项决策部署贯彻落实。持续基层减负、整治形式主义,着力防止各项减负工作反弹回潮。高度重视人大建议、政协提案办理工作,严格执行法定程序,落实责任、强化督办,全力提升办理工作质效。 (胡方习)

【督查成效】 2023年,区党政办督查室按时完成市、区主要领导就重大项目、民生实事、经济发展、科技创新等方面的重点督查件127件,完成区主要领导批示跟踪督办事项234件,开展专项督查并编发各类通专报23期。持续开展基层减负,创新制定"12345"政务服务便民热线工单记录派发规范,做法受到市委办肯定,获中国江苏网报道。常态化开展"季季评"评选工作,获市"季季评"奖项共8次,总数居全市第一。"贯彻实施《政府督查工作条例》,积极做好重大决策部署督查落实工作"连续2年获省政府办公厅督查激励通报表扬。聚焦重点工作落实,制定下发《无锡高新区(新吴区)2023年重点工作》及《无锡高新区(新吴区)2023年重点工作目标任务细化实施方案》,对全区重点工作完成情况开展半年度和年度督查评估,全区7个方面涉及的110项重点项目中,有7项超额完成年度目标任务。 (胡方习)

【建议提案办理】 2023年,区党政办督查室高度重视建议提案办理,强化注重沟通协调,全力提升市、区两级建议提案办理质效。全年承担办理市人大建议、政协提案37件,承办区人大建议71件、政协提案

124件，获得代表、委员对办理过程、办理结果的“双满意”，满意率达到“100%”。（胡方习）

【信息辅政】 2023年，区党政办紧贴中心工作、聚焦重点领域，充分发挥党政信息的渠道作用，在展示工作特色、服务领导决策、反映社情民意等方面取得明显成效，被列为全市党委信息工作特等奖单位。全年报送信息2007篇，市级以上刊物录用1769篇，省级以上采用181篇，《第一学历偏好、成功案例诱导、培训机构助推等致高考复读人数逐年攀升高考内卷化加剧亟待关注》《当前企业在跨境独立站运营中面临的困难问题及期盼建议》《横店一地“童漂”6000人童漂“三高”现象加剧未成年人“逐梦演艺圈热潮”亟待关注》等27篇信息获中央采用，《当前制造业数字化转型成效、面临的突出困难及意见建议》等8篇信息获国家领导人批示，为上级领导掌握情况、科学决策、推动工作提供了重要参考。（汪圆）

外事工作

【概况】 2023年，新吴区恢复对外人员往来常态，共完成公务接待178批2057人次、商务接待265批3356人次、外事接待任务7批85人次，配合相关部门组织区领导及部门负责人外出考察4批87人次。（郭新转）

【提升工作质量】 2023年，新吴区持续擦亮“无难事、悉心办”金字招牌，严格贯彻执行邀请外国人来华相关政策，优化审核流程，用好“快捷通道”，有效保障重要商务活动、生产经营急需人员往来便利，切实为企业、人才贴心服务，来华邀请更加便捷高效。共受理来华邀请298批次547人；及时开展“因公出国”平台使用教育培训，就因公出国团组申报审批流程做好重点解读。严审材料上报格式内容，严格按照市外办相关要求准备材料，加强对上争取，保障完成各项既定出访任务。（郭新转）

【规范因公出国（境）管理】 2023年，新吴区完成因公出国（境）办理49批149人次，助力对外招商引资工作高质量开展。（郭新转）

民生实事项目

【概况】 2023年，新吴区根据结合社会各界反馈的87条意见建议和区级单位报送的65个各类项目，编制出台《无锡市新吴区2023年为民办实事重点项目计划》。主要涵盖社会关爱、教育保障、医疗卫生、养老服务、居住改善、出行交通、文体娱乐、生活便民8大类50个为民办实事重点项目，涉及街道、机关部门、国有企事业等单位23个，总投资106亿元，当年完成投资24亿元。为推进民生实事项目决策科学化、民主化、法治化，在对75个项目同类归并后，遵循“类型齐全、数量适当、成效凸显、差额保证”原则以及资金保障度、项目成熟度、年底完成度等维度，通过区第二届人民代表大会第二次会议票决，选出20项民生实事项目，总投资67亿元，当年完成投资14亿元。按照月度汇总、季度通报、定期协调的原则，推进为民办实事项目落地落实，完成全部8大类50个项目年度目标任务。（区发展改革委）

【社会关爱项目】 开展近视防控宣传月和爱国卫生月系列工作，提供中小学生视力监测服务，惠及学生6万余名。新增普惠托育机构9家、托位530个，开展托育服务能力提升培训班，参加人数超300人，培训覆盖率90%。为全区709名低保、特困等各类困难群众统一购买江苏医惠保1号保险。帮助失业人员再就业8187人，援助就业困难人员再就业1752人。为25户符合条件的优抚对象家庭进行改造，增强优抚精准服务能力。完成鸿山街道东塘街村、新安街道新安花苑三社区、新安街道观湖社区3个市级儿童友好试点社区创建工作，建成无锡市首家儿童友好公园“大溪港湖湾儿童友好park”，完成百联奥特莱斯儿童友好商圈基础建设。（区发展改革委）

【教育保障项目】 启动上海世外附属金城实验学校、梅里中学二校区、泰山路学校扩建工程、春阳实验学校扩建工程、育蕾幼儿园5所学校建设，完成吉祥幼儿园、新世界幼儿园2所幼儿园建设。开展5大类20个基础教育改革实验项目，建设名师工作室23个，组织教育教学研讨、培训活动80次。（区发展改革委）

【医疗卫生项目】 推进瑞金医院无锡分院二期建设，完成瑞金医院改造升级，瑞金长三角健康研究院正式挂牌。制定居民消化道肿瘤及肝纤维化筛查工作方案，完成消化道肿瘤筛查10280人、肝纤维化筛查10092人。完成瑞金医院无锡分院、区老年病院、区中医医院、江溪街道社区卫生服务中心、明德老年病医院等13个名医工作室建设，启动新安医院、区中医医院、区康复医院3家医院二级医院等级医院评审工作。空港（硕放）社区卫生服务中心建设，基本完成土建、装修、市政等工作。（区发展改革委）

【养老服务项目】 开展“银龄乐享”为老服务，完成老年人居家上门服务3.5万人，覆盖面30%以上，完成4888人次老年人智能技术培训。居民养老保险参保人数715人。（区发展改革委）

【居住改善项目】 完成风雷嘉苑一期安置房、梅荆花苑五区三期D1地块续建安居房、梅村村安置房、鸿声家园一期拆迁安置小区B区、鸿运苑九期拆迁安置小区、新光嘉园安居房小区二期、鸿运苑八期拆迁安置小区、后宅家园一期A区安置房8个安置房建设，共计6038套，丽新苑安居房、南站花园一期定销商品房主体封顶。完成4个老旧小区共计124.7万平方米综合提升改造任务，惠及居民1万户。完成新都会等11个小区的二次供水改造工作，惠及居民8200户。完成既有住宅电梯加装40台。完成100套消火栓新增建设。完成提升改造凉亭21个、廊架23个，新建凉亭7个、廊架13个。春潮花园二区三期（IC园）综合提升改造，完成内外墙翻新、新建围墙、路灯智能化、绿化、车位施工等工程建设。（区发展改革委）

【交通出行项目】 完成太湖花园二期游园停车场、伯渎港体育游园停车场、南星苑停车场3个停车场建设。完成春达路（坊育路—春明路）新建、黄山路（珠江路—机场路）大修、新锦路（金城东路—泰伯大道）提升改造、鸿声南路西延段（通锡高速—鸿山路）4条道路新建工程。新建（翻新）120个公交候车亭、30个电子站牌。新吴区内公交线网优化方面，新开公交线路4条，优化线路6条。（区发展改革委）

【文体娱乐项目】 完成“白玉兰”文化惠民工程——“新吴春光美”“五月欢歌畅响新吴”两大系列活动、原创锡剧《山花烂漫红盈盈》专场、新吴区第二届“玉飞凤”原创文艺精品节目展演、“月满中秋迎国庆”广场文艺演出系列等大型巡演30场次，举办“玉兰传芳”公益课堂各类课程约100班次。举办新吴区第八届运动会、“乐动高新”全民健身系列活动共计27个赛事项目。完成知书梅里、芸礼茶咖、子曰咖啡、江溪街道睦邻中心、青春阅享驿站、大坊桥村乡村书房、梅村街道吴韵社区图书馆、墙门书宅8个“钟书房”优质公共阅读空间及4个小剧场等小微型公共文化设施建设，完成伯渎河生态治理工程二期项目江溪段桃气堡儿童乐园及新风路—高浪路段（北岸）休憩游玩场所基础建设。（区发展改革委）

【生活便民项目】 强力推进“瓶改”工作，瓶装气非居民用户按照“应改尽改、能改早改”原则，进一步压缩瓶装气用量。2023年，完成168户餐饮用户“瓶改管”。（区发展改革委）

行政审批和政务服务

【概况】 2023年，区大数据管理和政务服务局锚定“营商环境第一区”的奋斗目标，在体制机制改革、标准规范提标、数字赋能创新等方面先行先试、率先突破，为谱写无锡政务服务现代化新篇章贡献新吴经验。获市优秀法治文化作品三等奖，“数字无锡”先进集体、市政务服务优秀单位、市为民服务示范窗口、区二季度真抓实干奖、区攻坚创新奖、党政信息先进单位等称号。《新华日报》头版以“无锡高新区打造投资创业首选地——用‘小而精’举措将服务做到极致”为题，报道新吴区在企业开办、重大项目建设等政务服务工作中的创新举措。（陈泽宇）

【创新驱动】 2023年，新吴区在全省率先探索“联合竣工验收”2.0版，实现工程建设项目全链审批服务，较一般项目竣工验收提速90%，入选省、市工改优秀案例和省委主题教育办简讯。完成无锡市“锡银·苏服办”省级政银合作试点全覆盖，发放全市首个跨区办理营业执照。在全省率先开展长三角远程异地评标；在全市率先办理全市首张华侨持护照登记和“个体工商户变更经营者”营业执照，免费发放电子印章。推行项目规划方案“多审合一”，“拿地即开工”服务总量42个，保持全市第一；完成全市首个政府采购跨省远程异地评标，试点公共资源交易智能辅助评标和使用信用承诺替代投标保证金；在新安街道建成全市首家“微驿站”，实现基层便民服务站数字化全面优化升级。（陈泽宇）

【“四争”工作】 2023年，新吴区争创数字化转型，对上争取无锡智慧体育产业园获评江苏省特色类体育产业基地、锡慧停获评中国城市停车平台公司创新标杆。争创“15分钟医保服务圈”省级示范点。旺庄便民服务中心评为省级示范点，国家补助资金30万元。对上争取特殊字号。落实国企机构改革，为无锡新科城发展集团有限公司、无锡市集成电路产业基金等企业核准特殊名称15个。（陈泽宇）

【深化改革】 2023年，新吴区围绕“机制建设、清单确权、场景挖掘、信用赋能、系统支撑”五大环节，利用信用“四类评级”，实施“四色提醒”精细化管理，形成“五步四色”工作法，全面推进“审批—监管—执法—信用”全链改革全市唯一试点。围绕26个省定

3月2日，无锡高新区（新吴区）开办企业免费电子印章发放仪式　　（区数据和政务局　供图）

4月27日，全市首家政务服务“微驿站”——太科城政务服务微驿站揭牌仪式（区数据和政务局　供图）

“一件事”，加快形成多业务协同、多场景应用，办件量超过3.6万件；构建5个区级特色“一件事”，开展“局长走流程”，推动高效办成一件事，办件量达6113件。印发《重大行政执法决定集体审议实施办法》《撤销市场主体虚假登记（备案）操作规程（试行）》。受理虚假登记投诉40件，名称争议案件3件，行政复议案件1件，行政诉讼案件4件。（陈泽宇）

【行政审批】 2023年，新吴区市场主体准入更加便捷，在全省率先实现市场主体登记全生命周期全链通办，市场主体总量超20万户，新批2.4万户，居全市前列。重大项目审批更加高效，灵活运用容缺办理、施工许可一证到底、先许可后缴费等审批机制，投资建设会客厅精准服务重点项目131个；创新报批方案，助力协信城立方、金科长江樾、君御豪庭等停工项目重生。公共资源交易更加“阳光”，实现全省首例长三角远程异地不见面评标，在全市首试全流程线上定标。数字人民币支付评委费笔数全市第一。推进建设项目招投标领域投标保函应用，节约企业保证金12.48亿元。（陈泽宇）

【政务服务】 2023年，新吴区推进服务“一体化”，在全市率先完成“锡银苏服办”省级政银合作试点全覆盖，实现全市首例营业执照跨区办理。重点打造“高新万达融驿站”“太湖湾科创城微驿站”，实现基层便民服务站数字化升级。增加与苏州市相城区、青海省海东市互助县等省内外县、区签订跨区域通办合作协议。实现事项“一次办”，全区行政许可事项100%纳入清单管理。推广服务“好差评”，推动“好差评”向村（社区）便民服务站延伸，推送办件136631件、评价数340645件，好评率99.99%。（陈泽宇）

对口援助·帮扶合作

【概况】 2023年，新吴区认真贯彻落实中共中央东西部协作重大部署和省南北结对帮扶决策要求，准确把握新时代东西部协作和对口支援工作的新任务新要求，巩固拓展主题教育成果，深化拓展“深学争优、敢为争先、实干争效”行动，提升对口支援工作综合效益，助推对口支援地区持续稳定健康发展，在东西部协作和南北结对合作中形成促进协调发展、协同发展、共同发展的良好局面。（王文峰）

【协作机制】 2023年，新吴区深化战略协作成效，加强对口支援组织领导，召开陕西省延安市宜川县、青海省海东市互助县和海东工业园区联席会议7次，巩固街道（乡镇）结对帮扶关系。编制《无锡高新区（新吴区）东西部协作三年行动计划》，编印年度“三对”工作要点，明确各成员单位及相关部门具体任务，逐月跟踪上报时序进度。发挥智力优势会集人才引领作用，7月，陕西省延安市宜川县和青海省海东市互助县两地工作组交接轮换，选派4名干部挂职，教师、医生等专技人才共36人，招商人员2人。协作地区干部挂职锻炼8名，互派专技人才31名，招商干部8人、国资管理人员3人。开展教育专技人才培训29次，医疗专技人才培训28场。（王文峰）

【资金支援】 2023年，新吴区发挥资金优势，赋能产业协同发展。通过拨付资金和引导投资，支持协作地区的基础设施建设和产业发展。预排上缴东西部协作资金15328万元，拨付前方联络组工作经费230万元，拨付区级计划外财政性帮扶资金109.8万元，锁定街道帮扶资金621万元。组织社会各界捐赠款物超700万元。通过持续项目实践，探索和建立更加灵

9月9日，延安市宜川县—无锡高新区（新吴区）东西部协作暨革命老区重点城市对口合作项目签约仪式
（区融媒体　供图）

活高效的合作机制，成立无锡高新区—宜川县产业协作（西安）中心，作为两地在西安招商推介的公共平台，提高协作工作的质效。分别协同陕西省延安市宜川县、青海省海东市互助县签约22个项目，总投资达1790万元，涵盖科教文卫、消费帮扶等多个领域。协助陕西省延安市宜川县新招引项目8个，中石油煤层气开发、超容负极材料等项目年度投资1.8683亿元。
（王文峰）

【就业帮扶】 2023年，新吴区发挥服务优势，提供劳务转移支持。提供就业培训和创业支持，帮助协作地区解决就业问题，在陕西省延安市宜川县组织开展了2023年“春风行动”暨就业援助活动，提供用工岗位550余个。举办劳务协作培训班2期，培训农村劳动力100人，其中脱贫劳动力39人。青海省海东市互助县紧贴市场需求，促进劳务输出，通过东西部协作机制实现农村劳动力就业302人。（王文峰）

【消费帮扶】 2023年，新吴区发挥市场优势，激发消费帮扶活力。鼓励消费者增加对协作地区特色产品的消费，促进协作地区的经济发展。发挥线上线下体验店、销售平台、带货企业作用，建立长期合作关系，增加农产品的附加值，消费帮扶金额9342万元。实施“认领认养苹果树，促进消费帮扶”活动，推进新吴区新时代文明实践中心志愿者及企业认领苹果树600余棵。（王文峰）

【产业共建】 2023年，新吴区发挥产业优势，拓展协作共建领域。4月，江苏、青海两省省长签订《共同支持青海零碳产业园加快建设的框架协议》，结合无锡高新区（新吴区）、海东工业园区实际情况和双方资源禀赋优势，紧扣“绿色低碳”主题，围绕两省协议中规定的“园区规划、运营管理、招商引资”三大主线，制定《共建青海零碳产业园区合作协议》。8月31日，无锡高新区（新吴区）与海东工业园区签订《共建青海零碳产业园区合作协议》，以“双碳”、产业“四地”建设为指引，打造零碳技术集聚区和先行示范区。无锡高新区（新吴区）赴青海零碳产业园举办投资推介会2场，组织20余家企业参会，现场签约项目7个，快速嵌入绿色低碳园区产业发展，拓展对口协作领域。向重庆市三峡库区云阳县拨付援助资金60万元。
（王文峰）

【南北结对合作共建】 2023年，新吴区落实南北结对帮扶合作决策部署，与连云港市海州区（高新区）开展互访交流6次、召开联席会议2次。就绿电绿证交易机制达成战略合作。园区产业发展规划在两市联席会议上正式发布，投融资规划在省财政厅等专家的支持下完成编制，并启动部分项目融资前期准备，形成了有效赋能园区发展的规划成果，实现多规融合发展。引进3个重大项目，其中1个列入省重点项目、2个列入市重点项目。无锡连云港专精特新产业园项目拿地即开工。（王文峰）

【宣传报道】 2023年，新吴区上报无锡高新区（新吴区）与陕西省延安市宜川县、青海省海东市互助县东西部协作工作典型与亮点案例，定期上报重点工作与总结计划。在中央、省、市各级媒体先后刊播报道10篇次，依托政务微信、视频号等多个新媒体平台，多层次、立体式宣传全区各级在对口支援协作中涌现出的成功经验、典型案例和感人故事。其中，微信公众号发稿15篇，视频号发稿3篇。（王文峰）

城运中心

【全域安全监管平台】 2023年，新吴区首次将应急、消防、环保三个部门的业务结合于一体，建设新吴区全域安全监管平台，通过梳理业务清单优化专项行动机制，构建网格化、精细化管理服务机制，构建全面隐患监测预警排查管理机制，构建跨部门、跨系统、跨层级的综合指挥调度机制，提高安全管理协同处置能力。区城运中心联合需求部门多轮沟通，完善项目需求、梳理方案架构、制订实施计划、明确项目绩效，形成较为完善的需求清单和职责清单，10月启动建设。（陆浩昱）

【聚焦民生】 2023年，新吴区扎实做好“12345”热线工作，强化科技赋能，开发并上线AI派单超级自动化平台，以公共安全、环境保护、教育政策三类工单为试点，自动化、批量化实现工单提取、分析、派单，匹配准确率达90.5%。区城运中心围绕解决基层“看得见、管不着”难题，聚焦党建引领基层治理，配合搭建“吹哨报到”机制基础框架，制定工作流程指引，建立双向考核评价体系，探索多跨部门联动实践。作为全市“吹哨报到”信息化系统试点推广地区，深度参与系统开发设计，规范工单办理流程、提高事件处置效率。6月，在全市率先上线事件协同平台，吹响线上运行新模式。9月，上线“社区吹哨、街道报到”模块赋能街道，推动区、街道、村（社区）三级事件协同平台实战实用，打通基层治理的“最后一公里”。发起“吹哨”40次，部门“报到”60余次，工单办理满意度达100%，有效破解综合执法、应急处置、民生改善等领域一批群众反映集中的难点堵点问题，推动基层治理水平提档升级。（陆浩昱）

【应急联动】 2023年，区城运中心坚决落实市城运中心部署，安排保障力量确保工作点调会议顺利召开。积极部署梅雨期间区、街道两级值班值守与防汛预警工作，以领导带班模式，严格落实“24小时值班值守+视频点调保障值班”制度。对视频点调、融合通信等基础能力开展常态化互联互通测试，做好网络巡检与应急预案，确保节假日期间基础能力的可用性。协同相关单位加强联动联勤，提升协同共治，做好人员密集地监测、城市运行管理各项重点工作，保障城运条线的高效联动与应急处置。（陆浩昱）

信访工作

【概况】 2023年，新吴区深入学习贯彻习近平总书记关于加强和改进人民信访工作的重要思想，推进信访问题源头治理三年攻坚，推进“信访突出问题攻坚化解巩固提升年”行动走深走实、治理重复信访化解信访积案常态长效，部署落实多个专项工作，从控增、减存、防变多点发力，为发展大局做好信访服务保障工作。新吴区被评为全省信访工作先进县（市、区），区人民来信来访接待中心被评为无锡市高质量发展先进集体；6个街道均被评为全市信访工作示范或先进街道。（李鑫）

【信访渠道畅通】 2023年，区人民来信来访接待中心接待群众545批2397人次，办理“阳光信访系统”信访事项3617件、人民网领导留言板网友留言346件。推动人民意见征集工作，发布征集公告，吸纳各

10月25日，全区重点楼盘矛盾研判会

（区委政法委　供图）

行业人才充实特邀建议人队伍，报送关于加强公共场所AED配备及相关技能培训、明确新建小区公建配套权属等多条建议，获省、市主要领导批示认可，多项民生类人民建议转化落地，区信访局被评为全省人民建议征集工作先进单位、被人民网评为全省网上群众工作“民心汇聚单位”。（李鑫）

【初信初访源头治理】 2023年，新吴区坚持和发展新时代“枫桥经验”，主动将信访工作融入基层社会治理，定期动态排查纠纷矛盾，落实责任主体，全力化解矛盾在成诉成访前；区、街道两级全面落实领导接访下访工作，协调解决突出问题，区领导全年接访204批286人次。5月，区信访联席工作会议制定印发《关于进一步加强街道和职能部门领导接访下访工作的通知》，严格规范落实街道和部门领导接访下访工作。至年末，街道领导接访607批951人次，有效压实基层信访工作责任。（李鑫）

【化解控增减存】 2023年，新吴区认真贯彻“信访突出问题攻坚化解巩固提升年”行动部署，统筹推进常态化化解信访积案工作，对倒流事项扎实推进实体化解，区信访工作联席办牵头相关部门召开会商协调会60余次，下发工作提示单18份，攻坚化解突出信访矛盾，实现积案的稳步减存，全年化解历史积案27件，推动君域豪庭、中梁芯都会、金科长江樾等问题楼盘矛盾化解。（李鑫）

【信访宣传引导】 2023年，新吴区推进《信访工作条例》的深入学习和贯彻落实，将宣传该条例纳入“普法月”专项，有效覆盖全区各街道公共接待场所、社区、校园、企业园区等，全面普及信访知识法规、引导群众合理有序信访。选送的音乐剧节目《通气儿》在无锡市信访系统主题报告会上获得好评，代表市参加

全省信访系统主题汇报活动，获得全场最高分并获一等奖。该节目由发生在新安街道的真实情况演绎而成，由区、街道亲身参与事项化解的信访工作人员担任主演，展现了信访干部真心实意解民忧的情景。

（李鑫）

【信访“联动化”】 2023年，新吴区做实“风险联合研判、问题联合交办、矛盾联合化解、工作联合督导、重大风险联合处置”五个全工作链闭环运作机制，横向联合42家区信访工作联席成员单位等，确保职责更清、协作更密、合力更强，有效避免工作中出现的遗漏、空档、推诿等情况。强化信访调解机制，建立群体性事件、信访个案、涉法涉诉案件分流移交人民调解机制，发挥区、街道组织领导体系和工作联动机制功能，实现各级信访资源的高度融合、高效运转和无缝衔接。形成每日研判112期、每月研判12期、重要节点联合研判专报85期、成功处置矛盾纠纷220起，区委办、区政府办牵头召开研判会、约谈会、协调会等50余次。

（区政府办）

政协新吴区委员会

综　述

【概况】 2023年，新吴区政协坚持以习近平新时代中国特色社会主义思想为指导，深入学习贯彻习近平总书记关于加强和改进人民政协工作的重要思想和对江苏工作重要讲话精神，深刻把握全过程人民民主实践要求，立足人民政协性质定位，坚持发扬民主和增进团结相互贯通、建言资政和凝聚共识双向发力，紧紧围绕中心大局，主动担当作为，为推动新吴高质量发展贡献了政协智慧和力量。召开常委会议4次，主席会议12次。（李弘毅）

【理论武装】 2023年，区政协把思想政治建设摆在首位，高标准高质量开展主题教育，把握学思想、强党性、重实践、建新功总要求，坚持以学铸魂、以学增智、以学正风、以学促干。围绕区委、区政府中心工作，组织开展各类专题调查研究34批次，形成高质量调研报告28篇。深入践行“四下基层”，在街道、社区牵头组织召开现场协商座谈会12次；健全完善以党组理论学习中心组为引领的学习制度体系，开展中心组理论学习17次。（李弘毅）

【党建引领】 2023年，区政协把坚持党的领导贯穿到组织上，充分发挥党组在政协工作中把方向、管大局、保落实的领导作用，全面落实从严治党、意识形态、党风廉政建设主体责任。健全完善政协党组、机关党支部、街道联系小组履职党支部组织体系，保障党的组织对党员委员全覆盖、党的工作对政协委员全覆盖。深化拓展党建阵地载体，持续发挥新吴区政协“同心”党建联盟优势作用，组织开展“昂扬‘四敢’担当凝聚奋进合力”徒步、“赓续革命情怀·不忘初心使命”主题活动等特色实践活动12次，着力提升政协党建活力和实效，促进政协党建与履职工作深度融合。（李弘毅）

1月3日，中国人民政治协商会议江苏省无锡市新吴区第二届委员会第二次会议　（区融媒体　供图）

【信息宣传】 2023年，区政协依托各级平台加大宣传力度，多角度展示委员风采，多方位展现履职成效。《一线调研助力“第一梯队”——江苏无锡新吴区政协助力民营经济高质量发展见实效》专题报道在《人民政协报》上刊登，“学习强国”、《无锡日报》等媒体平台报道新吴政协工作8篇，各级政协工作网站推送工作信息报道82篇，新吴政协公众号全年发布各类信息135条、总阅读量58000余次，扩大了政协工作影响力。发挥社情民意信息员队伍作用，有效拓宽社情民意信息收集渠道，编审撰写反映社情民意信息80多篇，上报无锡市数字政协平台62篇，被省、市各级录用共计31篇，报全国政协2篇，录用排名居全市板块第二。（李弘毅）

重要会议

【政协新吴区第二届委员会第二次会议】 1月2—5日，政协新吴区第二届委员会第二次会议召开。中共新吴区委、区人大常委会、区政府全体领导，区人民法院院长、区人民检察院检察长，区机关各部门主要负责人，区委各直属党组织书记列席大会开幕式。会议期间，委员们听取并讨论区委书记崔荣国代表中共新吴区委所作的讲话，听取并审议区政协常委会工作报告和提案工作情况报告；列席区二届人大二次会议，听取并讨论区政府工作报告和其他报告；听取提案初步审查情况报告，审议通过区二届政协二次会议决议。（李弘毅）

【政协新吴区第二届委员会第五次常委会议】 3月28日，政协新吴区第二届委员会召开第五次常委会议。区政协常委会组成人员出席会议，各街道政协工作负责人列席会议。会议学习了习近平总书记在参加十四届全国人大一次会议江苏代表团审议时的重要讲话精神和中国人民政治协商会议第十四届全国委员会第一次会议精神，协商通过《中国人民政治协商会议江苏省无锡市新吴区委员会2023年工作要点》《中国人民政治协商会议江苏省无锡市新吴区委员会2023年重点工作计划》和有关人事事项，并对深入开展助推争创全国文明典范城市专项民主监督工作进行部署推进。会议指出，要坚定正确方向，在加强思想政治引领中凝聚共识，把学习宣传贯彻中共二十大精神作为当前和今后一段时期首要政治任务，持续在学懂弄通做实上下功夫、见真章，全面推动中共二十大精神和习近平总书记重要讲话、全国两会精神在新吴区落地生根、开花结果。要积极履职尽责，在服务高质量发展大局中建言资政，紧紧围绕高质量发展这个首要任务，思谋发展之要、增进民生之福、释放协商之效，为实现科技自立自强走在前、构建新发展格局走在前、推进农业现代化走在前、强化基层治理和民生保障走在前积极履职建言、凝聚力量。要昂扬“四敢”担当，在加强政协自身建设中汇聚合力，把牢“敢为”的方向、激发“敢闯”的动力、完善“敢干”的机制、拓宽“敢首创”的舞台，团结协作共事、满怀激情履职，合力推动全区政协工作再上新台阶，为争当中国式现代化先行示范区作出政协新的更大贡献。（李弘毅）

【政协新吴区第二届委员会第六次常委会议】 7月24日，政协新吴区第二届委员会召开第六次常委会议，开展主席会议专题协商，听取全区上市公司发展及上市工作推进情况通报，为助推上市公司高质量发展建言献策。与会人员参观了江苏微导纳米科技股份有限公司和无锡邑文微电子科技股份有限公司，现场了解上市公司发展情况和上市后备企业生产经营情况。听取了区发展改革委关于新吴区上市公司发展及上市工作推进情况通报并围绕主题展开协商议政。会议指出，要精细培育、夯实基础，着力打造资本市场“新吴梯队”。要精准引导、激发活力，奋力壮大资本市场“新吴方阵”。要精心服务、强化保障，合力做优资本市场“新吴板块”。（李弘毅）

【政协新吴区第二届委员会第七次常委会议】 8月11日，政协新吴区第二届常委会召开第七次常委会议，学习贯彻习近平总书记考察江苏重要讲话重要指示精神，传达学习省、市、区委全会精神，听取区政府关于2023年上半年工作情况的通报。无锡高新区党工委副书记、管委会副主任、新吴区委副书记、区长章金伟参会并代表区政府作情况通报。区政协常委会组成人员出席会议，各街道政协工作负责人列席会议。会议指出，政府定期向政协通报工作，是加强和改进政府工作的有效形式。区政协切实履行政治协商、民主监督、参政议政职能，政协委员积极调查研究，建言献策，有力推动了政府各项工作开展。全区紧紧围绕学习贯彻中共二十大精神主线，全面落实“四个走在前”“四个新”要求，拼发展优服务，经济运行稳中有进；抓项目注动能，产业发展提质增效；谋创新提质效，发展动能加快转换；深改革促开放，营商环境持续变优；强功能优品质，产城融合步伐提速；惠民生增福祉，公共服务持续进步；守底线保安全，社会治理务实高效，推动各项事业取得新进展新成效。（李弘毅）

【政协新吴区第二届委员会第八次常委会议】 12月27日，政协新吴区第二届常委会召开第八次常委会议。区政协常委会组成人员出席会议，各街道政协工作负责人列席会议。会议听取了区政府通报2023年政协提案办理情况；听取了区委组织部关于区政协委员、政协常委调整事项及区政协二届三次会议临时党组织名单的说明；协商通过了关于调整区政协委员、政协常委的决定；协商讨论了区政协二届三次会议议程（草案）和日程安排（草案）；协商通过了区政协二届三次会议秘书处和工作机构名单；协商通过了区政协常务委员会工作报告、提案工作报告以及《关于召开政协新吴区第二届委员会第三次会议的决定》。会议指出，区政协二届三次会议将在2024年1月举行。政协常委要充分发挥表率作用，引领全体政协委员以饱满的政治热情、严肃认真的态度和良好的精神风貌参加政协会议，展现为国履职、为民尽责的情怀和担当。要在建言献策上示范引领。要在凝聚共识上示范引领。要在遵章守纪上示范引领，严肃会风会纪，始终把政治纪律和政治规矩摆在首位，严格遵守各项规定，让“懂政协、会协商、善议政，守纪律、讲规矩、重品行”成为政协人的行为规范和价值追求。

（李弘毅）

参政议政

【提案信息工作】 2023年，区政协深入开展民生微提案办理协商，持续优化创新提案工作模式，全年提交办理提案122件，提案办复率、委员满意率均达100%。充分发挥社情民意信息员队伍作用，有效拓宽社情民意信息收集渠道，不断提升社情民意信息工作质量，全年编审撰写反映社情民意信息80多篇，上报市数字政协平台62篇，被省、市各级录用共计31篇，报全国政协2篇，录用排名居全市板块第二。（李弘毅）

【党派团体负责人座谈会】 5月6日，区政协召开座谈会，与各民主党派、工商联、人民团体、无党派人士代表进行座谈，交流工作、共商发展。区政协领导、区各民主党派基层组织、工商联、无党派知识分子联谊会、人民团体相关负责人参加座谈。会上，学习相关文件精神，交流年度调查研究工作以及对推动新吴区政协事业高质量发展的意见建议，进一步凝聚共识、汇集合力。（李弘毅）

【重点提案督办暨专题协商会】 11月16日，区政协开展“加快引育高层次科创资源与科技人才”协商暨重点提案督办活动。会议肯定了重点提案办理成效以及在创新源与科创人才引育工作上取得的成绩。会议指出，在“双循环”新形势下，加强科技创新源的建设，引育高层次科技人才尤为重要。科创资源要积极对接产业，找准创新源与产业化的结合点，让科技成果有转化有应用有成效。要强化企业创新的主体作用，鼓励企业用好本地的创新资源禀赋，积极对接国内外先进科研团队与机构，加强合作、为我所用。在政策上要继续强化对创新源与创新人才引育的扶持力度，聚焦产业根基，形成创新链、产业链、资本链的多链融合，把科技创新的“关键变量”转化为高质量发展的“最大增量”。（李弘毅）

【公安、检察院、法院重点工作情况通报会】 12月12日，区政协召开公安、检察院、法院重点工作情况通报会。实地视察了新吴公安分局天山路警务工作站，了解天山路警务工作站的构建理念、工作机制以及迭代创新的情况。新吴公安分局、区检察院、区法院分别通报了重点工作情况，政协委员结合工作实际，围绕维护社会稳定，服务企业发展、司法改革创新等方面提出意见建议。会议指出，要把党的领导贯穿到工作全过程各环节，在加强思想政治引领上彰显更高站位；要聚焦争当中国式现代化先行示范目标任务，在服务中心大局中展现更大作为；要持续提升新时代履职能力水平，在锻造过硬队伍上取得更大成效。（李弘毅）

调研视察

【推进功能区建设调研视察】 2023年，区政协聚焦“构建发展新势能，加快推进功能区建设”，组织委员先后赴苏州、杭州、合肥等地开展调研，并召开专题议政性常委会深入协商，从加强战略性谋划布局、推动产业集聚集群发展、促进产城融合、夯实要素支撑、激发内生动力等多个方面建言献策，全面助力“两城四区”功能板块布局建设。（李弘毅）

【“专精特新”企业集群调研视察】 2023年，区政协赴西安、成都等地调研，通过走访先进地区，学习挖掘先进理念与做法，为民营中小企业在新形势下寻求新的优选发展路径，为培育“专精特新板块”积极建言，重点提案《关于加大力度培育“专精特新”企业集群的建议》由区委主要领导领衔督办，助力构建“政策+科创+资本+服务”多维度培育体系，打造“专精特新”企业发展良好产业生态。相关经验做法由市政协拍摄《政协话题》专题片在无锡电视台播出。（李弘毅）

【“无废城市”路径探索调研视察】 2023年，区政协成立专门调研组，深入调研国内先进地区的经验做法，开展重点视察，参观了大宗工业固体废弃物处置项目，听取了企业等离子气化熔融先进技术，多次开展对口协商，组织相关部门、社区、委员进行座谈交流，围绕“无废城市”建设形成《实施建设“无废城市”路径探索》调研报告，得到区政府主要领导批示转发，推动“无废城市”建设向纵深发展。（李弘毅）

【《中华人民共和国家庭教育促进法》贯彻实施调研视察】 2023年，区政协分别赴山东省青岛市李沧区、安徽省合肥市包河区开展专题调研，学习两地在《中华人民共和国家庭教育促进法》贯彻实施方面的特色经验，并研究形成了有针对性和建设性的调研报告，助力推进家庭教育“一法一条例”实施，建言构建高度覆盖的家庭教育指导服务体系。（李弘毅）

【社区民主政治建设情况调研视察】 2023年，区政协组织委员赴南京市高淳区、溧水区，苏州市吴中区进行考察。学习南京市和苏州市相关区域在古镇古村落的保护性开发建设方面的特色经验，并研究形成了有针对性和建设性的调研报告。（李弘毅）

委员工作

【提升委员履职能力】 2023年，区政协立足“懂政协、会协商、善议政，守纪律、讲规矩、重品行”的要求，通过“走出去”“请进来”等形式举办委员履职培训班，切实提高委员政治把握能力、调查研究能力、联系群众能力、合作共事能力，增强协商本领。坚持服务与管理结合、激励与约束并重，进一步强化委员履职评价考核，认真执行党员常委履职建言点评制度，严格落实委员选任和退出机制，引导政协委员强化责任担当，充分发挥主体作用，当好“责任委员”、交好“履职作业”。（李弘毅）

【走访联系】 2023年，区政协完善委员联系界别群众制度机制，推动委员联系界别群众工作走深走实。组织开展“政协主席深度走访委员企业”活动，区政协班子成员、各专门委员会深入一线走访企业，宣传政策，了解心声，认真听取企业关于优化产业政策、支持企业创新、优化营商环境等方面的意见建议，得到区委主要领导的高度重视和采纳批示，区职能部门编制反馈问题清单并逐个解决答复，企业所反映的10大类58个具体问题全部得到落实，问题解决率98.28%，企业满意率100%。（李弘毅）

【开展“书香政协”活动】 2023年，区政协深入贯彻落实习近平总书记关于委员读书活动的重要指示精神，全面深化“书香政协”建设，打造“同心书屋”等委员读书阵地22家，开展线上线下读书交流活动30余次。携手无锡科技职业学院共建“书香新吴·同心悦读”共享空间，支持鸿山泰伯中学开办“泰伯书院”，打造深度阅读新阵地、文化交流新窗口。充分发挥政协文史资料“存史、资政、团结、育人”作用，依托新吴深厚丰富的历史文化资源，收集整理新吴区文化发展脉络史料，深入挖掘文史资源的时代价值，引导广大委员和市民更好感悟传统文脉、增强文化自信、凝聚奋进力量。依托各级平台加大政协工作宣传力度，多角度展示委员风采，多方位展现履职成效。（李弘毅）

监督协商

【协商议事】 2023年，区政协依托基层协商议事平台，深入开展“服务为民和民生专题”协商议事月活动，围绕教育资源配置、“惠民菜篮子”工程、河道综合整治、古建筑活化利用、安居房加装电梯等群众关注的热点难点问题深入协商议事，全年举行民生类协商议事活动103次，推动解决民生问题98个，以具有“含金量”的意见建议，全面助力增进民生福祉。（李弘毅）

【“江苏政协有事好商量协商议事网”试点工作】 2023年，区政协深化数字政协建设，拓展线上履职综合服务功能，总结推广“江苏政协有事好商量”协商议事网试点经验，充分用好“3232”有线电视平台，引导委员更好地运用协商规则、掌握协商方法、提升协商实效，放大“协商之治”与“数字之治”的融合叠加效应。加强与街道委员联系小组的指导联系，坚持重要部署一起贯彻、重要履职一起开展，更好发挥区、街道两级整体效能。（李弘毅）

【专项民主监督活动】 4月7日，市政协委员新吴联系小组围绕助推争创全国文明典范城市开展专项民主监督活动。市政协委员一行实地调研了新吴公安分局天山路警务站，参观了公安队列和指挥调度演示，座谈听取新吴公安分局相关工作情况通报。委员们对新吴公安积极构建“一主多联、联勤联动”的现代治安防控格局、全方位提升群众安全感给予高度评价，同时围绕委员小组在专项民主监督中所挂钩的重点攻坚问题展开协商交流，提出意见建议。（李弘毅）

【环太湖高新区政协组织联动协商活动】 2023年，区政协紧扣区域协调发展、长三角一体化发展等重大战略，结合本地实际，持续深化环太湖高新区政协组织全方位联动合作、联合协商、联谊交流机制，以东道主身份举办联动协商活动，联合环太湖五区政协围绕“聚力打造环太湖高新区人才高地”展开交流互动、协商建言，共同制订发布《环太湖高新区人才合作倡议书》，提出“凝聚人才共识，构建发展联盟；强化全域协同，促进要素流通；推动评价互认，激发整体合力；深化服务共享，营造良好环境”倡议，合力书写环太湖区域高新区更高质量协同发展“政协篇章”。（李弘毅）

综　述

【概况】 2023年，新吴区纪委、监委发挥监督保障执行、促进完善发展作用，全年共立案199件，其中自办案件169件，党纪政务处分166人；留置13人，其中新吴区干部6人、上级指定管辖案件7人；挽回经济损失2500余万元。聚焦“关键少数”，查处各类基层“一把手”违纪违法案件24件。坚持受贿行贿一起查，立案查处行贿人5人。（姚棉响）

【主题教育】 2023年，区纪委常委会严格落实“第一议题”制度，专题传达学习习近平总书记重要讲话重要指示批示精神21次，班子成员带头开展“牢记嘱托、感恩奋进、走在前列”大讨论和学习《习近平著作选读》《习近平走进百姓家》等书籍体会交流，带动全区纪检系统掀起学习热潮。举办学习贯彻习近平新时代中国特色社会主义思想、中共二十大精神系列专题培训班，围绕坚定理想信念、筑牢纪法防线、践行初心使命开展3轮专题研讨，区纪委、监委班子成员和街道纪工委、国企纪委书记带头讲授廉政党课、作廉政教育报告。大兴调查研究破解难题，区纪委、监委领导班子成员围绕9个方面重点课题主动领题、集智破题，聚焦部分领域腐败问题易发多发、基层“四风”问题禁而未绝等6个问题，严格对账销号、推动整治提升。（姚棉响）

【教育整顿】 2023年，区纪委、监委深入学习首届中央监察委员会成员和全国纪检监察系统先进典型事迹材料，广泛开展红色革命教育基地现场教学活动，分批组织纪检监察干部到法院观摩庭审现场、赴监狱开展警示教育。深入检视整治，认真开展从事营业活动自查自纠，深入推进“微信群”清理、重复举报化解不力等专项整治，严密组织“五查五强五提升”思想作风建设大讨论，省、市督导指导反馈和自查发现的24个问题得到有效整改。坚持刀刃向内，严肃查处纪检监察干部违纪违法问题，全区立案2人、留置1人、诫勉谈话2人。（姚棉响）

【纠“四风”树新风】 2023年，区纪委、监委协助区委修订完善《关于贯彻落实〈中共中央政治局贯彻落实中央八项规定实施细则〉具体办法》，提请区委常委会集中学习中央纪委、国家监委和省、市纪委、监委《关于违反中央八项规定精神问题典型案例通报》，把党章党规党纪教育作为党员干部教育培训必修课，紧盯元旦、春节、中秋、国庆等关键节点，通报曝光4批、8起“四风”典型案例；查处违反中央八项规定精神问题43起47人，涉及“四风”问题的信访举报同比下降8.7%、查处的新问题同比下降16.6%。深入纠治违规接受宴请并收受节礼顽瘴痼疾“老问题”和微信转账、私车公养等隐形变异“新表现”，查处享乐主义、奢靡之风问题39起43人；大力惩治形式主义、官僚主义，大力纠治基层干部“躺平”现象，协助开展“半拉子工程”“形象工程”“面子工程”问题专项整治，组织观看警示教育片《为民造福才是最大政绩》，查处形式主义、官僚主义问题4起4人；坚持执纪执法为民、纠风治乱为民，查处群众身边腐败和作风问题46起47人，通报曝光典型案例9起。（姚棉响）

【严管厚爱激发干部敢为】 2023年，区纪委、监委协助区委制定《贯彻落实“四敢”要求的实施方案》，精准运用“四种形态”处理249人次，其中运用第一、二种形态提醒教育帮助占比87.1%；严格落实“三个区分开来”要求，对推动发展中的7起事宜进行风险备案，实施容错免责3人，为2名受到不实举报干部澄清正名，对 1 名诬告人员予以批评教育。规范审慎回复党风廉政意见，严把政治关、廉洁关，区纪委监委回复意见 48 批 1791 人次。（姚棉响）

【干部队伍建设】 2023 年，区纪委常委会带头讲政治守规矩，认真落实重大事项请示报告制度，严格执行“三重一大”事项集体决策规定。抓实机关党建工作，选举产生新一届区纪委监委机关党总支委员会和 4 个支部委员会，开展主题党日活动 38 次、党课 16 次。自觉主动接受各方监督，完成区监委第二届特约监察员聘任工作；区纪委常态开展“新风清语”业务讲堂、业务沙龙等活动，对园区（街道）和国企纪检干部开展专题培训，制定出台干部轮岗交流、跟班学习干部管理等规定，13 名业务骨干被抽调参与上级巡视巡察和监督办案，安排 21 名街道、国企纪检干部到区纪委轮训跟班锻炼，进一步提升查案质量，连续 2 年获评全省纪检监察系统高质量案件。稳步推进数字纪检监察平台建设，不断拓展大数据查询研判中心功能，有效助力监督办案提质增效，完成了首次监察官等级确定工作；区纪委、监委严格内部管理，认真学习贯彻《江苏纪检监察干部涉网言行负面清单》《无锡市纪检监察干部“八小时外”社会交往“十严禁”》等制度规定，制定完善轮岗交流、跟班学习、外出授课等管理规定，筑牢安全底线，严格落实办案安全制度规定，持续压紧压实安全责任，加强谈话场所安全风险隐患排查，健全安全风险快速报告处置机制。（姚棉响）

【第二届特约监察员聘任】 9 月 5 日，区监委召开第二届特约监察员聘任会议，10 名特约监察员受聘“上岗”。会上，宣读了《新吴区监察委员会关于聘请第二届特约监察员的决定》，为第二届特约监察员颁发聘书，并向履新的特约监察员介绍区纪委、监委机构组成和近年来的重点工作情况。（姚棉响）

重要会议

【中共无锡市新吴区第二届纪律检查委员会第三次全体会议】 2 月 12 日，中共无锡市新吴区第二届纪律检查委员会举行第三次全体会议。深入学习宣传贯彻中共二十大和习近平总书记在二十届中央纪委二次全会上的重要讲话精神，全面落实中央纪委全会和省、市纪委全会部署要求，总结工作、分析形势，部署 2023 年全区党风廉政建设和反腐败工作。无锡高新区党工委书记、新吴区委书记崔荣国到会讲话。区四套班子全体领导出席会议。市纪委常委、无锡高新区党工委委员、纪工委书记、新吴区委常委、纪委书记、监委主任罗功新主持会议并作工作报告。（姚棉响）

9 月 5 日，新吴区监委召开第二届特约监察员聘任会议　（区纪委、监委　供图）

2 月 12 日，中共无锡市新吴区第二届纪律检查委员会第三次全体会议　（区纪委、监委　供图）

【全区领导干部警示教育大会】 12 月 26 日，全区领导干部警示教育大会召开，深入剖析违纪违法典型案例，教育引导全区党员干部永葆忠诚干净担当政治本色，无锡高新区党工委书记、新吴区委书记崔荣国出席会议并讲授廉政党课。无锡高新区党工委副书记、管委会副主任、新吴区委副书记、区长章金伟主持会议，新吴区人大常委会主任余银龙等区四套班子领导出席会议。与会人员集体观看警示教育片《清除高质量发展的“绊脚石”》。（姚棉响）

廉政教育

【开展警示教育】 2023 年，区纪委、监委加大典型案例剖析力度，精准查找问题根源，用好案件查办“活教材”，做好常态化警示教育，拍摄《清除高质量发展的“绊脚石”》警示教育片。（姚棉响）

5月13日，第十届“新风清语”思廉月活动在新吴区委党校启动　　（区纪委、监委　供图）

【建设廉洁文化】 2023年，区纪委、监委持续深化分层分类教育，发挥“新风清语”廉政宣讲团作用，领导班子成员送“廉”上门13场次，联合团区委开展“高新青廉说”主题分享会，组织编排节目《莫伸手》选送全市年轻干部“青音话廉”活动。组织开展“5·10”思廉月活动，推出十项廉洁文化项目品牌，推动思想“育廉”、警示“促廉”、家风“助廉”系列活动广泛开展。加强新时代廉洁文化建设，4个廉洁文化作品在全市“步弓石杯”大赛中获奖，钱穆钱伟长故居创成全市首批崇德倡廉廉洁教育基地。（姚棉响）

【“新风清语”思廉月】 5月13日，无锡高新区（新吴区）第十届“新风清语”思廉月启动仪式在区委党校举行。市纪委常委、无锡高新区党工委委员、纪工委书记、新吴区委常委、纪委书记、监委主任罗功新，市纪委监委宣传部部长宗春燕出席。“新风清语”十项廉洁文化项目发布，旺庄街道“廉益嘉”廉政文化中心同步启用。（姚棉响）

监督检查

【农田建设问题专项治理】 2023年，区纪委、监委围绕贯彻落实习近平总书记关于保障粮食安全、耕地保护的重要指示批示精神，高标准推动解决未按设计要求施工、监理不到位、管护不及时等问题；持续推动涉粮领域省委巡视和市委巡察反馈问题整改走深走实，督促涉粮职能部门建章立制5项。（姚棉响）

【医疗领域腐败问题治理】 2023年，区纪委、监委围绕贯彻落实习近平总书记关于医疗领域腐败问题的重要指示批示精神，按照中央纪委、国家监委和省、市纪委、监委统一部署，配合推动集中整治，立案查处5人、留置1人。（姚棉响）

【统计造假屡禁难绝专项治理】 2023年，区纪委、监委围绕贯彻落实习近平总书记关于防治统计造假的重要指示批示精神，配合开展统计造假屡禁难绝专项治理行动，诫勉谈话1人。（姚棉响）

【安全生产专项治理】 2023年，区纪委、监委围绕贯彻落实习近平总书记关于安全生产的重要指示批示精神，开展安全生产督查考核，跟进监督消防、燃气等重点行业领域安全风险隐患排查化解，对相关问题进行专题通报，压紧压实工作责任；深化安全生产第三方服务领域专项治理，严肃查处利用职权乱作为、谋取私利等问题，推动规范管理、健全制度。（姚棉响）

【完善监督体系】 2023年，区纪委、监委扎实推动“两个责任”一体落实，强化协助职责和监督专责，提请区委常委会17次研究全面从严治党相关工作，进一步健全责任清单、述责述廉、廉政约谈等机制，协助区委制定全面从严治党责任清单，在区委常委会上7次专题通报巡视巡察反馈问题整改、安全生产督查、信访举报工作等情况，对“两个责任”落实不力的党员领导干部提醒谈话4人；区纪委一体推进“四项监督”统筹衔接，协助区委出台巡前准备多方联动、巡后“3+X”专项治理跟踪督办等文件，巡察整改与专项治理协同贯通机制被中央纪委国家监委网站专题报道；深化“室组地”模式运用，规范形成党风政风监督室牵头抓总的“周汇总、月推进”专项监督统筹调度机制，探索建立派驻“清单式”监督、“销号式”管理等方法，全年派驻纪检监察组立案29件，同比增长81.3%；区纪委围绕健全党内监督与人大、司法、审计等9类监督主体的“1+9”监督体系，进一步健全“巡纪审”信息共享、线索移送等联动机制，完善纪检监察机关与法院、检察院、公安等单位的定期会商模式，查处酒驾醉驾社会党员和公职人员共22人，推动公安机关将核实党员和公职人员身份纳入查处酒驾醉驾的执法办案流程；推动党内监督与人大监督、民主监督等联动协同，探索“纪委监委＋人大＋特约监察员”联合调研监督模式；区纪委聚焦解决基层监督力量分散、效能不高问题，配强街道和区属国企纪检队伍，抓细抓实“乡案县审”工作，健全建立每月区纪委、监委业务部门与国企纪委书记工作例会机制，加强监督办案力量统筹运用，推动基层监督力量更加高效发挥作用；充分发挥群众主体监督作用，运用基层小微权力“一点通”手段畅通群众监督渠道，群众诉求办结满意率99.41%。（姚棉响）

专项治理

【安置房小区物业管理】 2023年，区纪委、监委大力纠治物业服务、劳务用工、停车管理等领域存在的腐败和作风问题，督促职能部门和属地建章立制7项、解决一批安置房小区物业管理“顽疾”，有效降低群众投诉，相关经验方法得到市纪委、监委主要领导批示肯定、省纪委办公厅《江苏纪检监察信息工作交流》专题刊发。（姚棉响）

【国有资产管理】 2023年，区纪委、监委监督镇（街道）国有资产专项治理工作走深走实，深挖细查合同签订不及时、房屋租赁不合规、欠款追缴不到位等背后违纪违法问题，推动区级层面出台街道“三资”管理办法。开展一线行政执法突出问题专项整治，聚焦城市管理、网格员、民警辅警3类群体，深化基层一线行政执法不担当不作为、吃拿卡要等突出问题集中整治，推动一线行政执法领域政风行风向善向好，省纪委办公厅《江苏纪检监察信息工作交流》专题刊发城管专项治理经验做法。（姚棉响）

4月20日，区纪委监委赴鸿山街道监督检查护航春耕播种（区纪委、监委　供图）

【乡村振兴领域不正之风和腐败问题整治】 2023年，区纪委、监委深入贯彻中共中央关于全面推进乡村振兴战略部署，严肃查办无锡市农业生产资料有限公司相关人员侵占农资销售款等系列窝案串案，推动解决高标准农田建设中未按设计要求施工、监理不到位、管护不及时等问题，督促职能部门建章立制6项。（姚棉响）

中国国民党革命委员会新吴区基层委员会

【概况】 中国国民党革命委员会新吴区基层委员会（以下简称民革新吴区基层委员会）下设4个支部，有党员68人。其中，“80后”及“90后”党员26人，机关事业单位和公有制经济的党员21人，具有中高级以上职称43人，硕士以上学历15人，省政协委员1名，市人大代表1人，市政协委员2名，区人大代表1人，区政协委员13人。2023年，发展新党员4人，转隶党员8人，共计12位新党员，其中机关事业单位和公有制经济的党员占7人。

（民革新吴区基层委员会）

【参政议政】 2023年，民革新吴区基层委员会积极撰写调研报告，由市专精特新企业联盟理事长刘骏为总顾问，课题组成员集体撰写《高新区专精特新企业发展调研报告》，二支部张安红撰写《净化营商生态、建设新吴品牌——通过业主群运营提升人文环境的课题研究》，四支部刘丽苗撰写《产城融合下如何提升法治营商环境》。牛文冉、何筱敏、吴婷3名党员联合撰写的《探索打造面向未来的国际社区的有效路径》获得琢璞年轻人发展基金会征文入围奖。刘文晓、牛文冉报送《关于完善非诉讼纠纷解决机制的建议》被民革市委会列为集体提案，被民革省委会录用。刘文晓报送的《关于开放慧海湾生态公园公共厕所的建议》获得区政协主席批示，并要求相关部门督办。

（民革新吴区基层委员会）

【组织建设】 2023年，民革新吴区基层委员会共开展主题教育活动10场。召开面向全体基层委党员的“弘扬四敢精神、凝聚博爱力量”工作动员会，与中共基层党组织联合开展报告会、读书会、理论学习、专题调研等主题鲜明、形式多样、内容丰富，党员参与感强的活动。组织党员参加民革市委会、区委统战部举办的各类学习培训，总计20余人次。二支部党员刘骏参加民革中央在中央社院举办的非公经济人士培训班。依托日联科技，与民革市委会共同建立中山博爱之家，并被民革省委会授予民革江苏省企业家联谊会科技创新实践基地，邀请民革中央专职副主席、民革江苏省委主委陈星莺出席并揭牌。推进示范支部建设，其中二支部获市级参政议政工作先进集体，一支部获市级组织工作先进集体。陆浩昱获得组织工作先进个人、刘文晓获得宣传工作、参政议政、社会服务先进个人，牛文冉获得参政议政先进个人，董思文、俞知明获得祖国和平统一工作、社会服务先进个人等市级荣誉称号。 （民革新吴区基层委员会）

【社会服务】 2023年，民革新吴区基层委员会打造“中山博爱”法律服务品牌，充分发挥党派优势，在对台、法律及助农方面发力，打响民革品牌特色。6月30日，首届太湖湾海峡两岸青年创新发展论坛在新吴区举办。民革新吴区基层委员会积极参加。论坛以“青创未来　锡望无限”为主题，来自两岸青年社团、创业基地、台湾地区部分大学大陆校友会以及各行各业创业的青年才俊代表齐聚一堂。10月，民革新吴区基层委赴无锡启华电子开展课题调研。发挥界别特色，创新形式提供公共法律服务，切实帮助基层化解矛盾纠纷、优化营商环境、加强基层社会治理，全年共进行法律咨询、普法宣讲、模拟法庭等现场活动12场，如“善行梅里微公益”梅荆花苑二社区法律服务、法治宣传走进阳光小学校园、“知法守法、与法同行”青少年普法实景体验活动、“践行枫桥经验、敬老与法同行”、“争议调解进园区、化解矛盾纾企困”等。在民革新吴党员朱爱勇的果怡农场开展“博爱帮扶显真情、凝心聚力促振兴”、“助力乡村振兴、科技兴农助农”的主题实践活动，部分党员赴无锡市锡山区新阶层新农会、湖州灵粮农场和水木莫干山都市农业综合体开展交流学习活动，深入了解智慧农业、循环生态农业、农文旅一体化的发展模式，以及在生态保护、产业发展、乡村振兴等方面的成功经验。（民革新吴区基层委员会）

中国民主同盟新吴区基层委员会

【概况】 2023年，中国民主同盟新吴区基层委员会（以下简称民盟新吴区基层委员会）下设6个支部：无锡科技职业学院支部、第三高级中学支部、太科园支部、梁鸿支部、新安支部、景云支部。盟员122人，其中，市人大代表1人，市政协委员1人，区人大代表1人，区政协委员15人。（民盟新吴区基层委员会）

【参政议政】 2023年，民盟新吴区基层委员会围绕重点参政议政重点任务和群众关切的问题积极调研议政、建言献策。《终身教育背景下成人教育、科技、人才战略的有机融合》（李艳华）、《无锡现代城市美学形象塑造与文化传播》（陈日月）、《关于推进农村数字化建设的建议》（陶利青）、《立足于共同富裕发展目标，推动实现房地产发展新模式》（苏喜红）、《科技赋能助推文化产业发展》（朱墨）作为青年论坛文章，其中陈日月撰写的课题获得青年论坛一等奖，朱墨、苏喜红获得青年论坛二等奖；《我国绿色债券市场信息披露制度的优化建议》（吴琳）作为民盟中央法治论坛投稿文章。依托“两会”平台提交提案11篇，并在“两会”做大会发言。共上报社情民意25篇，内容涉及教育、民生、环境、政府管理等方面。

（民盟新吴区基层委员会）

【组织建设】 2023年，民盟新吴区基层委员会新发展盟员5人，注重主界别和体制内优秀人员，增强组织活力。组织各基层支部开展专项学习活动20次，开展研讨交流12次，制定主题教育实施方案，细化理论学习、调查研究、助力发展、检视整改、建章立制等重点任务5项11条。组织开展纪念中共中央“五一口号”发布75周年、中国共产党领导的多党合作和政治协商制度确立72周年、民盟成立82周年系列主题活动。先后组织盟员赴惠山古镇“崇德倡廉”廉政文化教育基地、钱穆钱伟长故居、重庆“民主之家”特园和中国民主党派历史陈列馆等红色教育基地参观践学。邀约区红十字会、农工党新吴区医卫支部开展院前急救培训、心肺复苏培训和AED正确使用培训活动，提升盟员急救技能。围绕“共读经典、书香润盟”主题，在盟员中开展读书活动，编发学习要点、推荐学习书目，在“同心新吴”、“无锡民盟”等微信公众号刊发读书心得。为庆祝第28个“世界读书日”，与区残联共同举办“芬芳四月静染书香”阅读分享会。（民盟新吴区基层委员会）

【社会服务】 2023年，民盟新吴区基层委员会常态化开展“盟动心灵”助学、助残、助困系列活动，盟员每年捐款捐物、陪伴和看望6位特困智障自闭症儿童，“六一”儿童节期间，盟动心灵基金为他们募集捐助款9000元。资助安徽省滁州市全椒县48位次贫困学生，捐款累计48000元。2015年至2023年，每年持续助残送温暖活动，累计捐助钱物8万元，开展了40多次的盟动心灵关爱智障自闭症儿童活动。先后3次赴对口帮扶地区，开展盟动心灵助困活动，扶贫资助贫困山区送轮椅的活动2次，向青海互助捐赠轮椅共计40辆。打造“社会服务中心”和“盟员之家”，社会服务中心设立法律服务工作室、顾培明书画工作室、钱伟长公益盟讲堂、盟动心灵帮扶自闭症儿童服务区、二胡民乐服务工作室、体育发展服务工作室6个活动项目，以扶残助弱、助学帮困为主题，突出社会服务活动功能。（民盟新吴区基层委员会）

中国民主建国会新吴区基层委员会

【概况】 2023年，中国民主建国会新吴区基层委员会（以下简称民建新吴区基层委员会）下设4个支部，有会员106名。其中23人次担任各级人大代表、政协委员；本科及以上学历占79%。

（民建新吴区基层委员会）

【参政议政】 2023年，民建新吴区基层委员会共提交参政议政信息40余篇，中央采用4篇，省级以上采用5篇，市委会采用25篇。关注新能源产业发展，提交“固态电池产业发展”调研报告；关注美丽无锡建设，提交“河道建设管理”调研报告；关注生态发展和民生诉求，提交“餐饮监管”调研报告。认真做好《进口贸易促进创新示范区建设路径研究》《加快推进高新区文化事业高质量发展》两篇调研报告，提升参政议政调研精准度和针对性。在区“两会”期间，基层委员会的代表和委员们提交各类提案议案15篇，涉及经济发展、科技文卫、民生事业等方面。1名会员获评优秀区政协委员，2篇提案获优秀提案，1篇调研报告获优秀调研成果。

（民建新吴区基层委员会）

【组织建设】 2023年，民建新吴区基层委员会组织

20名会员参加市、区两级组织的各类能力素质提升班、会员履职培训班，代表民建无锡市委会参加多党合作创新成果评选活动。举办2023江苏民建民营经济发展论坛，会员之家正式揭牌，集中展示民建会史以及新吴民建的发展历程、组织架构、履职实绩。开展"芳华三十载薪火永相传"慰问老会员活动，向老会员颁发"光荣在会30周年"纪念章。围绕民建地方组织成立70周年，开展短视频拍摄、会员风采采写、参与编制纪念画册、组织会员参加庆祝大会等活动，刊发宣传稿件40余篇，其中公益直播助残活动被新浪网、新华网、团结网刊载。《金秋重阳——让岁月永远年轻》社区重阳节活动在《团结报》刊登。

（民建新吴区基层委员会）

【社会服务】 2023年，民建新吴区基层委员会开展各类捐赠募款约百万元，其中无锡德宁节能科技有限公司捐赠无锡市医院协会专科项目30万元，捐赠江南大学教育发展基金会45万元。联合无锡太湖消费节抖音直播账号走进硕放街道"残疾人之家"开启公益助残专场直播，直播场观众5000余人，超5万人次点赞，累计曝光量10万以上，引导社会关注帮扶残障人士就业创业。联合江溪街道在新吴区2023年同心博爱嘉年华活动中设展，宣传新吴民建特色服务、创意产品工作特色。开展"志愿服务进三区"活动，与江溪街道签约"双向协同基层共建"行动，推动"基层组织建设年"活动走深走实。在奕淳社区先后开展"同心惠民生——反诈童行、齐心护幼""建盾护民、金融初体验"活动。在夕阳红休养中心建立公益帮扶基地，捐助慰问物资，集中开展"情暖耄耋"重阳慰问活动。

（民建新吴区基层委员会）

中国民主促进会新吴区基层委员会

【概况】 2023年，中国民主促进会新吴区基层委员会（以下简称民进新吴区基层委员会）下设5个支部，会员92人。其中，省政协常委1名，市人大代表2人，市政协委员1人；区人大代表4人，人大常委1人。区政协委员11人，政协常委3人。

（民进新吴区基层委员会）

【参政议政】 2023年，民进新吴区基层委员会强化全体会员参政议政意识，围绕区委、区政府中心工作和社会民生热点难点问题，提交社情民意54条，被民进省委会录用并上报民进中央11条。基层委员会高质量完成调研报告《无锡高新区打造物联网先进制造业集群的对策与建议》，机电高职支部完成调研报告《完善新时代"生—养—育"全过程的生育支持政策体系》。14位担任市、区人大代表和政协委员的民进新吴区基层委员会会员在"两会"期间提交提案，履行建言献策和民主监督职能。

（民进新吴区基层委员会）

【组织建设】 2023年是民进"作风建设"主题年，民进新吴区基层委员会贯彻落实民进十五届三次会议提出的总体要求和主要任务，围绕工作重心加强自身建设，积极发挥作用、履行职能。新发展5名青年人才入会（教育系统2名、政府机关1名、文化艺术1名、非公经济1名）。加大对重要活动、重大事件、先进人物的宣传，将传统报刊与网络媒体相结合，多途径进行宣传，强化了宣传力、影响力和美誉度。《团结报》报道了副主委章晓东关于教育数字化的相关内容。"江苏民进"公众号发表3篇报道，"无锡民进"公众号发表8篇报道，在"同心新吴"公众号同步发表相关报道。

（民进新吴区基层委员会）

【社会服务】 2023年，民进新吴区基层委员会坚持双岗建功，发挥会员教师群体专业优势，持续开展"同心惠民生——'春风送教'"等系列社会服务活动，通过"行走课堂：桑蚕文化体验之旅""'墨韵飘香同心筑梦'书法主题活动""'筑科技梦育科技苗'项目"等活动走进社区，以文化科普活动引导青少年进行探究式学习、体验式实践。

（民进新吴区基层委员会）

中国农工民主党新吴区基层委员会

【概况】 2023年，中国农工民主党新吴区基层委员会（以下简称农工党新吴区基层委员会）下设4个支部，党员82人。其中女党员37人，占46%；45名本科、26名硕士、2名博士，本科及以上占89%。市人大代表、政协委员4名；区人大代表和政协委员16名。

（农工党新吴区基层委员会）

【参政议政】 2023年，农工党新吴区基层委员会完成《关于无锡高新区低碳园的实现路径研究报告》《加大资源要素投入加快重大创新药物研发》《零碳园区建设发展建议——以朗新为例》等调研报告，其中《关于加强数字孪生技术应用提升城市治理水平的建议》《我区重点产业的中坚科技创新人才用留情况调研和建议》获得市优秀提案，《多党合作的历史与优良传统研究》荣获农工中央理论文章评比二等奖。上报的40余篇社情民意信息中，《当前氢能产业发展"快而不优"现状需改观》《2.71亿"流动人口二代"面

黄玉军帮助嘎拉乡克村打水井、通水管，让村民们用上自来水 （区委统战部 供图）

临教育困境亟待关注》等25篇社情民意信息获省级以上录用，其中，《建议综合施策管住未成年人“第一口烟”》等2篇信息获农工党中央和全国政协录用。（农工党新吴区基层委员会）

【组织建设】 2023年，农工党新吴区基层委员会新发展6名党员，其中4名企业高级管理人员、2名卫生系统专业人员。基层委员会新创立“百草农情”专业品牌，为民服务“最后一公里”。农工党新吴区基层委员会“同心百草育苗菁菁”项目荣获2022年“同心博爱”优秀公益项目。组织开展“凝心铸魂强根基、团结奋进新征程”主题教育，赴“无锡梅园”廉政教育基地参观学习，了解荣氏家族的故事，体会荣氏家族甘于奉献的家国情怀。（农工党新吴区基层委员会）

【社会服务】 2023年，农工党新吴区基层委员会重点发挥界别优势，持续建设“讲师团”“医者心”“心服务”等社会服务品牌项目。综合第二支部党员进校园开展“生物医学工程创新经历分享”等知识讲座，以及“牙齿的构造”等健康科普讲座，“农工讲师进校园”累计开展30余次。开展“环境健康周”“健康服务行”“健康零距离”各类义诊、科普活动10余次，弘扬中医药优秀文化，服务群众过万人。党员黄玉军坚持19年往来“爱心之路”，从捐款捐物到联络销路，帮助西藏同胞从扶贫安家到扶智兴业，让农工之爱走进雪域高原。（农工党新吴区基层委员会）

中国致公党新吴区基层委员会

【概况】 2023年，中国致公党新吴区基层委员会（以下简称致公党新吴区基层委员会）下设6个支部，党员123人，平均年龄45岁。其中男性95人、女性28人，本科学历占90%以上，硕士以上学历占35.8%；归国留学人员占17.1%，有侨海关系党员占61.8%；担任省、市、区各级人大代表、政协委员的23人。新发展的7名优秀年轻党员平均年龄34岁。其中，4位“90后”、5位具有海归留学经历，2位具有博士学历并担任区政协委员。（致公党新吴区基层委员会）

【参政议政】 2023年，致公党新吴区基层委员会完成《鼓励民营企业加强自主创新的调研报告》《共建东南亚地区“一带一路”高质量发展的成果和建议》《推动氢能源产业高质量发展》《关于加强无障碍设施建设，促进共同富裕的建议》《科技创新型中小微企业发展中常见问题与风险规避》等调研报告6篇，完成《多地清退编外人员加剧国内就业市场风险，不确定不稳定因素亟待重视》《卫星通话“上机”亟待监管》《关于商业综合体外卖存在的问题及建议》等社情民意30余篇。党员糜锡青撰写的《关于妥善处理全市闲置方舱医院的建议》，获市主要领导批示。基层委员会中的省、市、区各级人大代表、政协委员，“两会”期间共提交议案建议提案30余件。《无锡高新区国际化产城融合现状和对策建设》被区政协评为“2022年度优秀调研成果”。（致公党新吴区基层委员会）

【组织建设】 2023年，致公党新吴区基层委员会党员走访无锡冠亚恒温制冷技术有限公司、高铭科维科技无锡有限公司、利为惠德无锡医疗科技有限公司、草津酒店等企业，组织党员赴连云港开展主题教育共建调研活动，开展“碳中和、碳达峰”座谈交流讨论，赴延安精神无锡学习天地开展思廉月主题教育，与民革新吴区二支部联合开展结对共建暨第二期“同心悦读”读书交流分享活动，与致公党太湖新城基层委员会联合开展进企业、兴调研、促共建调研活动，赴北京开展主题教育联学共建活动，与致公党大丰支部开展合作共建活动，与致公党锡山区支部交流互鉴、合作共建，开展联合组织生活；以“党建+统战”为主题，参加足球友谊赛、龙舟赛等多项比赛。致公党新吴区基层委员会获公党无锡市委会授予的2022年先进集体称号，三支部、五支部获致公党无锡市委会授予的2022年先进支部称号。被“无锡致公”“同心新吴”等公众号录用宣传稿件40余篇。

（致公党新吴区基层委员会）

【社会服务】 2023年，致公党新吴区基层委员会带领党员投入服务“8+8”挂钩结对工作，通过与区残联、爱满园儿童康复中心和叙康里社区合作共建，围绕残障人士、孤独症儿童、老旧社区等对象，打造“致美施善·有爱无碍”“致美施善·守护星辰”“致美施善·叙说康爱”三个系列品牌。在无锡隆玛科技股份有限公司专设残疾人劳动车间，帮助21名残疾人实现就业增收；在无锡欧凯人力资源服务有限公司开展免费培训5次，培训残疾人81人次；组建志愿者服务队1支，志愿者34名；举行“致美施善有爱无碍·追梦林”植树活动。连续六年与新吴区爱满园儿童康复中心结对合作，共同关爱帮助孤独症儿童，捐款捐物总价值逾3万元。开展“守护生命‘救’在身边”应急救护培训活动；组织“中西相映妙趣侨康”游园会，并启动红邻书房子品牌发布及“侨阅书香”捐赠仪式；开展“图识中外腾越古今——中外图腾奇趣站”活动，以文化传播助力“一带一路”建设。

（致公党新吴区基层委员会）

九三学社新吴区基层委员会

【概况】 九三学社新吴区基层委员会成立于2013年12月，下设3个支部，社员81人。其中，有高级职称13名，硕士学位以上22人；区政协委员11名、区人大代表4名，市人大代表1名。

（九三学社新吴区基层委员会）

【参政议政】 2023年，九三学社新吴区基层委员会共提交各类社情民意33篇。社情民意共有社中央录用1篇、社省委录用12篇；省政协录用1篇、市政协录用11篇；省委统战部录用1篇、市委统战部录用9篇。完成《“雁行机遇”下半导体产业创新发展的路径探索——以无锡市为例》《高端物联网传感器芯片研发与产业化》《科技赋能打造无锡市氢能源产业示范区》《大力推进无锡水生态修复绘就山水和谐美丽新画卷》等调研报告，其中《“雁行机遇”下半导体产业创新发展的路径探索——以无锡市为例》入选社省委参政议政调研课题。完成“科技领域新的社会阶层人士统战工作研究”“长三角区域科技城建设对无锡高新区太湖湾科创城发挥示范引领作用的启示”两个区委统战部牵头的市委统战部重点课题和区民主协商课题。1名市人大代表、1名市政协委员、11名区政协委员和4名区人大代表，完成政协提案7篇、人大建议1件。6名社员被区检察院、区法院、区市场监督管理局、区教育局聘为特约行风监督员，多次参与行风座谈、专题议政等活动，为特殊职能部门服务产业发展、服务基层百姓提供意见和建议。

（九三学社新吴区基层委员会）

【组织建设】 2023年，九三学社新吴区基层委员会从区政府部门、龙头企业、研究院所等多领域新吸收发展6名优秀人士，其中4人为高级工程师，5人具有硕士及以上学位，均在各自岗位中表现突出、素质过硬。新揭牌的新吴委员会“九三之家”，为宣传展示党派形象、社员代表履职建言等提供重要阵地支撑。邀请上海交通大学、复旦大学、同济大学、上海海洋大学基层委员会赴锡参加社地方组织成立70周年庆祝大会，并在新吴区开展参观座谈和社务交流活动。与区科技局、区市场监督管理局结对共建，开展检验检测需求调研、中国物联网新物种企业无锡创新合作交流会等活动。（九三学社新吴区基层委员会）

【社会服务】 2023年，九三学社新吴区基层委员会全新打造九三学社“心暖高新·关爱行动”社会服务品牌，持续开展社会公益活动。对接新安花苑三社区，乐助社工组织以及SK海力士，共同策划组织“同心惠民生——童沐阳光阅动心灵”活动；举办“同心惠民生——星暖高新筑爱无碍”助残活动；律师社员采用社区模拟法庭、现场法律咨询，走进企业普法宣传等方式持续为社区居民提供法律保障。九三学社新吴区基层委员会与陕西省延安市宜川县委统战部签订爱心助学合作协议，从2023年起连续四年资助新入学大学生，总资助额度达到8万元。新吴九三“同心游乐护童成长”项目获评2022年“同心博爱”优秀公益项目。 （九三学社新吴区基层委员会）

无锡市新吴区无党派知识分子联谊会

【概况】 2017年9月20日，无党派知识分子联谊会新吴区分会正式成立。2022年11月26日，由无锡市无党派知识分子联谊会无锡高新区（新吴区）分会正式更名为无锡市新吴区无党派知识分子联谊会，设会长、副会长、秘书长、副秘书长、理事会员以及荣誉理事单位（无锡康明斯涡轮增压技术有限公司），会员来自区政府机关、企事业单位、高职院校、优秀企业家等，有会员68名。

（无锡市新吴区无党派知识分子联谊会）

【参政议政】 2023年，无锡市新吴区无党派知识分子联谊会组成调研组，围绕构建高新区民营企业知识产权保护、优化营商环境等方面遴选课题，密集走访会员企业并广泛听取会员意见建议，确定“推动对民营企业知识产权全链条保护，助力我区打造最优营商环境”年度调研课题并完成调研报告。发挥新吴区无党派人士在人民政协中的主体作用，组织会员参与政治协商、民主监督、参政议政，在“两会”期间，充分调动会员参政议政热情，分别就电信网络诈骗的防治策略和打造区域文化场馆、优化文化资源配置等方面建言献策，为新吴区战略性新兴产业高质量发展提供有益建议。国家级网站公号录用信息3条(其中中共中央统战部官网1条)，省级网站公号录用信息1条，市级公众号录用信息5条(其中“无锡统战”微信公众号录用2条)，“同心新吴”微信公众号录用13条。

（无锡市新吴区无党派知识分子联谊会）

【组织建设】 2023年，无锡市新吴区无党派知识分子联谊会重点吸纳、发展14名政治觉悟高、专业技术好、在一定领域内有较大影响力的无党派人士加入。新入会的会员以“85后”、“90后”青年人员居多，既有来自区政府机关、事业单位业务骨干，也有来自民营企业、金融机构中高层管理人员。

（无锡市新吴区无党派知识分子联谊会）

【社会服务】 2023年，无锡市新吴区无党派知识分子联谊会重点打造“知联护新”品牌，联谊“专精特新”中小企业科技知识分子举办“知联护新聚力发展”新吴区党外知识分子助力专精特新企业知识产权保护专项行动，相关做法被中共中央统战部官网、新华网等国家级媒体宣传报道。由会长带队走访全国人大代表、芯片专家孙华芹、辖区专精特新企业代表，主动听取企业需求和行业专家意见建议；组织“知联护新”专家服务团赴辖区5家拟上市企业开展上门业务辅导，强化企业的知识产权保护能力和意识。邀请全国知识产权专家吴汉东教授作专题授课；知联会成员作知识产权法律保护、知识产权与人工智能等主题的讲座，助力企业精准防范化解知识产权风险。选派骨干会员参加区检察院“益心益行检润新吴”检察开放日活动，了解检察公益诉讼、生态修复、绿色低碳等经验做法。联合SK海力士幸福公益基金会、乐助社工事务所举办“知联碧水，守护自然家园”环保实践主题活动，带领鸿山街道青少年儿童在梁鸿国家湿地公园，开展生态环保实践主题活动，提高“知联会”面向基层、面向实际的社会公益组织实践基地的影响力和凝聚力。

（无锡市新吴区无党派知识分子联谊会）

新吴区工商业联合会

【概况】 2023年，新吴区工商联合会(以下简称区工商联)围绕强化政治建设提效、服务民企发展提标、推进商会改革提能等方面持续发力，获评全国“五好”县级工商联；所属梅村街道商会被评为全国“四好”商会，空港经开区商会被评为江苏省“四好”商会，旺庄街道商会书记项目被评为“优秀书记项目”，梅村街道商会商事调解工作接受最高法调研指导并获高度认可。

（崔海）

【思政引领】 2023年，区工商联加强法规政策宣讲，召开执委会及走访企业，宣传中共二十大精神，深入解读《中共中央国务院关于促进民营经济发展壮大的意见》，帮助企业坚定信心。丰富非公党建活动内涵，落实“红梅花香·锋彩商会”党建领航三年行动计划，旺庄街道商会书记项目获评第二批“优秀书记项目”，江溪街道商会入围第三批“锋彩商会”书记项目。挖掘郁伟民、严奇等3名企业家艰难创业史，在《中华工商时报》进行系列报道；联合区委统战部开展首届“民营企业雇主品牌秀”活动，组织民营企业家参与无锡广电集团“品牌影响力”评选。

（崔海）

【作用发挥】 2023年，区工商联致力政企沟通，依托工商联纳税人之家、体育之家、法律服务之家等联系机制，常态化开展与民营经济代表人士联谊交友，落实领导班子成员联系商会、企业家工作制度。召开主席(会长)扩大会和工商联二届二次、三次执委会，组织民营企业家与机关职能部门执委面对面交流，问需问计问效于企。与区检察院联合组织“知识产权专题讲座”，

8月30日，新吴区工商联—海东市互助县工商联工作交流会 （区工商联 供图）

组织参观市知识产权法庭，与宁波银行新区支行、华英证券签订战略合作协议。全国工商联副主席方光华调研副会长单位朗新科技，省工商联副主席李兰翔调研新吴区重点民营企业。走访基层商会、异地商会和行业协会16次，对不锈钢和光伏2个行业深入调研，4份专题报告被区主要领导批示转发。 （崔海）

【为企服务】 2023年，区工商联组织企业进行形式多样的学习培训。3月下旬、10月底，分别在南开大学和重庆大学举办“无锡高新区（新吴区）企业家核心领导力高层次研修班”；5月中旬，组织区内20余家重点民营企业赴广西开展高质量发展见学活动；7月底，组织10家重点企业赴连云港开展“南北挂钩”协作工作，将新生代企业家纳入民营经济代表人士数据库，实行动态管理；9月21日，新吴区青年企业家协会正式成立，并启动青年企业家“菁腾”成长计划；4月上旬和10中旬，先后组织以“践行二十大精神、促进高质量发展”“团结一心谋发展、扬帆奋进正当时”为主题的徒步活动。 （崔海）

【社会服务】 8月，区工商联带领部分民营企业家赴青海省海东市互助县和陕西省延安市宜川县开展“对口协作”，捐款捐物、开展产业合作。据不完全统计，累计向对口协作地区捐款近100万元、购买农副产品价值400余万元，先后为600多人次提供就业服务，展现无锡高新区民营企业家“富而有德、富而有爱”的良好形象。 （崔海）

新吴区总工会

【概况】 2023年，区总工会紧紧围绕区委和上级工会部署，从职工根本利益和实际需求出发，聚焦重点抓落实，深化改革求突破，推动实现工会品牌更亮、工会服务更强、工会改革更实。（王灵艳）

【建会入会工作】 2023年，区总工会推进25人以上企业、专精特新企业、社会组织等基层工会组建和发展会员工作，指导基层工会换届和调整，推进中小微企业、社会组织集中建会。新增企业建会30家，发展新会员4481人。（王灵艳）

【产业改革】 2023年，区总工会以"优化产改点、构建集群线、拓宽改革面"为目标，采取务实举措，推进产业改革工作。全年新增有特色的试点园区1个、试点企业40家，产业改革工作在全省起到示范引领作用。8月，中华全国总工会调研新吴区产业工人队伍建设改革工作，对微纳园实施的物联网园区产业集群产业改革工作给予充分肯定。山东省东营市和安丘市总工会、云南省总工会、天津经济技术开发区群团工作部等省、市相关部门到新吴区学习参观产业工人队伍建设改革工作。（王灵艳）

【劳动技能竞赛】 7月22日，区总工会、区人力资源和社会保障局在无锡科技职业学院联合举办新吴区职工物联网创新应用大赛。9月，新吴区选手参加2023年长三角（5+10）城市暨江苏省物联网工程技术人员技能竞赛无锡选拔赛，获得一等奖1名、二等奖2名、三等奖1名，并获得团体二等奖。10月，新吴区8名选手进入"第四届国家级新区经开区高新区班组长管理技能大赛"决赛。申报全市重点工程（项目）示范引领性劳动竞赛1个，全市重点企业示范引领性劳动竞赛8个。（王灵艳）

【科技创新】 2023年，区总工会组织引领职工深入开展技术革新、技术协作、发明创造、合理化建议和"五小"活动。推荐优秀成果申报市职工十大科技创新成果、十大先进操作法、十大发明专利以及市"五小"优秀案例。无锡小天鹅电器有限公司苗雨来等人完成的"滚筒洗衣机本色系列平台"荣获无锡市职工十大科技创新成果第一名。1项入选无锡市职工十大发明专利，3个案例获无锡市职工"五小"活动优秀项目。（王灵艳）

【选树劳模先进典型】 4月26日，新吴区召开"庆五一"表彰大会暨"四敢"职工谈主题活动。表彰全国五一劳动奖章1个、江苏省五一劳动奖状1个、江苏省工人先锋号3个、江苏省五一劳动奖章1个、江苏省五一劳动荣誉奖章1个、无锡市五一劳动奖状4个、无锡市工人先锋号8个、无锡市五一劳动奖章11个。推荐首届"无锡工匠"，入选无锡大工匠2个、无锡工匠3个。开展"新吴工匠"评选活动，共评选"新吴工匠"10个。表彰"新吴区平凡岗位不平凡职工"200名、"新吴区优秀外籍员工"27名。（王灵艳）

【基层工会建设】 2023年，区总工会持续加强基层工会建设，组织基层工会主席、工会工作者培训班，100名企事业工会干事参加培训；新招录2名社会化工会工作者。5家工会获评江苏省模范职工之家，3家工会获评江苏省模范职工小家，4人获评江苏省优秀工会工作者。11家企业工会获评无锡市模范职工之家，5家企业工会获评无锡市模范职工小家、15人获评无锡市优秀工会工作者。（王灵艳）

【"三新"课堂】 2023年,区总工会聚焦"新业态"职工,做好对新就业形态女职工的关爱工作。围绕"巾帼逐梦建功新吴"素质提升大讲堂,引入医疗、艺术等专家22名,开设"心"课堂、"薪"课堂、"馨"课堂三大主题课堂,开展各类课程近30场。建成"爱心母婴休息室"39个、康乃馨服务站40家。该项目获评无锡市工会特色项目、江苏省女职工康乃馨志愿服务项目。 (王灵艳)

【劳模工匠进校园】 区总工会开展"新时代新思想新宣讲"暨"劳模工匠进校园"系列活动。10月24日,区总工会联合区教育工会,在新安中学开展首场"劳模工匠进校园"主题宣讲活动,市劳模邹学军和师生分享了他的事迹以及感悟。 (王灵艳)

【"学习强会"行动】 为进一步推动全民阅读活动的开展,促进书香城市建设,11月23日,区总工会开展"学习强会"行动,在无锡市小娄巷历史文化街区的无锡樊登书店举行了一场主题为"中华文化:品味·变迁·象征"的图书分享会,50名新吴区基层工会职工共同感悟中华传统历史文化的深厚底蕴和时代价值。 (王灵艳)

【文体活动】 2023年,区总工会在职工中组织开展各类文体活动。开展第八届"书香新吴,智慧女性"女职工读书征文活动,评选出获奖文章11篇。6月,区总工会举办无锡市第十届青年职工歌手大赛暨"唱响新时代 奋进新征程"新吴区青年职工歌手大赛,共有29名选手参赛。10月,省总工会组织的一场主题为"中国梦·劳动美·幸福路——职工文艺轻骑兵走进新就业形态劳动者"文艺慰问活动在新吴区梅里古镇上演,区总工会、梅村街道总工会及职工群众代表200余人观看演出。 (王灵艳)

【职工权益维护】 2023年,区总工会开展普法宣传活动,发放宣传资料1000余份。为企业职工开设"美好生活·民法典相伴""协商在江苏·协商在无锡"两个主题的普法宣传讲座。以"深入贯彻党的二十大精神,积极维护劳动关系和谐稳定"为主题,区、街道两级共计对120家企业进行劳动法律监督检查,下发意见书36份,为企业进一步规范劳动用工提出相应的整改举措。开展"送清凉、送安全、送法律"夏季安康"三送"活动。区总工会领导走访慰问坚守高温一线的公安交通警察、环卫工人、新业态劳动者、建筑工地职工等,送上防暑降温物资86.67万元。围绕职工素质提升,组织开展全区职工安全隐患随手拍活动,共收到180余条信息。在微信公众号上开展安全生产知识有奖答题活动,共有12163人次参与。 (王灵艳)

【困难职工帮扶】 2023年,区总工会对职工实施精准帮扶,发放劳模"四金"81.15万元、向18名新吴区建档困难职工家庭发放补贴资金19.33万元。高温期间开展关爱困难职工送清凉行动,发放物资和补贴2.6万元。开展"关爱圆梦"工程,累计提供爱心岗位63个。开展线下春风行动系列活动,提供就业岗位400余个。 (王灵艳)

【业务骨干培训】 7月25—27日,区总工会举办新吴区基层工会主席及工会骨干培训班,各街道(园区)负责人、部分机关企事业单位工会骨干、社会化工会工作者等100余人参加本次培训。10月20日,区总工会举办工会干部劳动保护培训班,180余名工会干部参加培训。11月28—30日,无锡高新区党工委委员、新吴区委常委、总工会主席朱晓峰,新吴区总工会党组书记、副主席夏同军,街道(园区)工会、直属工会负责人,省、市、区级产业改革试点单位工会负责人,区产业改革联席会议相关人员共45人,赴徐州参加产业工人队伍建设改革培训班。 (王灵艳)

【关心关爱行动】 春节期间,区总工会开展稳岗留工关爱活动,发放"新春大礼包"300份、电影券300份、"暖春复工礼"蛋糕券300份;组织170名一线职工赴上海、常州天目湖、连云港东海青松岭、宜兴竹海、无锡太工疗养院疗休养;组织67组职工家庭参加苏州华谊兄弟电影世界、常州东方盐湖城2场亲子游;开设6个暑托班。高温期间,依托区职工服务中心打造清凉驿站,供困难职工等防暑纳凉。10月26日,环卫工人节、农民丰收节慰问职工。12月15日,区总工会联合区发展改革委、区农业农村局举办"东西共建共享美

12月14日,无锡高新区(新吴区)产业工人队伍建设改革联席会暨工作推进会 (区总工会 供图)

4月26日，新吴区“庆五一”表彰大会暨“四敢”职工谈主题活动 （区总工会 供图）

10月24日，新吴区总工会“劳模工匠进校园”主题宣讲活动 （区总工会 供图）

11月23日，新吴区总工会“学习强会”行动暨图书分享会 （区总工会 供图）

好——对口帮扶产品新吴区职工品鉴会”。（王灵艳）

【联谊系列活动】 2023年，区总工会联合团区委、区妇联举办“新吴有约 缘来是你”新吴区单身人才联谊交友活动。来自企业、机关、教育等60名单身职工共同开启寻找幸福和缘分的旅程。端午佳节，区总工会举办“新吴有缘·原来是你——与你一见‘粽’情”单身人才联谊交友活动，共60名单身职工参加活动。（王灵艳）

【基层调研】 6月28日，区总工会到电装天电子（无锡）有限公司和无锡物联网产业研究院专题调研工会工作；12月22日，区总工会主要领导带队赴省级产业改革试点单位——SK海力士半导体（中国）有限公司调研产业工人队伍建设改革工作。12月14日，区总工会主要领导率队赴企业和基层单位开展“四下基层”调研，实地了解产业工人队伍改革、慰问优秀妇女代表。（王灵艳）

共青团新吴区委员会

【概况】 2023年末，共青团新吴区委员会（以下简称团区委）共有团组织1886个，其中团委28个、团工委12个、团总支23个、团支部1823个。年内，新吴区各级团组织获评全国五四红旗团支部、全国青年文明号、全国青年安全生产示范岗、全国维护青少年权益岗、全国红领巾中队等称号。（查晓）

【思想引领】 2023年，团区委积极开展团员和青年主题教育，贯彻落实中共二十大和共青团十九大精神，举办“青春思想荟”“高新青年说”等主题宣讲30余场，用“青言青语”讲好党的创新理论，当好传递党政声音的“青春麦克风”。推进“1+6+N”青年之家体系建设，形成1个区级“旗舰店”示范引领、26个基层“直营店”多点开花的服务矩阵，长三角新就业产业园新兴领域青年之家、快递物流行业青年之家等阵地为产业青年赋能助力。打造“税阅思想汇”省级青年学习社、“走读梅里”文化探寻市级青年学习社线路，全年开展活动828场次，联系服务青年3.2万余人次。围绕“促进青少年心理健康”“建设青年发展型城市”等主题，开展共青团与人大代表、政协委员面对面活动，提升青年与共青团的亲密度、黏合度。邀请樊登到区做主题演讲，打造“新吴区青春阅享驿站”旗舰空间；挖掘“一门六院士”文化底蕴，与上海大学钱伟长学院共建“大中小学思政一体化实践基地”，提升青年文化内涵。（查晓）

【组织建设】 2023年，团区委用好智慧团建系统，完善团干部配备率，及时完善信息，完整度达100%。深化“青年之家”“青年学习社”阵地建设，召开区第二次团代会，吸纳生物医药、集成电路等领域的优秀青年骨干进入各级团的委员会，选聘科技职业学院学生团干部兼职村（社区）团干部。举办基层团干部培训班、

"青马工程"培训班,加强团干部教育培训。推荐成绩突出的团干部进入党政视野。围绕改革工作力量选用机制、组织设置动员机制、团员发展和教育管理机制、完善党的领导机制等,制定4个方面16项具体措施,推动共青团基层组织改革走深走实。探索"党建引领、园区带动、行业推动、服务牵动"的"两新"领域团组织建设路径,打造青年身边的共青团。　（查晓）

【江苏省青年发展型县域试点】 2023年,团区委以入选青年发展型县域省级试点为契机,实施青春品牌"出圈"行动、青年人才"奔涌"计划、团属阵地"倍增"战略。实施10大青年发展工程,建设8个青年发展型试点社区,打造梅里古镇、奥特莱斯等7个青年友好商圈,开展青春欢乐跑、草坪音乐节等青年喜闻乐见的社交活动,形成"24小时不打烊的都市青年生活圈"。相关经验做法在《中国青年报》《新华日报》等主流媒体宣传报道。成立全市首个县区级青年发展基金,打造"我为高质量发展加1℃"营商环境提升服务品牌,招募高校学子"高新青年推荐官",精准赋能青年发展;广泛开展"联青服务""百名团干进千企""共青团与人大代表、政协委员面对面"活动,聚焦青年诉求,改善服务路径,不断提升青年的幸福感获得感。　（段壹舒）

【关注少年儿童】 2023年,团区委持续推进"暖冬行动""圆梦行动""梦想改造+"关爱计划等专项服务,按照"月走访,季关爱"做好全区50名关爱对象的后续关爱服务。新增改造对象12家,于6月竣工验收;开展"'新'中有你,与爱'童'行"困境青少年心理帮扶项目;联合教育局组建50个"爱心暑托班",打造20个精品班,为孩子们提供课业辅导、心理课堂、户外拓展等"七彩"暑期课程;加快推进青少年心理健康护航行动,推出原创"吴"忧角——青少年"解忧树洞"专栏系列,从学校征集学生的烦恼和疑问,聘请专业心理咨询师担任"吴"忧导师,为青少年答疑解惑,覆盖人次达1500余人,营造青少年健康成长的良好环境。新吴区法院获评全国维护青少年权益岗,新吴区人民检察院"小敏姐姐"工作室获评"第21届全国青年文明号"。　（段壹舒）

【青年志愿服务】 2023年,团区委依托新吴区青年志愿者协会和青年突击队实施"新"志所向——青年志愿服务行动;举办"雷锋精神永相传　青春践行二十大"学雷锋志愿服务活动暨"新吴区青年志愿者礼遇计划"启动仪式,评选出2023年新吴区优秀青年志愿服务标兵10名、优秀志愿者70名,发布《新吴区青年志愿者关爱礼遇办法》,扩大青年志愿者在社会公益中的积极影响;启动2023年江苏省大学生志愿服务乡村振兴计划新吴区招募工作,扩大校地定向范围,与东南大学、南京航空航天大学、苏州大学、江南大学等多所知名重点高校开展合作,共招募12名青年志愿者到新吴开展志愿服务。　（段壹舒）

【青年"双创"建设】 2023年,团区委举办长三角城市青年对话暨青年社会组织"伙伴讲堂"沙龙活动,与泰州高港区达成"青春团建联盟",推动两地城区共建;联合无锡海关、地铁集团、无锡供电等单位共建"青春伙伴"联盟,创建锡港澳青年创新创业基地,探索与粤港澳大湾区融合发展,打造推出3W创客空间,辐射带动区内重点科技产业园区,举办多类型文化交流活动,为锡港澳三地青年提供全方位服务;聚焦青年需求,实施"你点单我服务"青春互助计划,打造一见倾"新"青年人才服务品牌,年内开展交友联谊活动10次,服务单身人才近千人次,为适龄单身青年搭建敞开心扉、展现自我的平台;推荐2项新兴领域青年优秀作品参与江苏省青年文化艺术节暨第三届苏州青年艺术节展。　（段壹舒）

2月15日,中国共产主义青年团无锡市新吴区第二次代表大会　（区融媒体　供图）

5月4日,新吴区青年发展基金成立　（团区委　供图）

7月，新吴区"新 π"机关青年社团联盟授旗仪式（团区委 供图）

10月31日，新吴区、江南大学交流参访活动暨江南大学博士实践基地揭牌仪式（团区委 供图）

【服务青年人才】 2023年，团区委成立全市首个县区级青年发展基金，精准服务青年发展。依托地缘、业缘、趣缘、益缘、学缘等机理，建设活动型青年社团，重点打造六大"新 π"青年社团联盟及网络社群，通过精选活动主阵地、安排专人日常管理、开展常态化运营服务，提升网络社群黏合度，服务青年2万余人次。打造青年人才驿站"Home+"，为到高新区就业创业的青年提供免费住宿、政策辅导、岗位推介等服务，累计入住青年180余人、留锡率近70%。用好江南大学博士实践基地等强化产学研协同创新，推动产业人才实训学院建设，为高新区发展和青年人才引进注入源头活水。（段壹舒）

【服务企业发展】 2023年，团区委组织走访看望多位科技型青年人才，通过面对面交流，深入了解企业发展需求、生产经营业务、安全生产等方面情况。结合"青年安全监督岗"创建，开展新吴区青年安全生产示范岗"四互"活动，邀请12家创建单位代表赴华虹半导体（无锡）有限公司、无锡村田电子有限公司实地交流，互学互访。中国东方航空江苏有限公司无锡分公司地服部"青丽"青年班组获评全国青年安全生产示范岗，中国物流集团有限公司中储发展股份有限公司无锡物流中心运营服务团队获"第21届全国青年文明号"。（查晓）

【新吴区数字经济行业团工委】 12月22日，无锡市首个数字经济行业团工委成立仪式暨青年科技成果直通车活动在太湖湾科创城举行。新吴区数字经济产业发展"乘'数'而上、筑梦青春"行动启动。新吴区数字经济行业团工委由8个企业团支部组成，发布六大服务项目，探索以"产业园区＋实训基地＋标杆企业＋党群团资源"的模式，全面开启数字经济青春聚能系列行动，服务青年所需，激发行业活力，构建"产业＋青年"协同发展的友好生态系统。活动现场，新吴区数字经济行业团工委与复旦大学无锡研究院团委共同签订"青智创'新'"框架协议；新吴区数字经济行业团工委、新吴区青年法官研究会与新吴区泰吴法学社结对共建"青春伙伴"行业联盟。（团区委）

新吴区妇女联合会

【概况】 2023年，新吴区妇女联合会（以下简称区妇联）抓好政治引领，聚焦组织建设，坚持多方联动，创新维权手段，引领创业创新创优，使妇女儿童工作在巾帼建功、家庭建设、维权服务、妇联改革、儿童友好城市建设等方面不断得到提升。区妇联被评为江苏省妇联系统先进集体。（吴瑛）

【思想政治建设】 2023年，区妇联持续开展"强国复兴有我""巾帼心向党 奋进新征程"系列群众性主题宣传教育活动。开展共读《习近平走进百姓家》线上学习专栏和《我家的喜讯捎给总书记》征文活动，用党的创新理论教育妇女，用党领导妇女奋斗重大成就凝聚妇女。发动参与省、市女性融媒体创意大赛，共征集作品87部。组织开展"争做巾帼好网民"主题活动和巾帼宣讲赛课活动，征集推选一批巾帼宣讲员，传播正能量、弘扬主旋律，推动助力巾帼网评网宣队伍建设，为妇联发言发声。（吴瑛）

【先进典型选树】 2023年，区妇联组织开展新吴区三八红旗手（集体）推荐，选树典型榜样30名、先进集体20个。6个基层妇联组织获得"无锡市优秀基层妇联组织"称号、6名妇联干部获得"无锡市最美基层妇联干部"称号、3个执委项目被评为"无锡市优秀妇联执委项目"。（吴瑛）

12 月 7—9 日，区妇联在深圳参加全国首届儿童友好博览会　　（区妇联　供图）

【妇联组织建设】 2023 年，区妇联推荐 4 名优秀代表出席江苏省妇女第十四次代表大会，推荐 30 名优秀代表出席无锡市妇女第十七次代表大会。指导江溪街道成立江溪城市服务有限公司妇联，指导律师行业、会计事务所等新领域建妇联，充分调动新业态新就业群体女性积极性创造性，团结和凝聚她们更好地立足岗位、建功立业。选派 6 人参加市妇联“锡蕙”青干赋能培训，打造一支“坐下能想、提笔能写、张口能说、遇事能谋、干事能成”的年轻态、复合型基层妇联干部队伍。加强女性社会组织建设，指导社会组织年检、评级工作，“小红花”妇儿关爱服务中心和“恩乐家”家庭幸福促进中心 2 家社会组织分别申请 AAA 和 AA 级评级。推选 6 个优秀项目参加无锡市妇女微家参与社会治理创新项目成果大赛；提供 4 个特色微家绘入市妇联微家家长会上的微家地图；选派 4 名微家主人和微家指导员参加全市妇女微家互学互访活动。　（吴瑛）

【家庭教育指导】 2023 年，区妇联成立新吴区家庭教育工作领导小组，在 6 个街道设立家庭教育指导站，整合家庭教育指导师、心理咨询师等多方面的资源，为新吴区特殊困难家庭及新安街道辖区内居民家庭提供全方位的家庭教育支持服务。通过对全区涉案罪错未成年人、特殊困难儿童、离异家庭未成年子女及其家庭开展心理援助和家庭教育指导个案服务、走访了解 0 ~ 3 岁婴幼儿家庭的心理哺育状态、“家、校、社”三方联动入户走访学生家庭、开设家庭教育指导公益课程等，引导其家庭改善教育方式，提升家庭教育的技巧与能力，营造未成年人成长的健康氛围。全年开展活动 31 次，服务覆盖 376 人次。在村田新能源（无锡）有限公司建立全市首个外企“家长学校”。推进社区全域、父母全程、家庭全类型的“三全”社区家庭教育支持行动试点工作，10 个“三全”试点社区累计开展各类家庭教育、亲子活动等 265 场，服务约 8500 人次。开展“家教伴成长　协同育新人”家庭教育宣传周活动，实施“爱在新吴，益起守护”家庭教育指导项目，组建 15 人家庭教育志愿者团队；打造“爱 + 幸福云课堂”家庭教育学习平台，录制亲子教育视频 3 个。持续开展家庭文明建设活动，年内，获评省最美书香家庭 1 户，市级教子有方家庭 2 户。　（吴瑛）

【妇女儿童维权】 2023 年，区妇联联合区司法局举办“三八”妇女维权周宣传活动，共开展活动 49 场次，发放宣传资料 11763 份，接受法律咨询和服务的人数 2411 人次。连续 4 年开展“新吴嫁校”公益项目，项目实施以来，开设公益课程 1613 节，受益约 7 万人次。在全国首创新婚家庭成长“公益陪跑”3 年服务模式；在旺庄人民法庭建立无锡首个家事纠纷多元化解平台——“大玫工作室”暨“妇女儿童维权工作站”；围绕《中华人民共和国反家庭暴力法》和《江苏省反家庭暴力条例》，举办女性专题普法活动 35 场次，发放普法宣传资料书籍 5600 份（册）。实施“我助妇儿康”心理健康援助项目，依托“点亮心灯”心理援助平台，对区内有心理援助需求的女性和 18 岁以下儿童提供心理咨询、心理疏导与干预和心理援助个案的服务。编制《新吴区 7~14 周岁青少年儿童心理健康调研报告》。（吴瑛）

【创业创新创优】 2023 年，区妇联为新吴区科技促进中心申获市级巾帼科技创新示范基地，为时代天使和航征科技申获市级巾帼科技创新工作室。联合东庄电力电子科技园出台全省首个民营科技园区支持女科技工作者政策举措；开展女大学生领航行动，配合市妇联开展“锡蕙启心”女大学生创业导航校园行走进无锡科技职业学院活动。新吴区女企业家联谊会举办“聚力前行迎春共赢”跨年年会和女企业家公益直播间等主题活动，并开展税法知识培训，为女企业家会员发展经济赋能助力。连续 5 年发起“点亮计划”，女企业家与青海省海东市互助县品学兼优的困难家庭女学生结对助学，年内，35 名女企业家捐款 7 万元；与无锡农商银行新吴分行携手共建妇女创业“加油站”。定期组织自主创业女性开展妇女双创公益培训，设立 1 个乡村妇女儿童关爱网点；开展乡村振兴公益活动，宣讲乡村妇女权益保护、农村家庭移风易俗等知识；无锡农商银行为特定人群提供“乡村振兴巾帼贷”和“巾帼创业贷”产品，宣扬女性创业典范，开展“巾帼建功展风采”主题活动，国税分局税源管理一科获评“全国巾帼文明岗”称号。　（吴瑛）

6月1日，区妇联在大溪港湿地公园承办无锡市建设儿童友好城市主题宣传月活动　（区妇联　供图）

5月27日，中国科协到锡考察离岸基地申报工作　（区科协　供图）

【儿童友好城市建设】 2023年，新吴区成立儿童友好城市工作领导小组，由区长担任领导小组组长，区发展改革委、妇联、教育局等33个部门成员单位；推动区慈善总会、第三方社会组织将生命教育课堂落地在公园、校园；面向辖区企业党员职工子女组织“先锋预备队夏令营”；联合无锡民族乐团开展国风动画视听音乐会。引入苏州大学、无锡科技职业学院等智库力量参与儿童友好城市建设，开展线下访谈20余人次，发放并收集有效问卷376份；召开新吴区儿童友好工作交流座谈会；编制《新吴区儿童友好社区建设调研报告》和《新吴区儿童友好社区创建指导方案》。建成无锡市首家儿童友好公园——大溪港湖湾儿童友好PARK，于“六一”国际儿童节举办主题游园会暨无锡市建设国家儿童友好城市主题宣传月启动仪式；建成新安街道观湖社区、旺庄街道尚泽社区等5个市级试点社区。推动无锡百联奥特莱斯商圈、新吴人民法院旺庄法庭、梅里古镇街区、东塘街村等企事业单位启动建设儿童友好商圈、法庭、街区、农场；在城市景观空间营造和“口袋公园”建设中融入儿童友好元素。实施“共创新吴，童享未来”儿童友好项目，为儿童打造参与公共事务、接触社会的“第二课堂”。　（吴瑛）

【大溪港湖湾儿童友好PARK】 3月8日，大溪港湖湾儿童友好PARK开园。大溪港湖湾儿童友好PARK是区妇联与新安街道联手，在大溪港湿地公园硬件提升的基础上，以“儿童视角”为抓手，遵循“儿童友好＋生态”的创设主线，结合太湖水源地、渔文化、湿地珍稀鸟类保护等“生态配套”进行环创增设和适儿化改造，以阳光草坪、儿童娱乐、丛林探险作为主要特色娱乐空间，为广大少年儿童构建的一个集自然科普、全龄游乐、亲子休闲于一体的自然教育课外实践基地。区慈善总会与三杯茶社会发展服务中心共同研发的生命教育课程落地湖湾儿童友好PARK。　（吴瑛）

新吴区科学技术协会

【概况】 2023年，新吴区科学技术协会（以下简称区科协）团结引领广大科技工作者当好高水平科技自立自强排头兵，开展引才援企惠民服务，聚焦赋能人才科技产业、全民科普事业的新路径，不断推进科协工作创新发展，通过“海智计划”创优，探索科普基地高发展，培养青少年创新思维，展现社会服务新成效，开展同行业务实合作，完成人才引育、企业服务、科学教育、社区科普、乡村振兴等各项工作任务。　（王珏）

【科技服务】 2023年，区科协积极做好科技服务工作，为科技企业办实事、解难事，为企业发展营造良好营商环境。先后赴市专精特新“小巨人”企业江苏腾旋科技股份有限公司现场办公，听取企业关于产品研发、设备制造、人才队伍建设等发展情况，并就为科技创新赋能、为企业发展服务等方面进行深入交流。走访慰问威孚集团、祥生医疗、广电计量等优秀企业家和尖端科技人才，看望基层科技工作者代表，听取在科技工作和人才培养等方面的意见建议。前往万洪电子、宏丰奥凯和天创佳成等中小会员企业，传递党和政府对企业经营发展的关心关爱，提供科研、生产、营销等企业运行咨询建议。点对点对接科创园企业需求，整合科创助企中心及成员单位联动力量，提升创新服务效能。深入央视国际网络无锡有限公司交流协作，采用“新媒体＋”的合作模式为人才、企业和产业助力，推动科协工作在新媒体信息安全风险管控领域和科普数智传播的创新发展。　（王珏）

9月19日，2023年新吴区"全国科普日"主场活动启动仪式在新吴实验小学举行　（区科协　供图）

【学术交流】 2023年，区科协研讨行业发展趋势热点，举行高新技术企业申报专题培训，召开国家级专精特新"小巨人"企业申报政策解读会，开展WXIoT"i-Training"知识产权人才培育辅导。组织召开物联网企业本地化配套工作座谈会，推动实现本地化配套，促进大中小微企业融通发展。举办HCDG城市行"云锡互联，融通创新"无锡物联网企业家创新思享会，深入探讨物联网产业的高质量发展路径、企业数字化创新平台搭建以及实现数字化转型等热点问题。为老科协发展提供必要保障，积极发挥老科技工作者作用创造条件，为广大科技中小企业解决困难做好帮扶。（王珏）

【科普基地与活动】 2023年，区科协推动阿斯利康健康物联网商业创新中心、安利（中国）植物研发中心、无锡泛太科技等科普资源共建共享。通过广泛调研，从定位与价值、功能与服务、规划与设计等方面编制太湖湾地质博物馆（暂定名）概念性方案。研究无锡科技馆项目承接可行性，对场馆建设、展馆运营、商业（资金）平衡方案，做到通盘筹划、一体推进，聚焦科产城融合，实现区域错位发展，最大限度提升科技公共服务能力。全方位多层次开展科普活动，创新科普方式，提升科普水平。打造新光社区"家门口的科学社"项目；举办"逐梦科技慧'新'一夏"人工智能科普夏令营；组织硕放实验小学"悦航"工程科创节活动；参观江苏铁鑫能源科技"五恒系统"科普学习活动，倡导推行清洁、绿色、智能家居新设备；到江苏集萃适老科技研究所参观交流，致力将健康文娱、健康日用品、健康养生等项目整合到社区试点，共同开发适老产品，打造一站式健康生活管理平台。以"三联三强基"增强基层服务功能，下沉江溪街道塘南社区，开展"科普进社区、惠民暖人心"科学普及志愿服务工作。举行"延安有我一棵苹果树"认领认养帮扶活动签约仪式，发起"千名党员万棵树，百家企业帮万户"倡议，推动乡村振兴创新实践。（王珏）

【科普宣传教育】 2023年，区科协以科普促科创、以科创带科普，举办"全国科技活动周""全国科普日"主场活动。探索校地合作"组织联网、阵地联建、党员联动、活动联谊、实事联办"五联机制。无锡机电高等职业技术学校"一种简易的自动刷油印章机"获得第三十四届江苏省青少年科技创新大赛中学组一等奖。（王珏）

【服务科创产业园区】 2023年，区科协会同江苏省科协学会服务中心指导"科创中国"（无锡）科技服务工作站建设运营，提升鸿山科创园等园区的科创服务能力。举办苏创联名院名所智能制造成果转化与投资论坛，开设主旨报告、项目路演、圆桌论坛，探讨前沿技术转化路径，推进"国家智能制造先行区"建设。区政府、无锡市科协与苏创联三方就建设苏创联智能制造新吴国际人才科创中心签署战略合作协议。东南大学为鸿山科创园挂牌"校外实习实训基地"。（王珏）

【国家离岸基地建设】 2023年，区科协做好国家离岸基地建设工作，对上借助中国科协人才资源和科创优势，对内探索招才引智新方式。赴南京江北新区海外人才离岸创新创业基地参观考察，学习了解规划建设、运行管理、组织保障等工作的先进经验和做法。按照"创新链产业链'互促'、市区两级资源'叠加'、人才离岸服务'双向'"的思路，建立"基地载体＋科创团体＋市场主体""政府带动＋资源互动＋成果促动"的离岸运营模式，完善编制国家海外人才离岸创新创业基地（无锡国家高新技术产业开发区）建设《项目可行性研究报告》《实施方案》。加强对上争取请示汇报，得到上级条线部门充分肯定，并先后出具市、省政府《基地创建支持函》。以"产业高新、研发高新、海智高新、创业高新"四方面全方位展示区人才工作现实条件与比较优势，精心制作基地创建答辩评审宣传片，得到省、市科协高度认可。11月15日，基地申报认定视频评审会上，全面介绍国家海外人才离岸创新创业基地项目创建工作情况，取得了与会专家"零问题"的优异成绩。（王珏）

【"海智计划"建设】 2023年，江苏极熵物联科技总经理孙东来、至讯创新科技董事长汤强、无锡士康通讯总经理施钟鸣入选"海智计划"特聘专家，囊括无锡全市聘任专家名单。在2023中国无锡"太湖杯"国际精英创新创业大赛中，区科协征集甄选海智项目137

个、进入复赛23个、入围尽职调查11个、进入决赛7个。总决赛中，获二等奖1个、三等奖5个，占全区总数三分之二、全市总数三分之一。完成国家级海外引才计划项目5个，其中3个经省级审查报国家部委，分属新一代信息技术、生物医药、先进制造等领域。（王珏）

【业务合作交流】 2023年，区科协加强同行业务实合作，与陕西省延安市宜川县科协签署两地合作协议，开展不定期的互访、交流、考察等活动，建立两地科技工作者之间信息互通、资源共享机制。河北省保定市科协到无锡高新区考察"科创中国"试点建设工作情况，携手合作共赢。推进产教融合项目合作，会同高新人才集团就借助无锡新大陆建设有限公司等行业龙头的教育、科技、人才资源优势，重点洽谈数字化人才培养、产业人才基地共建、产教融合实训等，探索多主体产教协同育人新模式，促进人才链、教育链、产业链、创新链的深度融合，培养大批未来科技领军人才和高素质创新创业人才。（王珏）

新吴区残疾人联合会

【概况】 2023年，新吴区残疾人联合会（以下简称区残联）围绕中心、服务大局，大兴调查研究，狠抓安全生产，完成了市、区年度目标及重点工作任务，残疾人权益得到充分保障，福祉得到全面增进，各项残疾人工作取得显著成效。至年末，新吴区持证残疾人6437人，其中视力残疾511人、听力残疾606人、言语残疾40人、肢体残疾2983人、智力残疾1177人、精神残疾879人、多重残疾241人。（陈锡财、王哲）

【党建引领同心助残】 2023年，区残联扎实推进主题教育，大兴调查研究之风，通过党建"双百"活动（走访调研一百家残疾人用工企业、一百户残疾人家庭），将调研成果转化为惠民实事。为民办实事和调查研究成果转化相关经验做法先后3次在区主题教育简报上刊登。常态化组织党员干部下沉旺庄街道长欣公寓社区开展"三联三强基"工程（组织联动强基层治理、资源联享强基层发展、力量联配强基层队伍），在盲人集中居住楼院（长欣大厦2号楼）铺设盲道、安装扶手，增设便民服务角，合力打造"共建楼道"助盲就业项目。成立志愿助残联盟党总支，组建"爱新吴限"残疾人志愿服务队，120余名残疾人参与志愿服务。常态化开展企业公益助残活动，支持物资价值近15万元。（陈锡财、王哲）

【残疾人民生保障】 2023年，区残联为1050名残疾人免费体检，为50名有需求的残疾人适配电动轮椅，为40户残疾人家庭提供无障碍改造。与陕西省延安市宜川县、青海省海东市互助县、新疆维吾尔自治区克孜勒苏柯尔克孜自治州阿合奇县残联开展对口交流与合作，分别给予8万元专项经费支持助残项目。（陈锡财、王哲）

【残疾人权益保障】 2023年，区残联与区司法局联动，共建区街残疾人法律援助站点，"残疾人之家"律师联系制度全覆盖。组织5场"送法进社区"普法活动，建立"接诉即办"区街快速响应机制，全年无损害残疾人权益极端事件发生。（陈锡财、王哲）

【残疾人康复服务】 2023年，新吴区残联推进机构康复、社区康复、家庭康复"三位一体"，残疾人精准康复服务覆盖率达100%。为15周岁及以上有需求的残疾人提供肢体康复、智力康复、精神康复、中医康复、康复护理和康复推拿六大类居家康养服务，累计服务810余人2万余次，服务对象综合满意度保持在98%以上。（陈锡财、王哲）

【残疾人就业辅导服务】 2023年，新吴区就业年龄段残疾人就业率保持在75%以上，为全市第一。区残联为全区16个"残疾人之家"235名残疾人不断档提供手工劳动产品，为130名残疾人提供职业技能培训，其中15人取得相应资格证书。（陈锡财、王哲）

【丰富残疾人精神文化生活】 2022年，区残联组织残疾人文体活动280场次，为60名残疾人提供文体类培训，其中15人考取相应资格证书。组织残疾人文艺会演7场，完成100户"康复器材进家庭"。坐式排球运动员唐雪梅在2023年亚洲坐式排球锦标赛上荣获"最佳主攻手"称号。（陈锡财、王哲）

【创新创优项目获表彰】 2023年，区残联"建立残疾人就业辅导员队伍"获评"全省残联系统2023年度创新创优项目"及"全市残联系统2023年度创新创优项目"。（陈锡财、王哲）

新吴区红十字会

【红十字应急救援】 2023年，区红十字会加强与应急管理部门的联动，积极参与区应急局主办的"防范灾害风险护航高质量发展"主题宣传活动及安全生产月专题活动。完善区赈济救援队组织架构，开展应急救护、帐篷搭建、物资发放、水上救援等相关培训和演练，组织救援队赴新昌县交流学习，合作演练户外溜索和下降两项基础搜救技术。发挥区红十字赈济救援队党员先锋模范作用，建立救援队与博爱家园结队互助制度，主动把救援队各项活动融入到党建工作中，累计开展志愿服务活动60余场次，服务时长300余小时。（吴君）

【红十字应急救护】 2023年，区红十字会加强与区民政卫健局、教育局、应急管理局、消防大队等部门协作，开展“关爱生命救在身边”行动，提升救护培训实效。联合区级机关工委举办区级机关CPR+AED取证培训，提高全民自救互救能力。做好救护技能进企业工作，为无锡华润上华科技有限公司、无锡阿尔卑斯电子有限公司、通用电气医疗系统（中国）有限公司等15家重点企业开展救护员取证培训520人。以应急救护培训进社区、进家庭为重点，持续开展“博爱新吴救在身边”救护志愿项目。实施“博爱泳安”公益项目，联合区教育局、工会、社工协会在学校、暑托班、社区开展防溺水等安全培训12场次。优化充实救护培训师资力量，推选优秀教师、志愿者参与省师资培训，举办全区红十字救护培训师资应急救护技能研修班，推进救护培训课件标准化，提升救护培训质量。加强应急救护培训基地建设和规范化管理，推动基地常态化开放，全年举办救护员、CPR+AED培训30余场。超额完成应急救护培训“五进”工程，完成持证培训2626人、普及培训8768人次。（吴君）

【“三献”工作】 2023年，区红十字会以宣传普及为抓手，坚持“先宣教、后招募”的原则，做好造血干细胞捐献、无偿献血和人体器官捐献（“三献”）宣传工作。举办“三献”工作业务培训班，为街道、社区的100余名红十字工作者、志愿者普及业务知识，增强做好“三献”工作的主动性积极性。联合无锡（国家）软件园办公室开展迎“七一”无偿献血、造血干细胞捐献集中宣传及采样活动，组织无偿献血队赴街道开展服务宣传5场次。（吴君）

【筹资能力提升】 2023年，区红十字会广泛动员人道资源和社会各界力量，全年共募集款物1098万元，位居全市前列，国联证券被总会授予“中国红十字奉献奖”。走访爱心企业和爱心人士，动员两家企业加入锡红公益联盟，做好国联专项基金的服务督导工作，引导、支持有意愿有能力的企业、社会组织和个人参与人道公益事业。探索人道资源动员新途径，坚持早策划、早部署、早发动，以“博爱+”为主线，推动“锡心守护救在新吴”公益项目参与“5·8人道公益日”“99公益日”等网络众筹活动，捐赠规模、社会热度持续走高，被省红十字会评为“优秀组织奖”。（吴君）

【品牌项目打造】 2023年，区红十字会持续抓好“人道万人捐”“博爱送万家”“博爱送健康”等传统项目，结合新吴实际，联合区妇联、农业银行、村田新能源（无锡）有限公司等单位，精心打造“幸福引领”“一元助残”“充电关爱”等救助品牌，以项目化救助吸引“项目筹资”，推动人道动员多元化、品牌化。（吴君）

【人道救助实施】 2023年，区红十字会落实《无锡市红十字会人道救助实施办法》，聚焦“一老一幼”重点困难群体，实施物资帮扶、大病资助、灾害救助和心理关爱四大行动。常态化开展“博爱送万家”慰问活动，元旦、春节等节日期间投入60万元款物，走访困难家庭、慰问医务人员、温暖残疾群众共1200余人；发动爱心人士和企业在“六一”定向救助关爱自闭儿童、困难残疾儿童；“七一”前夕走访慰问60名志愿服务队骨干志愿者和社区党员代表；以博爱家园社区为平台建立重点人员名单，联合社区开展“九九重阳节，浓浓敬老情”走访慰问活动。（吴君）

【基层组织建设】 2023年，区红十字会认真学习贯彻市红十字会十届六次理事会会议精神和《江苏省红十字会条例》，召开第二次会员代表大会，总结红十字会成立以来的主要工作，明确未来五年工作任务和举措，通报表彰2018—2022年度新吴区优秀红十字基层组织、红十字工作者和志愿者，选举产生新一届理事会和监事会。推进红十字基层组织向园区、医院和“两新”阶层拓展，新增5家红十字基层组织。（吴君）

【红十字“博爱家园”建设】 2023年，区红十字会结合博爱家园星级管理评定，推动“质量建园”工程深入实施，累计建成博爱家园11个，打造具有较强红十字辨识度的人道服务品牌3个，推进健康服务、帮困解难、养老照护等服务事项下沉村（社区），全年开展活动150余场，受益群众1.1万人次，获评“省优秀博爱家园”1个。（吴君）

【学校红十字会工作】 2023年，区红十字会加强学校组织建设和阵地建设，指导新吴实验中学创建省红十字示范学校，推动新城中学生命健康安全体验馆提档升级，发挥红十字示范校、生命健康安全体验教室的作用，开展生命安全教育及救护师资、救护员培训，提高师生应急救护和防灾避险能力。联合区教育局制定中小学红十字工作要点，利用“5·8”世界红

十字日等时间节点，集中举行新会员入会仪式和红十字知识宣传，实施红十字青少年项目，关爱青少年生命安全和心理健康。（吴君）

【红十字志愿服务】 2023年，区红十字会广泛宣传全国红十字志愿服务先进典型宋乐的事迹，发挥典型示范引领作用。依托党建带群建，主动将红十字志愿服务融入精神文明建设、志愿服务工作部署。做优做好红十字"养老照护""博爱送健康"志愿服务项目。组织红十字养老照护志愿服务队开展养老照护讲座及志愿服务16场次，累计向300余名困难、空巢、独居老人提供志愿服务；组织街道社区卫生服务中心在社区开展"博爱送健康"活动10场次，受益1500余人。（吴君）

【对口协作】 2023年，区红十字会以陕西省延安市宜川县、青海省海东市互助县等新吴区东西部协作城市的社会发展为切入点，因地制宜开展协作项目，丰富红十字服务内容。与宜川红十字会签订《对口帮扶与合作协议》，结合两地实际及优势，携手推进"三救三献"等核心业务方面的合作，推动阿斯利康制药有限公司出资10余万元援建宜川景区救护站。联合无锡高新区企业党委、女企业家协会开展对口援助项目，帮扶资金37万元。（吴君）

关心下一代工作

【概况】 2023年，新吴区关心下一代工作委员会（以下简称区关工委）认真贯彻中办、国办《关于加强新时代关心下一代工作委员会工作的意见》和省、市《实施意见》，紧扣立德树人根本任务，实施党建带关建高质量发展"六提"行动，连续两年被《中国火炬》评为"宣传工作先进单位"。《对深入开展主题教育

3月28日，市、区关工委领导和梅村街道关工委、梅村实验小学学生共同参观新四军江抗东进纪念馆，新吴区首个传承红色基因青少年教育基地揭牌

（区关工委　供图）

6月1日，新吴区中小学校园"反诈童行　你我同心"活动启动仪式

（区关工委　供图）

推进"网上关工委"建设的实践与思考》和《关于外资企业关工委以党建引领高质量发展的实践与思考》两篇调研报告分别获全市关工委调研成果一等奖和二等奖，旺庄街道嘉城社区关工委制作的《追寻工匠精神，探寻劳动者之光》获全省校外教育辅导站优秀活动视频二等奖和市特等奖。在国家、省、市级新闻媒体和关工委自办媒体的年度用稿率再创新高，获全市关心下一代宣传报道工作一等奖。（谷磊）

【组织建设】 8月22日，无锡高新区综合保税区管理局关工委成立，区直属单位关工委数量增加到9个。全区民营企业关工委总数在原有251家的基础上增加了20%，达到300家，实现了有党组织的外企民企关工委组织全覆盖。街道工业园区关工委完善组织架构，全区6个街道全部在新社会组织中建立（联合）关工委，在已建立206家外资企业关工委的基础上，新建13家外企关工委，协调在综保区成立8家关工委，总数达到227家。（谷磊）

【交流研讨】 2023年，新吴区企业关工委联盟举办联合区法院、图书馆、社工协会等单位，开展"新吴先锋预备队夏令营"、"从心启航共成长"父母课堂、"红领巾法学院"模拟法庭等活动52场。无锡高新区企业"五老"宣讲团开展"红色家风代代相传""探索百年大党的制胜之道""以人为本式管理"等20多场宣讲活动，受众青年员工达2600多人次。18名党建指导员组成的关工委工作指导团经过业务培训，常态化履行指导企业关工委活动、推动企业关工委制度落实等职责。（谷磊）

【普法宣传】 "六一"国际儿童节前夕，新吴公安分局、区检察院、法院关工委联合区教育系统关工委，在新吴实验中学共建区青少年法治教育基地，融入法

治与教育特征元素，有针对性地向青少年群体宣传法律知识。新吴公安分局关工委联合区法院关工委举办“反诈童行　你我同心”主题活动，区检察院关工委深化“法治副校长”长效机制，区内33所中小学法治副校长全覆盖，开展法治教育活动43场，受众人数超2万人次。（谷磊）

【主题教育宣讲】 区关工委依托区关工委微信公众号开通微信视频号，发布主题教育成果巡礼，展示主题教育活动中涌现的典型风采，形成新中国第一代潜艇兵吕中南、“红三代”家风传承人吴烈云等主讲人的将近20部反映关工委主题教育宣讲活动的精彩片段集锦，推送至线上供青少年和“五老”收看学习。《你好，中国式现代化》《一心紧跟共产党，一片丹心家国情》《听党话跟党走做一个爱国爱家爱学习的好孩子》《山河脊梁时代担当》4篇讲稿获评全市“老少心向党、奋斗新征程”主题教育“五老”优秀讲稿，其中1篇入册市关工委优秀讲稿选编；梅村街道关工委《我的梦，驶向海洋》获全市老少同台演讲比赛二等奖；南丰小学柏雨妍《家乡的昨天今天明天》等5篇主题征文在全市获奖。全年共举办线上线下主题教育实践活动400多场，参与青少年超2万人次。成立全市首家传承红色基因工程学校，首场宣讲设置了《中国共产党党史》《周恩来家风家教》《铁血军魂、国之基石》等课程，培训青少年300余人，无锡教育电视台、高新区融媒体中心第一时间报道。（谷磊）

【爱心捐助】 2023年，区企业关工委组织外企累计向对口扶贫协作地区捐资助学总价值200多万元。甘肃发生地震后，区企业关工委第一时间组织阿斯利康制药有限公司等爱心企业向灾区捐款捐物超200万元。区民营经济关工委连续20年向无锡市儿童福利院“送温暖、献爱心”捐赠，“金秋助学”品牌活动持续开展19年，累计发放助学金近50万元，资助生活困难学生500余名。（谷磊）

【未成年人司法保护】 2023年，区关工委联合区委政法委、公安、检察、法院关工委和社会公益组织，共同推动青少年保护协作机制建设。在区法院设立家庭教育指导中心，签发无锡市首份《家庭教育令》，区检察院出台全市首个《家庭教育指导工作实施意见》，区政法系统关工委联合区法院、司法局，制订《关于新吴区未成年人社区矫正帮教小组施展方案》，建立帮教修复小组，对辖区内2名未成年人矫正对象进行结对帮扶。深耕“向阳花”“大玫法官说家事”“家圆童心”等法治品牌，持续扩大工作室影响力，培育“梧桐少年”未成年人司法保护创新项目。（谷磊）

【校外辅导站建设】 2023年，区关工委依托已建立健全校外教育辅导总站（中心站）33个、基层校外教育辅导站106个、各级青少年校外教育活动基地28个，共举办活动280余场，形成了党委领导、关工委主导、学校指导、街道（社区）先导的校站结合、一体发展的新格局，6个校外教育辅导中心站VR体验馆全覆盖。（谷磊）

【宣传报道】 2023年，区关工委系统共投稿700余篇，被区级以上关工委报刊平台录用新闻稿件459篇。其中，《中国火炬》杂志4篇，中国火炬网64篇，《新华日报》1篇，江苏少年网49篇，《薪火》杂志10篇，《关心下一代周报》3篇，《老年周报》1篇，《新华日报》“交汇点”客户端4篇，《无锡日报》和无锡观察客户端17篇，《江南晚报》1篇，无锡市关工委网站36篇，《无锡关工》杂志12篇，无锡文明网2篇。（谷磊）

政法委与综治

【概况】 2023年，区委政法委全面落实中央和省、市、区委各项决策部署，聚焦服务中心大局，全力以赴做好防风险、保安全、护稳定各项工作，连续四个季度获得区委、区政府“担使命作贡献”季季评活动奖项，为维护全区社会大局持续安全稳定、保障全区高质量发展作出了应有贡献。（李鑫）

【维护社会稳定】 2023年，新吴区全力推进问题楼盘矛盾攻坚化解，“减量控增”成效明显。总结固化“涉法问题楼盘”攻坚化解工作经验，强化府院联动、集中研判、联动协调等制度优势，开展房地产领域涉稳风险专项治理，区委常委会专题研究楼盘矛盾化解，推动解决问题症结；区委、区政府分管领导牵头“一楼一策”建立工作专班，通过专项研判会、协调会、现场会，推动相关“卡脖子”事项解决。19个“问题楼盘”化解、钝化16个，化解率居全市前列。应用社会及信访工作联动机制，深化联合研判、联合交办、联合化解、联合督导、联合处置等措施，紧盯住建、金融、劳动、教育等重点领域矛盾预警、处置、化解，高效运行每日、每周、每月研判及专报制度，最大限度发挥“三单两函”作用，及时预警处置突出不稳定因素和矛盾纠纷，最大限度降低涉稳风险。做好全国两会、江苏发展大会、杭州亚（残）运会3次重大活动安保工作，实现“五个不发生，两个确保”及“零登记”目标，相关工作得到省、市督导组的肯定。狠抓重大决策社会稳定风险评估，立足全市经济发展先导区、示范区的功能定位，依托全区社会及信访联运机制，切实有效地压降了群体性风险，源头防范进一步加强。全面落实执法司法监督责任制，牵头开展涉法涉诉突出问题和矛盾风险隐患全方位排摸梳理，建立化解清单，严格落实一人一策、包案到单位主要领导，实时跟进、及时更新化解工作进展，涉法涉诉信访突出问题发生量、重复访量等持续下降，化解率、来访下降率居全市前列。牵头企业涉诉案件协调，依法依规帮助企业纾困解难，推动涉法涉诉信访案件化解。（李鑫）

【网格化社会治理】 2023年，新吴区深化网格化社会治理工作，科学优化调整全区综合网格及专属网格，按照“1+3+N”微网格治理体系，划分微网格，发动微网格联络员和志愿者，构建上下衔接、左右协同、高效联动的“精网微格”组织体系。制定下发《关于进一步完善“精网微格”工作体系的意见》《新吴区专职网格员队伍管理暂行办法》《新吴区专职网格员绩效考核管理办法》等文件，进一步完善“精网微格”权责清单，规范网格工作全流程的标准要求。建立1800余个网格微信群及“格吴之治”微信公众号，发布各类推文184个，发布《格吴之治》杂志期刊11期。15名网格员被评为全市“最美网格员”；1名网格员被评为2023年度无锡市三八红旗手。网格员走访116万余户（次），上报各类事件12.2万余件，线上排名考核、网格知晓率及满意率均居全市前列。（李鑫）

【矛盾纠纷化解】 2023年，新吴区坚持“多元调解”源头治理，紧盯房地产、涉众金融等热点领域，开展常态化矛盾纠纷排查化解工作，最大限度实现就地稳控和化解。强化多元化纠纷解决机制建设，健全区、街道和村（社区）纠纷解决和公共法律服务平台，在纠纷多发、调处难度大的重点领域完善行业性、专业性纠纷调处机构建设；成立“公职律师涉税争议咨询调解中心”，建立意见建议常态化收集反馈机制，排查并化解执法中存在的矛盾问题；建立执法任务“一个口子”统筹工作机制，解决多头重复布置任务问题。印发《关于进一步加强新吴区人民调解员队伍建设的通知》，会同区财政局细化政府购买人民调解服务规定，实施调解队伍规范化建设提升工程，调解矛盾纠纷 1706 件，调解成功 1691 件，化解率为 99.12%。试点实施“调解积分制”，组织 14 批次调解员到法院跟班学习，提升调解员积极性和专业能力。打造江溪街道综治中心、旺庄街道联心嘉园社区综治中心、梅村街道泰伯一社区综治中心、“伯渎善治工作室”、“刘文晓金牌调解工作室”等亮点品牌，相关经验做法获得省委常委、政法委书记刘建洋的肯定和表扬，并在《法治日报》《江苏法治报》和新华社等 30 余家媒体报道 101 次。无锡高新区党工委书记、新吴区委书记崔荣国署名文章《创新基层治理模式探索高效解纷新路径》在《群众》杂志发表。（李鑫、钱永刚）

【新吴区综治中心“一站式”服务平台】 8 月 18 日，无锡市新吴区综治中心“一站式”服务平台正式启用。无锡高新区党工委书记、新吴区委书记崔荣国为社会矛盾纠纷调处服务中心、人民来信来访接待中心、诉讼与非诉讼对接中心、公共法律服务中心、网格化服务管理指挥中心 5 个中心授牌。新吴区综治中心“一站式”服务平台是全市首家区级综治中心“一站式”服务平台、省级示范观摩点，位于新吴区二支路青年公社 28—3 号。平台运行“1+5+N”新模式，以区综治中心为主阵地，融合 5 个职能中心，进驻公安、检察、法院、司法、教育、人社、住建等 N 个条线力量，将行政资源、司法资源、社会资源集中一处、汇聚起来，形成“中心吹哨、部门报到”的运行机制，实现矛盾调处化解“一平台通办”、人民群众“最多跑一地”，打造“有求必应、调解优先、法治兜底”的社会治理创新模式，实现平台实体化、实战化、实用化运作，发挥公共法律服务平台载体作用。区综治中心获评无锡市示范市（县）区综治中心（矛盾纠纷多元化解“一站式”调处中心），旺庄街道、江溪街道获评市示范镇（街道）综治中心（矛盾纠纷多元化解“一站式”调处中心）。（李鑫、钱永刚）

新吴区综治中心“一站式”服务平台

（区委政法委　供图）

【平安新吴建设】 2023 年，新吴区加强平安新吴建设的宣传工作，通过手机短信推送“12340”宣传短信 500 余万条，利用班级家长群推送群众满意度宣传信息。发动网格员、平安志愿者等基层力量入户走访发放各类宣传资料 65 万余份。群众安全感居全市前列。开展“百日攻坚”专项行动，在市部署开展突出矛盾排摸化解、治安乱点排患整治百日攻坚”专项行动基础上，增加公共安全排险创安、基层治理排弱提升两个行动，拓展形成六项重点行动。先后召开 9 次工作部署会议，形成 4 期专项行动简报，制定完善《新吴区刑满释放人员安置帮教工作办法》等 15 项文件。成立市域社会治理现代化试点验收迎检工作专班，率先召开市域社会治理现代化试点迎检工作部署会暨业务培训会，区级层面成立 11 个迎检对接小组和 3 个督查组，对 6 个街道和重点行业点位进行全覆盖督导检查，高分通过市域社会治理现代化省级检查。开展“四个文明”交通建设，成立工作专班，履行宣传责任义务，开展“平安春运”、“一盔一带”、安全生产月等宣传活动 221 次，在锡梅实验小学、新安中心幼儿园等 10 所学校建设“共享头盔”示范点；深入企业累计签订《交通安全承诺书》3910 余份。纵深推进“天网”“心盾”两大行动，电诈警情、案件同比下降 69%、66.5%，降幅全市领先；破案数、抓获数同比上升 40.3%、112%，追赃挽损 2000 余万元，环比增长 9 倍。开展“千警进万家”全覆盖宣防，走访 31.4 万户 91.8 万人，财会等重点群体电诈警情环比下降八成。（李鑫、钱永刚）

【扫黑除恶专项斗争】 2023 年，新吴区共接收办结全国扫黑办“12337”举报平台下发线索 1 条、普通涉黑恶线索 2 条；破获九类涉恶案件 77 起，抓获嫌疑人 134 人。通过省常态化扫黑除恶斗争第二督导组对新吴区的督导检查，被评为 2022 年度全省扫黑除恶斗争先进地区。抓好社会治安重点地区和治安突出问题整治，全面落实“防、管、控、治”各项工作举措，尤其对市级挂牌地区梅里社区、区级挂牌地区宝龙广场加强督导检查，社会治安重点地区面貌均得到改观，突出治安问题得到有效治理，挂牌地区均予以摘牌。（李鑫）

法治政府建设

【法治营商环境】 2023年，新吴区深化“放管服”改革，推进“审管执信”协同，创新“五步四色”工作法，落实“审批—监管—执法—信用”全链改革全市试点任务。深化“一件事”改革，实现省定26个“一件事”上线运行，丰富“一件事”服务场景，省定“一件事”办件总量3.6万件，居全市前列。推进企业开办“110”改革，实行新办企业“一次办+一日结+零费用”，为8518户企业发放免费印章，节省开办资金255.54万元。推进“四级四同”交通运输政务服务事项清单制，明确审批服务事项109项。全面落实惠企服务，强化锡企平台“惠企业”建设，配套出台“1+3+N”管理制度，配备惠企服务团队3个，设立惠企服务专窗9个，组织惠企服务活动4场，开展惠企直播间活动2场，发布政策121条（全市第二），申报项目127个（全市第一），专区访问人数1468人次（全市第一）。加强数字化转型星级场景建设，扩大电子证照“智慧化”应用，持续深化“AI+政务服务”能力提升，“江苏省信息技术应用创新先导区”成为全省3个新入选创新先导区项目之一，自主研发的“全域智慧停车云平台”获“2022中国城市停车平台公司创新标杆”，“B2B城市智能配送”入选2023年度无锡市数字化转型重点场景，场景建设成效不断凸显。深化“三提三即”改革，优化立项用地许可、工程建设许可、施工许可和竣工验收阶段审批流程，打造项目审批全链服务，落实评估论证“再提前”、审批服务“再提效”、验证发证“再提速”，实现重大项目策划即入库、拿地即开工、建成即投用，推动重大项目早落地、早开工、早达产。年内“拿地即开工”项目11个、“拿地快开工”项目11个，历年累计“拿地即开工”项目42个。打造“投资建设会客厅”，为重特大产业项目提供专题服务。高标建成网办中心，开通106项高频公安政务业务，线上助企办理业务9000余件，极大减轻企业负担。（钱永刚）

【依法行政】 2023年，新吴区进一步强化依法行政工作，统筹推进全面依法治区工作，召开区委全面依法治区委员会第五次会议和区委全面依法治区委员会执法、司法、守法、普法四个协调小组会议。严格规范性文件管理，健全合法性审查方式，组织开展规范性文件公职律师集体研讨、专家公开点评活动，提高备案文件实质性审查水平。严格落实重大行政决策合法性审查报审程序，完成区委、区政府主要领导交办重大涉法事项5件，完成重大科技项目、产业项目协议评审71项，以及区级文件合法性审查45份。建立区政府常务会议涉法议题合法性前置审核机制，检视规范性文件制定质量和实施效果，推进规范性文件清理工作，通过各单位上报、人工浏览区政府各部门官网，巡查政策法规文件201份，对与现行法律法规不一致、被新规定涵盖或替代的政策性文件予以废止。完善重大行政决策程序，健全加强涉企政策性文件制定管理、合法性审查、档案管理、备案监督等全链条标准化规范化建设，积极参与经济建设、民生福祉、社会治理、助企纾困等重大项目决策、知识产权法律保护服务，优化法治化营商环境。区司法局为区四套班子配备法治学习辅导员，区政府各部门法律顾问聘请率达100%，实现全覆盖。推进涉企行政合规建设，结合企业发展实际，在全市率先印发《无锡高新区（新吴区）企业行政合规指导实施意见（试行）》，谋划落实企业合规建设各项工作，部署重点领域企业合规治理的创新任务。成立涉企建设法治督察员队伍，强化企业合规经营意识，提升企业风险应对能力。（钱永刚）

【“府院”联动】 2023年，新吴区建立完善“府院”联动工作机制，强化区政府与法院在行政机关负责人出庭应诉、矛盾多元化解和诉源治理等方面的协同配合，提高行政机关负责人出庭应诉工作水平，推进行政争议实质性化解。加强与检察院的对接沟通，实现检察机关法律监督和政府层级监督有效衔接。围绕执法监督、重点人员管理、危房解危、消费纠纷“过度维权”、行政应诉技巧等方面召开府院联席座谈会5次，依法行政能力水平显著提高。（钱永刚）

【行政复议】 2023年，新吴区以行政复议体制改革为抓手，开展“行政复议质量和应诉能力”提升年活动，建成区规范化行政复议中心，强化行政复议、信访、法院等部门联动，加强重点领域行政争议预警预防，实质性化解行政争议，针对征地拆迁、市场监管、工伤认定、劳动监察等人民群众重点关注的疑难问题开展专题论证。出台《关于行政机关负责人出庭应诉的重要通知》，对行政机关负责人出庭应诉作出明确规定，建立新吴区行政复议（应诉）与行政审判工作联动工作制度，推动府院良性互动。健全完善行政诉讼出庭应诉机制，稳步提升全区行政机关负责人出庭应诉率，经复议案件无败诉现象。共收到复议申请220件，受理164件，办结143件（其中调解、和解20件，调解和解率13.96%；纠错21件，直接纠错率14.68%），办理以区政府为被告的行政诉讼案件29件，召开府院联动会议6次，开展案件专题讨论18次。（钱永刚）

12 月 20 日，新吴区开展扫黑除恶专项斗争宣传
（区委政法委 供图）

10 月 18 日，新安司法所在新安花苑第一社区组织法治曲艺进基层活动 （刘倬豪 摄）

4 月 13 日，新安司法所在新安街道法治广场组织开展国家安全教育集中宣传活动 （刘倬豪 摄）

【行政执法监督】 2023 年，新吴区突出重点抓好行政执法监督工作，赴各执法单位开展上半年执法督察检查及案卷抽查评查，开展道路交通安全和运输执法领域突出问题专项整治。 （钱永刚）

【普法宣传教育】 2023 年，新吴区深入学习贯彻习近平法治思想，组织开展“习近平法治思想网上知识竞答”，吸引 1.2 万余人次参加。印发《关于建立新吴区领导干部应知应会法律法规清单制度的实施意见》，建立领导干部应知应会法律法规“两个清单”。抓住“关键少数”，组织区级单位干部职工参加网络旁听庭审，6158 名国家工作人员参加全省“百万党员学宪法学党章考法律”等法治理论知识考试。健全社区普法工作机制，成立区级法治宣传志愿服务工作队，打造满足青少年、社区居民、企业职工等多元化群体需求的法治文化广场，开展新吴区法治人物选树、以案释法案例评选活动，高质量完成“八五”普法省、市中期评估验收。组织开展宪法宣传周暨首届“法治文化节”主题活动，组织“法治电影进社区”活动 12 场次，文艺演出 6 场次。组织参与全市法治文化作品征集评选活动，《寻脉礼法 鼎立国兴》法治宣传片获省、市法宣作品重点奖项。开展“宪在出发 法润新吴”宪法宣传周、“全民反诈”等专题宣传活动百余场次，推动群众学法常态化。
（钱永刚）

公安

【概况】 2023 年，新吴公安分局围绕“攻防转换、机制优化、基础提升、队伍建设攻坚”主线，深化“四个三”总体工作布局，高位统筹、高效推进实战警务改革、维稳创安攻坚、砺警提能工程。20 个集体、262 名个人获市局以上表彰，4 名民警荣立个人一、二等功，1 名民警获部级通报表扬；获市委、市政府“践行新理念、赋能新发展‘平安无锡’先进集体”称号。“5·18”虚拟币地下钱庄专案获习近平总书记、公安部王小洪部长批示肯定，涉政专案获王小洪批示。大数据实战赋能中心、天山路警务工作站“主巡主控”警务机制改革受到公安部科信局肯定。 （杨茜涵）

【刑事案件侦破】 2023 年，新吴区接报各类刑事案件 4122 起，破 2402 起，发案同比下降 33.2 个百分点，破案率 58.3%，同比上升 15.2 个百分点。其中，命案、“两抢”及八类案件 97 起全破。推进侦查打击专业化、侦查资源集约化、主攻责任一体化，研判缉捕命案积案逃犯抓获数全国区县局第一，百警打击处理数、破案数领先，“盗、抢、命、伤”案件 24 小时快破率提升 25%，破获 2 起部督特大贩毒案件。常态推进扫黑除恶专项斗争，破获 10 类黑恶案件 102 起，抓获涉案嫌疑人 181 名。推进侵害妇女儿童权益问题排查专项行动，破获强奸案件 22 起、强制猥亵案件 13 起和猥亵儿童案件 12 起，破案率 100%，抓获犯罪嫌疑人 44 名。抓获刑事作案人员 2936 名，查破刑事案件 2266

起，先后破获硕放"9·15"抢劫杀人案、梅村"5·8"故意杀人案、鸿声"4·25"故意杀人案3起命案隐案在内的一批大要案件，78起八大类案件全破。

（杨茜涵）

【警务改革】 2023年，新吴公安分局循序打造"主防主治"基础版、升级版、探索版，社区民警全面回归主业，人均下社区65小时、工作日日均3.5小时，较改革前增加3倍，流动人口周变动数提升50%。在全市率先建成高等级警务联勤中心，"站舟车摩航"一体快速反应，3座警务站、4支派出所巡处专业队高效运转，实现全域覆盖，街面警情及可防性案件同比下降17.8%、11.9%。（杨茜涵）

【反诈斗争】 2023年，新吴公安分局推进"天网""心盾"两大行动，电诈警情、案件同比下降69%、66.5%，降幅全市领先；破案数、抓获数同比上升50.2%、153.5%，追赃挽损728万元，环比增长7倍；打掉"白家酒坊""祥福酒店""三龙沙场"3个境外百人级诈骗团伙。"两卡"线索绝对数下降全市第一、降幅全市第二，11554条紧急预警劝阻指令一追到底。开展"千警进万家"行动，走访30.59万户86.37万人，重点群体电诈警情环比下降八成。群众反诈宣传知晓率排全省各区、县第一。组建"心盾巾帼宣讲团"开展宣讲百余场、覆盖上万人，获评"无锡市优秀普法项目"，原创《反诈头条》《反诈宝典》系列宣防新媒体作品，被国家反诈中心、公安部刑侦局转载录用，获省公安厅通报表扬。（杨茜涵）

【人口管理】 2023年，新吴公安分局围绕基层基础工作更牢、实有人口管理服务更强、行政管理服务更优、服务基层服务群众更实的工作目标，以服务管理实有人口为基础，以信息化手段为依托，打造质态更优、水平更高、人民群众更满意的人口管理服务品牌。年末，全区户籍人口413414人，总户数155579户，其中男性199507人、女性213907人；外来暂住人口591876人。（杨茜涵）

【群租房管理】 2023年，新吴公安分局紧盯群租房、危化品以及公安派出所监管的"三合一"场所、"九小"场所开展拉网排查，开展五洲国际工业博览城消防安全隐患整改行动，采集场所基本信息，建立隐患问题清单，量化目标任务，细化整治措施。排查发现群租房安全隐患2810处，配备安全设施9020套，重大事故案件"零发生"，检查场所单位2791家，整改消防安全隐患283处。（杨茜涵）

【出入境管理】 2023年，新吴区常住境外人员5274人，登记境外人员住宿46172人次，住宿登记率100%；出入境窗口受理各类出入境证件及签注27565张；完成不准出境人员和特殊身份人员报备2335人次；境外人员住宿联网宾馆52家。查处"三非"（非法入境、非法居留、非法就业）行政案件44起，妨害国（边）境刑事案件立案3起146人，公诉146人。

（杨茜涵）

【禁毒管理】 2023年，新吴公安分局抓获各类涉毒涉笑气违法犯罪嫌疑人211名。其中，涉毒刑事对象44名，查处吸毒人员72名，查处涉笑气违法人员95名，成功侦破"2023-65"和"2023-150"公安部毒品目标案件，缴获毒品冰毒410.415克、麻古56粒、二甲基砜500克。走访检查易制毒化学品企业372家，企业检查率100%；办理第二类、第三类易制毒化学品购买备案证明3309张，第三类易制毒化学品运输备案证明904张。（杨茜涵）

【交通管理】 2023年，新吴区道路交通事故死亡人数4年连降，全市道路交通事故预防"红榜"上榜8次、历年最多，15条主次干道168千米道路里程隐患完成整改，在潮汐现象突出的路段建成7条绿波带，打造村田交通安全体验营、梅村警保合作交通安全劝导站。对"两客一危一货"驾驶人进行"兜底翻"，落实重点驾驶人健康负面清单制度和岗位调整措施，对其中50名从业资质、身体状况、安全守法等存在问题的驾驶人，协调行业主管部门督促企业调整工作岗位。对3255辆7～9座逾期未检验小客车开展集中攻坚清理，检验率提升至95.51%。严格落实"一车双查"制度，对涉及闯禁区、超载等违法行为的996辆工程运输车辆，同步查明源头企业和工地情况，落实约谈提醒。建立实行交通安全管理"两个核查"和事故深度调查机制，压紧压实企业主体责任。处罚超载企业69次罚款32.4万元，对8起涉营运车辆重大交通事故开展联合调查，落实联合惩戒措施。对辖区40个在建施工工地全部上门走访，落实"五个一"工作举措，签订安全施工承诺书40份，全部安装进出口探头，强化针对性管理。日常加密对施工路段周边的流动巡逻管理力度，处罚63起违规占道施工，下发14份违抄告函，督促施工单位落实安全责任。（杨茜涵）

【惠企利民】 2023年，新吴公安分局侦办威孚公司被合同诈骗案等重大涉企案件20余起，助企挽回损失7.3亿元；打掉侵犯爱奇艺公司著作权的特大犯罪团伙，公安部专门致贺电；涉企侵财发案数同比下降

45%,48 小时快破率达 90.9%。打掉盗窃博世公司工业原辅材料团伙,获市委主要领导批示肯定。外地警方涉企执法办案协作制度持续完善,高标建成移民事务服务中心,为 43 家企业开辟签证绿色通道,网办中心线上助企办理业务 9000 余件,减轻企业负担。

（杨茜涵）

【队伍建设】 2023 年,新吴公安分局提拔任用科所队干部 51 名、平职交流 33 名,26 名所站民警岗位交流,20 名精干警力调整至改革关键岗位,29 名新警充实基层,84 名机关警力下沉支援;推动辅警队伍提能焕新,辅警更新率 33.1%,大专以上学历占 89%,平均年龄再降 3 岁至 35.4 岁,在"千警进万家"反诈宣防中担当主力。"全警一线、全警实战"导向更鲜明,3850 名民辅警 24 小时日夜奋战,180 天高等级勤务,累计出差行程跨越境内外 26 个省 69 个城市 200 余万千米。在江阴"5·04"专项任务中发挥重要作用,经侦部门实战练兵比武竞赛全省第一,在全市"微创新"评选中斩获金奖。加大执纪问责力度,深化信访源头治理,建立情指警情源头监测、合成侦查及派出所全体量盯案、法制立案监督、法制信访督察周会商研判督导四项机制;加强执法管理监督,开展重大案事件复盘评析 62 次。深化智慧法制建设应用,行政案件办结用时缩短 33.3%,被检察监督率下降 8 个百分点。

（杨茜涵）

4 月 1 日,新吴公安分局"社区超图"投入使用

（新吴公安分局 供图）

7 月 3 日,新吴公安分局开展"心盾 2023"无锡卫校反诈大篷车活动 （新吴公安分局 供图）

检察

【概况】 2023 年,新吴区人民检察院(以下简称区检察院)办理审查逮捕案件 178 件 360 人,审查起诉案件 1063 件 1530 人。8 个案例入选全国、全省检察机关典型案例,26 项工作机制和做法被上级检察机关肯定推广,55 个典型案事例被中央电视台等中央媒体关注报道。全院干警获市级以上表彰 56 人次,1 个集体获评"全国青年文明号",获评"全国查处重大侵权盗版案件有功单位",连续 11 年获评"全国检察宣传先进单位"。4 名干警在市级以上业务比赛中荣获标兵能手等称号,3 名干警入选全国、全省检察人才库。

（陈枷伊）

【法治营商环境】 2023 年,区检察院制定《服务保障无锡高新区数字经济高质量发展十二条意见》等多个保障重点产业链、上市企业健康发展工作意见。依法平等保护各类市场主体合法权益,办理涉市场主体案件 46 件。结合司法办案,及时制发检察建议,帮助国有上市公司、知名民营企业完善内部管理机制的做法多次获市委主要领导批示肯定。深化企业合规改革,联合区工商联、新吴公安分局、区法院建立涉企业合规案件刑事诉讼全流程衔接机制,办理企业合规案件 8 件,对合规整改到位的企业依法作出不起诉决定。探索对 6 家涉案企业开展数据合规、异地合规,督促企业依法合规经营。推进"护企零距离"工作,获评 2021—2023 年度无锡市法治建设创新项目。开展"聚力护新、合规同行""讲百案、进千企、访万家"等专项行动,走访企业 100 余家,组织案例教育 15 场,发放宣传册 2000 余份,帮助企业排忧解难。

（陈枷伊）

【知识产权保护】 2023 年,区检察院聚焦服务高水平科技自立自强,推进知识产权检察综合履职,办理各类知识产权案件 30 件,批准逮捕最高检、公安部等五部门联合督办的利用长视频 App 传播侵权影视作品的多名犯罪嫌疑人。出台《关于依法惩治知识产权恶意诉讼的工作意见》,与上海、南京、南通等地检察机关构建长三角知识产权检察保护联盟。依托知识产权检察法律服务中心暨企业法律风险防控教育基地,连续 11 年举办知识产权保护"泰吴讲坛"。联合苏州大学开展知识产权“法治体检”，帮助企业消除风险源点16个。开展保护知名品牌专项行动，办理一起销售假冒国外知名注册商标的商品案，擦亮“泰吴护新”知识产权保护品牌。（陈枷伊）

【美丽新吴建设护航】 2023年，区检察院推进“益心益行·检润新吴”生态检察，探索“勘查、航拍、遥感”一体化调查取证体系，形成数据驱动的生态检察技术办案模式。办理环境犯罪和公益诉讼案件28件，批准逮捕一起跨区域非法倾倒有害土壤污染环境案的7名犯罪嫌疑人。出台护航美丽新吴建设细化方案5项，开展太湖综合治理、大气污染等专项治理3项，协助处置固体废物1000余吨、整治多处扬尘污染场所、推动多处河浜实施水生态提升工程。联合区环保、财政等部门投放生态损害赔偿金80万元，打造梁鸿国家湿地公园、大溪港湿地公园等市级环太湖生态修复示范基地体系。督促职能部门管控汽修行业挥发性有机物案入选最高检典型案例。（陈枷伊）

【扫黑除恶案件检察】 2023年，区检察院常态化开展扫黑除恶斗争，在全市首推“九类案件”警情强制检索报告制度，对2名涉黑涉恶团伙成员提起公诉。依法办理省检察院、省公安厅联合挂牌督办、异地交办的有组织犯罪案件，批准逮捕65人。依法对14名故意杀人、抢劫、贩卖毒品等重大犯罪嫌疑人提起公诉。（陈枷伊）

3月6日，知识产权保护检察法律服务点揭牌仪式
（叶昊明 摄）

【刑事检察】 2023年，区检察院构建融合式一体化刑事检察监督格局，制定《关于健全侦查监督与协作配合机制的工作办法》，提前介入重大犯罪引导侦查取证232次，追捕追诉47人。在办理胡某等人贩卖毒品案中，追诉上游李某某、周某2人，依法判处有期徒刑九年六个月。全面推进认罪认罚从宽制度，办理认罪认罚案件938件1181人，适用率91.27%。加强刑事审判监督，提出和提请抗诉7件，检察长列席审委会6次。强化刑事执行监督，纠正各类刑罚执行和监管活动违法案件23件。通过个案办理统一司法机关对违法所得追缴及处置流程，联合法院开展“雷霆2023”专项行动，推动财产刑执行到位1400万元。（陈枷伊）

【民事行政检察】 2023年，区检察院秉持精准监督理念，办理民事行政诉讼监督案件121件。通过大数据梳理排查刑事民事关联案件，提出再审检察建议和提请抗诉4件，为当事人挽回经济损失136万元。深化虚假诉讼监督，办理监督案件6件，向公安机关移送犯罪线索2件5人，打造“新吴诚讼”虚假诉讼监督品牌。开展行政检察监督护航法治化营商环境等专项行动10项，综合运用检察建议、公开听证、释法说理等多种途径开展行政争议实质性化解16件，有效化解张某某被冒名登记等多起行政诉讼纠纷。推进落实行政执法和刑事司法双向衔接，在全市率先出台行刑双向衔接实施办法，向行政机关提出检察意见30件次。3件民事行政监督案件入选省检察院典型案例。（陈枷伊）

【公益诉讼检察】 2023年，区检察院履行好“检察官是公共利益代表”的职责使命，发挥“中国好人”严三媛等72名“益心为公”公益志愿者作用，“一题一案一策”高质效完成公益诉讼“六长出题”，办理公益诉讼案件57件。守护公共安全，督促解决消防安全、燃气安全、安全生产等公益保护问题，助推在全市率先划定燃气安全设施保护范围。守护食药安全，落实“四个最严”要求，提起涉食药领域附带民事公益诉讼5件，诉请惩罚性赔偿金107万余元。持续办好“消”字号消毒产品公益案件，向上级检察机关提交全国范围内问题线索4075件。保护公民个人信息，督促整治多家超市、健身房等服务场所违法采集消费者个人敏感信息的行为，案例入选最高检典型案例，并获央视《新闻联播》等栏目报道。（陈枷伊）

【职务犯罪检察】 2023年，区检察院完善检监衔接机制，形成打击职务犯罪合力。依法办理监察机关移送起诉的职务犯罪案件13件13人，其中处级以上干部2件2人。与监察机关共同开展国有企业“靠企吃企”专项整治，同步推进“受贿行贿一起查”，依法对某国有集成电路高科技企业管理人员张某某受贿、非国家工作人员受贿一案，以及关联案件顾某某行贿一案提起公诉，制发检察建议帮助企业堵漏建制、防范风险。履行对司法工作人员职务犯罪侦查权，初查

7月27日，来自春丰社区的30余名学生走进无锡市新吴区青少年法治教育基地 （张文碧 摄）

线索2件，组织检察干警与监察机关办案人员同堂培训，凝聚反腐败共识与合力。（陈枷伊）

【未成年人成长护航】 2023年，区检察院持续打造“向阳花”未成年人司法保护品牌。秉持教育感化挽救方针，对涉罪未成年人附条件不起诉6人；对侵害未成年人犯罪保持零容忍态度，提起公诉18人。开展给未成年人文身、违规出售烟草等专项治理，推动行业履职、诉源治理。联合法院、教育、妇联等9家单位成立未成年人保护党建联盟，打造“一站式”办案中心、家庭教育指导中心、青少年法治教育基地，链接新时代文明实践中心，一体落实侵害未成年人强制报告、入职查询等制度，推动“六大保护”协同发力。加强青少年法治宣传，17名检察官担任法治副校长，组织校园法治巡讲20场，受众3万余人次。“小敏姐姐”工作室获评“全国青年文明号”，通过“全国维护青少年维权岗”复核，“向阳花”品牌项目获省文明实践志愿服务项目铜奖等荣誉，1件案件入选省检察院典型案例。（陈枷伊）

【惠民司法保障】 2023年，区检察院始终保持对侵害民生民利犯罪的高压态势，共办理食品药品安全、电信网络诈骗、非法集资案件87件。聚焦防范化解金融风险，起诉非法吸收公众存款、贷款诈骗、洗钱等破坏金融管理秩序、金融诈骗犯罪28人，依法办理公安部挂牌督办的涉案金额达11亿元的郑某某等人利用“虚拟币”非法买卖外汇等重大案件。严厉打击电信网络诈骗犯罪，依法对36名缅北“回流”人员提起公诉。守护群众“钱袋子”，共追赃挽损3000余万元，对一起受害人达118人的养老诈骗案全流程追赃挽损。开展噪声污染专项整治，做好“静音护考”，为中高考学子保驾护航。办理农民工讨薪的支持起诉案30件，追回欠薪64万元。督促职能部门建设盲人阅览室、完善无障碍标识和盲道等30处，保障特殊群体利益。督促整治网络平台发布歧视性招聘信息案入选省检察院典型案例。与鸿山街道共同开展助力乡村振兴专项活动。联合区民政、残联等八部门构建司法救助与社会救助衔接工作机制，通过“泰吴检爱”司法救助暖心工程，办理司法救助案件124件，累计发放救助金138.5万元。赴安徽对2名“事实孤儿”开展跨区域司法救助，综合运用法律援助、心理疏导、跟踪回访，帮助救助对象回归正常生活。（陈枷伊）

【公共服务优化】 2023年，区检察院依法妥善处理群众信访291件，采取首办责任制、领导包案等系列措施，严格执行7日内程序性回复、3个月内办理结果答复要求，确保群众信访“件件有回复、事事有着落”。践行新时代“枫桥经验”，在区社会矛盾纠纷调处服务中心设立“12309”检察服务分中心，推动矛盾纠纷化解“最多跑一地”。（陈枷伊）

【检察工作机制建设】 2023年，区检察院推进检察工作机制现代化，制定《关于建立融合式监督工作机制暂行办法》，畅通内部线索移送渠道，共移送线索39条。制定重大案件备案审查、合规案件风险防范、案件质量专项评查等规定，完善内部监督制约机制。落实入额院领导办案责任，入额院领导带头办理涉黑涉恶、疑难复杂、新类型案件。健全检察建议磋商协调机制，提升检察建议制发落实整改效果和监督刚性。构建府检联动工作机制，制定《无锡市新吴区进一步加强府检联动工作方案》，强化安全生产、交通运输、医疗卫生、生态保护、营商环境等重点领域执法司法协作配合。加强跨区域司法联动，彻查横跨苏锡两地的罗某某等人黑社会性质组织案件“保护伞”线索，由检察机关、监察机关立案调查。构建良性检律关系，接待律师现场阅卷、网上阅卷、异地阅卷共计

11月24日，“善治新吴”轻罪热力地图发布会 （叶昊明 摄）

360次，邀请律师参与检察听证、合规办案等活动60余次。（陈枷伊）

【轻罪治理体系建设】 2023年，区检察院坚持治理与治罪并重，联合公安、法院、司法局等单位，在全市率先打造“一站式”轻罪治理办案中心。出台《关于加强轻罪治理助推“善治新吴”市域社会治理现代化的实施意见》，强化侦查监督与协作配合，实现对轻罪案件“侦、诉、审”集约协同办理，速裁、简易程序适用率90.69%，平均办案周期缩短30%。依法不起诉221人，完善非刑罚处罚措施，出台全流程刑事和解、赔偿保证金提存等制度，探索“不起诉＋社会志愿服务”机制，引导被不起诉人参与交通引导、社区服务等公益服务70余次。以个案办理推进诉源治理，制发安全生产、邮政寄递等领域社会治理类检察建议11份。最高检察院先后2次进行实地调研，相关经验做法在全省检察机关研讨会上交流推广。（陈枷伊）

【数字检察应用】 2023年，区检察院探索构建“数字赋能监督、监督促进治理”的数字检察路径，加强信息化工程建设，与行政机关实现数据互联共享，为司法办案提供可视化平台。依托侦查监督与协作配合、公益损害风险防控等平台碰撞分析数据32000余条，提取有价值线索2800余条。坚持系统思维集成创建知识产权综合保护、未成年人权益保护、食品药品安全保护等6类监督模型，排查线索6122条，办理案件51件。聚焦治理重点，形成非羁押数字监管平台、轻罪热力地图等“数治”特色化治理模式。“消”字号产品和劳动争议虚假诉讼监督模型分获全省检察机关数字检察模型竞赛二、三等奖。（陈枷伊）

4月20日，区检察院在区社会矛盾纠纷调处服务中心设立“12309”检察服务分中心（叶昊明 摄）

【从严管党治检】 2023年，区检察院严格落实党风廉政建设主体责任，抓好检察人员教育、监督和管理。组织职务犯罪庭审旁听、参观家风家训教育基地、实施廉政家访等各类廉政教育活动20余次。完善廉政风险点排查防控，加强检察权内部监督制约，开展专项督察2次、个案督察23次，对发现的问题精准运用“四种形态”。落实“逢问必录”，严抓“三个规定”，全年共记录报告过问、干预、插手司法办案等重大事项66件。配合区委政法委开展政治督察和纪律作风督查巡查，配合市检察院开展全面从严管党治检专项政治督察，支持派驻纪检监察组履行职责，对反馈的问题立行立改、真改实改。（陈枷伊）

法院

【概况】 2023年，新吴区人民法院（以下简称区法院）受理各类案件22453件，审结21119件，案件平均审理天数、民事案件调撤率、法官人均结案数等指标均位居全市基层法院第一。结案率、一审服判息诉率、一审判决案件被改判发回重审率等指标位列全省第一方阵。获全省“法院优化营商环境先进集体”等市级以上集体称号19项，表彰个人36人次。（张艳青）

【营商环境优化】 2023年，区法院支持实体经济发展，出台专门行动方案，支持实体经济发展。做好拟上市企业法律“导航”、已上市企业法律“续航”以及企业合规经营“巡航”服务，为50余家企业解决实际问题70余件，助力3家企业上市。创建“新知慧盾”司法服务品牌，打造知识产权全流程司法保护链条，服务太湖湾科创城建设。（张艳青）

【企业服务】 2023年，区法院在全省率先试水“税转破”机制，成功“唤醒”12家“僵尸企业”并追回税款250万元。4家危困企业经重整、和解“涅槃重生”，100余家扭亏无望企业“速破快退”。执行标的到位率、执行完毕率两项指标均跻身全省前十。加大拒执罪打击力度，向公安机关移送拒执罪线索20条，判决5件。全国首例大宗拍品精细分拆处置工作方法，被最高法院推广。（张艳青）

【“府院”、跨院联动】 2023年，区法院与区人力资源社会保障局、区住房城乡建设局、区市场监管局、区环保局等部门风险研判30余次，协调解决纠纷300余起。与苏、锡两地4家法院共同签署司法协作协议，加强“漕湖—鹅真荡”生态系统协同治理和一体保护。（张艳青）

【刑事犯罪惩治】 2023年，区法院严惩涉枪涉爆等严重危及人民群众生命安全的案件19件19人。全链条打击涉电信网络违法犯罪，从严从快审结缅北回流人员跨境电信网络诈骗案件7件31人。审结危害食品药品安全案件7件19人。从严惩处贪污贿赂犯罪14人，财产刑执行到位率达100%。推进“涉诉信访突出问题攻坚化解巩固提升年”行动，对中联办交办案件建立化解清单，一案一策，办结率达100%。维护辖区金融安全，审结金融案件452件，追回金融债权2.3亿元。严厉打击资本市场违法犯罪，审结涉案金额达1.9亿元的华某某等人集资诈骗案，维护良好金融秩序。及时平息涉及业主众多、矛盾激烈的长江一号小区物业纠纷，维护社会稳定。裁定18件涉资源规划、环境保护、食品药品等非诉执行案件进入执行程序，妥善处置涉国有土地征收建设案件8件。（张艳青）

【惠民司法保障】 2023年，区法院聚焦“保交楼”，妥善处理涉及10个楼盘的1005户业主涉商品房买卖纠纷。耐心引导业主以理性方式“放水养鱼”，解决10余家房企数百件逾期交房纠纷；引导某房产项目数百名购房者在诉讼外化解纠纷；引导某楼盘业主通过出租方式止损，纾解房企资金压力保障楼盘续建交付；与20余个部门对接，做好某烂尾楼盘容缺验收程序，避免无法办证的“次生隐患”。（张艳青）

【金融风险防范化解】 2023年，区法院审结金融案件452件，追回金融债权2.3亿元。严厉打击资本市场违法犯罪，审结涉案金额达1.9亿元的华某某等人集资诈骗案。（张艳青）

【养老反诈行动】 2023年，区法院巩固打击整治养老诈骗专项行动成果，审结的徐某等人养老诈骗案入选无锡法院年度十大典型案例，追缴受害金额达2000余万元。荣获“全省法院打击整治养老诈骗专项行动先进集体”。（张艳青）

【未成年人成长护航】 2023年，区法院着力打造“梧桐少年”司法保护项目，获批全国维护青少年权益岗创建单位。依托“大玫”个人志愿服务工作室，全面贯彻落实《家庭教育促进法》，让“依法带娃”成为家长必修课。打造涉家事案件“三令三书”，对长期拖欠抚养费的家长进行教育训诫，在全市首推《探望权自动履行承诺书》，破解“探望困境”。旺庄法庭作为家事法庭示范样板，被省法院推广。（张艳青）

【矛盾纠纷化解】 2023年，区法院推行“巡回审判每月进社区”打造“家门口法庭”，邀请代表委员、居民代表旁听评议，发挥司法裁判示范指引作用。妥善处理儿媳出售亡夫房屋引发的亲族间纠纷，兼顾“尊老爱幼”传统美德与保护财产权利的民法理念，情理法相融化解传统“孝悌”观念与遗产分割处置的权利冲突，营造和谐乡风；妥善处理因居民加装摄像头引发的相邻权纠纷，通过加装挡板限定拍摄范围，既保障群众对于人身财产安全的合理期待，又消除个人隐私

5月15日，新吴区人民法院巡回法庭庭审现场（伍仕艳 摄）

5月27日，“大玫”个人志愿服务工作室入驻新吴区新时代文明实践中心（伍仕艳 摄）

8月18日，新吴法院诉讼与非诉讼对接中心入驻新吴区综治中心（伍仕艳 摄）

被窥风险，营造和谐邻里，该案被《人民法院报》报道；妥善处理多发性物业纠纷，指导物业公司与业委会签订仲裁管辖条款，引导4个小区通过仲裁程序解决涉及604户居民的物业费纠纷。（张艳青）

【治理效能创新】 2023年，区法院构建多元化解纠纷新模式，打造"一码通办"的"诉讼与非诉讼服务中心"，在全市率先整建制进驻区级综治中心，融入区委政法委打造的"1+5+N"解纷平台，实现群众诉求"一站式接收、一揽子调处、全链条解决"。通过与区公安、人力资源社会保障、住房城乡建设、信访等部门无缝对接，快速妥处群体性纠纷5批200余人。（张艳青）

【人民调解】 2023年，区法院发挥人民调解第一道防线作用，通过加强法官指导、业务培训，打造专业化、职业化人民调解员队伍，提升基层解纷效能。人民调解员诉前调解案件2325件，调解成功率46%。建立省、市、区三级人大代表工作室，充分发挥乡贤耆老民间智慧，敦风化俗、息讼止纷。（张艳青）

【诉源治理】 2023年，区法院主动融入党委和政府领导的诉源治理体系，推进诉源治理标准化建设，3个派出人民法庭均主动融入"无讼村居"创建，让群众在"家门口"就能解决纠纷。在江溪法庭辖区内试点"伯渎善治"司法供给方案，"法官+工作室"入驻街道综治中心，打通32个村（居）委会非诉衔接渠道，实现"线上联动、线下联调"。发挥"数助决策"优势，运用司法大数据对矛盾纠纷的特点趋势进行分析预警，发布预警信息10余份、社区司法指数分析报告6份，为党委政府完善治理方式、防范化解风险提供参考。实施"基层法治人才涵养计划"，提升基层组织纠纷风险研判与处置能力。村官、网格员等接受培训1731人次，分批脱产参加"村官进驻法庭"跟班学习。试点辖区内民事纠纷下降21.81%，入选最高法院"打造枫桥式人民法庭"典型案例。（张艳青）

【智能诉讼服务】 2023年，区法院为当事人提供"网上立案、网络调解、远程开庭"等智能化诉讼服务，加强在线诉讼服务体系建设。受理网上立案5714件，电子送达30987件，真正做到"数据多跑路、群众少跑腿"。拓展区块链、物联网技术在司法实践领域的应用场景。积极参与"法院+城运"联动机制，依托"擎剑"停车信息预警系统，运用智能手段解决执行"扣车难"困境。升级"互联网+物联网+执行"模式，首次借助物联网监控被查封的高风险危化品，最大限度保障债权人权益和街区安全。打造全流程无纸化办公，推广"微法院"应用平台，推进档案数字化进程，获评"全省示范档案室"。（张艳青）

5月10日，梅村街道组织网格员到梅村实验小学开展禁毒知识宣传活动（陈娃 摄）

【司法队伍建设】 2023年，区法院强化领导干部履职担当，获评全省法院首批"五好五强"领导班子。依托机关党建工作片组化管理模式，创新启动"法扬锋帆"党建联盟惠企助力项目。纵深推进"三联三强基"工程，落实"三报到三服务"机制，动员党员下沉社区开展志愿服务活动。全面从严管党治院，制定年度责任清单，开展司法作风突出问题专项整治，常态化开展线上线下审务督察及举报投诉核查工作。选举产生机关党委纪委，与梅村街道纪工委共建廉洁文化教育基地，组织开展观看"身边人"职务犯罪庭审等警示教育活动，刚性落实防止干预司法"三个规定"。出台干警澄清正名机制，向诬告陷害"亮剑"、为清白正派撑腰。打造专业化人才队伍，组织各类培训145期4000余人次。坚持岗位练兵，开展"季度之星"等评比活动；8名敢担当、善作为的青年干警提拔到重要岗位；打造书香机关，获评全市"钟书·阅读"先进单位。开展调查研究，39篇调研成果获得市级以上荣誉。主动接受区人大法律监督，6名法官接受履职评议。自觉接受政协民主监督，主动通报工作，听取意见建议。走访代表委员200余人次，邀请代表委员视察座谈、评议庭审、见证执行等活动100余人次，会同司法局表彰10名优秀陪审员。（张艳青）

司法行政

【规范化建设】 2023年，区司法局首抓政治思想建设，把学习中共二十大精神和习近平重要讲话作为首要任务，提升党员干部的政治觉悟和政治敏感性，组织开展全区法治工作队伍政治轮训。狠抓廉政建设，党委班子示范带头推进“清廉机关”建设，严格落实党委主体责任、“一把手”第一责任和班子成员一岗双责，强化廉洁奉公意识。深抓能力建设，搭建法律沙龙、新吴司法大讲堂等业务学习交流平台，组织开展调解、法律援助、信息写作等培训，鼓励职工参加法考和提升学历，新取得法律职业资格3人。强化司法所建设。印发《关于基层司法所实行政治指导员和协理员制度的通知》，按照司法所建设规模派驻政治指导员和协理员，聘任司法协理员23名。（钱永刚）

【公共法律服务】 2023年，新吴区着力打造“一站式”公共法律服务实体平台，实现街道、村（社区）公共法律服务中心（站点）全覆盖，全年接待群众来访咨询2万余人次。升级“法治新吴”公众号，实现法律援助申请、“苏解纷”调解、公证申办、企业法律风险检测等服务“一键直达”。推进村居法律顾问有效履职，开展“讲法”活动300余场。实施“法援惠民生”行动，受理法律援助案件729件，两个案件获批省法援基金会2023年度第一批资助；新设6个街道交警中队、1个事故处理中队法律援助工作站，打造区退役军人事务局、梅村交警中队、硕放部队、无锡市快递物流业党群服务中心法律援助工作站4个示范性工作站。推动7个远程公证服务点全覆盖并有效运作。（钱永刚）

【惠企法律服务】 2023年，新吴区出台《新吴区企业行政合规指导实施方案》，深化企业法律保护制度和包容审慎监管制度。成立新吴区海外法律服务中心，打造涉外法律人才队伍，1名律师入选全国涉外律师领军人才库，3名律师入选全国“一带一路”跨境律师人才库，“江苏瑞莱律师事务所胜诉泰国反倾销案”获省、市多家媒体报道。

【社区矫正和安置帮教】 2023年，新吴区推动社区矫正中心规范化、信息化建设，挂牌成立“新吴区戒毒康复中心”和“江苏省句东强制隔离戒毒所‘一体两翼’禁毒宣传基地”，三类特殊人群尚无重大违法犯罪事故发生，未发生脱管、漏管等现象。《新吴连续六年实现无特殊人群脱管漏管》等报告获省司法厅领导批示肯定。（钱永刚）

【律师工作】 2023年，新吴区参加第二届太湖涉外法律服务论坛，江苏瑞莱律师事务所报送的《境外员工在中国产生的常设机构税务风险》论文获三等奖，《危地马拉REINESA公司诉张家港瑞莱伯机械有限公司不当得利纠纷案》获涉外法律服务优秀案例。1

12月15日，新吴区法律援助中心新安街道妇联法律援助联络点和“慧新”巾帼调解室在新安街道办事处揭牌启用（刘倬豪 摄）

8月16日，净湖社区组织青少年参加新吴区“法润童心”市民开放日活动（刘倬豪 摄）

8月17日，新安花苑第二社区组织社区社工与社区网格员开展法律援助普法宣传活动（刘倬豪 摄）

名律师入选全国涉外律师领军人才库，3名律师入选省涉外律师人才库。参加全市律师行业产业链法律服务增效攻坚行动，推动有条件有需求的民营企业设立公司律师。引导行业加大对"四新"经济法律服务需求的关注力度，防范衍生出的新金融风险，做好"智改数转""双碳"等领域的法律服务研究和定向产品研发，开展新业态从业人员法律风险研究。常态化规范化做好律师参与扫黑除恶督导和备案工作，加大律师参与涉法涉诉信访案件化解力度，推进律师党组织与社区(村)党组织联建共建，扶持基层法律驿站创建。2名律师参加了"1+1"中国法律援助行动，各律所加入"律护蓓蕾""律护家""荆棘鸟"等公益法律服务团，开展公益宣传服务活动100多场。做好律师行业监管问题专项排查整治工作，加强对各律所的行业管理，加强律师执业行为自律管理，落实季度巡查，做好年度考核；全年收到投诉20余起，经调查未发现律师违规违纪行为。推进律所规范化规模化建设，新增律所3家，10%的律师入选市名优律师人才库，2名律师入选省公共法律服务律师人才库。全区律师队伍年审全部合格。推选律师参加第八届无锡律师论坛，江苏谋盛律师事务所《关联企业程序合并重整的价值审视与无锡实践》获一等奖，江苏金匮律师事务所2篇论文获二等奖，江苏海辉律师事务所2篇论文获三等奖。选拔8名青年律师参加全市的青年律师辩论赛，江苏海辉律师事务所的嵇智捷等获得团体冠军，并获评优秀辩手。组织青年律师参加首届"百问百答"从业专业知识竞赛获得较好名次。开展全区律师评先评优工作，7名律师获评无锡市十佳和优秀青年律师。畅通律师维权渠道，维护律师执业权利和人身权利。严把审批关口，加强律所实习人员管理，把好执业准入门槛，把好各类审批事项关，全年共审查审批事项200余件。做好律协新吴分会各委员会的人员调整，健全委员会活动的开展。（钱永刚）

人民武装

【思想政治建设】 2023年，新吴区人民武装部(以下简称区人武部)突出学思践悟习近平强军思想，督导全体人员跟进学好习近平主席系列重要讲话和规定的必读原著，突出学好《军委主席负责制》等系列丛书。把主题教育和日常工作有机融合、一体推进，开展"六个一"工作，统筹开展"学习强军思想、建功强军实践"教育实践活动和"读主席著作、学强军思想，争做王继才式国动先锋"主题实践活动，组织全体干部职工赴新四军江抗东进纪念馆参观见学。（胡铭旸）

【军事斗争准备】 2023年，区人武部围绕党在新形势下的强军目标，加快构建打仗型国防动员体系，提升国防动员能力，推进军事训练。严密组织日常战备工作，滚动修订应急应战方案计划，定期开展战备分队拉动演练，始终保持战备状态高位运转。深入开展大练兵活动，参加全市民兵"四会"教练员比武竞赛，名列第二。组织首长机关基本技能训练和指挥业务专题研练，不断夯实指挥基础。开展入案分队专攻精练，一体推进"清单式训练大纲"试训，完成多支民兵分队基地化集中轮训。聚焦民兵新域新质力量建设，创新思维、狠抓落实。区委议军会专题研究出台《国防动员新域新质力量高质量发展三年行动计划》。完成基干民兵队伍编建任务，新质力量比例排名全市第一，完成分区党委赋予"新吴区在编实建强民兵新质力量分队上，努力打造自己的优势品牌"的任务。（胡铭旸）

【后备力量建设】 2023年，区人武部筑牢党管武装和国防动员工作的基础支撑。深化国防动员改革，开展优质援战潜力挖掘，全区6家企业参加全省特色潜力推介会，新吴区新质力量分队代表江苏省接受国家国防动员能力评估检验。承担全市民兵工作现场会，开展基层武装部和民兵连(营)部"达标挂牌"活动。落实新吴区《关于进一步加强基层武装部和村(社区)民兵连部规范化建设的意见》，鸿山街道新建武装部"三室一库"建设水准通过军分区验收考评，江溪街道武装部"兵网融合"经验做法获全省推广，被授予首批"省级五星品牌"——基层武装部规范化建设达标先进单位。规范专武部长人才储备库建立流程，落实专武干部联合考察、集中培训、履职考评制度，对专武干部年终考核实行指标单列。（胡铭旸）

【征兵工作】 2023年，区人武部联合区纪委监委落实《江苏省廉洁征兵工作细则》要求，制订《新吴区廉洁征兵工作实施方案》和《新吴区廉洁征兵"三个责任"清单》。严密组织"一年两次征兵"，高质量完成年度征兵任务。（胡铭旸）

【双拥工作】 2023年，区人武部积极探索实践，营造全区上下关心支持国防和军队建设良好环境。抓好双拥共建，承办军分区组织的"太湖美·天山情"国防军事夏令营开营仪式，助推"教育援疆""文化润疆"。成立全国首家"新吴区现役军人家庭关爱中心"，举办"首届现役军人家庭日"活动，开展各类关爱活动27场，服务保障860人次，解决困难问题86条，落实随军家属安置、军人子女教育优待等政策。深入开展国防教育，组织国防教育进机关、进校园、进企业、进社区，区、街道每年开展“军事日”活动，硕放街道双拥公园获省全民国防教育基地称号。深化军地联动，把新域新质力量建设作为发展重要内容，充分发挥产业与科创基础优势，加强深空深海、智能无人等新域新质潜力运用攻关、入案入库和场景化应用，探索建设以无锡航空航天产业园、海洋探测产业园、搜救艇及无人艇新基地等园区为基础、龙头企业为骨干的支援力量架构。（胡铭旸）

人民防空

【概况】 2023年，区人防办坚持改革创新，依法行政，规范管理，提升能力，推进国防动员建设高质量发展。按照市、区国防动员体制改革机构编制调整的要求，完成国防动员职能划转，区发展和改革委员会挂牌“区国防动员办公室”，设立区国防动员处，接收人民防空相关职能。组织开展各项活动，推进人防工程安全专项治理工作，加强社区民防工作站的平时管理，全面推动基层人防建设。（何平）

【国防动员】 2023年，新吴区调整区国防动员委员会（以下简称区国动委）主要领导和成员单位名单，召开无锡高新区（新吴区）国动委第一次全体会议，审定区国动委工作规定、联合办公室工作运行规则、成员单位工作分工，制定《新吴区国防动员建设实施方案（2024—2025）》，形成程序规范、职责清晰、重点突出的工作机制，明确近两年区国防动员重点工作，组织成员单位参加国防动员业务培训。（何平）

【指挥通信】 2023年，新吴区采购并安装3台固定警报器和2台多媒体警报器，完成所有警报器的日常巡检，完成“9·18”国家公祭日暨全省防空警报试鸣工作，警报覆盖率100%，鸣响率100%。加强指挥系统建设，推进小型机动指挥所机动拉练演练工作，参加市国动办组织的“锡防-2023A”机动指挥兴化、大丰跨市跨区拉练，长三角“苏锡常防-2023A”常州、宣化跨省拉练。加强人防指挥所的维护与运行，对指挥所中的设备设施定期进行更新和维修，确保战时能迅速正常启用，保障省、市、区实时通信畅通。（何平）

【专业队伍建设】 2023年，新吴区调整区国动委主要领导和成员单位名单，组织成员单位参加国防动员业务培训。完成国防潜力人员装备数据统计登记。按照人防专业队整组要求，完善整组全区抢险抢修、医疗、防化防疫、交通运输、通信、治安、消防及心理防护、伪装设障等人防专业队伍和民防志愿者队伍，实现新形势下防空防灾的一体化建设，确保专业队伍建设规范有序。（何平）

【工程建设管理】 2023年，新吴区向社会提供人防车位5254个，收取易地建设费1477.57万元。落实在建人防工程的质量监督工作，打造合格的安全防护。实行网络化办公，按照省、市标准施行新的人防审批细则，实现不见面审批，所有审批项目在江苏省人民防空综合平台和阳光人防平台公示，推行实施平时使用证和竣工备案电子证照，提高行政服务透明度及办事效率。（何平）

【安全专项整治】 2023年，新吴区组织开展人防工程安全生产大检查相关工作，压实安全生产主体责任。狠抓企业安全生产主体责任，主要领导要采取“四不两直”（不发通知、不打招呼、不听汇报、不用陪同接待，直奔基层、直插现场）方式，对区指挥所、疏散基地、居民小区人防工程进行消防、防汛等安全大检查，重点排查安全生产责任制落实、制定应急预案和开展演练、违规用电用火、消防通道畅通、消防和防汛物资储备到位等方面的情况和安全隐患，确保不发生安全事故。对检查发现的安全隐患，盯住不放，加强跟踪督导，严抓整改落实，形成闭环，做到全覆盖无遗漏，坚决守牢安全生产底线。（何平）

【维护管理】 2023年，新吴区运用省、市人防工程综合信息管理平台和阳光人防平台，严格规范审批流程，做到权力在阳光下运行。在系统中完成新立项人防工程项目审核，处理阳光平台存疑项目3个，所有竣工项目均及时录入系统，发放人防工程平时使用证电子证照，开始试点办理人防工程竣工备案电子证照。开展住宅小区人防车位专项整治，人防专有账户开户数和缴费金额分别提高113%和332%，实现全区住宅小区人防专户全覆盖。（何平）

【宣传演练】 2023年，在新吴国家安全主题公园和净湖社区开展“5·12”防震减灾疏散演练和应急宣传，新安街道第三社区组织“9·18”防空疏散综合演练，各街道社区和部分学校同步开展相关活动，宣传应急避难救护知识，磨炼互救技能，增强国防意识，提高防灾防战的能力。（何平）

退役军人事务

【概况】 2023年，区退役军人事务局按照创特色、亮品牌、立标杆的工作思路，高质量做好退役军人服务工作。聚焦年度退役军人典型事迹，展示退役军人正能量，无锡奥特维科技股份有限公司党委书记刘汉堂获评“江苏最美退役军人”。对抗美援朝老兵等开展春节走访慰问。组织参加第二届紫金网络评论大赛等活动。（邓茜文）

【思想政治工作】 2023年，新吴区退役军人事务局持续营造浓厚尊崇氛围，举办“永远跟党走”——新吴区退役军人徒步毅行活动暨戎耀志愿服务队授旗仪式，向全区退役军人志愿服务队授旗，为“党的二十大精神老兵宣讲团成员”颁发聘书。举办全区“退役军人事务系统学习贯彻中共二十大精神专题培训班”。（邓茜文）

【退役军人社工队伍】 2023年，新吴区联合区委组织部、区民政卫健局、区人力资源社会保障局，在全省层面率先出台《关于加强退役军人社区工作者队伍建设的意见》，动员全区退役军人志愿服务队开展平安建设、防汛排涝和便民服务志愿服务活动。（邓茜文）

【服务体系规范】 2023年，新吴区完成退役军人服务中心新址政治文化氛围布置，推动梅村街道退役军人服务站新址建设，6个街道退役军人服务站建设得到提升。8个单位和个人获全市“优秀退役军人服务站”“优秀退役军人服务站长”表彰。接待省政府、市政协、市人大社会建设委员会对新吴区退役军人的服务体系调研工作。与区司法局联合建设退役军人法律援助服务站，建立退役军人档案数据库。（邓茜文）

【就业创业】 2023年，成立无锡高新区（新吴区）退役军人创业创新服务指导团，举行退役军人创业企业政策解读座谈会，举办和谐劳动关系专题讲座，邀请市劳动仲裁院和市科技局讲课，举办科技创新资金项目申报政策座谈会，为退役军人创业提供政策服务咨询，对退役军人个体工商户开展走访服务。自主就业退役士兵就业率达到100%。组织2批次15家优质用人单位，参加甘肃省金昌、张掖、武威三市的退役军人专场招聘会，盘活了退役军人人力资源。9月22日，在全省退役军人就业创业工作会议上，区退役军人事务局获评全省退役军人就业创业工作先进集体。（邓茜文）

【接收安置】 2023年，新吴区做好退役军人接收安置工作，安置率100%。综合匹配军转干部安置岗位，实施安排工作退役士兵积分选岗。（邓茜文）

【军民共建】 2023年，新吴区现役军人家庭关爱中心进入制度化运作，建设军人心理服务神鹰加油站，提升官兵心理健康关心关爱工作，为现役军人家庭排忧解难，为现役军人提供坚强后盾。相关报道被《中国国防报》、“学习强国——中国双拥”等中央媒体刊发。签署《军地联动应急处置协议》和《共建框架协议》，强化军地合作与交流。开展双拥共建任务，走访部队，赴青岛开展“太湖舰”共建调研工作。（邓茜文）

【优抚褒扬】 2023年，新吴区发放优抚补助资金近1100万元，投入150余万元，组织开展体检疗养、居家改造、走访慰问、医疗救助、困难帮扶。常态化开展优待证申领工作，推进优待证常态化办理。严格准入和退出机制，动态跟踪区级优待联盟服务质量，发挥好社会组织优待作用。认真落实烈士纪念设施管理办法和零散烈士纪念设施管理要求，举行零散烈士集中安葬仪式，编制全区革命烈士英名录。认真落实烈士异地祭扫政策，为亲属前往异地祭扫烈士提供服务指导。（邓茜文）

经济管理

财　政

【概况】 2023年，区财政局完成一般公共预算收入262.2亿元，同比增长8.3%，总量在全省县（市）区中位列第三、在全市八个板块中位列第一，占全市比重21.9%，较上年同期提高0.6个百分点；完成税收收入232.2亿元，同比增长18.4%，增幅全市第二，税收占比88.5%，高于全市平均6.3个百分点，位居全市第一，较上年同期提高7.5个百分点。 （王兵）

【重大民生支出保障】 2023年，区财政局为167户符合退税条件的企业办理增值税留抵退税17.5亿元，为各类出口企业及时办理出口退税88.9亿元，助力外资外贸保稳提质。民生领域投入资金149亿元，民生支出占一般公共预算支出超70%，其中支持乡村振兴5.4亿元、教育经费投入17.3亿元、保障各类卫生健康支出17.5亿元、投入近24亿元推进8大类50项为民办实事项目。重点支持华虹半导体（无锡）有限公司、SK海力士（无锡）产业发展有限公司、博世汽车系统（无锡）有限公司等重大项目增投资、稳外贸、促发展；保障科技创新、生物医药、集成电路等多项区级产业政策实施。 （王梓先）

【保障资金直达】 2023年，区财政局加强直达资金人员调配和台账管理，强化与财政部江苏监管局、省财政厅、市财政局等相关部门业务沟通协调，实行对资金分配下达、资金支付、惠企利民补贴补助发放情况的动态监控，多措并举确保直达资金落地见效、惠企利民。共收到中央直达资金14.3亿元，全部下达至预算单位。 （王梓先）

【政府采购】 2023年，区财政局构建政府采购全流程信用管理制度，推动政府采购政务诚信建设。制定新吴区政府购买服务指导性目录，进一步规范政府购买服务行为。深化政府采购制度改革，率先在各板块完成公务用车租赁、公车维修服务项目框架协议采购一阶段征集，为规范多频次、小额度政府采购活动制度的创新开了先河。发挥政府采购政策功能，综合运用预留份额、价格扣除等政策助力中小企业发展，面向中小微企业采购预算金额7.4亿元。 （林顺顺）

【投资项目评审管控】 2023年，区财政局统筹组织区级政府投资建设项目的概算评审，加大对重点建设项目的审核力度，对项目的建设规模与投资控制分析并提供相关建议，从严控制项目概算。完成大运河沿线景观提升工程一期项目、工博园中小学新建工程、规划220千伏鸿声变2千米管廊建设项目等初步设计概算评审项目44个，评审总额约30亿元，审减率约10.7%。强化对合同评审重点难点的把握，评审政投项目各类建设合同850份，合同总额近27亿元。 （孟令茜）

【预算绩效管理】 2023年，区财政局组织开展事前绩效论证，严控财政增量，提升资金质效。围绕论证项目（新出台政策）的可行性、经济性，绩效目标及项目预算的科学性、合理性等关键内容展开，规范预算资金编制和管理，从绩效出发，严控资金浪费。组织预算绩效编制培训工作，专题指导绩效目标编制，提升编制质量。及时下达2023年度中期项目、部门绩效监控任务，强化项目支出绩效线上监控，实现预算绩效一体管理。多维度选取重点项目，对政策执行情况、预算资金使用情况开展重点绩效评价，提升预算管理质量。 （张为）

【会计事务管理】 区财政局组织开展2023年度财会监督专项行动，围绕九类重点问题区、街联动自查自纠，配合财政部江苏监管局开展重点抽查，并对发现问题的整改情况实时跟进，立查立改。推进政府会计制度改革，组织相关业务培训，推动政府会计准则制度的贯彻落实；进一步优化审批（服务）流程，切实推进全程网上报送、网上审批，全面提升监管服务效能，完成23家代理记账公司审核备案；推进会计人才队伍建设，组织开展会计人员职称考试并做好继续教育工作，区内2家企业财务负责人入选2023年度无锡市太湖人才——高端会计人才。（许龙）

【“一卡通”系统】 2023年，区财政局贯彻落实省、市关于惠民惠农财政补贴资金“一卡通”系统上线运行的工作部署，及时对接各相关部门，研究制定《新吴区惠民惠农财政补贴政策清单（2023年）》及《无锡高新区（新吴区）财政局惠民惠农财政补贴“一卡通”管理工作联席会议制度》。主动承担主体责任，加强“一卡通”管理综合协调工作，多次组织惠民惠农财政补贴“一卡通”业务及系统操作培训，会同区业务主管部门、园区（街道）相关部门、代发金融机构，按照“谁主管、谁负责”的要求，做好补贴管理和系统运用工作，确保2024年1月1日起各项惠民惠农财政补贴资金均能通过省“一卡通”系统顺利发放。（周荣华）

税务

【概况】 2023年，区税务局发挥好税收职能作用，统筹抓好组织收入和税费优惠政策落实工作，不断优化税收营商环境，持续提升纳税人、缴费人满意度。获评“全国巾帼文明岗”、省级公共机构“节能低碳示范单位”、省“职工书屋示范点”、省青年学习社，市“六好”离退休示范党支部等荣誉。（濮志晔、童晓文）

【组织收入】 2023年，区税务局坚持依法依规组织税费收入，组织各项收入725.73亿元，同比增长7.96%。其中，税收收入459.03亿元，增长18%；一般公共预算收入232.16亿元，增长18.4%，税收总量位居全市第一，增幅第二。推进社保费“统模式”改革，有序推进新划转非税项目平稳落地，完成社保费收入164.22亿元，同比增长3.02%；非税收入102.48亿元，同比下降17.15%。加强房开项目日常管理，完成土增税清算项目13个，补缴税款3274.72万元，退税4.22亿元。（濮志晔、童晓文）

【税费减免】 2023年，区税务局办理各类税费优惠超49.63亿元，惠及各类纳税人缴费人超23.53万户（人）次。其中，209户企业办理留抵退税17.6亿元，245户企业享受高新技术企业优惠20.82亿元，2198户企业申报研发费加计扣除金额117.59亿元，708户企业享受先进制造业、集成电路企业、工业母机企业加计抵减5.45亿元，6.7万户纳税人享受“六税两费”减免3.5亿元，助力全区“6+2+X”现代产业集群提升市场竞争力和研发创新能力。158户次企业享受税收协定优惠金额4.03亿元，服务“走出去”企业63户次，擦亮“一路税行，助企远航”品牌。优化出口退税服务监管新机制，为1663户出口企业办理出口退（免）税额176.7亿元，占全市比重40.18%，最大化释放出口退税政策效应。（濮志晔、童晓文）

【营商环境】 2023年，区税务局推进“办税服务厅数字化转型”工程，在全省率先试点财务报表转换功能，提升申报便利度。组建线上产品推广团队，233个事项实现“零跑动”办理，非接触办理率提升至98.4%，无锡“微服务”的推广率位列全市第一。办税大厅被纳入全省税务系统首批新时代“枫桥式”办税服务厅建设；焕新升级旺庄办税延伸点，基本实现一体通办，有效分流主厅业务近25%。发挥“办不成事”反映专用通道最大效能，化解税收争议10余次，投诉总量同比下降11.2%，办税服务综合好评率达99.9%。深化征纳互动、问办协同服务，依托平台实现税费咨询近7.5万次、交互式互动辅导5328次，超35%的话务咨询通过“问办协同”特色服务快速响应。
（濮志晔、童晓文）

【征管改革】 2023年，区税务局依托“三个中心”持续做好规范化建设，建立退税预审、风险分析、团队审核、信息反馈共享机制，持续完善发票管理、欠税管理、登记注销、政策落实等各项基础业务的工作流程、标准、责任。拓展税费服务运营中心职责，加强执法辅助人员台账管理和内部培训，税费服务质量一体管控，有效调度服务资源，统筹集约处理线上线下业务139项近8.4万件，打造“标准规范、集中审批、跨域通办”线上线下深度融合的团队化运行模式。开展数电票上线推广工作，开出全省首张数电发票。
（濮志晔、童晓文）

【税收监管】 2023年，区税务局建立“重点风险事项库”“重点监控企业库”“注销风险监控企业库”，实现对重点领域及高风险行业企业从新办到注销的动态跟踪管理。健全事前预防、事中监控、事后督察三环节的管控机制，提高各级对日常税收风险的敏感度和快速反映能力。实施大企业分类精细化监管策略，帮助企业建立税收内控体系。加强跨境税源监控，通

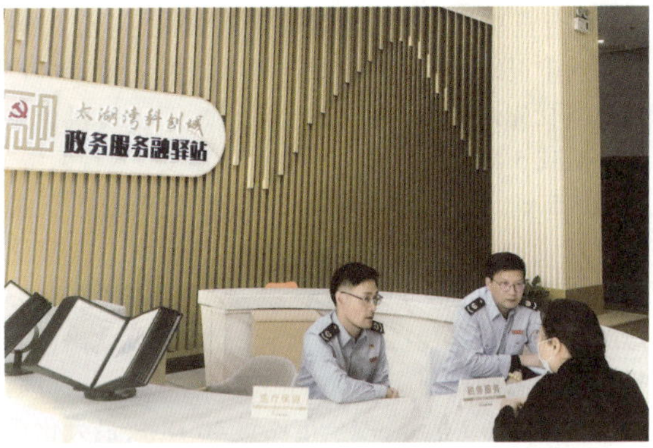

1月11日，区税务局干部在企业人才服务“融驿站”为园区企业提供税费服务，此项目获评无锡市“民心工程奖”经典案例 （王鑫 摄）

4月1日，区税务局青年志愿团队为个体户讲解税费优惠政策 （王鑫 摄）

过七项审核增加税款5亿余元，SK海力士半导体（中国）有限公司、希捷国际科技（无锡）有限公司、索尼电子（无锡）有限公司、无锡麦克赛尔能源有限公司等成功续签，阿斯利康制药有限公司单边续签稳步推进，新增海力士销售谈签工作，双边磋商、反避税立案调查取得突破。完成4项监管计划项目的落实，合计入库成效4.37亿元；完成各类风险应对任务16190户次，应对总成效13.2亿元，入库成效12.2亿元，入库成效贡献率3.15%。 （濮志晔、童晓文）

【税收法治】 2023年，区税务局严格执行重大决策集体讨论、合法性审查制度，开展重大涉税事项集体审议17次，涉及66户次。加强政务公开平台建设，重视发挥法律顾问与公职律师的作用，认真审慎做好被复议案件答复和行政诉讼应诉工作，6件复议案件均办结。推行“说理式执法”，三项制度与税收实际工作深度融合。扩容升级税收司法协助机制，通过司法拍卖协作入库税款6277.81万元。加强纳税服务投诉管理和信访舆情工作，做到“零懈怠、零距离、零积压”，准确、及时解决投诉事项和信访件。 （濮志晔、童晓文）

【协同共治】 2023年，区税务局参与制定综合治税工作计划，建立公共数据共享机制，激活数据要素潜能，通过共享数据完成拆迁补偿项目补税2180万元，清理房地产企业欠税1.24亿元。深化司法协作，与区法院签署《关于企业破产涉税处置的实施方案》，完善破产企业处置双联动双闭环联席机制，向法院移送159户欠税企业破产申请材料，出清长期欠税“僵尸企业”入库陈年欠税2200万元。（濮志晔、童晓文）

国有资产管理

【概况】 2023年，新吴区国资办直管国有企业总员工数2638人。截至年末，企业总资产966.2亿元，净资产390.9亿元，当年实现营业收入49.8亿元，净利润5.1亿元。 （虞林娜）

【国资国企改革】 2023年，新吴区积极谋划新一轮国资国企改革，制定《关于国企架构整合实施的意见》，全面构筑“五大集团十大公司”。坚持以改革为引领，不断完善公司治理体系，做强做优做大国有资本和国有企业，稳步推进各项改革任务，为新吴区区域经济社会高质量发展贡献蓬勃的“国资力量”。 （朱文婷）

【招商引资】 2023年，围绕高新区“6+2+X”现代产业集群进行布局，高发集团及投控集团新招引科技企业94家、科技人才项目3个、符合高企培育项目8个，诺未生物技术（无锡）有限公司等一批符合高新区“6+2+X”产业发展方向的优质项目落地。星洲股份举办无锡新加坡工业园合作开发30周年暨无锡新加坡科创城高质量建设大会，进一步拓展了对外合作领域。 （张蕊）

【项目建设推进】 2023年，新吴区科学编排施工计划，固定资产投资稳步推进，中韩集成电路产业园A地块万达广场开业运营、B地块竣工交付，新港集成电路装备零部件及材料产业园开园，中欧低碳产业园产业集聚区、东裕智能制造产业园、无锡交响音乐厅等固定资产项目建设有序推进。高新物流上港ICT（无锡）项目正式签约，上港ICT（无锡）中心揭牌，“汉唐无锡号”河海直达船实现首航。 （张蕊）

【区域功能品质提升】 2023年，新区公交常态化开展线路走向及客流分析，打通辖区主次干道“大动脉”,畅通镇街园区“微循环”,新开(优化)线路11条,园区人才巴士、泰伯美食公交等特色公交线路满足市民乘客公交多元便捷出行需求。高新人才围绕“六稳”“六保”,发挥区域国资稳定器、压舱石作用,“会、网、号、直播”四位一体招聘打出稳岗扩就业“组合拳”。文商旅集团推进“旅游+”融合发展,梁鸿国家湿地公园占地3.4万平方米的房车住宿“暮野星舍”IP旅游特色项目开始营业,中华赏石园获评首批“无锡市自然资源科普基地”,鸿山遗址博物馆入选文旅部10条长江主题国家级旅游线路之长江文明溯源之旅。（张蕊）

高发集团

【概况】 2023年,高发集团全年完成营业收入29.21亿元,同比增长20.51%;实现利润总额2.42亿元,同比增长13.08%;上缴国资收益0.71亿元;实现净资产收益率0.61%,经营性资产收益率4.88%,经营性营收增长率14.31%,市场化营收增长率36.26%。（王若澄）

【资产经营效益】 2023年,高发集团可租赁性资产面积约137万平方米,实际出租面积111万平方米,资产去化率81%,较上年增长1%。实现经营性资产收入4.38亿元,同比增长24%,完成闲置低效资产转让收入约2900万元。（王若澄）

【股权投资收益】 2023年,高发集团通过市场化手段,在股权投资退出方面进行了多种形式的尝试,保障回款工作有序推进。在公开市场分别以阶段性高位价格减持了迪哲医药和国联证券的部分股票,收回投资2.06亿元;在资本市场IPO整体表现低迷的情况下,星源资本管理的基金在投邑文电子项目实现了部分老股转让退出,提前锁定收益561.3万元,年化收益达52%。（王若澄）

【资金保障】 2023年,高发集团实现各项融资到位231.34亿元,其中直接融资60.99亿元、项目开发贷及经营性物业贷77.51亿元、融资租赁8.53亿元、险资29.50亿元、股权类融资25.70亿元、流贷29.11亿元;办理各类线上线下担保361亿元;化解政府性债务18.62亿元,协助区政府完成债务压降目标。（王若澄）

【土地市场开发】 2023年,高发集团获取土地11块,总面积56.41万平方米,总价102.49亿元。拆迁土地82.73公顷,支付拆迁金额30.28亿元;签约未拆迁土地58.93公顷,储备土地9.77公顷。（王若澄）

【双招双引】 2023年,高发集团招引总投资超亿元重大项目2个,总投资超10亿元重大项目2个。新招引科技企业56个,科技人才项目3个,符合高新技术企业培育项目8个;实际使用外资6589万美元。（王若澄）

【开发建设业务】 2023年,新苏阳公司新签合同额20.36亿元,完成营业收入14.42亿元、利润总额1.05亿元,公司信用分为97.91分,无锡市排名第四。开展建设项目22个,8个在建项目获15次区红榜表彰,3个项目获评江苏省建筑施工标准化星级工地。获得省级QC成果1项、市级QC二等奖以上成果4项、发明专利4项、实用型专利2项。（王若澄）

【房地产业务】 2023年,高发集团启动朗诗熙乐景园(人才房)、凤鸣三期、青年公寓及中鹰黑森林项目4个地块的开发。其中,朗诗熙乐景园(人才房)项目6月完成主体结构封顶,年末完成主体结构验收,室内精装修完成20%、外立面完成70%,施工展示区、售楼处、样板房具备开放条件。凤鸣三期项目于11月正式开工,年末完成全部桩基施工和80%的土方施工、展示区及首开区售楼处主体结构。中鹰黑森林项目取得预售许可证,完成主体结构的70%。（王若澄）

【物业管理】 2023年,高发集团新诚物业服务项目55个,服务面积约860.45万平方米。完成营业收入1.24亿元,同比增长11.73%;实现利润总额1943.16万元,同比增长27.55%。推进物业管理标准化,初步形成物业服务等级标准。（王若澄）

【市政运行维护】 2023年,高发集团城运公司经过市场化改革、重组变动,积极参与市场化投标,新中标项目23个,新签订合同额1.58亿元。完成营业收入1.78亿元,实现利润总额777.60万元。（王若澄）

【股权及产业投资】 2023年,高发集团完成股权投资类回款3.22亿元。其中,重点完成了鸿景置业项目1.52亿元债权款回收,中鹰黑森林项目46%股权转让并收入转让款1.24亿元。星源私募发起设立5只基金,共计3.8亿元,其中社会化募集金额3.5亿元,占比约90%。星源私募与集团投资发展部组建的联合团队拜访新增项目37家。配合区招商中心、太科办等对质子膜、皇虎测试科技(深圳)有限公司、江苏果下科技有限公司、江苏永捷特种装备有限公司

等10多个项目进行调研。（王若澄）

【类金融业务】 2023年，高发集团保理公司业务规模达6.33亿元，实现手续费及利息收入2823万元，实现利润1370万元，通过开拓再保理业务投放，加大与街道和园区的合作，进一步优化了客户结构。客户中包括民营企业4家、国有企业9家，投放业务均无逾期欠息，资产质量较好。（王若澄）

【新业务拓展】 2023年，高发集团探索在"双碳"新形势下转型发展，与国电投零碳能源公司就新吴区综合智慧能源项目设立合资公司。落实国家生物医药健康产业战略，与迪哲在开曼群岛设立合资公司，下设香港公司作为运营实体。服务区域发展大局，整合资源支持实体经济，新设供应链公司实施内存条、煤炭等业务。（王若澄）

【重大项目建设】 2023年，高发集团推进79个项目的前期工作，总建筑面积约331万平方米，总投资约209亿元，办理完成前期手续证照48份，建筑概念方案19个，专项方案49个，完成发包程序245个。集团全年在投、代建12个工程项目（含5个市级重大项目）。完成固定资产投资46亿元，超额完成任务。（王若澄）

【审计工作】 2023年，高发集团完成各类项目竣工决算审计25个，总金额8.93亿元；完成单项结算审计287份，送审金额10.53亿元，审定金额8.9亿元，核减金额1.63亿元，平均核减率15.5%。开展企业内控类6个审计项目，发现各类问题共86个，提出审计建议79条；开展上年度重点审计项目整改的跟踪督查，完成4项审计整改跟踪核查，平均整改率为68%。（王若澄）

【法务工作】 2023年，高发集团以"三重一大"决策制度为基础，制定《直管公司需上报集团决策的事项清单》，在保障子企业经营自主权的基础上，明确本部职权；推动各直管公司进一步完善制度体系，指导建立和完善规章制度390项。落实集团本部及11家直管公司合同履约风险排查，搭建内外法务框架，做实做细庭前证据搜集，在太科园监理、弘盛案件、电力工程诉讼案件等涉诉案件中，挽回潜在经济损失3000余万元，直接经济损失400余万元。（王若澄）

【成本管控】 2023年，高发集团落实全过程成本管控，完成高新区创新中心、联通地块、西门子项目、欧盟创新中心等项目的估算编制及审核，审定金额37.8亿元。完成中欧一期一区和二区、交响乐厅、铂尔曼装修改造等项目的概算审核，审定金额36.3亿元，核减3.1亿元。完成中欧低碳产业园一期一区、东裕产业园、梅村租赁房等项目的施工图预算审核，审定金额8.12亿元，核减1.44亿元。（王若澄）

【人力资源】 2023年，高发集团构建以人事管控指引为总提纲，权责划分表为授权依据，人事示范性制度为合规基础的子公司管控机制。重点强化对子公司经理层契约化管理，对经理层班子薪酬明确分类管控，突出市场化企业高薪高压力的机制设计导向。推进高端人才招聘和试用管理，招聘到岗高端人才29名，优化了集团干部人才队伍结构。（王若澄）

无锡太湖国际科技园

【概况】 无锡太湖国际科技园（以下简称太科园）与新安街道实行"园街合一"管理体制。太湖湾科创城总面积24.27平方千米，有7.8千米长的太湖湖岸线，是太湖水源地一级保护区。辖区户籍人口3.9万，总人口8.3万，下辖13个社区以及3个社区筹建组。2023年，太湖湾科创城聚焦打造"一号工程""创新智核"建设目标，企业应税销售超1480亿元，同比增长15%；完成规模以上工业产值190.17亿元，同比增长31%；规模以上服务业营收328.45亿元，其中营利性服务业301.5亿元，市、区占比分别为22%、57%；完成固定资产投资70.3亿元，同比增长15.5%；实现纳税总额44.07亿元，同比增长17.7%；完成一般公共预算收入22.3亿元，同比增长24%。在全市第三类乡镇（开发区）主要经济监测指标11次综合排名中，获6次第一、2次第二、1次第三；获市"担使命作贡献"季季评真抓实干奖3次、市高质量发展先进镇（街道）、市科技工作先进集体；区"担使命作贡献"季季评高质量发展考核季度流动红旗2次、"真抓实干奖"2次，区高质量发展街道（园区）第一等次、高位领先奖、"五先五强"好班子等。获评省级"红榜"1次，市级10次，区级28次。（唐传钊）

【科技创新】 2023年，太科园高新技术企业总数577家，占全区38%；科技型中小企业入库1223家，占全区49%；新增国家级专精特新"小巨人"企业15家，占全区42%，累计23家、占全市近十分之一。工业和信息化部中国中小企业发展促进中心全国第三家"专精特新"产业基地（无锡）成立；新入库市雏鹰、瞪羚、准独角兽企业175家，占全区51%，累计771家，占全区56%;有效发明专利4603件,占全区超三分之一。华进半导体国家技术创新中心项目通过工业和信息化部验收;无锡物联网创新中心MEMS-8寸线投产运行;北大EDA研究院揭牌启用,华大九天EDA创新联合实验室与线上实训中心落地;无锡国家"芯火"双创基地汽车芯片可靠性检测平台成立;中国药科大学无锡创新研究院启动建设;无锡特殊食品与营养健康研究院一期投用、二期启动;无锡特食院、北大未来学院分别与澳门科技大学中药质量研究国家重点实验室、医学部签约。设立无锡国际生命科学创新园(欧洲)创新中心、无锡国家软件园(比利时)创新中心、无锡国家软件园(德国)创新中心3家海外创新中心;与沙特阿卜杜拉国王科技大学合作成立中沙长三角创新中心。 (唐传钊)

【双招双引】 2023年,太科园全年新招引科技企业1915家,引进重点产业项目147个,其中超亿元项目15个。落地58集团本地服务和汽车服务总部、扬贺扬存储芯片总部、零氪科技数字医疗、埃瑞微半导体前道套刻设备总部、钠远新材总部及研发工程一体化中心、区块链测评中心、AgioGroup集团中国区总部等一批重大项目。入选国家重大人才工程项目25个、省双创人才项目29个、市"太湖人才计划"项目50个、区科技领军人才创新创业项目215个,在全区均占60%以上;吸引外国高端人才来华工作。 (唐传钊)

【产业集群建设】 2023年,太科园创成省级中小企业特色产业集群(物联网MEMS传感器产业)。物联网、集成电路、生物医药、数字经济四大主导产业营收分别实现246亿元、132亿元、613亿元、237亿元。围绕"双碳"目标,集聚低碳产业相关企业近300家,全年营收突破50亿元。 (唐传钊)

【科技金融】 2023年,新吴区擦亮"高新金融谷"品牌,总规模50亿元的无锡市集成电路产业专项基金正式落户,新增基金注册规模60亿元,累计聚集基金183只,资金总规模超680亿元。培育上市企业7家,其中科创板4家,全市占比四分之一;药明合联生物技术有限公司在港交所主板上市,无锡盛景微电子股份有限公司上交所主板过会;江苏云工场信息技术有限公司在港交所递交招股书,江苏虎虎机电科技有限公司、江苏萝贝电动车有限公司在美国纳斯达克递交招股书。 (唐传钊)

【园区建设】 2023年,以中国物联网国际创新园(微纳园)为主体,无锡高新区入选2023年中国MEMS传感器十大园区,创成全省首批"江苏省仪器仪表产业园";无锡(国家)软件园获评全省唯一"2022—2023大数据产业标杆园区";以无锡国际生命科学创新园为主体,无锡高新区跻身中国生物医药产业园区综合竞争力前20名;无锡国家集成电路设计产业化基地荣获2022—2023年度中国十大集成电路高质量发展优秀园区,与中科信息智慧产业园共同入选"国家级科技企业孵化器"。新增省级科技企业孵化器1家、省级众创空间2家,市级异地孵化器4家;6家企业(园区)获评省级优秀科技企业孵化器,全区占比100%,全市占比三分之二。 (唐传钊)

【惠民工程建设】 2023年,太科园争取2023年中央财政城市管网及污水处理补助资金(海绵城市试点)1310万元。开工生命科技园三期、卓品智能总部、英菲感知二期等科创载体项目38.61万平方米,竣工中电海康一期、海冠智谷科技园等科创载体项目31.1万平方米,累计投用超300万平方米。无锡太湖湾国际文化艺术中心暨无锡交响音乐厅项目4月2日开工,海力士三级综合性医院建设全面提速。新开通人才直通车二期,人才直通车一、二期年服务人才累计达15万人次;装修投用人才公寓5300余套;引进咖啡店30余家,打造运动场所20余处。 (唐传钊)

金融监管

【金融合作】 2023年,新吴区与苏州银行、兴业银行签署350亿元政银企战略合作协议,为企业营造优质的融资环境,打造基础强、环境优、业态好的金融强区;率先出台《无锡高新区金融支持实体经济高质量发展的实施意见》,推动产业、科技与金融深度融合,贷款规模1848亿元,新增信贷投放165亿元,增幅9.8%;出台《无锡高新区数字人民币试点工作深入推进行动方案》,启动1200万元汽车数币惠民消费券等活动,累计月活钱包数超40万个,推动数字人民币试点工作走深走实。 (王锡平)

【集聚金融要素】 2023年,新吴区召开股权投资机构座谈会,吸引国内外知名投资机构集聚发展,新增基金136只、注册规模192.5亿元,其中新增2家QFLP、注册规模2000万美元,累计各类基金467只、注册规模超千亿元;累计投资本地项目超300项,率先在全市推进"一园一基金""一未来一基金"体系建设,助力"6+2+X"集成电路、生物医药等产业高质量发展;联合区党政办、投控集团等赴合肥高新区、武汉东湖高新区调研政府引导基金先进经验及做法,为

区委决策提供参考。（王锡平）

【金融创新】 2023 年，新吴区积极推进基础设施不动产投资信托基金（REITs）发行，由中信建设、华英证券对项目资产情况进行梳理、形成项目方案并有序推进；引导银行加大对科技企业支持力度，为 4437 个科技项目投放风险补偿类科技贷款 132.3 亿元，其中，“新科贷”累计支持科技项目 346 个，投放贷款 7.1 亿元；推动知识产权金融“增量扩面”，知识产权质押融资超 16 亿元，其中发行全省首单知识产权定向资产支持票据 6800 万元，惠及企业 8 家。（王锡平）

【企业上市】 2023 年，新吴区抢抓资本市场注册制改革机遇，加快培育一批重点产业企业上市，持续做大做强资本市场“新吴板块”。新增境外上市企业 2 家（科笛集团、药明合联成功登陆港交所主板），新增境内外融资 113 亿元、境内外市值 430 亿元，均位列全市第一，获评“上市服务先进地区”。上市公司数量累计达 35 家，实现争先进位（全市第二），其中科创板上市公司 10 家（日联科技创下无锡上市公司首发价新高和首发市盈率新高两项纪录），位居全市第一、全省高新区第二。组织召开全区重点上市后备企业座谈会、6 场“注册制解读巡回宣讲会”培训；举办全市首场上市公司 ESG 培训会，引导上市公司聚集绿色金融，关注公司社会治理，发力双碳赛道。加强培育力度，深入拟上市公司及上市公司走访调研，撰写 2023 年部分 IPO 企业被否原因汇总及低市值上市公司走访调研报告，有效指导企业制定上市板块和推进战略。截至年底，在会企业 3 家、在辅导企业 13 家。发挥上市工作联席会议工作机制的作用，推进部门间协调联动，全力协调解决税务、环保、安全等专项问题 22 项，开具合规证明 95 项，兑现上市扶持资金 8324 万元。（王锡平）

【金融风险化解】 2023 年，新吴区围绕协作机制、日常监管、防非宣传等创新工作手段，有效防范和处置金融风险苗头。落实行业监管，对地方金融组织开展“双随机、一公开”检查和“线上 + 线下”业务合规检查，开展第三方审计机构进场业务审计，强化地方金融组织的业务合规性；依法对私募基金、名称中涉“贷”字样的 20 余家企业开展专项检查行动，严防出现非法集资、非法放贷等非法金融活动，净化金融生态。推进风险化解，持续推进交易场所清理整顿工作，严密防范各类交易中心非法从事商品合约、数字藏品、虚拟货币等交易，巩固提升交易清理整顿成效；组织对投资理财类市场主体的合规检查，严格落实投资理财类主体持牌经营的相关规定，确保线下非法理财机构全部出清；重点推进“鱼得水”非法吸收公众存款案件资产清退、“小象优品”投诉信访化解等工作，信访数量同比减少 345 件，降幅超过 20%，圆满完成金融领域信访突出问题专项攻坚行动任务。强化舆论宣传，联合新吴公安分局开展防范非法金融活动、打击养老诈骗、普及法律常识的宣传活动，发放各类宣传材料 10000 余份，提高群众的法制意识和风险防范观念。（王锡平）

审计

【概况】 2023 年，区审计局把握经济监督职责定位，履职尽责，完成计划内审计项目 17 项、上级交办事项 8 项，揭示问题 125 个，查出不规范金额 4.21 亿元，提出审计意见建议 35 条；完成各类政府性投资项目审计 729 项，核减工程款 4.81 亿元；推动审计整改 4.98 亿元，挽回经济损失 4613 万元，促进出台制度办法 7

12 月 14 日，区人大常委会召开座谈会听取审计查出问题整改落实情况（区审计局 供图）

9 月 4 日，区审计局在水利工程专项检查中，现场检查闸站运行和在建工程情况（区审计局 供图）

项。向区委审计委员会报送专报、要情、调查报告等16份，获得区主要领导的重要指示批示8篇次，召开专题整改推进会议5次，出台全区性管理制度2项。（鲁冬梅）

【政策落实】 2023年，区审计局依托同级审、经济责任审计和专项审计等对产业转型、房地产、招商引资等重大政策落实情况进行核查，分析资金走向、实地核实进展，深入挖掘问题，从体制机制层面提出意见建议，推动多部门统筹协调，落实政策资金兑现1337万元，制定完善制度办法3项。（鲁冬梅）

【财政预算审计】 2023年，区审计局聚焦预算源头管理，加大对财政资源配置效率和财政资金使用效益的审计力度，推动存量资金7681万元上缴国库统筹使用；挖掘闲置资源资产，推动价值2000余万元的资产有效利用；关注领导干部重大经济事项决策和执行全过程，推动收回储备金、代偿款、借款等3476万元；运用GIS、BIM等新技术对重大政府投资项目实施全过程跟踪审计，核减工程款项4.81亿元，调减招标控制价1.48亿元。（鲁冬梅）

【民生实事】 2023年，区审计局围绕民生大事、难事、急事，开展全区安置房建设和管理情况审计，摸清底数，核查安置房使用和分配情况，深入了解存量房源无法安置的原因，促进主管部门制订安置房管理办法，健全和完善统一的拆迁安置政策；帮助解决街道6个小区5300余套安置房的综合验收问题，启动1762套现房和2296套期房的分配工作。推动应急管理机制，开展区疫情经费专项审计，重点核查物资采购和发放、劳务用工、工程建设等方面，推动收回药品储备金775万元，盘活库存物资2496万元，收回劳务用工让利43万元。（鲁冬梅）

【监督协同】 2023年，区审计局深化“巡审联动”机制，派出审计组配合区委巡察组对全区国企开展巡视巡察工作，助力区委巡察组摸清国企投融资情况；抽调3名业务骨干参加省委、市委巡视工作，选派2名业务骨干参加农村集体“三资”管理监督检查，充分发挥审计经济监督作用，增强监督协同效应。（鲁冬梅）

【内部审计】 2023年，区审计局推动6个街道成立审计委员会，指导制定符合各街道工作实际的审计委员会工作规则和办公室工作细则；组织召开全区内部审计工作会议，部署年度内部审计工作重点；指派业务骨干与各内部审计机构结对挂钩，在规范工作流程、总结归纳经验、传授工作思路等方面开展长期的业务指导工作；对各街道内部审计工作开展专项检查，有针对性地提出整改意见，助力内部审计工作水平整体提升。高发集团内审部报送的“践行研究型审计工作理念，助力内部审计高质量发展——以新发集团内部控制制度审计项目为例”荣获全市优秀内部审计案例。（鲁冬梅）

【审计整改】 2023年，区审计局坚持高位推进，压实审计整改责任，利用系统管理，定期发函督导；对重点项目、重点单位进行上门整改指导，及时向人大汇报落实情况；在区人大常委会上开展审计整改满意度测评，区审计局整改工作连续6年获得满意评价；审计整改落实情况纳入各单位、部门年度高质量考核指标。（鲁冬梅）

统计

【概况】 2023年，区统计局聚焦全区中心工作和高质量发展大局，高位推进第五次全国经济普查各项工作，精准提供统计服务，有效发挥统计监督职能，较好地完成了各项工作任务，荣获2023年度全省统计系统先进集体。（陆尔乐）

【专项治理】 2023年，区统计局贯彻落实习近平总书记关于防治统计造假的重要指示批示精神，深入开展统计造假屡禁难绝专项治理行动，成立区统计造假屡禁难绝问题专项治理行动工作领导小组，制定专项治理行动方案，组织开展自查自纠、问题梳理和数据核查工作。局领导带队赴6个街道（园区），逐一解读方案、听取意见、开展督导。（陆尔乐）

【经济运行监测】 2023年，区统计局分析监测省对区、市对区、市对街监测评价体系，研究推进工业、贸易、投资、科技、农业等重点领域考核指标，制定出台2023年度区级机关争先进位考核细则、区级机关满意度评价方案，对接分析市对街道考核方案。建立GDP核算基础指标监测分析制度，做好预警分析，会同行业主管部门，加强重点指标、重点产业、重点企业、重点项目的月度监测。开展战略性新兴产业、高技术产业、数字经济、研发创新等统计监测工作，为国家高新区争先进位考核、火炬统计年报、开发区年报、全区高质量年度考核等提供统计保障。（陆尔乐）

【统计监测服务】 2023年，区统计局围绕经济社会发展焦点难点、统计工作淤点堵点，开展“短、平、快”

专项统计调查60余次、实地调研20余次,涉及企业近1300家。建立全专业经济指标月监测、季分析机制,完成各专业各类统计分析和统计报告50余篇,其中5篇分析获得区委、区政府主要领导批示,1篇报告获评市局主题征文优秀奖。做好统计工作信息报送,市统计局采用12篇、省统计局采用3篇。（陆尔乐）

【重大项目入库审查】 2023年,新吴区统计局紧抓单位(项目)入库,强化新增单位排查核实,对达到规模的企业及时升规纳统。月度新增单位33家,同比增长43.5%;年度新增单位251家,同比增长16.7%,其中工业71家、贸易141家、服务业37家、建筑业2家。加强重大项目入库审核,组织编制投资项目入库指导性文件,新增固定资产项目156个,新增计划总投资535.4亿元,全区亿元以上项目累计在库数292个。（陆尔乐）

【第五次全国经济普查】 2023年,区统计局全面推进经济普查工作,坚持抓紧抓早,高规格、高标准、高效率推进经济普查"一号工程"。将第五次全国经济普查纳入年度全区重点工作,组建区第五次全国经济普查领导小组办公室,确保机构、人员、经费、场地、设备落实到位。设立普查机构127个,划分普查小区407个,标绘建筑物18254个。选聘"两员"1100余人,组织开展综合试点、单位清查、行业编码等业务培训10余场,培训1500余人次。坚持"双线"融合,线上微信公众号发布普查公告,线下开设经普公交专线,营造支持普查的浓厚氛围。建立清查进度日报、核查进展周报机制。法人和产活单位采集数52624家,较第四次全国经济普查增长91.8%,增幅全市第一;个体户采集数40962家,较第四次全国经济普查增长61.4%。（陆尔乐）

【统计工作】 2023年,区统计局加强上报数据质量审核,借助民政、市监、税务等部门的行政记录和数据,每月比对2500多家"四上"单位的纳统数据和基本信息,研究数据差异原因,对街道和企业进行指导和纠正,提升源头统计数据质量。完成对中共十九大以来7起案件的排查,未发现落实国家统计政令和要求打折扣、责任追究不到位和虚假整改情况。做好日常统计,完成月度常规统计和年报调查工作,会同主管部门做好各专业国家核验强审工作,开展劳动力调查、住户调查、人口变动抽样调查入户走访120余户,创建1个区级"国家调查住户之家"示范点和1个民生观察点。每月第一时间上报统计快报,优化改版统计月报,制作季度国民经济和社会发展展板,对外发布全区经济运行情况,正式印发2022年度统计公报、统计年鉴。（陆尔乐）

【统计"双基"建设】 2023年,区统计局落实省、市加强基层基础建设的意见措施,推进基层第五次全国经济普查服务外包。探索构建多层次、多形式、全覆盖的统计业务培训体系,组织全区统计系统干部综合能力培训班,开展第五次全国经济普查、统计法治、年定报、科技文化专题培训,街道(园区)、主管部门、"四上"单位统计人员业务水平显著提高,依法统计、应统尽统意识持续增强。（陆尔乐）

【统计执法】 2023年,区统计局制定统计执法检查和数据质量核查年度工作计划,对全专业、全指标、全单位开展数据质量自查自纠,完成350余个投资项目、12家建筑业凭证核查工作,现场核查各类企业251家。完成省统计局"双随机"执法检查两批次,检查企业50家,其中4家企业给予简易程序处罚,2家企业给予一般程序"警告"行政处罚。8月,省执法局对新吴区60家工业、贸易、服务业企业开展统计执法检查。（陆尔乐）

【统计队伍建设】 2023年,区统计局不断壮大统计人才队伍,拓宽统计干部培养渠道,调入1名街道优秀统计人才,选派1人赴市局跟岗锻炼,1人获全市统计系统演讲比赛一等奖。面向全球招聘高层次统计助理8名,其中管理类助理1名、经济财务类助理7名。推动党建业务融合,坚持党建促业务,将普查工作与"基层吹哨、部门报到"相结合,深入街道社区,了解"两员"工作难点,现场答疑解惑,将党建成果转化为干实事、办实事、干成事的强大动力。（陆尔乐）

市场监督管理

【概况】 2023年,区市场监督管理局围绕主责主业,被省政府办公厅授予落实重大政策措施真抓实干成效明显地方督查激励,获评全市唯一国家级药品监管统计数据上报示范单位,在市局执法技能竞赛中获得团体第一,在全市市场监管系统政务信息排名第一,在市食品安全快速检测技能竞赛中获得团体二等奖。基层分局标准化规范化建设成效显著,空港分局、旺庄分局被评为4星分局,新安分局被评为3星分局。在区"季季评"活动中获得一季度高质量考核季度流动红旗、二季度至四季度"四争"先进集体,取得了"季季扛红旗"的成绩。（周倩、高喜庆）

【营商环境优化】 2023年,区市场监管局外资登记实施"一窗联办""多个环节同步办理"模式,办理外商投资业务1041件，新增外资企业140家，全市第一；统筹“双随机”工作，牵头开展137项检查任务，抽查市场主体4932家，跨部门联合检查比例30%，超省定标准；推送年报提示4万余条，年报率95.7%，创历年新高。牵头成立区公平竞争审查联席会议，新增8个市级商业秘密保护示范点、1个市级商业秘密维权联系点；查处未按规定提交年报的企业5家、反不正当竞争违法行为8起、侵犯知识产权案件及制售假冒伪劣商品案件10件，联合市局集中销毁假冒伪劣商品593件。列入经营异常名录1784户、移出653户，对528家长期未开展经营活动的企业吊销营业执照，对32家企业完成信用修复工作。受理投诉举报2.7万件，挽回损失约1300万元。承办首届“长三角特色伴手礼”巡礼活动，入围省级放心消费创建示范单位、区域参创名单7家，新建消费维权小站1个，新增10家企业加入ODR和解平台。开展电子计价秤专项整治，检查农贸市场等商户电子计价秤共2626台。（周倩、高喜庆）

【民生安全保障】 2023年，区市场监管局食品安全“两个责任”完成率均达100%，包保时效居全市前列；在全市首创的“食品安全大数据中心”正式启用，食品安全领域数字监管提质增效；“食品小作坊智慧产业园”、智慧餐厅“打菜神器”等示范项目获总局工作简报肯定。助力全市第一家本土创新型生物医药公司迪哲医药申报的Ⅰ类创新药舒沃替尼片获国家药品监督管理附条件批准上市。检查特种设备1150家次，发现隐患166起，办理特种设备使用登记10024台(套)，为特种设备作业人员考核发证7327人次，复审发证6906人次，“智慧叉车”项目签约率100%，安装率85%。连续五年未发生特种设备安全事故，全市唯一。开展65批次区级产品质量监督抽查，加大燃气具、电动自行车等重点安全产品质量监管，对158家燃气具相关单位全覆盖检查。成立新吴区市场监管局2023民生领域案件查办“铁拳”行动专班，通过“铁拳”行动及专项检查，结案595件，罚没款总计510万元。先后入选各级典型案件13件，其中1个入选国家级“铁拳”行动典型案件、1个入选省民生领域案件查办“铁拳”行动典型案件、1个入选省“雳剑2022”十佳案件、1个入选省灶管阀质量违法典型案件。

（周倩、高喜庆）

【质量强区】 2023年，区市场监管局因质量工作突出，连续第二年获得省政府办公厅落实重大政策措施真抓实干成效明显地方督查激励，全市唯一；无锡宝通科技股份有限公司获省长质量奖提名奖，是全市省级质量奖项类2家获奖单位之一；主导、参与28项国

8月11日，区市场监督局在检查特种设备压力容器
（杨舒淳　摄）

内外标准制修订，培育首席质量官191名，全市第一；新增2个省级战略性新兴产业标准化试点立项，占全市二分之一。新增2个省地方标准立项，占全市的三分之二；指导3个产品获“江苏精品”认证，实现新吴区“江苏精品”零的突破；微纳园认定为省级仪器仪表产业园并正式挂牌，是全省首批、全市唯一；取上级质量资金711万元，全市第一。（周倩、高喜庆）

【国家食品安全示范城市创建】 2023年，区市场监督管理局开展迎检准备，累计推动15个业态105个单位484个问题闭环整改。“童探监管一线共话食品安全”开放日活动获评无锡市2023年“政府开放月”最具特色活动。（黄栋）

【医疗器械智慧储运集中仓平台建设】 2023年，在医疗器械产业的政策推动下，集中仓充分发挥“四大服务优势”，陆续与通用电气医疗系统(中国)有限公司、纽迪希亚制药(无锡)有限公司、八乐梦床业(中国)有限公司、上海耀和义商贸有限公司、无锡威高百优医疗器械有限公司、爱尔康等多家企业达成合作协议或合作意向，涉及储运服务的医疗器械产品货值15亿元。佳利达医疗器械智慧储运集中仓一期12000平方米的立体仓满仓运行，二期3200平方米立体仓投入运行，中外运医疗器械集中仓投入运行。

（周倩、高喜庆）

价格管理

【概况】 2023年，新吴区健全价格调控机制，以责任制考核为抓手，进一步提升市场保供稳价应急机制，确保价格总水平在合理区间运行。配合上级考核领导小组做好全面考核，做好对区各成员单位的考核工

9 月 22 日，区级知识产权项目授牌仪式

（区融媒体　供图）

作，准确把握考评细节和评判标准，对标找差，固强补弱，协同配合，认真落实，在考核中继续保持优秀的好成绩。（李赟）

【定价履职】 2023 年，新吴区强化定价履职，根据市辖区人民政府定价管理权限，核定区属民办幸福外国语小学学费标准、金桥外国语学校的课后服务费标准。有序开展物业收费备案，完成住宅小区的前期物业备案工作。利用价格杠杆对区内各类停车场（库）、公共停车泊位实施收费备案管理。完成 51 个停车场（库）、公共泊位收费的备案工作。答复“12345”热线平台诉求 200 余件。9 月 1 日起，为方便群众短时间停车需求，将道路停车泊位免费停放时间从 15 分钟延长至 30 分钟，其他停车设施免费停放时间不少于 30 分钟。（李赟）

【降本减负】 2023 年，新吴区动态调整收费目录清单，清理规范收费行为，用“大数据”对各收费单位进行监管，及时更新各收费单位收费动态监管系统相关信息数据，对收费情况进行统计，掌握收费执行情况。收费总额 3.7 亿元，其中涉企收费占比为 28.16%，较上年度进一步减少。免征省内医院的电梯、锅炉、压力容器定期检验和监督检验收费，减半收取餐饮住宿业的相关收费。开展农贸市场转供电环节收费专项整治，持续激发市场活力。（李赟）

【价格调控监管】 2023 年，新吴区积极发挥平价商店保供稳价效能，平价商店平稳运行 11 个年头。正常运营的平价商店 11 家，从常态化运营转为阶段性动态启动，突出元旦、春节、中秋、国庆等重要时间、节点和价格异动时期的稳价惠民作用，销售平价农产品 1308 吨，为市民节约开支 521 万元。（李赟）

【价格认定】 2023 年，新吴区完成毁财、盗抢、诈骗等各类刑事案件价格认定 288 件，涉案金额 372.91 万元；违纪类案件价格认定 3 件，涉案金额 71.5 万元，快速准确出具价格认定结论，无一例复核和错案发生。11 月，建立了新吴区涉案财物价格认定工作联席会议制度，与公安、检察、法院等部门形成合力，加强协调解决涉案财物价格认定工作中出现的问题，办实办好价格认定工作，共同保障司法公正。12 月，组织培训，邀请无锡市价格监测认定中心、无锡市经开区公安分局相关专家授课，并赴苏州市价格认定局学习，提升业务能力水平。（李赟）

知识产权管理

【概况】 2023 年，新吴区获批江苏省知识产权示范县域，出台《无锡市新吴区江苏省知识产权建设示范县域建设工作方案（2024—2026 年）》，知识产权管理体系进一步完善。新增专利授权 11956 件，其中新增发明专利授权 2539 件，同比增长 30.4%，占全市新增发明专利授权总量的 21.6%；新增《专利合作条例》（PCT）海外专利申请 296 件，同比增长 14.3%，占全市申请总量的 45.6%；累计有效发明专利 13336 件，占全市总量的 23.8%；万人发明专利拥有量达到 183.59 件，是全市平均水平的 2.5 倍，各项指标在全市均保持领先水平。（尹岱轩）

【知识产权产出】 在 2023 年度全市高质量考核中，新吴区每十亿元 GDP 发明专利拥有量为 53.01 件，指标综合排名在全市 GDP2000 亿元以上板块中位列第一，较上年度有显著增长。（尹岱轩）

【知识产权惠企服务】 2023 年，新吴区扶持 66 家企业申报各类区级知识产权项目，兑现区级奖补资金 626.96 万元；扶持 48 家企业申报各类市级知识产权项目，市级项目资助金额达 406.2 万元；扶持 14 家企业申报各类省级知识产权项目以及统筹使用上级资金给予资助，上级资金支持金额达到 498.746 万元。通过项目奖补、企业培训和产业金融创新等多项举措，助企惠企工作更加深入；在街道、园区、重点企业开展知识产权相关的政策宣讲、项目申报、金融对接、实务操作、纠纷维权等专题培训 57 场；针对管理部门工作人员开展不同层次培训 11 场。（尹岱轩）

【知识产权项目申报】 2023 年，新吴区推动企业完成知识产权标准化管理工作，新增获得国家级知识产权标准化管理认证企业数量达到 47 家，新增完成省

级企业知识产权管理贯标备案单位65家，通过省级贯标绩效评价企业8家，数量在全市领先。鼓励企业参与各级各类强企项目争创，新增国家知识产权示范企业1家（华进半导体封装先导技术研发中心有限公司），国家知识产权优势企业4家（无锡飞翎电子有限公司、无锡邑文微电子科技股份有限公司、华润微集成电路（无锡）有限公司、江苏微导纳米科技股份有限公司）；省级高价值专利培育项目1家（华润微集成电路（无锡）有限公司），省级“正版正货”示范街区项目1家（无锡百联奥特莱斯商业有限公司），省级“正版正货”承诺企业16家，全省首批创新管理知识产权国际标准实施试点立项单位10家；市级战略推进项目1家（江苏云工场信息技术有限公司），市级高价值专利培育中心项目2家（无锡飞翎电子有限公司、无锡锡洲电磁线有限公司），市级产业知识产权联盟项目1家（无锡市信息化协会），市级产业知识产权导航项目1家（无锡太湖国际科技园管理办公室）。（尹岱轩）

【知识产权融合创新】 2023年，新吴区完善知识产权管理目标规划，出台《无锡高新区（新吴区）知识产权高质量发展暨知识产权保护示范区建设三年行动计划》，召开方案发布会；修订知识产权政策，拟订《高标准推进知识产权强国示范区建设和争创知识产权保护示范区的实施意见》，成立知识产权战略推进领导工作小组，系统性升级知识产权奖补政策管理体系；在全市率先开展知识产权强企培育工程，完善入库培育、梯队建设、动态管理的知识产权梯度企业培育工作体系，完成企业培育14家，三年内计划培育企业超100家；开展知识产权金融赋能工程，推动无锡市首单知识产权证券化ABN项目落地，储架注册额度5亿元，首期发行金额为6800万元，惠及企业8家，底层资产涉及知识产权78项。推动全市首单数据知识产权融资落地新区，完成知识产权质押融资备案金额17.85亿元，同比增长93%，占全市质押融资备案额的18%。（尹岱轩）

【知识产权全面保护】 2023年，新吴区严格监督审查和执法办案，前三批次非正常专利申请累计撤回率达98.4%，第三批次非正常专利申请撤回率达100%。完成市下发“双随机”检查任务，完成知识产权案件21起、行政裁决案件1起、移送公安案件1起。完成贯标企业核查超400家，专利商标机构代理行为核查超50家；提升企业自我保护效能，推动知识产权保险工作，全国首单集成电路布图设计知识产权保险、全国首单知识产权全周期保险、全国首例海外维权“双险”、全市首单知识产权海外侵权责任保险。企业投保的知识产权69件，累计保费32万元，同比增长276%，保额1298万元，同比增长360%，保险保费和投保额度均位列全市第一；构建知识产权保护服务体系，开展海外维权援助服务中心、企业上市服务中心、转移转化服务中心、生物医药食品服务中心知识产权评估金融服务中心5个知识产权服务载体筹建工作，组建知识产权专家库，进一步提升全方位保护效能。（尹岱轩）

信用管理

【制度建设】 2023年，区发展改革委联合街道推行“园区＋信用＋N”创新管理与服务试点工作，区数字和政务局出台《无锡高新区（新吴区）审批监管执法信用闭环管理办法（试行）（征求意见稿）》，进一步完善审批领域信用体系建设，补齐制度短板，为审批监管失信联合惩戒筑牢制度基础。（朱坚）

【信用信息归集】 2023年，新吴区做好行政许可和行政处罚“双公示”，持续加强信用信息归集，按照省、市统一部署，开展行政强制、行政奖励、行政裁决、行政确认、行政监督检查5类行政管理信息报送工作，实现报送全覆盖。（朱坚）

【新型监管机制】 2023年，新吴区建立健全以信用为基础的新型监管体系，创新监管制度、监管理念和监管方式。根据《高新区（新吴区）构建以信用为基础的新型监管机制优化营商环境实施方案》，在工程建设、交通运输、安全生产、商贸流通、生态环境、医疗卫生、社会保障、文化旅游、养老服务等重点领域推进实施信用监管示范工程。开展信用承诺清单制管理，编制信用承诺事项清单，建立信用承诺信息报送机制。推动相关部门加强事中事后监管，将履约践诺情况纳入主体信用记录，形成信用承诺闭环管理。（朱坚）

【“园区＋信用＋N”监管服务创新试点】 2023年，新吴区围绕全市“465”现代产业集、“3010”重点产业链发展规划，运用大数据（公共信用数据、征信平台数据、第三方全国数据），构建产业图谱、透析产业链，摸清产业家底，加强前瞻研判。鼓励支持各园区结合区域和行业特色，结合各领域信用服务需求，创新设计守信激励服务产品，推动“园区＋信用＋N”更多应用场景落地。组织鸿山旅游度假区、空港经济开发区和无锡企业征信有限公司进行对接。征信公司通过企业信用数据收集、数据分析、运行机制、信息项目清单等情况，为特色园区提供可点的数据应用

“菜单”。特色园区结合自身发展进行“点菜”，利用“园区 + 信用 +N”监管服务平台，以企业信用大数据作为园区“稳定器”，将企业的经营管理、财务状况等进行数据归集和分析，构建精准的企业信用画像，实现数据共享，探索信用场景应用新模式。（朱坚）

【信用惠企便民】 2023 年，新吴区发挥融资信用服务平台作用，打出信用融资惠企“组合拳”，挖掘信用惠企深度，拓展惠及面，提升平台服务功能、服务效率和服务水平，满足中小微企业融资需求。发动相关部门和街道加快融资信用服务平台的推广和注册工作，精准发力，主动出击，提升企业对融资信用服务平台的认知度和使用率，确保注册、认证、授权企业数在新吴区 20 万家市场主体中分别占比达 20%、10%、10%。（朱坚）

【信用问题专项治理】 2023 年，新吴区根据《国家发展和改革委办公厅关于进一步深入开展“屡禁不止、屡罚不改”严重失信违法行为专项治理的通知》文件要求，坚决治理部分市场主体诚信缺失问题，维护公平诚信的市场环境，开展“屡禁不止、屡罚不改”严重违法失信行为专项治理工作。全区 17 家涉“屡禁不止、屡罚不改”严重违法失信企业中，13 家按照相关文件要求，签订了信用承诺书，并报送至市公共信用信息平台，成功完成信用修复；3 家被列入异常经营名录、1 家进入破产程序，均已退出治理台账。（朱坚）

【信用修复】 2023 年，新吴区根据省、市关于做好行政处罚信息信用修复提醒服务工作的通知要求，引导和服务行政相对人主动纠正违法失信行为，保障信用主体合法权益，全力为企业纾困解难、赋能加力。按照“谁处罚、谁提醒”原则，在具有行政执法的职能部门开展行政处罚信息信用修复提醒服务工作。在安全生产、城市管理、生态环保、市场监管、劳动保障、住建交通、街道综合行政执法等领域全面落实提醒服务，实行两书送达。保障企业周知信用修复，增加信用修复数量，满足企业信用修复需求，扩大社会信用体系建设设宣传覆盖面和影响力。企业信用修复数量持续增加，完成信用修复 1142 件。（朱坚）

数字经济产业

【概况】 新吴区将数字经济作为推动高质量发展的新引擎，强力推进数字产业化和产业数字化，推动数字经济和实体经济深度融合，赋能传统产业转型升级，打造具有国际竞争力的数字经济示范区。2023年，全区拥有数字经济核心产业规模以上企业337家，产业规模达到2806亿元，总量居全市第一，以全市23%的数字经济规模以上企业占比，贡献了超过40%的产业营收，累计培育数字经济领域国家级“小巨人”企业23家，上市企业10家。（过雪东）

【产业集聚度】 2023年，新吴区大力发展以物联网为龙头的数字产业，物联网、集成电路2个千亿级数字经济产业集群，领跑全国，无锡先导智能装备股份有限公司、朗新科技集团股份有限公司、无锡芯朋微电子股份有限公司等龙头企业集聚成势。物联网产业规模达到2890亿元，约占全市的三分之二、全国的十分之一，整体产业水平和产业规模处于全国同类区域领先地位，打造世界级先进制造业集群；集成电路产业规模突破1500亿元，占全市的三分之二、全国的九分之一，获批国家级创新型产业集群，蝉联中国集成电路园区综合实力第二名；软件和信息技术服务业规模突破950亿元，同比增长13.53%，产业规模稳居全市第一，发展质量保持全市领先位置，有力地支撑无锡市“中国软件特色名城”的创建。（过雪东）

【企业智造度】 2023年，新吴区深入推进制造业“智能化改造、数字化转型、网络化联接”工程，加快培育代表未来智能制造水平的“标杆企业”。新增国家级智能制造领域示范工厂、优秀场景等品牌4个，其中智能工厂实现全市零的突破；新增省级智能车间、示范工厂等各类品牌90余家次。拥有灯塔工厂2家、国家级智能制造标杆企业3家、国家级智能制造示范工厂1家、国家级智能制造优秀场景3个，国家级工业互联网试点示范项目4个，省级智能工厂8家、智能车间83个，市级智能工厂32家、智能车间208个，数量处于全国县(市)、区前列，标杆数量领跑全市，智能制造能力成熟度蝉联全省区、县第一。（过雪东）

【数字基建】 加快5G、工业互联网等新型信息基础设施建设和应用，开通5G基站2500余个，基站密度每平方千米约11.5个，实现全区域全覆盖。加快推进5G+融合应用，赋能行业数字化转型，全面推进“5G+工业互联网”融合应用，探索5G应用由生产浅层应用向设计研发、生产控制等深层次延伸，打造标杆示范，培育一批可复制可推广的新业态新模式，培育建设省级以上5G工厂4家，获批“5G+工业互联网”融合应用先导区，入选全国首批15家“工业互联网平台+园区”试点示范。（过雪东）

物联网产业

【概况】 2023年年末，新吴区物联网产业规模达到2890亿元，约占全市的三分之二、全省的三分之一，产业呈现集群式发展的良好态势，整体产业水平和产业规模处于全国同类区域领先地位。（过雪东）

【重大项目】 2023年，新吴区持续推进中电海康无锡物联网基地、朗新科技产业园、先进感知中心等一批重大项目开工建设，为产业发展不断注入新动能。深化物联网特色小镇建设，打造智能传感器、智慧体育、中船海洋等特色产业园区，先后获批工业和信息化部新型工业化产业示范基地·电子信息(传感网)、科技部智能传感系统创新型产业集群等一批国家级产业发展品牌，物联网MEMS传感器产业集群入选省级中小企业特色产业集群，初步形成了“园区＋平台＋生态＋集群”的产业发展路径。（过雪东）

【生态培育】 2023年，新吴区先后出台《无锡高新区（新吴区）物联网产业高质量发展三年行动计划》、《无锡高新区（新吴区）人工智能高质量发展三年行动计划》、促进新一代信息技术产业高质量发展以及推进数字化转型和智能化变革的政策意见等一系列政策文件；加大交流合作交流，高质量举办世界物联网博览会，为支撑物联网等新一代信息技术产业发展构筑良好环境。（过雪东）

【创新成果】 2023年，无锡市富华科技有限责任公司、无锡市德科立光电子技术股份有限公司等企业产品获国家科学技术进步奖二等奖；无锡英臻科技有限公司、无锡物联网创新中心有限公司、捷普电子（无锡）有限公司、江苏中科西北星信息科技有限公司等多家企业项目获评工业和信息化部示范项目；无锡中科光电技术有限公司、无锡日联科技股份有限公司等物联网领域重点企业获工业和信息化部专精特新“小巨人”企业；高新区位列“中国十大传感器产业园区发展与科创能力排行榜”第三；培育了一批掌握标准话语权的优势企业，牵头及参与制定了18项国际标准、61项国家标准。（过雪东）

人工智能和机器人产业

【概况】 2023年，作为国家传感网创新示范区核心区，新吴区充分发挥物联网和智能装备两大产业集群优势，聚焦智能控制、核心零部件、本体制造、系统集成等产业链核心环节，加快完善产业链条、提升产业能级，积极构建产业生态体系，打造人工智能和机器人产业技术高地、应用高地、产业高地。人工智能及机器人产业营收规模161亿元，同比增长16%。（过雪东）

【创新成果】 新吴区形成了一批人工智能和机器人领域成果，产品逐步占据国内外主流市场。中电海康无锡科技有限公司将机器人研发与人工智能技术相结合，研发出面向应急救援、特种环境巡检等多款小微特种机器人AI终端产品。无锡灵汐类脑科技有限公司的类脑芯片KA200，能高效支持深度学习神经网络、生物神经网络和大规模脑仿真，入选国家“十三五”科技成就展。无锡雷创深度感知科技有限公司将人工智能技术融入毫米波雷达，提升了60%的探测距离，将干扰降到原来的六分之一。闪耀现实（无锡）科技有限公司研发了全球领先的消费级增强现实AR眼睛，在视觉成像、空间算法等技术层面取得实质性突破。康骨微创医疗器械科技（无锡）有限公司研发针刀医疗可视化手术机器人、射频穿刺导航机器人，实现中医学应用宏观与微观结合的独特治疗理念及精准化超微创治疗。（过雪东）

【应用场景】 2023年，新吴区强化物联网、人工智能等新一代信息技术在各领域的融合创新，形成了一批应用场景。无锡祥生医疗科技股份有限公司的乳腺人工智能软件是全国第一个通过中国食品药品检定研究院国家级三类医疗器械检测报告的超声AI产品；无锡小天鹅电器有限公司围绕智慧家居推动智能洗衣机与人工智能技术融合应用，产品获得人工智能科技进步奖三等奖。无锡太机脑智能科技有限公司开发国内首个通过国际认证的汽车实时操作系统及开发平台，发布国内最早的低速无人驾驶车辆——智能萝卜车。大族机器人（江苏）有限公司的产品广泛应用于低压断路器检测上下料、自动化加油、药房药品发放、医用药剂检测等多个工业、服务业领域。无锡江南智造科技股份有限公司具备物流机器人、特种机器人定制开发能力，能够控制多个AGV智能机器人在智能仓储、智能工厂环境中实现智能任务调度，具备多机协同完成复杂工作的能力。（过雪东）

【产业生态】 加快发展特色产业创新载体，培育建设人工智能和机器人特色园，中电海康无锡基地全力打造小微特机器人产业集群园区；大族汉和机器人智能科技产业园占地100多亩，打造人工智能和机器人生态圈及产业链。举办人工智能发展峰会等学术论坛，强化合作交流，营造产业发展生态；支持无锡市人工智能学会、无锡机器人创新中心等产业促进组织发展，加强成果转化与政企合作，鼓励机器人企业参与各项开源项目，利用开放资源提升创新水平。（过雪东）

集成电路产业

【概况】 无锡高新区（新吴区）作为无锡集成电路产业的主要集聚地，承载了国家“908”工程30年发展的厚重积淀，形成了产业链布局完整、上下游企业互为支撑和龙头企业集聚的特点优势，符合国家“主体集中、区域集聚”原则。先后获国家集成电路设计（无锡）产业化基地、微电子国家高技术产业基地、无锡国家“芯火”双创基地（平台）和国家集成电路特色工艺及封装测试创新中心等称号。全区集聚集成电路企业

500余家，涵盖了“设计、制造、封测以及支撑配套业”等产业链全环节。2023年，集成电路产业营收1554亿元，同比增速14.9%，全市占比75%。（熊涛）

【顶层设计】 2023年，新吴区出台《无锡高新区关于进一步加快推进集成电路产业高质量发展的政策意见（试行）》，编制《无锡高新区新一代信息技术产业“十四五”专项规划》《无锡高新区集成电路产业“十四五”规划》《无锡高新区（新吴区）国际集成电路创新园规划》以及集成电路产业集群三年行动计划等政策性文件，为推动产业发展提供全方位“生态土壤”。（熊涛）

【集聚区建设】 2023年，新吴区集成电路龙头企业集聚，设计环节有无锡芯朋微电子股份有限公司、无锡新洁能股份有限公司等科创板和主板上市代表企业，以及无锡灵汐类脑科技有限公司、无锡舜铭存储科技有限公司等企业在涉及人工智能、存储器等领域的布局；晶圆制造环节有各类产线11条，涵盖数字逻辑、模拟射频、功率器件、MEMS和DRAM等工艺平台，其中包含SK海力士半导体（中国）有限公司10纳米工艺DRAM和华虹（无锡）集成电路研发和制造基地等12英寸产线、海辰半导体（无锡）有限公司和无锡华润上华科技有限公司等8英寸产线；封测环节集聚了华进半导体封装先导技术研发中心有限公司、海太半导体（无锡）有限公司、无锡华润安盛科技有限公司等代表先进封装技术的企业，拥有2.5D/3DTSV互连等国际领先的研发、量产封装工艺；设备配套环节集聚了江苏微导纳米科技股份有限公司、无锡邑文微电子科技股份有限公司和无锡卓海科技股份有限公司等一批具有发展潜力的设备研发生产企业。（熊涛）

【品牌建设】 2023年，新吴区举办中国集成电路创新联盟大会、江苏省集成电路企业家座谈会、中国半导体设备年会和封测高峰论坛集成电路产业重大活动，为突破产业发展“瓶颈”提供无锡方案。指导海力士半导体（中国）有限公司七期项目、华虹（无锡）集成电路研发和制造基地等重大项目依序实施；无锡国家“芯火”双创基地（平台）、国家集成电路特色工艺及封装测试创新中心通过验收。（熊涛）

【企业成果】 2023年，新吴区集成电路企业华进半导体封装先导技术研发中心有限公司获“国家科学技术进步奖一等奖”；无锡华润上华科技有限公司、芯朋微电子股份有限公司、新洁能股份有限公司获“国家技术发明奖二等奖”；无锡华润微电子有限公司获“中国半导体MEMS十强企业”称号；华润上华科技有限公司获“中国专利奖”优秀奖；无锡华润微电子有限公司、芯朋微电子股份有限公司、新洁能股份有限公司、无锡力芯微电子股份有限公司、江苏微导纳米科技股份有限公司、无锡盛景微电子股份有限公司6家企业成功上市；5家企业被认定为国家鼓励的重点集成电路设计企业；5家集成电路企业入围首批试点国家高新区“创新积分500”企业名单等。（熊涛）

软件与信息技术服务业产业

【概况】 新吴区软件和信息服务业多年来持续保持两位数增速，产业规模稳居全市第一，发展质量保持全市领先位置，支撑了无锡市“中国软件特色名城”的创建。2023年，软件和信息技术服务业营收957.09亿元，同比增长13.53%，占全市总量的45.96%。其中规模达50亿元以上企业1家、10亿元以上企业10家、亿元以上企业62家。无锡市朗新科技有限公司入选国家软件百强企业，连续3年稳定提升至第60位。江苏曼荼罗软件股份有限公司入选工业和信息化部大数据产业发展示范名单，无锡镜子信息技术有限公司入选国家级智慧健康养老应用试点示范名单。6家企业入选省规划布局内重点软件企业，4家企业入选省“专精特新”软件企业。（熊涛）

【政策规划】 2023年，新吴区编制出台《无锡高新区关于促进新一代信息技术产业高质量发展的政策意见》《无锡高新区软件产业集群发展三年行动计划》《2023年度无锡高新区软件产业集群发展工作要点》等政策文件，引领软件产业高质量发展。（熊涛）

【产业发展】 2023年，新吴区引导软件产业集聚发展，重点聚焦工业软件、基础软件、开源软件和信创等产业方向，发展壮大无锡飞谱电子信息技术有限公司、无锡芯享信息科技有限公司、江苏汤谷智能科技有限公司、江苏海宝智造科技股份有限公司等工业软件企业，支持鸿湖万联（江苏）科技发展有限公司、无锡泛太科技有限公司、无锡质云物联科技有限公司等开源企业发展，推进无锡高新区数字城市信创先导区和永中软件“基于国产基础软硬件的人工智能信创实验室”省级信创实验室建设。入选省工业软件优秀产品和应用解决方案推广名单4个、省重点领域首版次软件产品应用推广指导目录8个、省级大数据产业发展示范名单1个，入选数量均位列全市第一。在全市最早布局元宇宙和区块链产业，聚集元宇宙相关企业20家，其中元宇宙潜力200强企业3家、上游底层技术类企业9家、下游终端终端产业和生态应用类企业11家，产值规模达500万元以上企业9家。全区22个区块链项目获国家网信办备案，遥遥领先全市，江苏恒为信息科技有限公司作为无锡市区块链产业联盟会长单位，蝉联“中国产业区块链企业100强”。10月，中国电子技术标准化研究院华东分院与无锡高新区签约共同建设区块链测评中心。（熊涛）

1月18日，全省首个长三角跨省远程异地协调系统试运行完成　（区政务和数据局　供图）

【信创产业】 2023年，新吴区推进江苏省信息技术应用创新产业生态基地二期规划建设，打造全省信创公共服务平台，完善信创产品及解决方案适配体系。有33家信创企业加入江苏省信创工委会，8款信创产品进入国家信息技术应用创新产品目录，21款信创产品进入江苏省信息技术应用创新产品图谱，19个项目入围江苏省信息技术应用创新优秀解决方案名单，1家企业项目入围全国信创典型解决方案。（熊涛）

【产业生态】 2023年，新吴区举办“工业和信息化部软件年报（2022年度）培训会暨软件产业政策宣讲会”、世界物联网博览会商用密码峰会、开源大赛路演活动及首届开放原子开发者大会等活动，主办开源软件产业沙龙活动，组织企业参加中国软博会、商用密码大会、信创论坛等行业重大活动，搭建行业交流平台，持续擦亮品牌。（熊涛）

数字新吴

【数政融合】 2023年，新吴区加快数字新吴建设，发挥数提数转工作领导小组办公室牵头抓总作用，获智能制造、智慧养老、智慧教育等国家级优秀示范案例2个，省级表彰3项，助力新吴区创成市级数字化转型促进中心1家，入围2023无锡大数据领域十大新闻评选2条，重点打造数字化转型优质场景12个，入选星级场景4个。完成全市首笔市、区线上大数据交易合约。加快“一网通办”建设，开展长三角政务服务领域跨省电子证照线上应用，发布“证照一码通”“融驿站”和“苏陕通”等17款应用。加快锡企服务平台建设，配套出台“1+3+N”管理制度，发布政策133条，发布申报项目161项，专区访问人数1828人次，企业激活数54061家，均居全市前列，开展惠企直播间活动2场。（陈泽宇）

【数字城市】 2023年，旺庄街道、江溪街道建成国家智慧健康养老示范街道，无锡中科西北星科技有限公司、江苏微桔智能科技有限公司、无锡镜子信息技术有限公司等企业获上级多项智慧养老案例评奖。教育大数据二期项目助力25家中小学极课大数据应用资源实现全覆盖；获评“江苏省智慧教育样板区培育区”；无锡柠檬科技服务有限公司、无锡松草蓝柏科技有限公司等企业建设智慧教育成果在全国得到推广。“锡慧停”公司“全域智慧停车云平台”获“2022中国城市停车平台公司创新标杆”。朗新科技牵头建设的“新电途电动汽车聚合充电服务平台”有效整合全国90%以上的充电桩资源，编织“全国充电一张网”。区内公交通过智能化系统完成卫星定位技术和无线通信技术改造，实现车辆运营调度的信息化、实时化、科学化、无纸化。无锡智慧体育产业园依托“互联网＋体育”建设成果，获评“江苏省特色类体育产业基地”。（陈泽宇）

【数字要素】 2023年，新吴区强化区域数字要素资

4月，区政务服务中心获市2022年度践行新理念、赋能新发展“数字无锡”先进集体称号

（区政务和数据局　供图）

源统筹和数据共享应用，出台区域数据共享和数据安全管理办法，完全区域所有单位数据目录全覆盖梳理，推动公共数据资源整合，公共数据分级分类。推动灵锡公司、智慧新吴公司、无锡大数据交易公司进行全市首笔市区线上大数据交易，就数据市场化交易、应用、安全等工作签署数据运营战略协议。探索数据跨境流通，依托综合保税区区位优势，筹建无锡高新区数字服务出口基地，起草数字服务出口基地建设及数字贸易发展研究报告，争取江苏省数字贸易统计试点。探索数据跨境交易，打造捷普绿地数据跨境流通案例。（陈泽宇）

数字治理

【数据治理】 2023年，新吴区组建数据治理工作专班，整理接入数据，核实已接数据的完整性、实时性、有效性，形成数据关系图谱。以市级“一人一档”“一企一档”等主题数据为基础，结合区级数据资源，构建具备新吴特色的人口库、法人库和空间地理库。实现数据标准化、规范化、高可用，实现对数据资源的管控、汇聚、共享，“数”智赋能新吴区智慧应用。推进视频汇聚。优化视频汇聚平台，推进新建项目和社会面视频接入，完成五洲国际视频、梁鸿湿地公园等景区视频接入工作。主动开展视频治理工作，依托无锡市“城市之眼”治理成果，精确点位坐标，提高视频质量。（陆浩昱）

【云网建设】 2023年，新吴区着力提升政务网络管理能力，开展全区电子政务外网情况自查，全面摸排区政务外网资产状况，积极推进新吴区政务网改造准备工作，优化政务网管理与部署。做好政务专网和政务外网账号申请批复和归档工作，完成全区70多个部门政务网账号使用情况统计摸排，及时释放资源。优化完善政务云工作。科学谋划全区政务云资源配置，规划全区新建政务云网络拓扑图，进一步提高政务云工作效率和成效。加强网络安全防护与数据安全保障。顺利完成全国两会期间、重大节庆期间网络安全保障工作。做好整体网络安全自测防护，实时监测全区政务外网安全态势，主动开展区级网络安全攻防演练，同时对上级检测到的网络安全隐患及时处理。加强数据安全运行管理，严格按照省、市数据安全运维保障机制和数据共享安全监管机制要求，明确各方权责，增强数据安全预警和溯源能力。（陆浩昱）

【数字底座项目】 2023年，区城运中心数字底座项目作为“一网统管”业务基础支撑体系，搭建智慧城市解决方案的基础共性能力库。调研学习先进地区优秀实践经验，探索一网统管“1+X+N”的建设模式。8月，数字底座项目启动建设，通过提炼和汇聚各部门、各领域场景应用建设所需，构建形成能力中台，建设统一身份认证体系和工单系统，规范账户体系和业务流程；提供时空地理信息接口，结合3D超图数据实现建筑的单体化建模，完善地图数据，打造地理信息“一张图”；部署“城市之眼”，建设视频运维、算法调度中心，结合人工智能算法，深度挖掘视频价值，充分发挥“看见”功能；建设物联网平台，统一归集物联数据。构建数据中台，建立智能化、模块化的数据服务平台，推进数据标准规范化建设、字段关联、多源融合等工作，提供开放数据集市，实现数据横向流动、纵向贯通。构建安全中台，保障信息化系统安全可靠运行，切实筑牢数据安全防线，该项目完成主要功能建设。（陆浩昱）

总部经济

综述

【概况】 根据市政府2023年度总部经济高质量发展工作要点的要求，无锡高新区(新吴区)推进总部经济高质量发展，构建完善省、市、区三级总部经济体系，区级总部经济工作三年行动计划顺利完成，在2023年初完成所有区级总部企业的复核。完成认定市级总部经济企业20家，全市占比三分之一；板块总部经济企业平均营收增幅6%以上。 (周立平)

【总部经济规模扩大】 2023年，新吴区注重总部经济板块高端扩容，申报省商务厅跨国公司总部5家，获批2家，累计获批省级总部经济企业23家，在全市占比40%以上。比利时AQIOGROUP集团中国区总部、卓品智能科技总部、奕拓医药总部等国内外龙头总部项目落户无锡高新区(新吴区)，新增各层级总部概念项目40个。 (周立平)

【总部项目引培】 2023年，新吴区加强总部项目的引进和培育，服务已有的20家市级总部企业，做好资金拨付和管理服务工作，督促提醒企业做好资金规范使用的台账记录，获批市级总部经济企业奖励资金570万元，全市占比近六成，做好年底申报新一批市级总部经济企业的发动及受理工作。无锡高新区(新吴区)总部经济三年行动计划(2020—2022)收官，2023年年初，在三年行动计划近300家初评区级总部经济企业基础上进行复核，最终认定区级总部经济企业227家，以占全区纳税主体总数0.27%的数量比例，贡献了超60%的财税收入，成为推动高质量发展的绝对主力军；工厂总部化持续推进，继2020—2022年完成141家工厂总部化的情况下，又完成40家企业的工厂总部化。2020—2023年累计新引进各层级总部概念项目157个。 (周立平)

【总部经济奖补政策】 根据无锡高新区《关于推动科技创新创业的实施意见》《无锡新区软件和服务外包、新兴信息服务、文化创意、IC设计企业类别认定办法》和《实施细则》《关于实施创新驱动建设一流高科技园区的若干政策意见》(“创新12条”)以及“集成电路十条”“生物医药十二条”产业扶持新政，各类国家级、省级、市级产业扶持资金纳入无锡高新区已有产业政策分类管理，配套支持资金以已有支持口径为主，总部经济奖励配套重点体现在重点规上企业的一事一议协议中的扶持政策，产业发展资金关联相关重点扶持内容。 (周立平)

【双招双引】 2023年，新吴区围绕产业规划，实施“双招双引”工程，招引亿元以上重大产业项目100个以上。推动阿斯利康(无锡)贸易有限公司、SK海力士(无锡)投资有限公司、中电海康无锡科技有限公司、无锡先导智能装备股份有限公司、朗新科技集团股份有限公司、无锡特康精密科技有限公司等行业领军企业为主体建设“龙头生态产业园”，在用地、资金、人才等方面优先保障，全力支持龙头企业投资、培育、招引生态链相关企业，打造细分行业创新生态圈，促进总部经济集聚发展。 (周立平)

重点企业简介

【GE医疗无锡工厂】 GE医疗中国在北京、天津、上海、无锡拥有四大生产基地、五大工厂，近7000名员工，包括一支约1200名的研发和应用工程师团队。GE医疗无锡工厂于1996年成立，占地面积30000平方米，从事超声、呼吸机、麻醉、心电、患者监护等临床护理设备的研发和生产。拥有研发工程师超500

人，累计开发新产品70多款，发展成为GE医疗全球最大的超声研发中心和产品线最为全面的临床诊断医疗产品生产基地。GE医疗无锡工厂积极推动信息化全流程管理，不断深化科技创新，带动产业升级，被授予无锡高新区科技贡献30强企业，被江苏省科技厅授予"外商研发机构和外商投资先进技术企业"称号。2020年，被江苏省工业和信息化厅认定为省级企业技术中心、被江苏省商务厅认定为首批江苏省服务贸易重点企业之一。（周立平）

【央视国际网络无锡有限公司】 中央广播电视总台央视网的全资子公司，成立于2011年12月，注册资本5000万元，有本科以上员工超过500人，是认定的国家高新技术企业、江苏省生产性服务业领军企业、江苏省重点文化科技企业、江苏省重点软件企业、江苏省三网融合创新基地，是国内最早从事新媒体内容审核服务的权威机构之一。公司以"融媒体产业链条综合服务商"为战略定位，拥有涵盖"策—采—编—审—发—评"等融媒体全链条服务能力，面向数字内容产业链各方提供专业、优质、高效的融媒体服务，构建有媒资业务、审核业务、大数据业务、制作业务、技术服务五大业务集群，全面覆盖媒资编目、内容加工、内容审核、内容运营、视频制作、标签标注、大数据分析、移动直播、技术研发及运维等方面，全面支撑总台CGTN、央视新闻、央视频、央视网、中国互联网电视、中国IPTV、手机电视等多个国家级新媒体平台，服务客户包括国家部委、地方政府部门、文旅企业、广电新媒体产业链上下游单位、华为、BAT等。公司在视频云计算、媒体大数据和人工智能领域有着10余年的技术积累和众多创新成果，在无锡建设有存储总量超过265万小时的亚洲最大的广电在线视频媒资库，打造的"清晏审核"与"博闻大数据"已成为业内知名品牌。公司在无锡高新区建设有江苏省首个视频新媒体技术博士后工作站、江苏省新媒体人工智能工程技术研究中心、江苏省媒体数据云平台工程中心、江苏省软件企业技术中心4大省级重点科研机构，自研"智慧媒资""智能审核"等系统超过170项，企业累计获国家和省、市级称号110余项，承担国家部委及省、市级科研项目数十项，在音视频、大数据和人工智能等领域拥有发明专利等自主知识产权超过200项，其中国家发明专利授权27项，十年时间发展成为国内领先的视听内容制作服务机构、权威的新媒体信息安全风险管控机构及媒体大数据服务机构。（周立平）

【华润华晶微电子有限公司】 是致力于半导体集成电路和功率半导体器件的设计研发、生产及销售的专业半导体公司，是一家国家高新技术企业，多年来业务呈现出良好的发展态势。公司产品主要面向消费类电子和工业控制等领域，如彩电、计算机、电子照明、UPS、电动车、手机等各类电源、新能源和汽车电子等，公司通过TS16949汽车电子质量体系论证，是国内规模领先、品牌优异的专业功率半导体器件供应商之一。华润华晶公司基于光伏及新能源汽车等领域专业开发的半导体功率器件方案，不仅加速了国内功率半导体器件的国产化进程，解决终端客户由于国外厂商的供货短缺问题，在性能上，通过合作开发解决了客户对整机效率提升和可靠性等问题，公司通过批量生产的半导体功率器件产品，在国内知名企业如海信集团有限公司、赛尔康技术（深圳）有限公司、美的集团等获得优秀供应商称号。（周立平）

【捷普电子（无锡）有限公司】 是在无锡高新综合保税区内设立的独资子公司。主要从事电子产品的代加工，同时也开展研发和新品原型试产，售后维修检测服务。公司奠基于2004年9月，投资总额为9800万美元，注册资本为5400万美元。拥有员工约6000人，为全球世界多家著名电子公司提供通信、存储、IOT、新能源、智能仪表、半导体设备、电子消费类产品的设计、制造和售后服务，拥有100多项发明实用新型等专利，是海关AEOAA高级认证企业，全国第一批获得售后维修服务准证，获总公司第一个"全球最佳精益工厂"称号，并连续7年在公司全球"传递卓越"比赛中获得冠军，被誉为国际行业标杆工厂。是工业和信息化部全国十大"5G+工业互联网示范试点项目"之一，连续两年成为无锡市"最佳雇主"，是2020年度"区长质量奖"得主，获得"智能制造成熟度4级"认证，被授予"江苏省示范智能车间"、"省级绿色工厂"、"市级智能示范工厂"、省级"5G全链接工厂"、"优秀外资企业"，以及江苏省和无锡市"工人先锋号"等称号。是江苏省企业研究生工作站，江南大学等5所大学科研、学生社会实践基地，江苏省信息化协会、江苏省新能源协会副会长单位；国际卓越运营协会无锡会长单位。（周立平）

【无锡力芯微电子股份有限公司】 成立于2002年，注册资本8960万元，为国家高新技术企业、国家鼓励的重点集成电路设计企业，已在科创板上市（股票代码688601）。公司主要从事高性能高可靠电源管理芯片的设计与销售，为国内"电源管理芯片——线性电源稳压芯片"细分领域龙头企业，通过欧盟CE认证、ISO 9001、ISO 14001、知识产权体系认证，为江苏省“专精特新”中小企业、省技术先进型服务企业、省民营科技企业、省半导体行业协会副理事长单位、无锡市准独角兽企业、市服务贸易先进示范企业，获江苏省、无锡市科技进步三等奖各1项。公司拥有研发人员159人，占员工总数61%，2022年度研发费8823万元，近2年研发费总额占营收总额比重超10%；建一流研发生产场地17000平方米，拥有国际顶级EDA设计平台等价值2000多万元的先进软硬件；建有江苏省软件企业技术中心、江苏省工程技术研究中心，企业实验室通过CNAS认证，与东南大学、江南大学建立产学研，具备向三星、小米、荣耀等国内外知名便携式消费电子终端企业提供线性电源稳压芯片的定制化设计服务能力，“力芯微”品牌的线性电源稳压芯片作为国内标杆，获得了市场的广泛认可。（周立平）

无锡高新区综合保税区

【概况】 无锡高新区综合保税区（以下简称综保区）由原无锡出口加工区转型升级而来，有注册企业75家，从业人员3.3万人，集聚了全市进出口重点企业，协议注册外资53亿美元。2023年，在全国448个工业主导型开发区土地集约利用评价中排名第一；SK海力士半导体（中国）有限公司七期项目获评“2022年度无锡市招商银牌项目”；综保区以全省得分第一名的成绩获评“无锡市首个江苏省节水型工业园区”。经济运行整体平稳向好，完成工业总产值896亿元，同比增长0.7%；完成财政总收入47亿元，同比增长9.5%。完成规模以上服务业营收18.5亿元，同比增长16%。完成限额以上批发业销售额479亿元；完成进出口总额1400.3亿元，占全市份额20%。投资9个重大项目，完成固定资产投资240亿元，同比增长28%，年度完成率175%。新增总投资150亿元SK海力士半导体（中国）有限公司七期二阶段和总投资50亿元无锡村田电子有限公司三工厂2个重特大固定资产投资项目入库，实现当年开工当年入库，完成投资超200亿元。（方丹）

【双招双引】 2023年，综保区签约落地中电科电子装备集团有限公司、盛美半导体设备无锡有限公司、韩国纳科新微电子有限公司、芯纳百川（无锡）半导体科技有限公司、中韩半导体基金等一批重点项目。推动敦南微电子（无锡）有限公司、海立马瑞利（无锡）汽车热管理系统有限公司、菲尼萨光电通讯科技（无锡）有限公司等多个优质重点项目回流综保区，推进包括航翊无人机、迪瑞医疗检测装备等一批战略性新兴产业项目。完成实际到位外资8043万美元，新批协议外资超3000万美元项目2个、超亿元项目备案13个，任务完成率100%，其中包括超100亿元项目1个，超10亿元项目2个。招引科技企业20家，完成率100%；在谈重点项目28个，涉及总投资约85亿美元。（方丹）

【创新驱动】 2023年，综保区推动跨境电商综试区建设，元一、无锡优培可捷供应链有限公司开拓“1210”出口海外仓业务，跨境电商海外仓出口金额达5775万美元。做大做强长三角电子元器件国际分拨中心，推动健适医疗无锡基地、无锡夏普电子元器件有限公司、朗润出海（无锡）科技发展有限公司、激光器产品、无锡优培可捷供应链有限公司等国际物流分拨项目，加快形成产业集聚效应。推动综保区全球维修检测中心建设，维修检测进出区货值达1.8亿美元，同比增长10%。（方丹）

【改革创新】 2023年，综保区推进增值税一般纳税人资格试点，13家“一纳”试点企业开票金额达18.2亿元、税额2.3亿元。深化通关便利化改革，推进智慧综保区建设，强化“区港联动”，探索“舱单分拨”模式、“同仓调拨”简化进出区管理等措施。（方丹）

【经贸合作】 3月，德国普发真空亚太区总部化项目落户无锡高新区。8月，无锡高新区、韩国纳科新公司、市产业集团签约合作，总投资2亿美元的半导体高端检测量测装备生产研发基地项目落地。8月，芯纳百川（无锡）半导体科技有限公司签约落地，并于当年启动建设。10月，综保区首家龙头型生物医药保税研发企业无锡长风医药科技有限公司设立研发账册，推动保税研发新业态发展。12月，威峰—晶宏电浆显示驱动IC设计项目签约落户无锡高新区。（方丹）

【园区环境】 2023年，综保区启动实施区本级固定

11月，无锡高新区综保区管理局东西部协作考察团走进宜川县第三小学开展对口帮扶　　（方丹　供图）

资产投资项目4个，项目总投入达9000余万元，年末累计完成投资额3000余万元。创建优美环境优秀单元，累计处置问题800件，按时整改率100%。推进“一企一策”，指导企业用足用好现有惠企措施，丰富智慧场景应用，联动多部门协调解决村田电子MLCC新工厂等重大项目用电、用水、热力等要素保障问题。严守安全生产底线。排查收集33家企业27个在用冷库和1个停用冷库安全底数信息，组织应急演练121次，参与员工44681名。组织安全生产检查76次，发现隐患52条，整改率100%。（方丹）

无锡空港经济开发区

【概况】 2023年，无锡空港经济开发区完成规模以上工业总产值620亿元，同比增长18%，总量位居全区第一，占全区9.5%；重点服务业实现营业收入70.85亿元；完成固定资产投资61.68亿元，其中完成工业投资23.8亿元，同比增长36.8%。完成一般预算收入19.78亿元，同比增长24.4%，占全区比重达7.5%。（空港经开区）

【双招双引】 2023年，无锡空港经济开发区围绕新一代信息技术、智能制造、生物医药、高端商贸等优势产业，强化项目招引，加速新质生产力培育。完成无锡安道供应链管理有限公司、江苏三联生物工程股份有限公司、无锡尚实航空装备有限公司等超亿元重大项目备案15个，总投资60亿元，其中超10亿元项目1个、超5亿元项目2个。新开工项目13个，竣工11个，其中列入省重大项目1个、市区级12个。无锡深南电路有限公司IC载板产品项目、格林美（无锡）能源材料有限公司二期等6个项目竣工。外资到位1118万美元，完成无锡嘉能电机技术有限公司、江苏新银叶传动机电有限公司、无锡军工智能电气股份有限公司等8宗共计14.53公顷土地出让。（空港经开区）

【科技创新】 2023年，无锡空港经济开发区新引进科技企业197家，申报国家高新技术企业121家，完成率列街道板块第一；入选国家级专精特新“小巨人”企业5家；通过认定入库雏鹰企业23家，瞪羚企业18家，准独角兽企业1家。香港理工大学无锡科技创新研究院正式启用并入选2023无锡“十大新闻”，哈尔滨工程大学联合创新中心揭牌，“I硕坊”“H硕坊”均入围无锡市科技创业孵化器。（空港经开区）

【人才引育】 2023年，无锡空港经济开发区入选国家重大人才工程1个、省双创人才1个、全区唯一的省级最高人才计划“登峰计划”1个，获省级专项扶持资金3000万元；市“太湖人才计划”项目5个，创业团队企业无锡市恒益健康科技有限公司实现全市特医食品注册证书“零突破”。（空港经开区）

【重大项目集中开竣工仪式】 3月31日，无锡空港经济开发区举行一季度重大项目集中开竣工暨江松科技光伏自动化设备二期项目开工仪式。集中开竣工项目共20个，总投资100.18亿元。其中，集中开工无锡江松科技股份有限公司光伏自动化设备二期、江苏三联生物工程股份有限公司化学发光免疫检测系统等项目10个；集中竣工无锡深南电路有限公司W2W9、格林美（无锡）能源材料有限公司正极材料及高值化循环利用等项目10个，涉及集成电路、智能装备、生命医药、新能源、新材料等战略性新兴产业。（空港经开区）

【香港理工大学无锡科技创新研究院】 2023年，位于无锡空港经济开发区（硕放街道）航空产业孵化园的香港理工大学无锡科技创新研究院正式启用。研究院与江苏亚太轻合金科技股份有限公司、无锡祥生医疗科技股份有限公司、无锡航亚科技股份有限公司等10家高新技术企业签约合作，将通过香港理工大学专家团队及其技术创新成果、研究院创新平台为企业提供技术服务，打造产学研合作新标杆，助力空港经开区经济社会发展，加快形成新质生产力。

（空港经开区）

无锡（国家）软件园

【概况】 无锡（国家）软件园园区规划占地面积1平方千米，建成载体面积86万平方米，在建载体39万平方米，配套投用2800套人才公寓，是无锡市内载体、企业规模体量最大的科技园区，建成一期创新创意产业园、二期软件外包园、三期传感网信息服务园、四期总部经济园等主要载体，五期、六期长三角数字经济产业园2022年11月开工建设。入驻各类科技企业近500家，从业人员超3万人，集聚永中软件股份有限公司、江苏金风软件技术有限公司、中科曙光信息技术无锡有限公司等一大批优质企业，以及集萃智能集成电路研究所、中科大信息安全联合实验室等一系列新型研发机构，园区有上市企业8家，孵化各类创新企业3000余家，五年获评国家级科技企业孵化器A类。2023年，园区企业总营收346亿元，税收15.94亿元。（魏薇）

【双招双引】 2023年，无锡（国家）软件园获年度“双招双引”综合优秀单位称号，新招引科企459家，符合高新技术企业培育项目130家、符合人才培育项目75家、一事一议过会项目31家、亿元以上项目2个。开展项目引进工作，洽谈58集团本地服务、汽车服务总部项目、江苏昇迪凡科技术有限公司、星思半导体、东大校友经济产业园、美团无锡分公司、360项目、哔哩哔哩游戏等多个重点项目。（魏薇）

【科技创新】 2023年，无锡（国家）软件园在比利时和德国成立无锡国家软件园创新中心，依托外部资源优势，加强双方在科技人才培训、技术转移、创新创业、项目孵化等方面的深度合作，推动中欧科技创新成果转化。在南京建立无锡软件园（南京）创新中心，合作对象为南京理工大学智能计算成像研究院，其聚焦于新型计算显微成像、高精度与超高速三维捕捉、激光合成孔径成像等关键技术领域，双方利用各自的行业优势、技术资源、客户资源及业务优势开展合作。（魏薇）

【企业服务】 2023年，无锡（国家）软件园建立“科技型中小企业—雏鹰企业—瞪羚企业—独角兽企业—上市企业”的创新型企业培育路径，精准锁定高成长企业培育群体。组织企业申报“专精特新”企业培育入库51家，新增股改摸排企业2家、上市后备企业5家、科技型中小企业评价入库274.5家，净增高新技术企业17.5家，其中迁入15家，科技企业孵化载体（市级以上）认定通过2家，入选区领人才38个、太湖人才7个，省双创人才入围3个；国家重大人才计划申报31个（含启明计划、火炬计划、博士后计划），入选项目1个（华辰芯光半导体科技有限公司的冷祥），实现国家级人才项目零的突破。通过开展系列科技双创活动，搭建企业服务平台，推进园区双创服务生态建设，举办活动30场。联合宁波银行、江苏银行等金融机构举办融资对接活动4场，参会企业29家次；联合开放原子开源基金会，承办2023首届开放原子开发者大会；承办软博会无锡城市馆，组织12家企业参展，联合江南大学、普华永道分别举办2023视觉与学习青年学者研讨会（VALSE）ChatGPT与计算机视觉论坛、无锡高新区数字经济及AIGC行业研讨会等各类活动，为园区企业搭建合作互通和对外交流的平台；举办工业和信息化部软件年报（2022年度）培训会暨软件产业政策宣讲会、2023年度高新技术企业申报培训、人社惠企政策宣讲会、“太湖微讲堂”软件著作权风险防范讲座等，参会企业210家次。（魏薇）

【人才培育】 2023年，无锡（国家）软件园开展“园区人才招聘专项调研”活动，通过举办太湖湾科创城IT人才专场招聘会、无锡市数字化人才交流会，吸引近20家企业参会，达成就业意向100人左右。（魏薇）

【“幸福iPark”文化品牌】 2023年，无锡（国家）软件园统筹无锡市工人文化宫、无锡市电子竞技协会以及全市各类金融机构资源，围绕“幸福iPark”十大系列活动品牌，开展电子竞技、篮球邀请赛、羽毛球精英赛、趣味运动会、人才徒步大会、暑期亲子游园会、女神节活动、七夕单身联谊、iPark好声音、文化创意集市10场文体活动，吸引太湖湾科创城内过百家企业超万名职工参与，提升iPark活力。（魏薇）

【基础设施建设】 2023年，无锡（国家）软件园五、六期项目建设按时推进，五期项目2栋高层完成至地上11层，次高层临近封顶，六期项目2栋主楼完成至地上6层，其余楼栋（9栋）同步推进。五期项目固定资产投资约7.2亿元，六期项目固定资产投资约5.1亿元，总计12.3亿元。年度投入近8000万元对园区进行提升改造，进一步完善配套设施和公共空间。提升园区商业配套品质，招引弹弹兽、Tims等知名咖啡品牌以及巧阿爸、京橘等连锁商务餐饮品牌。完成一期高标准网球场建设、体育公园一期的土地划拨的各类手续、建设iPark体育公园配套休息用房，场馆建设约5000平方米。加快软件园公寓品牌建设，杜鹃座、摩羯座、天蝎座公寓面向太科城企业出租。启动双鱼座、天秤座公寓改造提升工程，改善园区人才居住环境，打造国有园区高品质公寓。举办公寓抽奖活动，打造园区城市微客厅功能空间，对天鹅座进行中央景观升级改造并增加零碳元素。完善园区停车管理，对二期、三期停车位进行改造，新增机动车车位180个、非机动车位530个，结合智能非机动车充电平台实现对二期、三期非机动车统一管理。加大园区修缮力度。针对园区设施老化、结构损坏、功能不足等问题，对园区进行局部的修缮改造、部分企业空调改造、地下水泵房水箱更换、消防设施提升改造、变电所预防性试验及电力改造等工程。（魏薇）

中国物联网国际创新园

【概况】 中国物联网国际创新园是全国首家以“物联网技术”为主题的国家级科技企业孵化器、首个国家级物联网区域品牌试点园区、江苏首个AABI亚洲最佳孵化器。2023年，园区纳税总额8.8亿元，同比上升10%，总产值突破200亿元大关；资产出租率超92%，净资产收益率1.57%；在园企业272家，从业人员7000余人。（欧阳宁）

【项目招引】 2023年，中国物联网国际创新园加大重大项目招引，签约落地华进半导体国家级技术创新中心项目、总投资超25亿元的中国联通长三角光电通信产业园项目、估值超5亿元的半导体前道套刻设备总部项目埃瑞微，以及睿创光子（无锡）技术有限公司、无锡青辉光科科技有限公司等12个硅光项目。招引科技企业395家，其中符合高新企业培育111个、符合人才培育50个，签约落地一事一议重大项目23个，连续获评无锡高新区科技招商优秀单位称号。在谈白盒子（北京）文化艺术有限公司、无锡锡产微芯半导体有限公司、百度智算中心、北极雄芯信息科技（西安）有限公司、伟本智能机电（上海）股份有限公司、珠海必要工业科技股份有限公司、中汽创智科技有限公司智能底盘、工研拓芯（苏州）集成电路有限公司、南通赛勒光电科技有限公司、深圳市麦驰物联股份有限公司（深圳飞地）、汽车音频DSP芯片（深圳飞地）等重点项目50个，在手项目源300余个。（欧阳宁）

【创新载体建设】 2023年，中国物联网国际创新园新增国家专精特新“小巨人”企业3家，累计7家，“专精特新”企业总数达40家；高新技术企业申报通过率高于全区平均水平8.4个百分点，高新技术企总数达138家，在同类科技园区中排名第一；上市筹备企业22家，市级雏鹰、瞪羚、准独角兽企业累计培育入库数183家；入选国家重大人才项目4个，排名第一。无锡盛景微电子股份有限公司在上交所主板过会，成为全面注册制改革后无锡高新区首个主板上市公司、园区首个自主培育主板上市公司。“中国联通光电通信产业园”暨微纳五期项目，完成用地预审、设计招标及方案优化等准备工作，待联通签订收储协议后启动挂牌。完成30000平方米已建载体形象升级。无锡高新区（大湾区）创新中心获评无锡市异地孵化器，孵化引进科技项目20余个，推动无锡市与香港中文大学、华南理工大学、哈尔滨工业大学等知名院校开展产学研合作5次，举办金融、人才、智能装备、科技招商专场推介等系列品牌活动21场。（欧阳宁）

3月30日，太湖湾硅光产业创新中心建设启动
（中国物联网国际创新园　供图）

8月17日，无锡高新区（大湾区）创新中心政府开放月活动　（中国物联网国际创新园　供图）

【人才引育】 2023年，中国物联网国际创新园万人发明专利拥有量超1800件；集聚国家重大人才32人，江苏省双创人才84人，无锡市太湖人才129人，新区飞凤人才111人；高层次人才及团队141个，省级以上研发机构25个。（欧阳宁）

【科技创新平台建设】 2023年，中国物联网国际创新园引进重大科技创新平台4个：华进半导体国家集成电路特色工艺及封装测试创新中心、无锡物联网创新中心MEMS（硅基光电）先进感知研发中心、无锡锡产微芯跨国半导体IDM集团、国家物联网感知装备产业计量测试中心，呈现出实力强劲的产业集聚生态。（欧阳宁）

【股权融资】 2023年，中国物联网国际创新园与深圳一村同威投资中心成立1亿元合作基金，与太科城国资园区成立创投基金，引进由无锡市创新投资集团有限公司牵头成立的50亿元集成电路专项基金，与华英证券合作举办上市后备企业金融沙龙，形成具有微纳特色的金融微生态，精准赋能企业融资上市。启动无锡首家国有科技园区资产证券化——公募REITs基金试点工作。满足企业不同发展阶段的多元化金融服务需求，园区围绕“基金+券商+持股平台”梳理摸排优质税源和潜力新项目，投招联动，储备一批高质量项目源。 （欧阳宁）

【品牌园区建设】 2023年，中国物联网国际创新园举办首届中国硅光大会，三度入围赛迪顾问传感器十大园区，获评江苏省首批仪器仪表产业园（全市唯一）、无锡市首批特色产业园区、无锡市“465”现代产业集群优秀园区，连续6年获得省级科技企业孵化器绩效评价A类，微纳品牌辨识度和知名度不断提升。园区明星企业队伍不断扩大，江苏芯潭微电子有限公司、无锡芯享信息科技有限公司等多个企业上榜德勤、长城咨询等权威榜单，江苏晟能科技股份有限公司为全省唯一入选工业和信息化部“平台类工业互联网平台+绿色低碳试点示范类”名单的企业，无锡锡产微芯半导体有限公司为新吴区唯一一家省独角兽企业，无锡谱视界科技有限公司为新吴区唯一获中国产学研界最高奖“中国产学研合作创新奖”企业，中科西北星上榜“长三角百家品牌软件企业”名单。 （欧阳宁）

无锡新加坡工业园（星洲工业园）

【概况】 2023年，无锡新加坡工业园（星洲工业园）49家规模以上工业企业实现工业总产值785.1亿元，同比增长3.2%。完成固定资产投资21.87亿元，同比增长77.8%。实现合并业务总收入9.05亿元，合并税后净利润11898万元，同比增长22.8%。上缴国资收益1340.28万元，净资产收益率为11.8%。 （江文莉）

【项目招引】 2023年，无锡新加坡工业园（星洲工业园）完成超亿元项目备案8个，其中超5亿元项目1个、10亿元项目1个，总投资25.43亿元。英飞凌功率半导体器件项目引进暨无锡生产基地扩产项目2亿美元、新加坡百达智能5000万美元项目实现签约。招引科技企业27家，其中符合科技人才项目1个、符合高新技术企业培育项目1个。完成国家重大人才工程有效申报1家、市创业人才项目申报1个，引进青年人才600多人，完成申报高新技术企业总数9家。新签出租项目17个，新签经营性资产租赁面积3.6万平方米，续租面积12.68万平方米，厂房综合出租率连续两年保持在95%，租赁平均单价提升至每月每平方米30元。 （江文莉）

【企业服务】 2023年，无锡新加坡工业园（星洲工业园）组织园区企业开展重点企业产业系列政策宣讲会暨业务培训大会等多项活动，提高园区企业政策普及面。新申报高新技术企业6家，高新技术企业复审3家，科技型中小企业评价入库11家。 （江文莉）

【企业荣誉】 2023年，园区企业无锡先导智能装备股份有限公司获国家企业技术中心及江苏省工业设计中心称号，获2023年度江苏省AAA级两化融合贯标试点企业、江苏省首批创新管理知识产权国际标准实施试点企业、2023年度绿色发展领军企业、2023年江苏民营企业制造100强、2023年江苏民营企业200强、2023年江苏民营企业创新100强称号；获评江苏省科学技术奖二等奖、2023—2025年度江苏省重点培育和发展的国际知名品牌，获上市公司“最具投资价值奖”等称号。无锡阿尔卑斯电子有限公司获评江苏省省级智能制造示范工厂；无锡尚德太阳能电力有限公司、住电粉末冶金（无锡）有限公司、无锡铭之嘉传动技术有限公司、无锡松下冷机压缩机有限公司、无锡开益禧半导体有限公司获评无锡市智能制造标杆企业。松下新能源（无锡）有限公司、无锡麦基希亩精密模塑有限公司、泛达通讯零部件（无锡）有限公司、英飞凌半导体（无锡）有限公司、瑟米莱伯技术（无锡）有限公司、康斯博格汽车部件（无锡）有限公司获得二星级绿色工厂称号、希捷国际科技（无锡）有限公司获得三星级绿色工厂称号。 （江文莉）

12月18日，无锡新加坡科创城高质量发展咨询会议
（区融媒体 供图）

【载体建设】 2023 年，无锡新加坡工业园（星洲工业园）以推进项目建设为重点，新开工建设生命科学园一期项目约 7.8 万平方米，新竣工增扩建 110 千伏变电所项目 2783.39 平方米。公司存量标房和定制厂房总建筑面积为 62.44 万平方米。XDGG(XQ)–2010–82 号地块新建厂房二期项目获无锡市城乡建设系统优秀勘察设计项目三等奖。（江文莉）

【电力能源服务】 2023 年，无锡新加坡工业园（星洲工业园）实现对园区企业供电 8.77 亿千瓦时。园区开发运营公司无锡星洲工业园区开发股份有限公司响应国家电力体制改革趋势，做大做强做优主营业务，公司经营范围新增售电业务，公司每年增加营业收入 300 万元，园区签约电量 6.78 亿千瓦时。响应国家“双碳”目标，为园区企业量身定做全套碳中和解决方案，帮助企业实现绿色低碳生产方式。希捷国际科技（无锡）有限公司获颁碳中和证书，成为无锡市首家碳中和工厂。强化园区供电服务，110 千伏变电站增容工程于 12 月 30 日完成投运送电，园区供电能力从 103 兆瓦增加到 143 兆瓦，满足更多企业用电增容需求。（江文莉）

【中新合作】 12 月 18 日，无锡新加坡工业园（星洲工业园）合作开发 30 周年暨无锡新加坡科创城高质量建设大会举行，深入贯彻中新“全方位高质量的前瞻性伙伴关系”新定位。无锡高新区与新加坡胜科集团签署新一轮战略合作协议，联手打造无锡新加坡科创城。与新加坡丰树集团、新加坡盛裕集团等签署项目合作协议，总投资 464 亿元的 23 个项目集中签约进驻科创城，涉及产城融合、城市更新、新兴产业等领域。新加坡中国商会（无锡高新区）科技商务联络处正式签约并揭牌。（江文莉）

7 月 13 日，在第三届中国集成电路设计创新大会暨 IC 应用博览会上，举行无锡国家“芯火”双创基地（平台）重点芯片设计项目集中签约仪式 （区融媒体 供图）

无锡国家集成电路设计产业园

【概况】 无锡国家集成电路设计产业园依托科技部认定的全国八大“国家集成电路设计产业化基地”之一的国家集成电路设计（无锡）产业化基地运营管理，实施两块牌子、一套班子的工作模式。无锡国家集成电路设计基地有限公司承担国家集成电路设计（无锡）产业化基地的公共服务平台建设、双招双引、企业服务、产业推进等专项职能。2023 年，集成电路公司运营的“无锡高新区集成电路设计企业孵化器”获集成电路领域专业“国家级科技企业孵化器”，是集成电路公司获得的第三个国家级品牌；产业园区获 2023 世界半导体大会“2022—2023 年度中国集成电路高质量发展优秀园区”、2023 年中国集成电路园区综合实力第二名。联合江南大学举办第十届 IEEE 下一代电子国际学术会议（INSE2023）高峰论坛、第三届中国集成电路设计创新大会暨 IC 应用博览会（ICDIA2023）。（常昊）

【双招双引】 2023 年，无锡国家集成电路设计产业园招引科技企业 243 家，符合人才 38 个、高企 54 个；招引集成电路企业 30 家，实现比 2022 年翻番，全区第一；注册资金超千万企业 53 家，投资过亿项目 3 个，任务完成度 150%；完成到位外资 317 万美金。出台《促进全员招商激励暂行办法》及《突出贡献奖实施办法》，通过奖励来推动全员招商。（常昊）

【重大项目】 2023 年，无锡国家集成电路设计产业园正式揭牌北大 EDA 研究院；先后落地芯素科技 5nmXPU 芯片、扬贺扬存储芯片、比利时 Agio 总部等重大项目；揭牌西安创新中心，公司“飞地”建设实现零的突破，注册落地 7 个项目。（常昊）

【科技创新】 2023 年，无锡国家集成电路设计产业园完成高新技术企业申报 23 家；入选国家“专精特新”企业 4 家、省级“专精特新”企业 2 家、“专精特新”企业入库 11 家；完成股改企业 1 家，新增上市后备企业 2 家，完成雏鹰企业入库 8 家、瞪羚企业入库 4 家，准独角兽企业入库 1 家，科技中小型企业入库 70 家。（常昊）

【人才引育】 2023 年，无锡国家集成电路设计产业园完成国家重大人才项目有效申报 9 个，入选国家重大人才项目 1 个，完成 WR（国家高层次人才特殊支持计划）申报 1 个、HJ（海聚英才计划）1 个，其中无锡力芯微电子股份有限公司袁敏民入选 2023 年度科技部创业人才并登陆央视；入选 BSH 引进计划 1 名、省双创人才项目 1 个、市太湖人才创新创业项目 3 个；入选区领军人才创新创业项目 26 个（含 1 个团队）。（常昊）

【“芯火”平台建设】 2023 年，无锡国家集成电路设计产业园通过无锡国家“芯火”双创基地（平台）建设规划二期方案（2023—2025）；推进 EDA 实验室建设；精准对接企业需求，组织召开首次国家“芯火”（无锡）闭门研讨会和省、市、区级政策解读会等活动 9 场，EDA 技术公开课 21 场次，服务企业 127 家；揭牌无锡国家“芯火”双创基地汽车芯片可靠性检测平台；成立华大九天 EDA 创新联合实验室与线上实训中心。（常昊）

【产业服务】 2023 年，无锡国家集成电路设计产业园助力企业对上争取，无锡力芯微电子股份有限公司获省科技进步三等奖，揭榜首批长三角联合攻关项目；无锡尚积半导体科技有限公司、芯带科技（无锡）有限公司入选省潜在独角兽企业，无锡迪思微电子有限公司、无锡安趋电子有限公司入选省瞪羚企业，优睿谱半导体设备（无锡）有限公司获全国创新创业大赛百强，无锡微纳核芯电子科技有限公司、瓴芯电子科技（无锡）有限公司 2 家企业的芯片产品获第十八届“中国芯”“芯火”新锐产品奖。（常昊）

无锡国际生命科学创新园

【概况】 2023 年，无锡国际生命科学创新园锚定龙头企业引领的创新医疗生态圈、特殊食品生态圈、美丽健康生态圈。超 80 家海内外优秀企业入驻园区，全球 8 个产业机构和 10 余个投资机构与园区达成战略合作，在上海和比利时两地设置 I· Campus 飞地创新中心，其中无锡国际生命科学创新园（上海）创新中心被认定为市级孵化器。（杨晗婕）

【双招双引】 2023 年，无锡国际生命科学创新园新引进科技企业 390 家，其中符合科技人才培育项目 60 个、符合高新技术企业培育项目 93 个；新签“一事一议”项目 22 个；完成 4 个超亿元重大项目备案，其中 5 亿元以上项目 1 个；实际使用外资 1400 万美元；新增上市后备企业 5 家。园区招引的科笛生物医药（无锡）有限公司成功登陆港交所，成为无锡高新区首家生物医药境外上市企业。北京大学长三角未来技术生命健康研究院人才队伍落岗到位 39 人；与中国药科大学无锡创新研究院举行签约仪式，项目落地园区二期，打造生命健康领域国际顶尖科学及工程化研发平台、孵化基地和人才实习培训基地；无锡特殊食品与营养健康研究院举行“首届太湖湾特殊食品生态圈大会暨无锡特殊食品与营养健康研究院投用仪式”，加速构建集“人才 + 科技 + 产业 + 资本 + 市场”于一体的无锡特殊食品与营养健康产业创新生态；园区与江南大学合作共建的化妆品科学方向新型研发机构加速洽谈落地，无锡美丽健康产业园开园，以化妆品原料创新为核心竞争力的化妆品产业创新集群加速构建中；与澳门科技大学中药国家重点实验室共建的“无锡—澳门‘药食同源’创新平台”稳步推进。（杨晗婕）

【科技金融】 2023 年，无锡国际生命科学创新园与新加坡 ESCO 集团建立联系，推动 CGT 全球创新中心装修落成、QFLP 基金合作落地；无锡橙帆医药有限公司（弘晖资本推荐）、爱思迈设计工作室（幂方资本推荐）等项目积极跟进；莱特葳芯半导体（无锡）有限公司、中科星动力科技（无锡）有限公司、无锡海博特智能科技有限公司、大川电机制造（江苏）有限公司、深纳普思研发与制造中心等一批基金拟投项目落地。（杨晗婕）

【产业发展】 2023 年，无锡国际生命科学创新园完成产值 86 亿元，同比增长 15%；税收达 5 亿元，同比增长 32%。完成科技型中小企业评价 281 家；完成市雏鹰企业入库 27 家、市瞪羚企业入库申报 4 家、市准独角兽企业入库 3 家；国家高新技术企业通过 33 家，净增高新技术企业 19 家；新增无锡市科技创业载体 2 家；新增国家“专精特新”企业 2 家、省“专精特新”企业 3 家。（杨晗婕）

【科技创新】 2023 年，无锡国际生命科学创新园 5 个项目获“太湖杯”佳绩，获奖项目数位列太科城板块第一；科贤未来（无锡）科技有限公司“高空幕墙清洁机器人项目”获第五届“创响无锡”全民创业大赛新吴选拔赛一等奖；江苏恰瑞生物科技有限公司获第八届“创客中国”暨 2023 年江苏省中小企业创新创业大赛无锡市区域赛二等奖；莱特葳芯半导体（无锡）有限公司、无锡复生智慧医疗科技有限公司、江苏恰瑞生物科技有限公司 3 家企业入围第十二届中国创新创业大厦全国赛，入围名单占太科城板块三分之一。江苏省营养食品质量监督检验中心（筹）通过省市场监督管理局验收；无锡特殊食品与营养健康研究院“一株可缓解 ETEC 致腹泻的格氏乳杆菌及其应用”专利投保“专利实施失败费用损失保险”为全省首创落地；无锡东劢医疗器械有限公司获得医疗器

10月27日，太湖湾首届美丽健康产业生态圈大会暨“江南美湾·梅里古镇”无锡美丽健康产业园开园仪式
（区融媒体　供图）

械生产许可证，实现无锡医疗器械CDMO零突破；无锡佳视诺德医疗科技有限公司获千万级天使轮融资，加快高端眼科器械国产化；无锡诺宇医药科技有限公司A轮融资签约；无锡复生智慧医疗科技有限公司获得新投天使基金投资；无锡英迪芯微电子科技股份有限公司深度参与东风汽车芯片国产化进程；无锡佰翱得生物科学有限公司解析最大离子通道RyR1的冷冻电镜结构；无锡凯乐士科技有限公司“高柔性高可靠性超大规模智能仓储立体库关键技术及应用”获省科学技术三等奖；无锡海斯凯尔医学技术有限公司“粘弹性介质的粘弹性参数检测方法和设备”专利获第十四届无锡市专利奖优秀奖，“先进光学声学成像关键核心技术攻关和临床应用联合体”入选市级建设培育名单，获中华医学科技二等奖；无锡启益医疗科技有限公司入选2023年未来医疗100强中国创新数字医疗创新榜，获得中国首张肺功能康复数字疗法医疗器械证书；新增培育市级众创空间1家（锡望星空创新创业中心）；无锡市尚沃医疗电子股份有限公司、无锡观合医学检验所有限公司、维怡医疗科技有限公司入选2023年市级企业技术中心；无锡市海鹰加科海洋技术有限责任公司、维怡医疗科技有限公司、无锡观合医学检验所有限公司、上川精密科技（无锡）有限公司4家企业入选2023年市级工程技术研究中心建设项目。（杨晗婕）

【品牌园区建设】 2023年，无锡国际生命科学创新园获批省级创业投资集聚示范区、市级服务业集聚示范区，入选江苏省国际合作园区发展典型案例；连续三年上榜“未来医疗100强澎橙奖年度医疗健康标杆产业园区”；跻身国家生物医药产业园区综合竞争力前20强；全国留学人员创业园区孵化基地被评为优秀等次，居第11位；园区获省委统战部授牌“华创苑”，是无锡市唯一获评园区。园区举办樱花季——消费医疗高端峰会、细胞与基因治疗行业（CGT）峰会、无锡“I· Campus”药食同源高端峰会，承办首届太湖湾国际创新核药产业论坛、阿斯利康生态圈大会、2023无锡首届特殊食品生态圈产业论坛暨无锡特殊食品与营养健康研究院一期投用仪式等20余场重大活动和行业盛会。“太湖湾首届美丽健康产业生态圈大会暨‘江南美湾·梅里古镇’无锡美丽健康产业园开园仪式”标志着园区正式开启产业发展新篇章。（杨晗婕）

【园区服务】 2023年，无锡国际生命科学创新园加快载体改造和建设步伐，提高产业空间容纳度。创新园一期全面提升形象，完成300间人才公寓装修、外立面升级迭代和周边景观改造等工程，同步完成东南院、中大院东侧广场及三江路门头改造；创新园二期建设全面加速，完成固定投资3.58亿元，12月底竣工投用，北大未来技术学院、中国药科大学、无锡特殊食品与营养健康研究院二期、迈诺威（无锡）医药科技有限公司、湖南新合新生物医药有限公司、迪哲（江苏）医药股份有限公司、无锡英迪芯微电子科技股份有限公司、无锡深纳普思研发与制造中心、无锡奕拓医药科技有限责任公司等企业预约落户；创新园三期与国家开发银行合作打造无锡合成生物产业园，融资成本为科创载体全市最优。园区与梅村街道成立合资公司，盘活存量载体，共建美丽健康产业园；携手空港经济开发区（硕放街道），首创“国资+街道”合作模式，打造无锡国际生命科学创新园（空港）创新基地，招引高新材料科技有限公司、无锡佰诚新特药有限公司等生物医药企业。（杨晗婕）

智能装备制造产业

【概况】 2023年年末，新吴区智能装备规模以上工业企业366家，其中"专精特新"企业97家、高新技术企业183家、上市及上市后备企业34家，产业规模达到1480亿元，同比增长10%。新增国家专精特新"小巨人"企业13家、省级"专精特新"中小企业26家；新增江苏省首台(套)重大装备企业2家、苏锡常首台(套)重大装备企业6家；累计建成企业技术中心102家。重大项目竣工9项，奥特维智能装备产业园、航亚科技航空发动机关键零部件三期生产线、智能自控智能开关生产基地等项目完成续建竣工。（朱小小）

【发展方向】 2023年，新吴区出台《无锡高新区(新吴区)智能装备产业集群发展三年行动计划(2023—2025年)》，明确强链、固链、拓链、主体培育壮大、技术创新引领等重点工作，引导智能装备产业高质量发展。聚焦重点产业链短板和关键环节，制定产业链图谱及招商指导目录，为产业链招商提供精准导向。围绕智能装备产业集聚发展、链式发展和引领发展，高起点规划，高标准建设，推动智能装备特色产业园区布局。在全区49个特色产业园区中，智能装备专业园区占14个，建成11个、在建3个，其中东裕产业园"拿地即开工"，获评全省"十大节地模式先进典型"。（朱小小）

【产业链分布】 2023年，新吴区初步形成了涵盖通用装备、半导体、新能源、智能机器人、深海空天、高档数控机床、精密测控、节能环保在内的较完整的产业链。在重点产业链中，半导体装备产值同比增长131.38%，新能源装备产值同比增长36.28%，深海空天产值同比增长20.48%，节能环保装备产值同比增长12.27%。（朱小小）

汽车零部件产业

【概况】 2023年年末，新吴区汽车零部件规模以上工业企业110家，其中"专精特新"企业18家、高新技术企业42家、上市及上市后备企业11家，产业规模达到1028亿元，同比增长8.2%，占全市汽车工业产值的45%。累计建成企业技术中心24个，拥有发明专利538件，支撑汽车零部件产业智能化、网联化全面转型升级。（朱小小）

【发展方向】 2023年，新吴区研究出台《无锡高新区(新吴区)汽车零部件产业集群发展三年行动计划(2023—2025年)》，打造汽车零部件产业发展高地。对汽车零部件、动力电池、氢燃料电池等重点产业企业实行"一企一策""一项目一方案"，定期梳理汽车零部件产业链现状，协调解决企业经营问题和困难。针对产业链短板或缺失环节，组织企业参加陕西—江苏汽车产业链协同发展专场对接会、合肥智能语音和车联网产业对接交流会等针对性强的供需对接活动，谋划布局支持产业本地化配套方案，使本地产业集群内大、中、小企业协同融合，把企业"串珠成链、组链成群"。（朱小小）

【产业链分布】 2023年，新吴区初步形成了涵盖发动机及配件、汽车电子电器、车身内外饰件、底盘系统及关键部件、精密金属件及模具、汽车电池、智能网联在内的较为完整的产业链。在重点产业链中，底盘系统及关键部件产业企业82家，占全区汽车零部件产业的64.5%，同比增长3.41%；发动机及配件企业11家，同比增长7.22%；汽车电子电器企业10家，同比增长11.45%。（朱小小）

生物医药产业

【概况】 2023年，新吴区出台《无锡高新区（新吴区）现代生物医药产业集群发展三年行动计划（2023—2025年）》及2023年工作要点，生物医药产业保持两位数增长，产业规模突破千亿量级，达到1051.78亿元，同比增长20.9%，占无锡市生物医药产业总规模的52.3%，跻身全国生物医药产业园区综合竞争力前20强。拥有各类生物医药企业620家，其中上市企业9家、国家高新技术企业83家、销售过亿元的生物医药企业46家，形成了“创新药物及制剂、创新药物研发和生产服务、医疗器械及诊断试剂、智慧医疗及健康服务、特殊食品”五大领域、“无锡国际生命科学创新园（I· Campus）、无锡新加坡生命科学创新园、无锡特殊食品产业园”三大品牌园区、X家龙头企业生态圈为支撑的“5+3+X”生命科学产业集聚发展新格局。年内完成药物临床试验95项，累计获批二类、三类医疗器械注册证533件。（张胜亚）

【重大项目】 2023年，新吴区无锡国际生命科学创新园—启迪比利时联合创新中心揭牌，特殊食品与营养健康研究院与澳门科技大学中药质量研究国家重点实验室战略签约，总投资1亿美元的欧洲最大医学中心实验室、总投资1亿元的朗信医疗肿瘤介入诊疗器械项目、总投资3亿元的橙帆医药大分子创新药研发基地项目等一批重大项目落地。（张胜亚）

【平台建设】 2023年，新吴区创新基地二期项目年底全面交付，三期项目年底启动开工；创新园（鸿山）创新基地一期项目基本满租，二期项目年底开工建设；特殊食品与营养健康研究院一期竣工投用。北大长三角未来技术生命健康研究院召开第一届管理委员会（理事会），实体运营公司、研究院事业单位完成注册；瑞金长三角健康研究院与华大基因签订协议，合作开发医疗器械和试剂盒。国家市场监管技术创新中心（特殊食品）申报标准及标准草案6项；省药监局审评核查无锡分中心获批一类赋权65项事项，正式启用。（张胜亚）

【无锡新加坡生命科学创新园】 2月6日，无锡新加坡生命科学创新园开工仪式举行。园区位于锡梅路以南，走马塘河以东，S19高速以西，占地面积约112.73公顷，集聚中国生物、复星国药、养乐多等生物医药代表性企业和特色园区，周边交通便捷、区位优势明显。一期、二期占地面积22.13公顷，总投资超50亿元。（张胜亚）

【代表企业】 创新药物及制剂领域的阿斯利康（无锡）贸易有限公司、无锡济煜山禾医药科技有限公司、罗益（无锡）生物制药有限公司、纽迪希亚制药（无锡）有限公司等龙头企业；医疗器械及诊断试剂领域的通用电气医疗系统（中国）有限公司、无锡海斯凯尔医学技术有限公司、无锡耐思生命科技股份有限公司、无锡祥生医疗科技股份有限公司、江苏三联生物工程有限公司等骨干企业；智慧医疗及健康服务领域的江苏曼荼罗软件股份有限公司、安利（中国）植物研发中心、无锡养乐多乳品有限公司等高成长企业；产业服务领域的凯思轩达医疗科技无锡有限公司、无锡九州通医药有限公司、无锡观合医学检验所有限公司等优质企业；特殊食品领域的特殊食品与营养健康研究院、纽迪希亚制药（无锡）有限公司、无锡市恒益健康科技有限公司等重点企业。（张胜亚）

2月1日，无锡产业人才实训学院揭牌暨2023年高新区（新吴区）生物医药人才实训开班仪式

（区融媒体　供图）

电子商务及跨境电商

【概况】 2023年,新吴区坚持“打造中国无锡跨境电商综合试验区的核心区”目标定位,推进跨境电商基础服务设施建设,加大跨境电商龙头企业引育,加强传统制造业和外贸企业向跨境电商转型升级。推动区内电商企业做大做强,保持网络零售额全市领先的优势,实现网络零售额约430亿元,同比增长约16%,排名保持全市第一。完成跨境电商进出口额30.5亿美元,规模全市第一;跨境电商企业221家。（史奇、孙洁琳）

【政策指导】 加强宏观引导,按照无锡市推进跨境电商高质量发展实施意见精神,结合新吴区跨境电子商务发展实际,制定了《无锡国家高新区(新吴区)推进跨境电商高质量发展的实施意见(初稿)》,拟定有关市场主体引育、载体平台建设、产业体制创新、企业降本增效等10条政策。（孙洁琳）

【培育扶持】 2023年,新吴区着力营造电商产业发展氛围,组织企业线上参加网上年货节、双品网购节等活动,组织旺庄科技创业发展中心、顺丰产业园等园区参加2023中国国际电子商务博览会、2023长三角电商交易会等大会,鼓励园区和企业加大对外影响,不断提升知名度。推动直播新业态发展,组织企业参加第三届无锡电商直播达人赛、东方甄选无锡专场等活动,大鲤鱼文化科技发展有限公司获评市级直播电商基地。加强培育扶持,组织电商示范基地、电商重点企业申报并获上级奖补资金96.51万元,无锡戴可思生物科技有限公司、江苏亿讯网络科技有限公司获评江苏省电子商务示范企业。（史奇）

【线下产业园】 2023年,新吴区建成综保区跨境电商进出口监管中心、苏南国际机场跨境电商进出口监管中心,拥有“亚马逊一带一路”跨境电商产业园、空港顺丰跨境电商产业园,以及无锡尚佰环球电子商务有限公司、江苏佳利达国际物流股份有限公司为代表的龙头企业,展示中心、综服中心、保税进口商品OTO体验中心相继落地。（孙洁琳）

【跨境电商B2B】 2023年,新吴区发挥先进制造业产业优势,重点发展跨境电商B2B出口,依托综保区优势,在全市先后实现1210海外仓出口、1210零售出口和9710B2B首单,创新完成邮政1210海外仓集采模式,完成江苏省9810零售模式首单,完成中信保跨境电商出口政治风险保险业务全省“首单”等。（孙洁琳）

【品牌建设】 2023年,新吴区强化主体引培,加大龙头企业的招引力度,培育以尚佰环球电子商务有限公司、福挺科技(无锡)有限公司为代表的时尚家纺企业和以江苏佳利达国际物流股份有限公司和无锡优培可捷供应链有限公司为代表的供应链龙头骨干示范企业,推动“跨境电商+产业带”品牌建设。引导江苏佳利达国际物流股份有限公司、无锡优培可捷供应链有限公司、尚佰环球电子商务有限公司、福挺科技(无锡)有限公司优化海外仓全球布局、提升海外仓服务水平,指导佳利达江苏佳利达国际物流股份有限公司做好省级公共海外仓复评工作。尚佰环球电子商务有限公司获评“江苏省重点跨境电商品牌企业”。（孙洁琳）

【支持跨境电商】 2023年,新吴区先后组织百余家企业参加第8届跨境电商创新创业大赛、第二届长三角跨境电商行业发展峰会及交易会、“深圳—无锡产业带对接私享会”、全区跨境电商企业专题培训会、全市推动跨境电商高质量发展宣讲会(新吴专场)等活动,帮助企业提高业务实操能力、了解掌握跨电政策、加强行业信息交流共享,支持跨境电商企业发展。无锡高尔达国际贸易有限公司、无锡嘉卉德科技有限公司分别荣双创大赛二等奖、最佳新锐奖。（孙洁琳）

【服务企业】 2023年,区商务局推进重点平台载体建设,指导各街道做好区内企业服务、园区配套等工作。先后走访福挺科技(无锡)有限公司、尚佰环球电子商务有限公司、无锡小天鹅股份有限公司、江苏汇程铝业有限公司等80余家外贸或跨境电商企业,推进尚佰环球电子商务有限公司0110转9710业务,新增9710数据近1亿美元。推进无锡威孚精密机械制造股份有限公司、无锡市祥健四氟制品有限公司等15家企业建设独立站。引导一带一路跨境电商产业园内企业无锡丝路国信进出口有限公司推动1039市场采购贸易方式扩面增量,新增1039出口超1亿美元。（孙洁琳）

旅游业

【概况】 新吴区历史文化底蕴深厚,3200多年前泰伯三让王位定都梅里,开创吴文化。有A级旅游景区6个、四星级酒店1家、国家级旅游度假区1处,江苏省旅游重点村1处。（殷明昶）

【等级景区】 新吴区有AAAA级旅游景区3处,分别是鸿山遗址博物馆、中华赏石园、鸿山泰伯墓;AAA级旅游景区2处,分别是钱穆钱伟长故居(怀海义庄)、新洲生态园;AA级旅游景区1处,即泰伯庙。

鸿山遗址博物馆 鸿山遗址博物馆位于新吴区鸿山街道,是春秋战国时期长江下游吴越地区的综合性大遗址。2008年4月正式落成,总建筑面积达9139平方米,2011年被评为AAAA级景区,2020年被评为国家二级博物馆。博物馆展示区域包括“两馆一址”,分别是中国吴文化物馆、鸿山遗址博物馆和邱承墩战国贵族墓原址,2023年有馆藏文物1173件。

中华赏石园景区 中华赏石园景区位于鸿山旅游度假区内,2011年11月正式开园。展馆建筑面积约15000平方米,展厅面积约5000平方米,总投资约2.5亿元。该展馆由中国观赏石协会和新吴区联合打造,是华东地区最大的观赏石专题展馆。展馆内设有8个主题展厅,展示来自世界各地的观赏石精品约800余件。2013年,中华赏石园创建国家AAAA

鸿山遗址博物馆　（区融媒体　供图）

级景区,该景区为中国观赏石综合基地、江苏省科普教育基地、无锡市中小学生社会实践基地、行知大学堂、中国小主人报小记者站无锡基地。

泰伯景区 泰伯景区位于新吴区鸿山街道鸿山西麓,距今3200多年历史。自东汉永兴二年(154年)规模兴建,经逐朝扩充至唐盛世时已十分宏伟壮观,为江南最古老的陵墓之一。景区占地面积3万平方米,并建有占地7万平方米的吴文化景观广场。2006年,泰伯墓被评为全国第六批文物保护单位,2012年,泰伯景区经全国旅游景区质量等级评定委员会评定为国家AAAA级旅游景区。

钱穆钱伟长故居 钱穆钱伟长故居(怀海义庄)景区坐落于新吴区鸿山街道七房桥村,占地面积约5400平方米,格调简朴。2014年11月被评为国家级AAA级景区。故居东侧为始建于元末明初的怀海义庄,是当地钱氏家族创办的传统民间慈善机构,现为五开间三进,设有“怀海堂”“院士阁”“钱氏私立又新小学校”“守愚亭”等景点。钱穆钱伟长故居在原钱氏家族旧址上按钱氏鼎盛时期建筑规模重建而成,与怀海义庄连通,故居为三路四进七间,主要有五世同堂、溯源堂、鸿议堂、素书堂、齐眉堂、院士阁、怀海堂等建筑,恢复有钱穆卧室、书房,钱伟长卧室,蔡太夫人织布间等。其中,齐眉堂底层为钱穆纪念馆,二楼为钱伟长纪念馆,陈列二人生平事迹、实物等。

新洲生态园 新洲生态园位于新吴区锡士路77—78号地块,占地面积46公顷。2007年,被评为国家级AAA景区,景观设计被列入中国经典园林设计宝典。通过对水体及地形的改造,形成了湿地、湖泊、山地、丘陵等自然地貌,依据生态学原理,模拟自然森林群落,使植物、动物资源形成良好的自居方式,具有良好的生态风貌。

泰伯庙 泰伯庙又名至德祠,俗称让王庙,位于新吴区梅村街道伯渎河畔,为纪念江南始祖吴泰伯而建。2003年9月被评为AA级景区,2006年5月被评为全国重点文物保护单位。始建于东汉永兴二年（154年），原系泰伯故居。现存的照池、香花桥、“至德名邦”石牌坊、棂星门、至德殿均为明弘治十三年（1500年）重建，另有宝珠堂、三让堂、德洽堂、玉皇殿、关帝殿等十余处殿堂为清同治年间重建。虽历经战火，但自始建起，1800多年来，“岁时致祭奉祀，历代不废”。（殷明昶）

【星级酒店】 香梅国际酒店（原香梅国际大酒店）位于新吴区梅村镇，是新吴区第一家四星级涉外商务型酒店。2006年12月正式开业，2008年4月26日挂牌为四星级酒店，由无锡欧瑞特酒店管理有限公司经营管理。香梅国际酒店占地面积为9600平方米，拥有各式房型216间，多功能会议厅6间，贵宾接待室1间，梅花厅可容纳千人会议及500人同时就餐。香梅饮食以淮扬菜为根底，粤菜为辅，同时兼收百家精华，最终荟萃具有香梅特色的系列菜肴，酒店交通十分方便。（殷明昶）

【国家旅游度假区】 无锡鸿山旅游度假区位于新吴区东南部，与苏州隔河相望，核心区域面积24.2平方千米，管辖区域58.6平方千米。2018年10月，江苏省政府批准成立省级旅游度假区；2019年4月，市委编办批准，设立江苏省无锡鸿山旅游度假区管理办公室。鸿山旅游度假区交通便捷，人文底蕴深厚，生态环境优美，建成3个AAAA级景区、1个AAA级景区和国家级梁鸿湿地公园等，配套建设了梁鸿湿地丽笙度假酒店、鸿山都市农业生态园等文旅项目。鸿山旅游度假区以吴文化为文化内核，结合吴地特产、“非遗”、民俗，组织举办各类文农旅特色节庆活动。依托鸿山吴越文化数字科创谷，配套吴越水街项目和丽笙酒店二期项目，不断完善旅游相关设施，提升度假区知名度，打造华东地区独具特色的吴越文化休闲旅游胜地。（殷明昶）

10月21日，2023长三角自驾游产业发展大会在无锡鸿山旅游度假区举行，“千车万人游无锡”暨新吴区第四届乡村文化旅游季同时启动（鸿山街道 供图）

【省级乡村旅游重点村】 七房桥村地处新吴区鸿山街道东北部，2020年9月，七房桥村被列入江苏省乡村旅游重点村，同年启动七房桥村乡村田园文化旅游特色村建设项目（一期），以钱穆钱伟长故居作为教育意识觉醒基地，着重加强七房桥的研学功能。2023年5月14日，新吴区吴文化旅游季系列活动之钱穆故居活化利用开馆仪式举行，重塑钱穆故居“伟人故居”“教育基地”“文化载体”的形象，不断释放名人故居活化利用后的文旅影响力，以文化吸引客流量。（殷明昶）

【吴越文化数字科创谷】 吴越文化数字科创谷项目是2022年江苏省重点项目，也是新吴区开发建设为数不多的重量级数字创意产业项目。项目位于新吴区鸿山旅游度假区内，东至新开河、西至飞凤路、南靠望虞河、北至马铁桥港，总规划面积约2平方千米，总投资约120亿元，主要建设为数字科技体验区、数字消费创新区（国际数字科创园区）、数字生活配套区（国际人才社区）三个板块。数字科技体验区建设用地约50.2公顷，总投资约47亿元，分为文化中心（首开区）、园林绿化工程、一二期及配套工程。其中，文化中心（首开区）于2022年6月开工建设，总投约1.67亿元，建筑主体工程施工完成。（殷明昶）

【文农旅融合特色旅游】 2023年，新吴区积极推进文农旅融合特色旅游。七房桥村坚持以葡萄种植和生态农业为基，以农耕文化和钱穆钱伟长故居为魂，以村落肌理和全域旅游为形，探索“生态农业＋院士文化＋旅游观光”的发展新路径。依托钱穆钱伟长故居和怀海义庄特有的文化底蕴，结合乡村田园风光，重

院士文化公园里的钱氏家风主题文化墙（鸿山街道 供图）

点建设院士文化公园、田野观光带等功能区块，宣传钱氏“一门六院士”学风文化，打造“钱氏家风传天下，家和村美七房桥”的乡村记忆。通过“政府搭台，果农唱戏”，结合鸿山葡萄惠民活动月活动，举办“鸿山葡萄文化节”，将葡萄采摘、科技农业开发、生态农田观光等结合起来，推出历史文化展示和生态农业观光两条特色旅游线，每年吸引游客20万人次，带动了文化、民宿、“农家乐”等生态休闲农旅产业发展。投资1200万元启动乡村田园文化旅游特色村建设项目，依托七房桥村特有的国学文化、义庄文化、乡村田园风光等资源禀赋，打造集文化传播、田野风光、林地游乐等于一体的一河两岸风光带。（殷明昶）

【旅游推介】 2023年，新吴区开展“吴韵鸿山灿烂江南”吴文化旅游季、“萄醉鸿山乡约仲夏”葡萄文化旅游季、第四届乡村文化旅游季系列活动、“鸿山秋韵”音乐产业峰会暨山水音乐雅集等鸿山四季礼赞文旅推介活动。钱穆钱伟长故居活化利用工程完工并正式开馆。策划身边好人专线、科技企业专线等16期“品千年文化　看万象高新”双层巴士文农旅研学游。赴上海、杭州、西安、成都等地做好旅游推介，指导中华赏石园高分通过国家AAAA级旅游景区质量等级复核。（殷明昶）

【旅游管理和服务】 2023年，新吴区集中开展旅游行业专项整治行动，包括星级酒店人员密集场所消防安全专项整治行动、A级旅游景区高风险游乐项目风险隐患排查、旅行社旅游包车“无不租”落实情况、旅游行业金融活动排查整治等，进一步净化旅游市场环境，推动旅游市场信用体系建设。检查旅游场所133家次，闭环整改隐患78个。受理“12345”投诉41件，办结41件，满意率100%。指导旅游经营单位建立完善安全生产责任制，加强安全培训，定期开展安全消防应急演练，督促A级旅游景区做好景区开放安全评估，建立完善隐患排查治理机制。指导旅游经营单位做好“爱国卫生月”“景区垃圾分类”“宪法宣传”等文明旅游宣传，落实旅游普法宣传工作。推动5家A级旅游景区落实数字人民币试点工作。（殷明昶）

房地产业

【房地产开发】 2023年，新吴区按照《无锡市商品房交付使用管理办法》的相关规定，对26个商品房项目进行了交付施工竣工验收，总计交付13830套，233.43万平方米。全年商品房销售面积127.63万平方米，比上年下降3.67%。出台《无锡高新区“助企、引才、筑巢”安居计划》，按照政府搭台、房企助力、企业团购的原则，鼓励区内企事业单位组织团购住房，帮助企事业单位解决员工刚需和改善性住房需求，促进房地产市场平稳健康发展。（王远）

【物业管理】 2023年，前进花园A区和朗诗绿色家园创建省级宜居示范居住区，朗诗绿色家园获评省级物业管理示范项目。紫郡花园获评党建引领物业管理服务工作省级示范点。泊月湾雅苑等11个项目获无锡市市级物业管理示范项目，其中4个为安置房小区。全市精细化管理住区环境连续三个季度登上红榜，其中和风家园登上年度红榜。（臧先扬）

物流业

【概况】 2023年，新吴区高新物流公司落实高新区产业强区部署，推进年度各项目标任务完成。全年营业收入13272.76万元，较上年下降17.97%。其中，苏华公司全年营业收入2664.69万元，同比增加53.31%，资产负债率50.50%。（陈靖）

【综保区现代物流发展园区】 2023年，新吴区结合综保区区位优势和国企资源资质优势，聚焦产业发展现实基础，围绕区域产业特性，建设3.6万平方米高标准载体，年底竣工。坚持建设与投入同步使用的原则，同步推进项目招商，进行医疗器械、药品、电子元器件等相关业务招商和洽谈，协同综保区管理局等部门推进相关项目招引，协同对接科技企业、医药生物企业等12家企业注册综保区事宜；配合区商务局推进京东国际电商仓库项目落地，使用新建仓库一层约9000平方米和一栋标房约3000平方米，年租赁收入可达500万元。（陈靖）

4月26日，无锡高新区与上港集团签约仪式

（高新物流　供图）

【港口物流快递】 2023年，新吴区综合分析港口资源、交通环境等因素，做好港口规划与其他规划融合衔接工作，确保港口规划可落地实施。完成港口承载容量评估报告和通航能力评估报告。推进无锡港国家二类口岸项目，拓展口岸相关增值服务功能，完成项目土地拍卖手续，报送区资规局流转。加快释放园区关键资源，置换低收益产业。落实水路中转运输换装点项目，既满足了建筑垃圾的消纳需求，又形成了公司新的利润增长点，中转运输土方75.4万吨，营收约为738万元。根据业务发展需求，丰富多式联运服务产品，海铁联运发送货物2106标箱，其中小天鹅中欧班列发送货物1476标箱。配合区商务局推进京东地产等项目洽谈落地港区，助力形成更具新吴特色的临港智慧物流园区。 （陈靖）

【口岸新业态】 2023年，新吴区细化实施海关监管模式改革，推动管理和服务创新，优化办理渠道、改进服务机制、完善慧眼通功能模块。为跨境电商企业制定专用操作流程和设立专用卡口通道，提升跨境业务办理效率，为新业态、新模式保驾护航；积极开拓保税物流仓库业务，挖掘特色产业发展潜力。推进跨境客户招商，为企业提供入驻指导、答疑服务，招引客户48家，促进跨境电商新业态发展。做好跨境公服平台服务和宣传工作，助力全市外贸新业态加快发展。线上公服平台入库跨境电商企业达1460家，在库企业跨境贸易额达104.5亿美元；线下展示中心接待24次参观活动；有1526人关注综试区公众号，发布各类文章信息94篇；配合市商务局做好第二届长三角跨交会宣传工作，提升综试区的影响力，吸引更多优质的跨境客户。 （陈靖）

粮食储备

【储备粮轮换】 2023年，新吴区严格落实粮食安全第一责任人制度，做好本区2.7万吨地方储备粮轮换及粮食质量安全风险管控等重点工作。按计划轮换小麦5065.23吨、粳稻11504.81吨。区发展改革委牵头各涉粮部门及街道召开专题会议，制定收购方案，明确工作职责，落实资金仓容，压实各方责任，积极稳妥做好夏秋两季粮食收购工作。通过深入基层、沉到一线，广泛听取种粮农民、收购企业、基层部门等各方面意见建议，畅通售粮渠道，及时妥善处置局部受灾倒伏小麦收割工作，优化粮食收购政策，切实保障本地种粮农民利益。 （童宇峰）

【粮食储备安全】 2023年，区发展改革委坚持问题导向，深入检视工作中存在的短板弱项。坚持严的基调，强化监督检查。区分管领导、发展改革委主要领导多次带队赴国储库、新安库开展现场督查，要求粮食承储企业压紧压实主体责任、推动企业强化内部治理，规范安全生产工作检查和安全事故隐患排查，深化隐患整治。严格落实“两个切实”要求，扎实推进“生命至上、隐患必除”安全工作，加强重点领域管理，严格落实重点环节管控工作。组织人员定期开展月度巡查，会同区财政局、市场监管局、应急管理局、消防救援大队分别开展粮食专项资金专项检查、夏秋两季粮食购销领域联合执法检查、粮食储备场所消防安全检查，检查粮食承储企业20余次，发现一般性安全隐患38处，多措并举确保地方储备粮数量真实、质量良好、储存安全。 （童宇峰）

【粮食应急保障】 2023年，区发展改革委根据上级部门要求，在全区范围内设立了24家粮食应急保供点，构建粮食安全网络，有效覆盖居民集中居住区域。增强粮食应急处置水平，组织硕放街道南星苑一社区参与2023无锡·省市联动粮食应急演练，完成市级交办的演练任务，在实操中提升粮食应急保供处置能力水平，受到市级表扬。 （童宇峰）

电信

【概况】 中国电信无锡分公司新吴电信区局(下称新吴电信区局)，坐落于新吴区繁华的宝龙广场商业圈，有员工近300人，其中外包员工近200人。下设9个分局，服务范围覆盖新吴区6个街道及各工业园、开发区和各类产业园区。2023年，新吴电信区局以发展为要务，以效益为中心，以用心服务为宗旨，进一步强化业务拓展、团队建设，实现了业务收入、客户服务满意度双达标。完成收入5.5亿元，各类业务发展良好，其中天翼4G用户10万余户、5G用户近30万户、百兆宽带20万余户(含千兆)、千兆宽带5万余户、天翼高清电视近12万户。 （周萍萍）

【渠道布局覆盖】 2023年，新吴电信区局新建门店26家，主动关闭门店15家。截至年底，新吴电信区局公众渠道覆盖有效门店98家。加大同快递网点开展合作，通过新建、引入、改造等方式，开拓快递合作店10家，覆盖新老社区20余个，为周边居民提供方便快捷的快递服务，也提供了通信生活服务上的便利。 （周萍萍）

【校企共建】 2023年，新吴电信区局党支部与无锡科技职业学院人工智能学院成立党建联盟，组织开展实践活动。4月，邀请无锡科技职业学院师生参观电信人民路营业厅、“12345”政务服务便民热线电话务中心和“10000”客户运营中心。借助“党建翼联”平台，将科院的优秀人才输送到无锡电信各岗位，帮助无锡公司引入人才，促进科院毕业生高质量就业，为校企双方将来多维度的合作打下扎实的基础。（周萍萍）

【防诈宣传】 2023年，新吴电信区局志愿者进一步扩大反诈宣传覆盖面，利用周末及节假日，深入各综合体、企业园区、住宅小区等，发放防诈反诈宣传手册，通过案例视频、套路解析、安全提醒等形式，耐心细致地向广大群众讲解“相关补助申领”“冒充公检法”“虚假退税”等网络诈骗形式和诈骗防范常识，提高群众对各种诈骗的防范、鉴别能力。在防诈骗领域通过大数据、人工智能等技术，对涉诈号码、App、网站进行特征提取，实现分钟级的涉诈号码精准定位，并对涉诈号码、App、网站进行一键处置，筑牢反诈“安全墙”。（周萍萍）

【行业新领域】 2023年，新吴电信区局推动政务板块项目，促进大单落地和示范效应。探索在工程建筑领域打开智能化突破口，尝试智能化多领域推广。进行全区监控密织补盲覆盖；通过自主设计和服务，实现派出所项目和技防小区项目2个千万示范大单落地；在新建楼宇、智能化平台、私有云等方面，探索与公安条线融合。在教育领域通过教育平台延展与生态合作运营，协助新建幼儿园建设项目落地。（周萍萍）

4月，无锡科技职业学院师生参观走访电信人民路营业厅 （新吴电信区局 供图）

【惠及民生】 2023年，新吴电信区局牵头完成梅村泰伯三区老旧小区改造项目（1488户）、旺庄老旧小区改造项目（4680户）、新安花园一期老旧小区改造项目（2436户）、江溪万裕苑二期老旧小区改造项目（2256户），共惠及居民10860户。配合街道和其他运营商做好用户割接工作，割接用户13000户左右。（周萍萍）

综　述

【概况】 2023年，新吴区紧扣“在农业现代化上走在前列”重大任务，出台《无锡市新吴区2023年全面推进乡村振兴工作要点》《高水平建设农业农村现代化先行区行动方案》《关于实施“五项行动”发展壮大新型集体经济的意见》《新吴区农村集体资产流转交易管理办法》等政策文件，探索“高质高效的特色农业、宜居宜业的和美乡村、富裕富足的幸福农民”发展新实践，坚守稳产保供底线，坚定乡村振兴创新示范，获评农业农村部“三新”优秀项目1个及“绿色食品”4个，绿色食品总数达到14个，绿色农产品比重达到81%；获评省乡村振兴示范村1个、省数字农业优质资源库1个、市农业物联网示范点1个。（王莉乾）

【保供稳粮】 2023年，新吴区推进高标准农田建设，编制《整区域推进高标准农田建设规划（2023—2035）》及《实施意见》，建设高标准农田133.33公顷，排定未来3~5年313.33公顷建设规划。开展辖区第三次全国土壤普查工作，耕地安全利用率达到95%以上。粮食种植面积1033.33公顷，粮食总产6800吨，同比稳中有增。完成66.67公顷绿色蔬菜基地建设规划和2200头能繁母猪域外保供任务。提升粮食生产服务能力，扶持社会资本加大投入，推进市级“粮食生产全程机械化+综合农事服务中心”建设，粮食日烘干能力从46吨提升至150吨。（王莉乾）

【多元发展】 2023年，区农业农村局实施12项农业农村实事工程、5项农业创新项目、16项荣誉目标。实施壮大全区集体经济“五项行动”，集体经济组织经营性收入同比增长13.4%。以“乐享新吴乡约鸿山”为主题，赴上海专题开展乡村旅游、特色农业品牌宣介，获得上海市民群众高度认可。休闲农业接待游客125万人次，综合收入1.75亿元，同比增长30%。农产品网络销售额4.5亿元，同比增长10%。（王莉乾）

农业产业

【概况】 2023年，新吴区按照《无锡高新区（新吴区）“一区三带”发展总体规划（2021—2025年）》《无锡市新吴区现代农业发展专项规划》，深化农业供给侧结构性改革，实施农业高质量发展，转变农业生产方式，优化产业结构，创新产业模式，培育现代农业发展载体，推动传统农业做大做强、特色农业做优做精。现代农业产业园区经济运行持续稳定，龙头企业，一、二、三产业融合，家庭农场等新型农业经营主体强点扩面。（贾天宇）

【农业载体建设】 2023年，新吴区农业农村重大项目投资平稳有序，以“做大增量、做优存量”为原则，强化新项目招引、推动在手项目挖潜，活用政策鼓励激励引导功能。实施农业农村重大项目8个，完成投资4.135亿元。9个省、市农业产业化龙头企业，实现销售收入7.94亿元，科研投入0.16亿元。推进140公顷高标准农田建设，打造“农田+”生态、景观、数字和产业“四位一体”示范融合标杆。新增市农业产业化龙头企业2家、市级示范家庭农场1家。鸿山街道农业产业园获评无锡市现代农业产业园，七房桥村葡萄休闲特色园获评无锡市现代农业特色园。（贾天宇）

【一、二、三产业融合】 2023年，新吴区开展农事节庆活动2批次，休闲农业接待游客125万人次，同比增长27%，休闲农业综合收入1.75亿元，同比增长

7月22日，“萄醉鸿山　乡约仲夏”2023葡萄文化旅游季开幕　　（鸿山街道　供图）

33%。举办首届“长三角”精品葡萄推介活动，鸿山葡萄获长三角区域2金、省级3金、市级“十强品牌”，三凤桥酱排骨入选全省“苏韵乡情百优乡产”推介名单。新增国家级绿色食品4个，绿色农产品比重达到81%。（贾天宇）

农业安全

【概况】　2023年，新吴区出动联合执法检查人员350余人次，开展专委会飞行检查12次，排查整改各类安全隐患50余条，其中农机专项整治一般隐患11条，隐患整改率100%，录入率100%，农业农村领域安全生产形势稳定向好。（叶海平）

【农业安全监管机制】　2023年，新吴区加强安全生产监管体系机制建设，形成多部门协同、上下联动机制。印发《无锡高新区（新吴区）农业农村安委会2023年度安全生产工作要点》《新吴区农机安全生产风险专项整治巩固提升年行动方案》《新吴区农机安全生产重大事故隐患专项排查整治2023行动实施方案》等文件，完善工作方案、建立会议和检查制度，成立安全生产专项整治工作领导小组，构建完善安全生产管理体制；采取联合行动、联合执法、联合督查的方式，推动隐患问题的发现和闭环，健全部门监管责任机制；制订隐患排查、问题整改、制度责任等工作清单，建立隐患排查和隐患报告制度，全面落实安全监管机制。（叶海平）

【农村农业重点监管】　2023年，区农村农业局联合区住房城乡建设局、消防救援大队，开展农业生产生活设施内瓶装液化石油气安全专项检查，整改违规使用液化气钢瓶18个，消除大棚内电瓶车充电、消防器材缺失、随意堆放杂物等隐患。开展宠物店底数摸排，逐个进店摸排84家次，全面摸清宠物店消防安全监管底数。加强农机智能监管，重点农机具加装北斗定位，开展农机维修服务，维修农机具160余台（套），出动各类农机具600余台。（叶海平）

农村建设与管理

【集体资产管理】　2023年，新吴区制定《关于实施“五项行动”发展壮大新型集体经济的意见》，按照“因地制宜、一街一策，安全可靠、兜住底线，分类推进、分步实施”的总体要求，提出全面实施规范整治、提档升级、置业强基、产业培育和服务创收“五项行动”，以项目建设增加优质资产、以规范管理提高经营效益、以专业培训提升发展能力为抓手，激活集体经济发展内生动能，推进集体资产提质增效。（武清华）

【项目建设】　2023年，新吴区以实施集体经济发展“五项行动”为抓手，抓住城乡融合发展机遇，全面梳理农村集体经济组织资产资源情况、产业情况、项目需求情况，建立集体经济发展项目库，以项目建设增加优质资产储备量，完成3个集体经济发展项目，形成了低效资产盘活型、沉睡资金激活型和沿路经济带动型等集体发展路径，探索街村联合发展、村村抱团发展和村自主发展机制，村级资产收入实现双增长。村级总资产116.08亿元，其中经营性资产113.47亿元，增长2.99%；村级总收入5.65亿元，其中经营性收入5.08亿元，增长6.49%。（武清华）

【规范管理】　2023年，新吴区出台《新吴区农村集体资产流转交易管理细则》，建立健区、街道两级交易体系，明晰农村集体资产交易程序，加强环保安监前置审核等，进一步加强农村产权交易规范。联合区纪委监委、审计局开展专项监督检查，开展农村集体资金违规出借和资产出租问题“两项清理”“回头看”，进一步规范集体经济组织管理水平和经营行动。（武清华）

【强化服务】　2023年，新吴区开展基层农经管理人员培训，邀请省农业农村局厅专家从理论层面深入剖析新型农村集体经济的内涵特征、实践路径、现实困境和发展对策等，邀请技术单位开展信息化监管平台操作培训和现场演练，提高信息化监管效能。培训覆盖全区基层农经队伍100余人。在旺庄街道试点成立全市首个股份合作社（功能型）支部委员会，探索解决股份合作社党组织弱化难题，获“学习强国”平台等推广宣传。（武清华）

招商引资

【概况】 2023年，区商务局深入贯彻落实“双招双引”头号工程工作任务部署，坚持项目招引和企业服务两手抓两促进，纵深推进“招大、引强、选优、提质”的招商战略，统筹做好招商统筹和重大项目招引工作，通过全链条推进、全要素保障、全过程跟踪、全方位服务，提升项目开拓招引的靶向性、精准性，提高企业服务保障能力，在重大项目招引上取得了较大成效。新招引超亿元项目145个，其中超10亿元项目18个、超100亿元项目2个。 （胥平）

【招引项目】 2023年，区商务局引进投资超亿元产业类项目24个，其中投资超100亿元项目2个，投资超10亿元项目2个，投资5亿～10亿元项目3个，投资1亿～5亿项目18个。主攻集成电路产业，引进总投资469亿元的华虹集成电路研发制造基地二期项目和总投资115亿元的华润微电子第三代半导体碳化硅项目两个超百亿元的旗舰龙头项目。锚定外资、国资、民资龙头和领军型企业，引进投资1亿美元的安世集成电路封测项目和无锡紫光集电科技有限公司、无锡紫光展矽微电子有限公司等一批优质集成电路“强链、延链、补链”项目。强势发力氢能储能和航空航天等新领域产业，引进投资20亿元的世界500强企业投资项目中信泰富新能源投资总部项目、投资17亿元的玉柴芯蓝氢能源总部项目、投资5亿元的无锡尚实航空装备有限公司航空发动机无锡基地产业化项目、氢芯科技（无锡）有限公司为代表的一批全新高端制造业项目，以及中铁十七局市政建设总部等一批总部类项目。完成到位外资3.43亿美元，为目标任务的110.87%，招引科技企业22家、科技人才项目3个；入选省双创人才项目1个、符合高新技术企业培育企业12家。 （胥平）

【服务保障】 2023年，新吴区做优企业服务保障，推动企业基地化发展。利用招商专员和企业服务专员一岗双责的优势，以服务促招商，围绕重点服务企业展开精准招商，签约引进了投资10亿元的施耐德绿色智慧产业园项目、投资1.15亿美元的夏普光电显示科技高清液晶模组项目、夏普显示事业全球供应链中心、松下新能源2170圆筒形锂电芯等为代表的区内优质存量外资企业新项目投资。 （胥平）

【招商活动】 2023年，新吴区以举办境内外重大招商活动为抓手，举办境内外招商活动81场，其中赴新日韩、欧洲、中东等境外招商活动11场。太湖湾、大湾区、中法、中欧、中日产业对接等重大活动取得重要成果，活动签约项目271个。牵头组织实施2023年全市首场境外首访活动——无锡高新区日韩经贸招商专访活动。组织实施赴日韩、德国、意大利境外招商专访活动4场，在国外举办招商投资说明会6场，拜访60余家跨国公司总部，签约夏普显示事业实装营运总部、LS产业园二期、村田圆筒形锂电芯等一批跨国公司的新项目新投资。组织实施国内招商活动，开展2023无锡（上海）生物医药产业发展圆桌咨询会之无锡高新区生物医药重点项目签约会见活动、2023无锡（上海）生物医药产业发展圆桌咨询会、第六届中国国际进口博览会相系列配套活动、无锡高新区（上海）重点日资企业产业合作对接会、无锡新加坡科创城高质量发展咨询会议、2023大飞机产业可靠性发展（无锡）大会等一批重大招商引资活动。 （胥平）

【招商统筹】 2023年，新吴区加强招商的系统化设计，发布《无锡高新区（新吴区）关于建设全球离岸创新中心的实施意见》，全面开启无锡高新区全球网络招商。5个创新中心完成揭牌或签约，其中新加坡鑫汇商行、无锡（首尔）商务创新交流中心、无锡（日本）商务交流创新中心3个海外创新中心先后在全市海外招商活动期间完成揭牌，欧盟项目创新中心（东部中心）、英国（欧时）创新中心完成项目合作签约。建立并重新梳理全区重大在谈项目产业库，形成区对市、区对街道板块部门联动的项目推进报送更新机制及全区重大项目专报制度，提升了项目招引推进的效率。（胥平）

利用外资及港澳台资

【概况】 2023年，新吴区实际使用外资11.44亿美元，规模列全市第一。制造业实际使用外资8.17亿美元，占外资总额比重为71.47%，占全市总量的43.5%，规模列全市第一；高技术产业实际使用外资8.12亿美元，占外资总额比重71%，同比增长28.24%。新增协议外资21.16亿美元，新批外资项目110个，新批协议外资超3000万美元项目15个，其中超亿美元的有华虹半导体（无锡）有限公司、无锡五八悦家信息技术有限公司等5个企业；引进世界500强投资项目2个。（蔡毅）

【外资及港澳台资投资成果】 1月，赴日韩拜访30家跨国公司，举办2场推介活动，签约8个重大日韩资项目，总投资超10亿美元。在中国香港和中国澳门签约8个项目，总投资约396亿元。9月，赴德国和意大利招商，签约3个先进制造项目和开拓5个新项目，总投资近6亿美元。华虹1期扩产项目和威孚氢隆项目分别获金银牌。召开2023中欧（无锡）产业创新合作大会，无锡中欧产业创新区启动。召开无锡新加坡工业园合作开发30周年暨无锡新加坡科创城高质量建设大会。（蔡毅）

【外资企业利润再投资】 2023年，新吴区推进外资企业利润再投资行动，组织全区企业服务专员对未分配利润超5000万元的196家外资企业走访调研。其中后续有意向通过利润再投资企业14家、增资计划6家，主要包括阿特拉斯·科普柯（无锡）压缩机有限公司4500万美元、无锡夏普电子元器件有限公司3000万美元、远纺工业（无锡）有限公司3000万美元等，为外资项目做好储备。（蔡毅）

【外资企业总部化】 2023年，新吴区推动更多外资企业从单一生产基地向“生产+总部”转变，辅导鲍迪克（无锡）技术有限公司、马瑞利汽车零部件（无锡）有限公司、百尔制冷（无锡）有限公司、耐帆包装工程（无锡）有限公司、佛吉亚（无锡）座椅部件有限公司、通用电气医疗系统（中国）有限公司等重点企业申报省级跨国公司地区总部和功能性机构的认定。12月7日，省商务厅公式关于第十四批江苏省跨国公司地区总部和功能性机构企业名单，鲍迪克（无锡）技术有限公司被认定为地区总部，佛吉亚（无锡）座椅部件有限公司被认定为功能性机构，为全市唯一两家入选企业。有23家企业获得省商务厅跨国公司地区总部和功能性机构的认定，占全市认定企业总数近一半。（蔡毅）

【外资企业研发】 2023年，新吴区认真落实国家和省鼓励支持外商投资设立研发中心的若干措施，加强政策宣传引导，做好外资研发中心核定及建立培育库工作，开展外资研发中心进口税收政策认定工作，施耐德电气（中国）有限公司无锡分公司、利纳马汽车系统（无锡）有限公司、伊格尔机械密封（无锡）有限公司等16家外商投资企业符合外资研发中心项目核定要求，申报材料报市局核定。（蔡毅）

对外及对港澳贸易

【概况】 2023年，新吴区积极应对全球贸易环境的变化，贸易结构不断优化，新兴贸易业态快速发展，便利化水平持续提高。完成进出口3564亿元，同比下降8.2%，总量占全市外贸进出口的50.4%。其中，出口2128.5亿元，同比下降7.7%，进口1435.4亿元，同比下降8.9%。（华宏阳）

【政策引导和支持】 2023年，新吴区印发《无锡高新区（新吴区）关于促进外贸稳增长的若干意见》，是建区30多年来第一份关于外贸的单项政策。兑现落实稳外贸奖励资金530万元，拨付国家、省、市各类外经贸资金9221.8万元，惠及外经贸企业（项目）684家（个）。加大信用保险支持力度，中国信保承保新吴区出口企业保额23.19亿美元，服务支持企业434家，其中300万美元以下小微企业占87%以上。助力32家企业申报外贸“小微贷”，发放贷款近1.6亿元。出台《江苏省无锡市新吴区国家进口贸易促进创新示范区建设实施方案》，新吴区外贸转型升级基地（集成电路）通过商务部复审。全国首票跨关区保税展示货物在新吴区通关，全省首票综保区“非保税货物”实现在库性质“区内直转”。启动生物医药研发用物品进口“白名单”制度试点和集成电路旧设备“二次翻新”企业“白名单”试点争取工作。

（华宏阳）

【外贸企业监测预警机制】 2023年,新吴区外贸50强预测扩面至300家企业,月报告加密为周调度,实时掌握企业订单变化动态和运营中的问题和困难全面盘活重点企业存量,"一企一策"推进15个重点外贸增量项目。 (华宏阳)

【外贸新业态】 2023年,新吴区推动1039市场采购贸易方式扩面增量,年内新增出口超1亿美元。京东跨境贸易、阿梵达进口矿石、夏普供应链整合项目、博世原材料分拨项目、健适医疗进口分拨项目先后启动业务开展。开通日本、韩国等货运航线,拓展国际货运网络。推进长三角元器件国际分拨中心建设,实现超10亿美元的进出口额。加快国际邮件互换局项目建设,上港ICT(无锡)项目正式签约并启动首航。 (华宏阳)

【高质量发展】 2023年,新吴区组织企业参加第133、134届广交会,第六届中国国际进口博览会(以下简称第六届进博会)等国内重点展会和省、市各类线上展会。其中,第六届进博会以重点采购商企业报名数(224家)和采购成交金额(超4亿美元)蝉联全市各板块第一。加快知名品牌培育,无锡先导智能装备股份有限公司、无锡小天鹅股份有限公司、银邦金属复合材料股份有限公司等9家企业入围,新增无锡祥生医疗科技股份有限公司、无锡耐思生命科技股份有限公司2家,跨境电商知名品牌为首次申报,获批1家(尚佰环球电子商务有限公司),为全市的三分之一。 (华宏阳)

城乡建设与管理

城乡规划

【概况】 2023年，新吴区坚持强保障、促发展，优空间、促集约，护资源、守底线，被认定为全国首批自然资源节约集约示范县(市)，蝉联“江苏省土地执法先进区”。无锡市自然资源和规划局新吴分局获评“全国自然资源系统先进集体”，获全区高质量发展综合考核第一等次、优秀单位和攻坚创新奖，在区“担使命作贡献”季季评活动中获“高质量发展考核季度流动红旗”。（朱晓婷）

【空间规划】 2023年，新吴区形成国土空间总体规划并通过专家论证；编制完成新吴区镇村布局规划成果获市政府批复；完成实用性村庄规划成果上报，实现村庄规划全覆盖；试点开展新加坡科创城详规编制工作，示范探索国土空间监督实施管理；完成核心区、旺庄街道、研发区等13个控规管理单元动态更新；完成新吴区综合交通体系规划修编论证和路网红线一张图。《基于产城融合和资源配置双导向下的高新区新型产业空间组织、更新示范及工作机制》获评全市系统优秀创新创优成果。（朱晓婷）

【保障发展】 2023年，新吴区划定8处产业基地、6处产业社区，引导重大项目向产业区块保护线内集中布局；170.67公顷预支空间规模指标一次性落地上图，获批成片开发方案3个258公顷；“双线督导”模式从探索走向实践，线上强效能、线下强服务，省、市、区重大产业项目100%保障到位，供应产业用地及基础设施用地91宗260.2公顷，其中工业用地38宗139.8公顷，出让金8.84亿元；构建“1+5”工作体系，搭建“智慧招商云”平台，完成经营性用地出让15幅65.58公顷，合同金额119.51亿元。（朱晓婷）

【资源保护】 2023年，新吴区严守耕地红线，耕地“进出平衡”总体方案通过省级审查，《无锡市新吴区国土空间生态保护和修复规划》通过专家评审，完成耕地恢复潜力梳理摸排和耕地动态监测平台初期建设工作。加强林地保护，完成市局下达营造林目标任务，新增造林面积95.2公顷，更新面积23.44公顷，林木覆盖率保持在21.8%以上，自然湿地保护率保持22.3%，闲置土地覆绿100%。推进“林长制”常态化工作，实施森林防火网格化管理，多措并举严防火灾发生。综合运用日常执法、卫片检查两大抓手，推进违法用地“清零”行动，未发现新增土地违法问题。（朱晓婷）

【集约用地】 2023年，新吴区推进低效用地再开发，破解空间碎片化难题，完成产业用地全域更新210.53公顷，处置批而未供203.2公顷；推进产业园用地整治提升，搭建全区可利用资源管理系统，推动产业用地提质增效“上楼入园”，新上工业项目平均容积率1.96，同比提升12.7%，平均投资强度914万元/亩，承诺亩均税收115万元，供应工业用地中超10亿元项目10宗80公顷，占总供应规模的47.7%。东裕产业园作为无锡市首个新型产业用地(Mx)，被省自然资源厅评为“十大节地模式(技术)先进典型案例”，获全省推广；《“产业链+需求侧+全周期”协同促进节地水平和产出效益“双提升”》入选全国自然资源节约集约示范县(市)第一批创新典型，获全国推广。（朱晓婷）

【服务民生】 2023年，新吴区完成11513套房屋交房即发证；完成全市首例商业贷款转组合贷款的“带押过户”；妥善解决君域豪庭、丽景佳苑三期4084户居民不动产登记历史遗留办证问题；深化“一件事一次办”改革，办理全市首例工业用地“零材料”首次

4月17日，新吴自然资源规划分局开展世界地球日系列活动 （朱晓婷　供图）

9月7日，新吴自然资源规划分局完成全市首例工业用地“零材料发证” （朱晓婷　供图）

登记；为29家企业办理高标准厂房分幢（层）登记，颁发全省首张工业高标准厂房分层转移预告登记证明；新上产业项目80%以上“三证联发”。无锡市自然资源和规划局新吴分局获“全省自然资源系统法治建设和普法工作成绩优秀单位”“全市网上信访工作先进集体”和区执法为民先进单位等称号。

（朱晓婷）

城市建设

【概况】 2023年，新吴区抓好市政项目实施，构建高效畅达交通体系，完成春达路、黄山路、鸿里路、惠弘路、科创路一期、中庆路、科研北路等新建和大修市政道桥项目7个，新建及大修市政道桥约3.7千米，持续推进珠江路大修工程，启动菱湖大道、和风路、高墅桥的建设。伯渎河幸福河湖工程二期建成投用。

（陈辰）

【道路建设】 2023年，新吴区新建和大修城市道路8条。

春达路（坊育路—春明路）新建工程西起坊育路，东至春明路，道路全长为317米，道路等级为城市支路，设计速度为每小时30千米，道路标准段红线宽14米。

鸿里路（长江东路—鸿兴包装出入口）新建工程北起长江东路，南至鸿兴包装出入口，道路全长为240米，道路等级为城市支路，设计速度为每小时30千米，道路标准段红线宽1米。

黄山路（珠江路—机场路）大修工程西起珠江路，东至机场路，道路全长1456米，道路等级为城市次干路，双向四车道，设计速度为每小时40千米，道路标准段红线宽30米。跨越五级河道潘甲里浜，涉及黄山路桥。该道路于10月完工。

惠弘路（清源路—弘毅路）道路工程起于清源路，终于弘毅路，道路全长234米，道路等级为城市支路，双向2车道，设计速度为每小时30千米，道路标准段红线宽16米。

科创路（净慧西道—净慧东道）新建工程起于净慧西道，终于净慧东道，道路全长604米，道路等级为城市支路，设计速度为每小时30千米，道路标准段红线宽16米。

科研北路（净慧西道—净慧东道）西起净慧西道，东至净慧东道，道路全长557米，道路等级为城市支路，道路标准段红线宽24米。

中庆路南北走向的城市支路，北起至贤路，南至至宾路，全长984米。道路设计全线2车道，红线宽度16米，设计车速为每小时30千米，主要建设内容包括道路工程、电力工程、雨污水工程、给水工程、照明工程、交通工程及绿化工程。

珠江路（旺庄路—新区高铁站）大修工程起于旺庄路，终于新区高铁站，道路全长约5.5千米，道路等级为城市次干路，设计速度每小时50千米，道路标准段红线宽24米，全线涉及5座现状跨河桥梁和3座现状立交桥。

（陈辰）

【学校建设】 2023年，新吴区推进梅里中学二校区和春阳实验学校扩建工程项目。

梅里中学二校区　新增建设用地面积36764平方米，新建总建筑面积56183平方米，拟建教学楼、实验楼、艺术楼、体育馆、门卫、加建食堂、室外运动场地及地下停车场相关配套设施等。将与梅里中学一校区完美融合，建成后达到一校区48个班，二校区36班的办学规模，可容纳学生总数约4200人。

春阳实验学校扩建工程　该项目位于新吴区新光路与国道312线交叉口西北侧，增设初中部，形成30班的初中办学体量，可容纳在校学生约1500人。

S19无锡国家高新区出口门户地标（区城管局　供图）

汇业商务广场　（区城管局　供图）

地下建筑面积7422平方米，可提供175个地下停车位。项目总投资约1.5亿元。该校区的设计以“退台叠院”为理念，叠级退台与围合庭院相结合，共同打造出一个立体、多维的空间结构，使建筑与周边环境高效融合，激活教学空间的活力。同时，采用绿色环保理念，在建筑选材、节能设计、水资源利用等方面都秉持了可持续发展的原则。（陈辰）

【家长等候区】 2023年，新吴区根据“一校一特色”原则，改造设计“家长等候区”方案，将等候休憩区和停车区分隔开，实现了人车分离，创造一个安全舒适的接送环境，解决了集散和等候的问题。部分校区结合老镇区周边居民缺乏活动场所的现状，充分利用校门口空间资源进行改造，既方便了家长，又满足周边环境和居民需求，实现了“微改造，大幸福”，切实增强家长和周围居民的幸福感、获得感。有9个校门口“幸福空间”改造项目完工并交付使用。（陈辰）

【伯渎河幸福河湖工程二期】 1月21日，伯渎河幸福河湖工程二期两岸近20千米滨水步道正式贯通。滨水步道两侧建设了一批专业儿童游乐场、篮球场、乒乓球场、智能健身驿站、广场舞场、滨水棋社、城市

1月21日，伯渎河幸福河湖工程二期建成投用暨迎新春全民健康行启动仪式　（郑惠文　摄）

服务驿站等全龄段服务配套设施，景色优美处建设亭廊台阁等，市民通过步道就可以无障碍到达沿线数十个全龄段的休闲场地和附属设施。滨水步道还串联起10余个城市驿站，配备公共厕所、文化展示墙、自动售卖机、休憩座椅等，为市民提供交流、休息、如厕和文化服务。伯渎河滨水步道共建成绿地近80万平方米，服务半径500米内超过40个小区、半径1000米内近百个小区，覆盖周边居民超10万人，极大地提升居民幸福指数和生活质感。（陈辰）

城市更新

【概况】 2023年，新吴区加快推动省级试点华光锅炉厂地块、市级重点单元硕北片区及旺庄外下甸片区的城市更新工作。完成硕北、外下甸市级重点城市更新单元先导项目建设，有序推进单元内其他各项目建设。起草出台《新吴区深入推进城市更新工作方案》；完成了《城市更新体检评估报告和城市更新“十四五”行动计划》编制；完成了《新吴区城市更新单元规划方案》。（司芙瑜）

【华光锅炉厂地块】 2023年，省级试点华光锅炉厂城市更新项目推进老厂房提升改造，建设华光集团总部大楼，更好延续华光锅炉厂的历史记忆，完成脚手架搭设、外部墙体装饰面拆除工作。（司芙瑜）

【硕北片区】 硕北片区北至经一路、东至走马塘一经一路，西至华友路东侧河流，南至新宅路，占地面积1平方千米；更新内容涉及棚户区改造、房屋征收、城市道路更新、配套设施建设等。2023年，先导项目梅村高中空港分校竣工投用，中信城开居住地块部分楼栋主体封顶，完成周边配套路网（一期）。完成走马塘南侧住宅用地A、B地块出让。（司芙瑜）

【旺庄外下甸片区】 旺庄外下甸片区北至无锡港务码头港池、西至京杭大运河、南至高浪嘉园、东至沪宁铁路，占地面积 1.01 平方千米；更新内容涉及产业园区提档升级、棚户区改造、房屋征收、工业遗迹改造、配套设施建设等。2023 年，先导项目粮食和物资应急保障服务中心项目竣工投用。（司芙瑜）

【海绵城市建设】 2023 年，新吴区持续推进海绵城市建设，年初出台并公布《无锡市新吴区海绵城市专项规划 (2021—2035)》，全面指导海绵城市建设工作；完善太湖湾科创城示范片区，将海绵城市建设要求纳入《无锡太湖湾科创城低碳建筑设计导则》，同步推进硕放连片示范区；编制完成年度自评估报告，完成现状建成区 40% 以上面积达到海绵城市建设要求；向上争取资金支持，2024 年新安花苑第一社区老旧小区改造工程、太湖湾科创城示范片区和新发汇融广场获得第一批中央城市管网及污水处理（海绵城市建设）补助资金共 1402 万元，新光嘉园二期安置房小区获得省级海绵城市建设专项资金 217 万元。飞凤南路快捷化工程和金城东路（景云立交—前进北路）海绵城市游园获评“江苏省海绵城市优秀工程项目三等奖”，安鸿路和红蕾佳苑一期入选无锡市 2023 年度“群众最喜爱的十大海绵项目”。（顾晨竹）

【安置房建设】 2023 年，新竣工新光嘉园二期、风雷嘉苑一期、鸿声家园一期 B 区 3 个项目共计 2014 套安居房。筹集保障性安居工程资金 211637 万元，用于棚户区改造工程。其中，配套基础设施中央预算内资金 6637 万元，地方政府债券收入 205000 万元，为项目提速增效提供有力的资金保障。（褚琴霞）

【征收拆迁】 2023 年，完成地铁 4 号线、地铁 5 号线（永胜桥）等一批市级攻坚拔点项目，保证了市级重点工程、重大项目的顺利实施。制定《无锡市新吴区住宅房屋征收货币补偿实施房票结算的实施细则（试行）》，在旺庄街道地铁 5 号线（春潮商业街站）实施。房票结算方式给被征收人提供了可选择的第三种补偿政策，满足多元化安置需求，大大缩短了安置过渡期限。（褚琴霞）

【老旧小区改造】 2023 年，新吴区改造安置房小区 6 个，改造总建筑面积 180 万平方米，惠及居民 1.59 万户。“以验促改”提升安置房改造效果，对照《新吴区安置房及老旧小区改造项目综合验收管理办法》，开展 15 个小区综合验收工作。（臧先扬）

金城路高架单元区域综合性提升工程

（区城管局 供图）

美丽示范街区——鸿山田园活力街区

（区城管局 供图）

【“厕所革命”】 2023 年，新吴区新改建城市公厕 15 座、农村公厕 5 座，一类公厕比例达 24% 以上，二类以上公厕比例达 90% 以上，农村公厕均达到三类以上标准，完成 190 座公厕的一体化管养招标，提升公厕管养质量，纳入“厕所开放联盟”成员单位 65 家，各项指标均处于全市领先水平。（李忠兰）

【停车管理】 2023 年，新吴区利用老新村改造、桥下空间提升等方式，新增公共停车泊位 1478 个，落实错时共享停车场 12 处、泊位 935 个，完成 76 处停车场“先离场后付费”场景建设，完成 118 个公共停车场的备案工作，备案率达 90% 以上，学志路停车场等一批示范点获省、市领导点赞。（李忠兰）

【美丽示范街区创建】 2023 年，新吴区首批建成 10 个涵盖生活、商业、服务、文旅、现代产业、低碳智造、生命科技主题的美丽示范街区，总面积 1350 公顷。以“美丽街区”为底座，范围更大、标准更高、内容更广，编制 20 个区域性综合提升单元，形成单元分布“一张图”，一点一策推进各重点区域增颜提质。同步启动第二批 5 个美丽示范街区建设，夯实“干净、整洁、有序”美丽街区底座。（李忠兰）

公用事业

【城市公交】 2023年，新吴区开通苏锡公交1号线，采用苏锡两地公交对开模式，设有9个站点，新区公交投入5辆8.5米新能源车，构建具有苏南区域特色的一体化综合交通运输体系。8月推出的“苏锡毗邻公交线路参观乘坐体验活动”在2023年“政府开放月”活动评选中获“最具人气活动”。5月30日，苏南硕放国际机场苏州市区巡游出租汽车返程载客专用通道正式开通，全年载送旅客5万余人次。11月18日，开通全市首条以“一站一美食”为主题的新吴区泰伯美食公交专线，串联起一条集传承、创新、开放、包容于一体的品质消费线路，点亮民生“微幸福”，优化营商“软环境”，提升文化“锡引力”。（朱印）

【污水处理】 新吴区拥有3家污水处理厂，分别是新城、梅村、硕放水处理厂，处理能力合计为49.5万吨/日(新城水处理厂22万吨/日、梅村水处理厂21万吨/日、硕放水处理厂6.5万吨/日)，通过提标改造，37.5万吨/日达地表准三类出水，地表准三类出水占比达75%。2023年，新吴区污水实际处理量达到1.357亿吨。（周彩云）

【城市水利】 2023年，新吴区建成35条美丽幸福河湖。创建省、市、区级美丽幸福示范河湖累计110条，占全区河道的38.2%。推进38条第一轮综合整治河道水质提升，6个国、省考断面优Ⅲ比例为100%，38条第一轮环境综合整治河道优Ⅲ类稳定在100%。完成陈家浜、马桥港、沈家桥浜3座排涝及调水双向泵闸站，并同步实施其他配套工程，累计增加排涝及调水活水流量为每小时24立方米，全区总排涝能力达每小时335立方米。（周晓波）

【园林绿化】 2023年，新吴区围绕创建国家生态园林城市，构建“公园绿地10分钟服务圈”，全年新增绿地46公顷，新改建大坊桥寒儒桥游园、机场路春丰游园、伯渎河桃气堡儿童游园等各类公园、游园15个，新建新湖联圩、协新浜等绿道10千米。聚焦城市灰空间，完成477处桥下空间环境综合整治，推动工程性改造16处，全市最大的桥下空间利用项目新洲康乐休闲园获评“微幸福”民生工程金奖，相关经验获新华社等多家媒体刊播。（李忠兰）

美丽乡村建设

【“三清三治”整治】 2023年，新吴区高标谋划，出台《新吴区集中开展“三清三治”农村环境卫生专项整治行动方案》，推进“三清三治”农村环境卫生专项整治行动工作。在无锡市“三清三治”农村环境卫生专项整治行动暗访测评中，“三清三治”专项整治村庄合格率100%、Ⅲ类村转化率100%，是全市唯一两项指标全部满分的市(县、区)。鸿山街道荣登无锡市二季度人居环境“红榜街道”榜首及全市“三清三治”农村环境卫生专项整治先进集体，东塘街村、大坊桥村先后获红榜村。新吴区连续三年农村人居环境整治暗访测评成绩位列全市榜首。（李亮亮）

【人居环境整治】 2023年，新吴区针对规划保留村和搬迁撤并村两类村庄情况，按照分类施策、因地制宜原则制定整改措施。规划保留村加快建设实现美，作为整治的重中之重，在确保环境整洁基础上，加快美丽乡村项目建设，以项目化推进环境出新，做到推陈提新、形象提升、风貌提靓，打造美丽村庄，投入4158元，实施3个美丽乡村建设项目，涉及26个自然村。搬迁撤并村加快拆迁实现“净”，围绕“拆”字下功夫，将剩余10户以内的扫尾灭点村列入年度考核，加快拆迁进度，攻坚拔点；围绕“净”字下功夫，强化部门间联动和网格化管理，落实分片包干，生活垃圾、违建乱放、河道垃圾等开展拉网式整治和整改，短时间内既治标更治本。（李亮亮）

【督导检查长效常态】 2023年，新吴区紧盯问题清单和随时出现的阶段性反馈问题，采取坚持日常巡查、随机抽查和重点督查相结合的方式，实施对账销号。严格实施“街村自查、条线抽查、第三方暗查、部门联查”监督形式，做到督查考核不间断、全覆盖。严格落实“红黑榜”评价办法，有针对性地开展问题通报、示范宣传，以先进带动落后。完成全覆盖暗访测评4轮，不定期暗查4轮、部门现场督导67次。推动“五位一体”综合管护，压实网格管理，推动管护内容清单化。推行“一约三制”，动员村民党员，建立长效管护网格化体系。形成村常抓不放、第三方长效管护队伍持续运作、村民自觉维护环境的新格局，农村人居环境长效管护合格村100%。（李亮亮）

城市管理

【概况】 2023年，区城市管理局(以下简称区城管局)以城市管理高质量发展为目标，深入践行“人民城市为人民”重要理念，以打造“最干净城市”为抓手，深耕城市精细化管理，打造精管善治典范城区。梅里古镇周边停车管理、新安花苑第五社区A区生活垃圾分类等 5 个项目获评年度城市精细化管理“红榜”，综合成绩获评全市第一等次。发挥城管委办“谋统督考”作用，推动 6 个街道建立城管委实体化运作机构，逐步完善议事规则，协调解决热点问题 17 件。建立专班推进、街道自查、区级复核、整改落实全闭环工作机制，市下达 96 项重点目标任务指标圆满收官，年度“红黑榜”考核全市领先。对全区 449 条道路街巷全覆盖实施“新街吴韵”街巷综合治理，建成 10 个美丽示范街区，总面积 1350 公顷。以美丽街区为底座，科学编制 20 个区域性综合提升单元，形成单元分布“一张图”，一点一策推进各重点区域增颜提质。实施全域环卫“一体化”作业，将“美丽街区”“家长等候区”等人行公共区域纳入机械化冲洗范围，打造席地而坐“城市客厅”24 处，新改建城市公厕 15 座、农村公厕 5 座，新增公共停车泊位 1478 个，落实错时共享停车泊位 935 个，完成 76 处停车场“先离场后付费”场景建设，环境品质持续提升。（李忠兰）

【市容环境管理】 2023 年，区城管局扎实开展春节、国庆等节庆期间市容环境整治行动，完成各级领导调研、中（高）考和 2023 世界物联网博览会等大项活动保障 60 余次，规范整治国网电力、华润燃气、无锡水务、通信弱电各类管线标志桩 4115 个。治理违规户外广告，坚持“减量、规范、美化、提档”的整治原则，采取教育整改与执法查处相结合，鼓励自拆与强制拆除相结合，短期整治与长效管理相结合等方式，对擅自设置、存在安全隐患、不符合规范设置标准的户外广告设施和店招标牌开展修复、更新或拆除工作，共拆除违法户外广告设施 2.03 万平方米。实施建筑垃圾整治行动，全天候、全覆盖、高频次、高水平，联合交警、交通等部门在南开路、鸿祥路、振发路等重点路段设卡，围绕渣土车不密闭、偷乱倒、跑冒滴漏、车容车貌不洁、违规运输等各类违法现象进行执法检查，查处渣土车问题案件 417 起，处罚金额 285.57 万元。其中，查处未密闭运输案件 5 起，处罚金额 2.5 万元。（李忠兰）

【城管进社区】 2023 年，新吴区 30 名执法队员、193 名管理队员全覆盖挂钩进驻全区 119 个社区，全域落实“1+N”和“N+1”的进驻模式。进驻队员进入社区每周不少于 1 次、每次不少于 2 小时，畅通联络机制，做到“接诉即办”，实现零距离服务，推动服务不断前移。有效依托社区党组织，协调社区资源，形成有力支撑，接办处置社区问题 50050 件。（李忠兰）

【垃圾分类管理】 2023 年，区城管局按照点位设置更趋合理，便于市民投放和清运的原则，新增住宅小区生活垃圾“四分类”投放点位 168 处，累计建设 985 处，家庭厨余垃圾日收运处置量接近全市主城区总量的 50%。279 个住宅小区配套设施及运行全市率先通过市级验收，通过率 100%；45 个省垃圾分类达标小区配套设施及运行全市率先通过省级验收，朗诗青春未来家园入选省第一批垃圾分类“红榜”。实体化运行生活垃圾工作专班，强化下沉指导、教育督导、执法跟进，全市首个完成“撤桶”行动任务，“撤桶”行动经验由中央广播电视总台《中国之声》栏目进行专访，生活垃圾混收混运处罚案例在《无锡日报》头版报道。靠前站位铺开垃圾分类执法，把生活垃圾分类管理执法工作贯穿到“投放—收集—运输—处置”全过程，加强部门联动，深入住宅小区、学校、医院、农贸市场、党政机关开展法律宣传、行政检查、执法整治 500 余次，巡查整改各类问题 800 余个，查处垃圾分类相关案件 1735 起，处罚金额 9.408 万元，开出全市首张违规收运生活垃圾罚单。（李忠兰）

【城警联动】 2023 年，区城管局与交警部门常态化开展联合执法行动，落实“两车一拖”队伍，确保执法管理不间断，严管重罚促长效。加强共享单车秩序管理，及时清理无标识共享单车和无主共享单车，累计贴单 26021 张，查处非机动车违法案件 9242 起，处罚金额 18.49 万元；查处共享单车运营企业 5 起，处罚 4.3 万元；查处机动车违法案件 6836 起，处罚金额 65.27 万元，核查确认废弃汽车 6 辆。（李忠兰）

【违建拆除】 2023 年，新吴区按照“严控增量、消化存量”的工作要求，以“反复投诉、影响市容、影响环保、存在安全隐患”等四类违法建设为治理重点，拆除违法建设 435 处，面积 80.12 万平方米，其中拆除工业园区违法建设 256 处，面积 63.16 万平方米。（李忠兰）

建筑管理

【绿色建筑】 2023 年，新吴区绿色建筑占新建建筑比例 100%，新建民用建筑按现行标准二星级及以上绿色建筑标准设计建造，其中单体建筑面积 2 万平方米以上的大型公共建筑按照绿色建筑三星级标准设计建造。竣工绿色建筑面积约 129 万平方米，既有建筑节能改造 12 万平方米，太阳能光伏装机容量 3 兆瓦，浅层地能应用 1 万平方米，完成公共建筑室内空气品质监测公告项目 1 个、高品质实践项目 1 个。（顾晨竹）

【装配式建筑】 2023年，新吴区大力推广装配式建筑在新开工建筑中的应用比例，新地块建设条件明确，装配式建筑面积比例达到50%以上，新开工装配式建筑（含三板）48万平方米。提高示范项目创建水平，XDG-2022-70号地块（中鹰黑森林）和无锡大年毛纺有限公司综合楼项目被评为2023年江苏省建筑产业现代化示范项目，无锡太湖湾国际文化艺术中心暨无锡交响音乐厅工程提前进入2024年省级示范清单，中电创新园区8号楼商务用房项目获2023年省级城乡建设发展专项资金200万元。 （顾晨竹）

交通运输

【概况】 2023年年末，新吴区公路总里程达249.965千米，公路密度达113.99千米/百平方千米。其中，一级公路111.932千米，二级公路84.598千米，三级公路12.532千米，四级公路40.903千米。港口码头泊位87个，码头总延长约6000米。（李跃、华王璟）

【公路】 2023年，新吴区开展“三清三治”专项整治，检查村庄44个，巡查村道83条，巡查总里程达110千米，发现并整改问题7个。对农村公路临水、高路堤、急弯陡坡等危险路段安全防护设施缺失、损坏情况立即开展全面排查，发现13处桥梁安防设施存在隐患，并按设计方案施工整改，10月底完工。完成日常巡查275人次，发现路面破损、裂缝等35处，责令养护部门完成整改；新增“路长制”公示牌8块，更新板面内容29块、修复2块。更新完善186座农路桥梁基础数据并完成桥梁定检工作（按评定等级分：一类桥56座、二类桥124座、三类桥6座）；新增桥梁轴重限载标识牌11块。提升服务意识，提高办事效率，将涉路许可事项审批时间从原20个工作日压缩至5个工作日，大件运输线路核查压缩至24小时，大幅降低时间成本。完成“江苏政务服务网”服务数据更新工作；完成超限运输线路核查3174件（其中区内件15件），桥梁荷载验算196件；完成40起校车使用许可审核。 （李跃华）

【港口】 2023年，新吴区完成港口货物吞吐量1081.3万吨，同比增加约32.64%，完成集装箱吞吐量

“新锋尚”垃圾分类青年宣讲员聘任仪式
（区城管局 供图）

新安创享生活街区家长等候区
（区城管局 供图）

美丽示范街区——临水照梅·梅里古镇街区
（区城管局 供图）

长江东路上跨机场南路桥下空间综合提升
（区城管局 供图）

5.007 万 TEU（国际标准箱），同比增长约 146.29%。开展“红黄灰”榜认定工作，共有 4 家企业列入“红榜”榜单。开展市级绿色港口评价工作，2 家企业被评选为 2023 年度无锡市绿色港口。组织企业参加港口企业安全生产培训、现场应急演练实操等，提升应急处置能力。聘请第三方专家对企业开展全覆盖安全隐患排查工作，帮助企业对安全管理进行现场诊断，形成趋势预警分析。与各港口企业签订安全生产责任书，夯实安全生产主体责任。做好港口领域生态环境突出问题举一反三即知即改工作，严抓船舶污染物防治处置，完善港口污染防治体系建设，巩固内河码头整治成效，共接收船舶港口污染物单数分别为船舶垃圾 12164 单、生活污水 11789 单、含油污水 1767 单，同比分别增长 16.5%、21.0%、25.9%，转运处置率均接近 100%；使用岸电用电量 61753 千瓦时，岸电使用量增长 125.3%。加强港口码头规划引领，配合完善《无锡内河港总体规划》修编；完成新吴区内河支线航道定级论证；上港 ICT（无锡）项目签约，新安港与江阴港、宜兴港达成“三港联盟”。新安港开通至上海外高桥港、上海洋山港太仓中转线、洋山港直达航线，新航线的开通，大幅降低物流运输成本，提升物流运行效率。ICT（信息和通信技术）项目完成集装箱吞吐量 3.84 万 TEU。（王璟、张悦）

【绿色配送】 2023 年，新吴区引导区内货运企业应用新能源货车，提高新能源运营配送车辆比例，新增新能源城市配送车辆 200 余辆。为方便城市配送车辆停车，在区内商业区、居住区、生产区、大型公共活动场地等区域设置城市货运配送车辆卸货场地和停靠点 40 个，卸货场地面积共计 5000 余平方米，车位 250 余个。投入运营干支衔接型货运枢纽 1 个、公共配送中心 2 个。（朱印、薛怡晨）

【运输管理】 2023 年，区住房和城乡建设局开展各项隐患整治行动，发现隐患 206 条，整改 206 条，整改率达 100%。采用“两客一危”智慧研判系统，通过智慧执法试点，使“两客一危”主动防控有责报警数显著降低，研判系统全年为执法大队提供案件线索 2400 余条，并由业务科室完成核查闭环，车辆总报警数较上年同比下降 51.15%。对“两客一危”企业开展动态监控平台抽查，检查企业 2686 家次。对“黑名单”车辆实行精准管理，构建褒扬和激励诚信行为机制，“两客”车辆“装而不用”情况通报率同比下降 87%、“用而不管”情况同比下降 85%。推进主动安防全面安装，多次召开主动安防安装工作专题会议，对辖区内客运、货运企业进行宣传培训，加强沟通协商，密切关注安装进度，对共性问题做好政策解读，对个性问题做到精准帮扶，12 月底，全部道路旅客运输车辆、危货车辆(不含挂车)及 3389 辆重型普货运营车辆完成主动防控系统安装，超额完成年度目标任务。（朱印、薛怡晨）

【交通行政执法】 2023 年，区住房和城乡建设局牵头建立“交通吹哨，部门报到”联动执法工作机制，联合公安、城管等部门，不定期开展集中执法工作，重点打击“两客一危”、工程运输车辆等领域违法违规行为，开展“吹哨”行动 27 次，出动执法人员 140 余人次、执法车辆 50 余辆次，立案查处超限超载运输等违法违规行为 60 余起，有效遏制道路运输重特大事故的发生。持续强化“两客一危”、出租车、普货运输等重点领域源头治理，加大对汽修、驾培等道路运输相关行业的监管力度，出动执法人员 5049 人次，检查企业 2968 家次，查处各类案件 767 起，罚款 155.96 万元，有效处理各类投诉举报 2163 条，未发生被申请复议案件、被起诉案件。承担梅里古镇客运游船安全监管工作，出动执法人员 100 余人次，实地踏勘游船上下客点的各项安全事项，检查消防设施、应急救援装备；翻阅客运游船安全台账，航行日志、开船前安全例检记录。治理超载方面，出动人数 3816 人次，称重检查车辆 5400 辆次，联合查处超限超载货运车辆 1601 辆次，卸驳载吨位 19029.755 吨，确保道路运输安全生产形势持续稳定向好。（朱印、薛怡晨）

生态环境

综　述

【概况】 2023年，区生态环境局坚持以习近平生态文明思想为指引，坚决扛起深入打好污染防治攻坚战的政治责任，深化精准治污、科学治污、依法治污，聚焦解决突出环境问题，统筹推进生态环境高水平保护与经济社会高质量发展，创建全国生态文明建设示范区，建成全国首套区县级智慧水质监测实验室，实现生态环境质量持续改善。$PM_{2.5}$浓度达到每立方米28.4微克，空气质量优良天数比率80.6%，实现了双改善；国、省考断面优Ⅲ比例100%，太湖连续16年安全度夏。（惠尉）

【重点问题督察整改】 2023年，第二轮中央环保督察涉及的3个共性问题，其中“印染设备淘汰”问题完成省级销号验收，“思想认识不够到位”“太湖蓝藻水华防控形势依然严峻”2个问题按时序进度推进。中央环保督察交办信访核查2个问题完成整改。13批次20件交办信访件全部办结并通过市级部门验收销号。省督察2022年以来“春雷”行动交办的45个环境突出问题，全部完成整改销号。市督察突出生态环境问题警示片披露2个问题，完成整改1个，西浜问题按时序进度推进。市攻坚例会警示片交办的7个问题全部完成整改，市攻坚办6个曝光问题完成整改销号。（王颖捷）

【绿色发展】 2023年，新吴区全面服务重点项目准入，为省、市、区重大项目建立信息卡制度，全程提供政策咨询和技术指导200余次，完成项目环评审批149个，其中包括无锡村田电子有限公司新工厂、SK海力士（无锡）产业发展有限公司七期等6个省级重大项目。积极推进环评联动改革，提前介入并指导企业应用试点，包括无锡先研设备模组生产与装配基地项目在内的12个重点项目实行了告知承诺制审批。推进园区新一轮规划环评报批，无锡高新区规划环评通过省厅审批。推进园区限值限量管理，以园区环境质量改善为根本目标，将限值限量管理与规划环评一体化考虑。完成无锡高新区、空港开发区的限值限量年度自评估报告的审查。全面推进印染专项整治，按市印染行业规划，完成6家印染厂全面关闭、拆除。探索排污许可“一证管理”，优化排污许可审批流程，完成发证194家次，全面完成2023年排污许可质量核查行动，并指导督促完成整改。推进落实持证单位证后管理，在全市率先完成88个典型行业2022年度排污许可证执行报告内容规范性审核。开展积极的环境总量政策，推进减排项目上报，夯实全区总量储备，省库系统统一收储，统筹出库。完成73家废气减排企业的入库收储，出具74个总量平衡方案。优化服务建设用地审核，开通地块审核绿色通道，保障地块“招拍挂”、做到即收即办；对非原则性问题开通“容缺”审核特色通道，不因流程性问题影响审批效率，全年审核97个地块。（姜治国）

【生态文明建设】 2023年，新吴区聚焦区域生态文明建设，积极开展生态创建，成功创建国家生态文明建设示范区，成为首次申报国家生态文明建设示范区即一次性通过审核命名的典型，也是无锡市唯一获得国家生态文明建设示范区授牌的区（县）。强化生态空间管控区域及自然保护地生态监管，完成生态空间管控区域监督管理自评工作，组织开展生态红线和生态空间管控区域问题线索定位核查，完成生态安全缓冲区建设2个。以梁鸿国家湿地公园和大溪港省级湿地公园为重点，完成新吴区首次生物多样性本地调查，共发现各类物种1559种，其中国家重点保护物种12种，国家重点保护野生动植物保护率达100%，申

报核发生态补偿资金 1050 万元。（刘健）

【共建项目】2023 年，新吴区“大手拉小手”企业环保共建项目新增 63 家企业签约结对，为 5 家“大手”企业颁发“突出环境贡献奖”，为 24 家“大手”企业颁发“环境贡献奖”，为 13 家“小手”企业颁发“优秀环境共建奖”。开展环保物资集中捐赠活动 2 次、集中参观交流 3 次，帮扶工作涉及企业环保制度、现场管理、污染防治、环境监测、应急处置等多个领域。完成现场服务 120 余次，提供改善建议 300 余条，答疑解惑 100 余次。企业环境保护意识进一步强化、环保管理制度进一步完善、体系进一步健全，管理水平显著提升。（陈怡）

环境质量

【空气环境质量】2023 年，旺庄站（国控点）环境空气自动监测子站共获 356 天有效数据，空气质量优良天数共 287 天，优良天数比率为 80.6%，$PM_{2.5}$ 年均浓度为每立方米 28.4 微克，降尘年均浓度为每月每平方千米 2.3 千克。旺庄站一级空气质量（优）天数比率 27.5%，二级空气质量（良）天数比率 53.1%，三级空气质量（轻度污染）天数比率 16.9%，四级空气质量（中度污染）天数比率 2.2%，五级空气质量（重度污染）天数比率 0.3%。

2023 年环境空气质量综合指数为 3.38。旺庄站环境空气质量主要污染物为 NO_2，污染分担率为 26.1%；次要污染物为 $PM_{2.5}$，污染分担率为 24.0%；其次为 PM_{10}，污染分担率为 21.3%；再次为 O_3，污染分担率为 19.2%；该四种主要污染物的污染分担率为 90.6%。

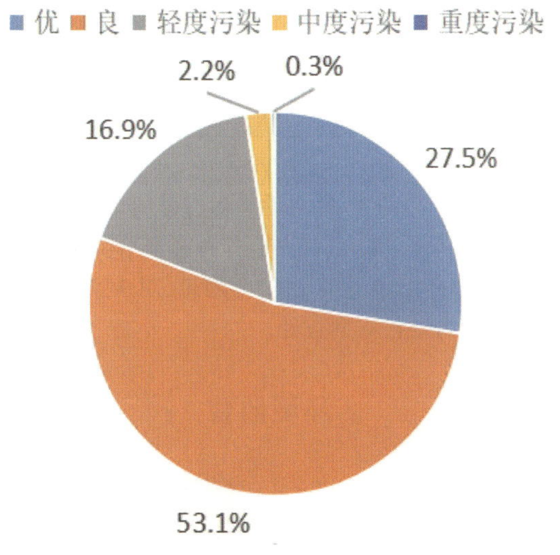

图 1　2023 年新吴区旺庄环境空气质量总体状况图

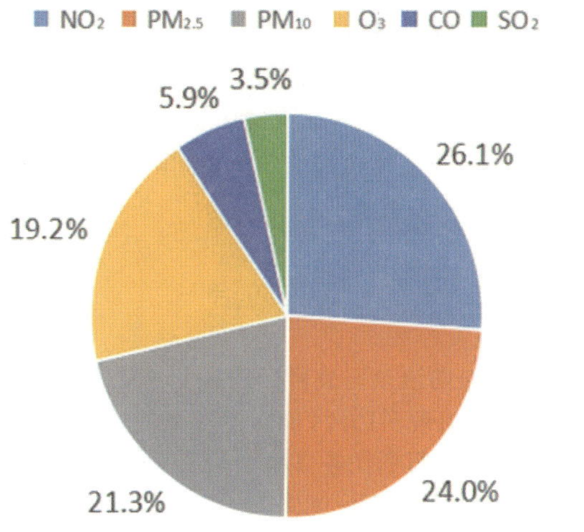

图 2　新吴区旺庄环境空气污染物分担率

表 2　2023 年逐日空气质量统计表

空气质量级别	评价	AQI 范围	天数（天）	各级别所占比例（%）
一级	优	0~50	98	27.5
二级	良	51~100	189	53.1
三级	轻度污染	101~150	60	16.9
四级	中度污染	151~200	8	2.2
五级	重度污染	201~300	1	0.3
六级	严重污染	>300	0	0.0

旺庄站全年有 137 天的首要污染物为 O_3，占比 38.5%；有 23 天的首要污染物为 $PM_{2.5}$，占比 6.5%；有 56 天的首要污染物为 NO_2，占比 15.7%；有 40 天的首要污染物为 PM_{10}，占比 11.2%；有 1 天 O_3 与 PM_{10} 均为首要污染物，占比 0.3%；有 1 天 $PM_{2.5}$ 与 NO_2 均为首要污染物，占比 0.3%；首要污染物为 CO 和 SO_2 的天数为 0。空气质量在中度污染及以上时，主要污染物为 O_3、$PM_{2.5}$ 及 PM_{10}，占比分别为 77.8%、11.1% 和 11.1%。综上所述，空气质量受 $PM_{2.5}$、O_3、PM_{10} 以及 NO_2 影响为主，但在典型污染天的情况下，主要受 O_3、$PM_{2.5}$ 及 PM_{10} 污染影响。（顾雷霆）

【水环境质量】2023 年，新吴区 6 个国考、省考断面达标率为 100%，Ⅱ类比例 50%，Ⅲ类比例为 100%，均达到年度考核目标。其中 312 国道桥、承泽坎桥、大溪港断面水质达到Ⅱ类标准；太湖锡东水厂点位、望亭上游、金城东路桥断面水质达到Ⅲ类标准；锡东水厂，312 国道桥，大溪港断面总磷、总氮均达到考核目标要求。整体而言，国、省考断面水环境质量与上年相比，有所提升。（王智奕）

【声环境质量】 2023年，新吴区昼间区域环境噪声平均等效声级为57.6dB（A），城市区域环境昼间噪声质量等级为三级；夜间区域环境噪声平均等效声级为49.0dB（A），城市区域环境夜间噪声质量等级为三级，均处于一般水平。（顾雷霆）

污染防治

【完成污染防治攻坚战目标任务】 2023年，新吴区坚持源头治理，打好污染防治攻坚战，完成市下达的47个年度目标任务、179个治理工程项目，完成区339个年度目标任务、985个治理工程项目。（薛箐）

【大气污染防治】 2023年，新吴区全面推进大气污染防治工程项目，完成市下达的大气污染治理项目411项；组织30家年综合能耗1000～5000吨企业培训，帮助企业了解绿证、绿电机制及市场现状，掌握气候投融资项目申报规则；推动两家电力企业参与碳市场，推动企业开展配额分配核算。开展秋冬季重污染天气应急管控工作，修订2023年重污染天气应急管控清单，纳入管控企业343家，其中豁免企业93家。及时做好预警启动及管控工作，加强企业管控措施执行情况检查，实现“分级预警，及时响应，措施到位”，切实减少污染物排放。强化非道路移动机械监管。开展柴油车路检路查14次，检测991辆；入户抽测柴油车254辆，抽测非道路移动机械252台；对纳入市级大气工程项目清单的74家包装印刷企业开展全面整治，对40家铸造行业企业开展全面排查。完成重点区域内21家汽修企业全水性漆替代。（朱寅昊）

【水污染防治】 2023年，新吴区按照省、市规划，修改完善并印发区级水生态“十四五”规划，牵头编制《推动太湖新吴水域水质根本性好转三年行动方案》和配套子方案，编制望虞河、大溪港、伯渎港、京杭运河4条主要入湖河道及上游骨干河道“一河一策”方案，推动水环境质量和太湖新吴水域水质实现根本性好转。省、市下达的14项太湖水污染防治重点工程项目，全部达到年度目标要求。对3个省级以上工业园区开展专项排查整治，于污水处理厂排放口上下游设立自动监测站并联网，落实工业园区水污染物排放限值限量管理。完成工业废水与生活污水分质处理排查评估，编制实施方案。完成36家涉氟企业（含3家污水厂）现场排查和相关问题整改；完成223个长江太湖排口和318个太湖流域排口整治和初步验收工作；完成560家涉磷企业整治，并根据省、市最新要求推进新一轮涉磷整治。（刘文婷）

【土壤污染防治】 2023年，新吴区完善土壤污染防治体系，严控土壤及地下水源头污染，印发《无锡市新吴区建设用地土壤及地下水污染源头防控方案》，完成92个土壤污染防治年度重点项目。推进风险管控修复，完成无锡市丰硕化工厂、无锡市兴中化工实业有限公司、锡市泰伯电镀有限公司遗留地风险管控工程，其中无锡市丰硕化工厂管控工程得到生态环境部和省厅的高度肯定，争取中央资金99万元。强化重点企业监管，土壤重点监管单位按要求完成自行监测和隐患排查“回头看”，对16家重点单位落实周边监督监测。严守安全利用底线，完成25幅用途拟变更敏感用途地块调查报告评审，对122幅地块土壤污染状况调查报告进行备案。（殷松江）

【固废污染防治】 2023年，新吴区落实危险废物经营单位综合水平评估结果应用措施，对不同类别的危废经营单位进行差异化管理。推进危险废物信息化监管，1255家单位纳入省危险废物全生命周期系统，1883家小微产废单位纳入小微收集平台，229家小型医疗机构纳入医废收集平台。推进危废规范化管理水平提升，开展危险废物安全生产专项整治巩固提升行动，完成42家单位危废规范化评估，组织开展全区危废环境规范化培训，参加人员达790余人次。推进“无废城市”建设，印发《无锡高新区（新吴区）“十四五”时期“无废城市”建设实施方案》及《2023年无锡市新吴区“无废城市”建设年度工作计划及评价细则》，培育各类“无废细胞”20个。完成1287家单位化学物质环境信息调查及系统填报工作。（王琦）

【危废监管】 2023年，新吴区强化危废专项整治，对42家单位开展危废规范化管理评估工作，配合市局对区内9家单位开展规范化抽查，共发现问题180条，规范化达标率达97.4%；检查铝灰（渣）相关企业25家，发现环境问题16个，全部责令整改完成；排查451家相关企业759个危险废物贮存设施手续情况。强化核与辐射监管。检查辐射工作单位160家次，其中涉源企业33家次；检查二类射线装置单位14家次、三类射线装置单位111家次；检查金属冶炼企业2家。检查发现15家企业存在安全隐患，对3家企业涉及的违法行为进行立案查处。（林凯）

环境监督

【环境宣传教育】 2023年，区生态环境局组织开展习近平生态文明思想宣讲2场，成立区生态文明宣讲志愿服务队2支。发挥“世界环境日”“世界水日”“生物多样性日”等重大环保纪念日的平台作用，以“建设人与自然和谐共生的现代化”为主题，举办2023年“环境月”启动仪式，开展环境保护宣传活动。做大做强品牌公益活动，举办新吴区第五届EHS交流大会、“无废城市”专家访谈。4家单位创建市生态文明教育实践基地。成立首个生物多样性宣传党建联盟，打造全市首个生物多样性科普研学课堂，开展“蒲公英”环保启蒙教育活动，1个项目获得省环保公益小额资助，2个项目获得市生态环保志愿服务小额资助。调动各类环保社会组织和志愿者参与环境保护，2名志愿者获省级“优秀环境守护者”称号。200余篇报道在《中国环境报》、《江苏环境》、“学习强国”平台、新华日报等主流媒体刊登，“新吴生态环境”微信公众号累计发布信息638篇，获得全市生态环境系统政务新媒体年度榜单第一名。1个视频入选省深入打好污染防治攻坚战“十大好短视频”，1篇好故事入选生态环境部“十年——新时代中国生态环境保护故事”，为全市唯一。 （陈怡）

【污染防治综合监管平台】 2023年，区平台转办污染防治线索3256件，办结3246件，其中来自“12345”热线3196件，线索总数比上年下降13.01%，线索办结率为99.69%，办结率比上年上升0.14个百分点。平台运行情况总体良好，基本实现环境污染问题线索应入尽入，线索整合度提高，在助力治污攻坚上发挥了积极作用。 （李岩）

【落实企业主体责任】 2023年，区环境生态局强化培训教育，组织开展环境管理标准化“云课堂”培训8场，线上线下1.3万人次参加学习，提高了企业管理人员环境管理水平和风险防患意识。推进企业参加“万家企业学环保法”平台学法考试活动，完成注册企业2851家。落实依法监管，完成企业行政处罚信息信用修复；推进企业环责险工作，完成评估449家，完成投保339家。深入推进生态损害赔偿制度改革工作，推动生态环境损害赔偿工作常态化办理，对符合生态环境损害赔偿的日常执法案件，及时启动调查程序，同步调查并启动生态环境损害赔偿案件50件，完成磋商48件，赔偿金额23万元；通过财政预算支付和集中签约的方式，提高替代修复效率，生态损害赔偿专项资金65万元用于3处生态环境修复项目，组织与修复基地集中签约2次，将生态环境损害赔偿金额用于补植复绿和增殖放流项目。梁鸿湿地公园和大溪港湿地公园获评市级生态损害赔偿示范基地。发挥典型示范，启动“大手拉小手”企业环保共建项目第六批结对帮扶，63家企业完成结对共建，推动企业在新形势下落实环保主体责任。实施绿色发展领军企业计划，全面贯彻新发展理念，主动融入构建新发展格局，落实省政府关于推进绿色产业发展的意见，推动新旧动能转换，推进产业全面绿色转型升级，从源头上预防和减少污染物排放，打造全链条清洁生产示范，引领全省各行业绿色高质量发展，7家

6月5日，“新吴区生态文明宣讲志愿服务队”授旗和聘书颁发仪式 （陈怡 摄）

6月5日，启动新吴区“大手拉小手”企业环保共建项目第六批结对帮扶，63家企业完成签约 （陈怡 摄）

9月16日，区生态环境局在大溪港湿地公园开展“新吴区生态文明第一课”拯救“齐天大圣”找回“元气地球”特别行动 （陈怡 摄）

企业获评省绿色发展领军企业。（陈怡、王羚羽）

【安全生产】 2023年，区生态环境局强化责任落实，印发《领导班子成员安全生产责任和工作清单》及《新吴生态环境局安全生产大检查专项工作方案》，明确职责分工，严格执行领导干部到岗带班、全年24小时应急值守制度。开展"厂中厂"内"散乱污"企业环境隐患专项整治。共排查整治"厂中厂"内"散乱污"企业59家，其中36家完成搬迁或关闭，23家完成整改提升，立案处罚2家，罚款金额24.5万元。强化安全生产宣传教育，对45家涉重涉危重点企业开展环境突发事件应急响应和应急救援专题培训，对198家环境风险较大企业开展安全隐患排查整改专题培训。通过线上+线下相结合的方式，对产废单位、危废经营单位环保管理人员开展危废规范化培训，参加人员达790余人次。向35家重点单位开展"百团进百万企业千万员工"安全生产专题宣讲。在全市首创成立突发环境事件应急救援队伍，"6·5"世界环境日活动中，与无锡市高新水务有限公司、无锡中天固废处置有限公司、无锡添源环保科技有限公司、江苏电科环保有限公司共同成立环境应急救援联动单位，与无锡市天安安全设备有限公司签约合作。（林凯）

11月15日，市、区生态环境局在无锡科技职业学院举办习近平生态文明思想宣讲大赛（陈怡 摄）

【生态环境执法】 2023年，新吴区紧紧围绕改善环境质量，进一步统筹优化执法力量，推行非现场监管方式，加大环境执法力度。全年累计出动执法人员5200人次，完成标准执法2091条，立案查处117件，下达行政处罚决定121件，处罚金额922.24万元。（张桐华）

综　述

【概况】 2023年，新吴区高新技术产业产值增长至4881.5亿元，在全市占比36.65%，高新技术产业产值占规模以上工业总产值比重达到75%，营收规模突破5700亿元。入围国家级科技企业孵化器2家；无锡高新区成功入选中国园区科创联盟首批11家成员单位之一；55家企业跻身2022年度企业创新积分全国500强；9家企业入围中国潜在独角兽企业榜单，入选数量占全市二分之一，整体估值超过19亿美元；7家企业上榜中国物联网新物种企业榜单，连续两年位列高新区第四。物联网创新中心参与中国通信标准化协会起草的2项团体标准获批发布；迪哲（江苏）医药股份有限公司包揽两项“2023药物创新济世奖”，创新药舒沃哲获国家药监局批准上市，实现了无锡原创新药近十年来批准上市零的突破；无锡复生智慧医疗科技有限公司自主研发出国内首款多镜头结肠胶囊内镜，打破国外垄断，实现高端医疗器械国产化。（张胜亚）

【科技创新活动】 2023年，新吴区组织国家、省、市科技创新创业大赛，9家企业入围全国比赛并获“优秀企业”称号，其中2家企业入围全国100强晋级总决赛；承接“太湖杯”创新创业大赛申报组织，入选总决赛团队组名单14个，列全市第一。举办长三角国家高新区党建联盟第二次联席会议暨党建引领高水平科技自立自强研讨会、中国物联网新物种企业大会、省J-TOP创新挑战季物联网产业专场活动等品牌活动，承办2023无锡市太湖湾生命健康未来大会系列活动。（张胜亚）

【科技金融】 2023年，新吴区省科技金融创新试点基地正式揭牌。累计聚集基金130支，规模达650亿元。建立省、市、区三级政策贷款体系，支持科技项目近3000个，投放风险补偿类科技贷款近100亿元。完成8个项目出资，总计4303万元，首期缴款资金使用进度超过100%；676个科技项目获省、市、区三级风险补偿贷款专项资金的科技贷款19.3亿元。举办“高企融资服务直通车”成效发布会，为12家企业发放信贷支票。（张胜亚）

【人才引育】 2023年，新吴区国家重大人才工程A类项目入选16人；B类项目入选7人，占全市78%；2名海外高端人才入选科技部火炬计划，占全市入选数的50%。参加省“双创计划”创新类答辩项目数28个，通过12个，全市第一。引育市“太湖人才计划”新增245个，参加“太湖人才计划”答辩项目数95个，通过12个，全市第一。获得立项创业团队3个、创业人才40个、创新人才24个，全市第一。组织申报科技部高端外国专家引进计划项目19个，立项4个；推荐迪哲（江苏）医药股份有限公司、江苏微导纳米科技股份有限公司等2名外国专家申报省外专百人计划，江苏微导纳米科技股份有限公司黎微明获无锡友谊奖，并获得推荐申报江苏友谊奖。外国高端人才来华工作数量达1096人，占全市72.2%，列全市第一。（张胜亚）

【专利授权】 2023年，新吴区专利授权总量为11956件，其中发明专利2539件，发明专利授权数占专利授权总数比为21.24%。（张胜亚）

平台载体

【研发机构建设】 2023年，新吴区注重企业研发机构认定辅导引育，推动形成以企业为主体、市场为导向、产学研用深度融合的技术创新体系，认定省级、市级工程技术研究中心分别为22个、59个,市级重点实验室6个;组织19家省级工程技术研究中心验收,34家省级工程技术研究中心绩效考核。累计建成市级及以上研发机构482家,其中国家级工程技术研究中心1家、国家级产业研究院1家、省级工程技术研究中心169家、省级外资研发机构21家、省企业重点实验室2家、省产业技术研究院专业所4家;市级以上企业技术研究院15家,市级以上院士工作站14家,市级以上公共服务平台11家,市级以上外专工作室31家,市级工程技术研究中心207家。（张胜亚）

【重大创新平台】 2023年,华进半导体封装测试中心争创国家技术创新中心,全国首个中欧疫苗研发与产业合作中心、中国药科大学无锡创新研究院签约落地,香港理工大学无锡科技创新研究院、北京大学无锡EDA研究院揭牌启用。完成北京大学长三角未来技术生命健康研究院注册,推动中科城市安全技术研究中心建设。（张胜亚）

【产学研融合】 2023年,“西安交通大学—无锡高新区储能创新联合体”启动,无锡技术转移联盟揭牌,云工场与西安交通大学、华光与浙江大学等90余家重点企业与重点高校实现产业研项目合作,共建北大—怡声微纳介入超声联合实验室项目签约。登记技术合同成交额达370亿元。（张胜亚）

【创新型科创载体建设】 2023年,新吴区中电海康一期等69.8万平方米科创载体竣工投用。认定国家级科技企业孵化器2家、省级科技企业孵化器1家、省级众创空间2家;市级科技创业载体成功认定(备案)科技企业孵化器4家、众创空间6家,无锡高新区(大湾区)创新中心等6家科创飞地获市级异地孵化器认定。6家科技企业孵化器获评省级绩效评价优秀(A类)。全区建有市级以上科技部门认定的科技企业孵化器30家,其中国家级11家、省级9家、市级10家;聚集创客无锡、中航联创、创星咖啡等市级以上众创空间33家,其中国家级5家、省级17家、市级11家。探索推进异地创新中心建设,北京、深圳、上海三地科创飞地有序推进,由飞地招引落地注册企业30家,项目总注册资本超30亿元。（张胜亚）

企业科技

【概况】 2023年,新吴区新招引科技企业3013家,科技型中小企业入库2509家,落地重大科技项目177家,新签约华虹无锡集成电路研发和制造基地二期项目、总投资20亿元的奕拓医药总部项目、隆基氢能无锡二期扩建项目等重大项目。推荐申报高新技术企业924家,在全市占比25.9%;认定高新技术企业617家,净迁入高新技术企业31家,净增高新技术企业231家,有效期内高新技术企业1525家,列全市第一。日联科技科创板成功上市,创全市首发价和首发市盈率新高,累计科创板上市企业达到10家。（张胜亚）

【创新型企业培育】 2023年,新吴区市三类企业培育库入选企业345家,列全市第一,其中雏鹰企业218家、瞪羚企业110家、准独角兽企业17家。无锡锡产微芯半导体有限公司首次入选省级独角兽企业,19家企业入选省潜在独角兽企业,56家企业入选省级瞪羚企业。入围市级创新联合体建设培育榜单17家,在全市占比超过三分之一;无锡威孚高科技集团股份有限公司牵头9家单位共同组建的江苏省氢燃料电池关键技术创新联合体入围省级创新联合体,全市唯一。（张胜亚）

【代表企业】 2023年,新吴区科技企业展现出了显著的创新能力和发展活力。代表性的企业有:

YOUMAGIC研发公司 该公司是无锡市政府人才引进企业,该公司以“技术走在前,创新做示范”为责任担当,是推动太湖湾科创城高质量发展的核心企业。其创建的技术壁垒为核心实力激发了行业发展动力,为新产业、新业态、新模式的形成与发展提供了有力支撑,获无锡太湖湾科创城2023年度“新锐企业奖”。

朗新科技集团股份有限公司 该公司拥有8大研发中心,员工近6000人,业务和分支机构遍及全国31个省区及海外10多个国家和地区。公司持续在交能融合、虚拟电厂、城市能碳大脑、零碳园区、综合能源运营管理等领域探索创新,推动能源绿色低碳转型。获2023年无锡高新区(新吴区)民营企业“优秀雇主奖”。

微导纳米公司该公司 致力于成为世界级的微纳技术解决方案装备制造商,不断加强在半导体、泛半导体等领域的技术人才储备,建有省级研发平台,相关产品获江苏省首台套重大装备、中国半导体产品和技术创新奖等。获国家专精特新“小巨人”企业、国家高新技术企业等称号。

综 述

【概况】 2023年，新吴区共有各级各类学校121所。其中，区属义务教育学校39所，包括公办中小学37所(九年一贯制学校6所、初中9所、小学21所、特殊教育学校1所，其中暂未招生中学1所、小学1所)，民办九年一贯制学校1所(无锡高新区金桥外国语学校)，民办小学1所(无锡市新吴区幸福外国语小学)；国际学校2所(无锡韩国外籍人员子女学校、无锡波士顿外籍人员子女学校)；学前教育幼儿园70所，比上年增加2所。辖区内还有12所驻区学校，其中高校1所(无锡科技职业学院)、高职2所(无锡机电高等职业技术学校、无锡卫生高等职业技术学校)、高中3所(江苏省梅村高级中学、无锡市第三高级中学、梅村高级中学空港分校)、初高等技工学校3所(无锡市行知科技学校、无锡市园林技工学校、无锡市科元技工学校)、市直属学校2所(无锡市大桥实验中学菱湖校区、无锡市吴风实验学校)、幼儿园1所(无锡爱儿星国际早期教育园)，有少年宫1所、成人教育社区学院1所、社区教育中心6所，各类教育全面协调发展，形成百花齐放的全体系现代化的大教育生态格局。新吴区作为全国首批、全省领先、全市唯一入选完善普惠性学前教育保障机制实验区，创成全国学前教育普及普惠区，高质量通过义务教育优质均衡发展国家评估认定，获评省智慧教育样板区培育区域，市对区教育高质量发展考核、区政府履行教育职责评价水平连续五年保持全市第一；区教育局获评“无锡市

2023年新吴区教育经费投入情况一览表

表3 单位:万元

	上年	本年	增减(%)
总计	248896	288273	15.82
一、国家财政性教育经费	215735	253618	17.56
1. 一般公共预算安排的教育经费	203240	224444	10.43
(1) 一般公共预算教育经费	154554	174560	12.94
(2) 其他一般公共预算安排的教育经费	48686	49884	2.46
2. 政府性基金预算安排的教育经费	12495	29175	133.49
二、民办学校中举办者投入	0	80	
三、捐赠收入	2647	2475	-6.49
四、事业收入	27159	28200	3.83
其中，学费	26091	27361	4.87
五、其他教育经费	3355	3900	16.24

三八红旗集体”、区“真抓实干奖”“高质量发展流动红旗”“攻坚创新奖”，教育事业发展水平持续攀高。（刘付利）

【教育资源布局】 2023年，根据《新吴区基础教育资源布局三年计划（2021—2024）》，新吴区推进学校建设项目17个，其中新建改扩建幼儿园10个（江华幼儿园、泰山路幼儿园、春明幼儿园、景渎分园、新世界幼儿园、新光幼儿园、红蕾幼儿园、育蕾幼儿园、硕望幼儿园、吉祥幼儿园），新建改扩建中小学7个（鸿山金桥、梅村实验初中、梅里中学二校区、春阳实验初中、工博园中小学、泰山路初中、旺庄红蕾小学），项目建成后，预计新增学位17000余个。江华幼儿园、泰山路幼儿园、景渎分园、新光幼儿园、红蕾幼儿园、鸿山金鸿实验学校9月开办，校舍启用。春明幼儿园、新世界幼儿园、硕望幼儿园、吉祥幼儿园基本完工；梅村实验初中进入装修阶段；梅里中学二校区、春阳实验初中主体结构封顶；工博园中小学、泰山路初中、旺庄红蕾小学、育蕾幼儿园年底进场施工。未来将根据三年计划，逐步推进项目实施。（朱春伟）

【教育经费投入】 2023年，新吴区国家财政性教育经费投入不断增长，投入总额25.36亿元，比2022年增长17.56%。全社会教育投入稳步提高，投入总额28.83亿元，比2022年增长了15.82%。（张志宇）

【教育引才】 2023年，新吴区实施人才强教战略，加大教育人才引育力度，全年分批次招聘中小学及幼儿园教师455名，其中高层次教育人才2名、优秀应届毕业生393名、有经验及成熟型教师60名。应届毕业生中研究生学历202名，占比达44%；应届毕业生中THE世界排名前200强高校、国内“双一流”建设高校及省部共建高校毕业生169名，占比达37.14%。加大高层次人才引育力度，深化“三名”工程建设，实施《“飞凤人才计划”教育高层次人才引育实施办法》，突出柔性人才引进；新增“锡教名家”4人、全省乡村优秀青年教师培养计划2人、正高级教师3名；健全“选育管用”全链条人才培养体系，实施新教师“3＋2”特培计划、骨干教师跟岗研修计划等，培养区新秀380人，义务教育学校骨干教师比例超30%，高素质专业化人才队伍增量提质，打造高素质专业化创新型的新时代教师队伍。（孙明坤）

【师资队伍建设】 2023年，新吴区中小学、幼儿园共有教职工9755人，其中中小学5742人、幼儿园4013人。研究制定《无锡高新区（新吴区）关于开展“尊师重道·至德至美”教育行动的实施意见》，创作《新吴教师誓言》《新吴学子箴言》，设计新吴教育“箴训尺”，在全社会形成尊重教师、关心教育的良好风尚。全面统筹规划教育系统干部队伍培养教育建设工程，区教育局建立了源头培养、跟踪培养、全程培养的素质培养体系。重视名师的自培工程和青年教师的“3+2”特培计划，发挥名师的引领、带动、辐射作用，通过名师带头、团队跟进的方式，带动教师共同成长。共有无锡市中小学名师工作室8个，新吴区中小学名师工作室23个。2023年“雏鹰计划”培训班共有100多名青年人才接受培训；组织近200名校级正职、副职干部分别赴成都、温州参加“卓越项目”“三提高”培训；扩大“双培带”跟岗研修范围，组织包括校级正职及校级中层队伍赴青岛进行为期一个半月的跟岗研修。完善教师绩效考核分配机制，构建符合教育教学规律和教师职业特点的导向明确、标准科学、体系完善的绩效考核评价制度。发挥年度考核、绩效考核的导向作用，绩效总量与学校办学成果、办学成效挂钩，并逐年拉开差距。改进教师绩效性收入分配办法，加大教师工作量和业绩成果考核权重，奖励分配

12月8日，无锡高新区（新吴区）教育系统2024年引进优秀青年北京师范大学考点签约仪式（区教育局 供图）

3月，新吴区举办教育高质量发展专家座谈会（区教育局 供图）

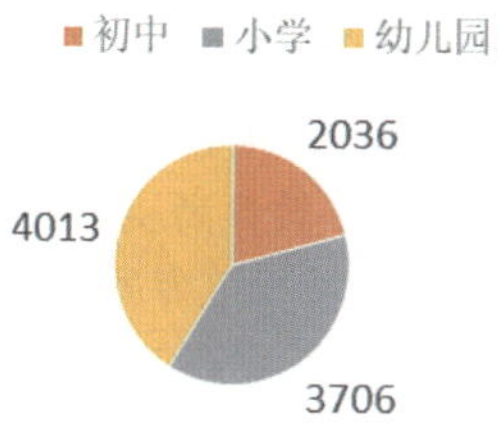

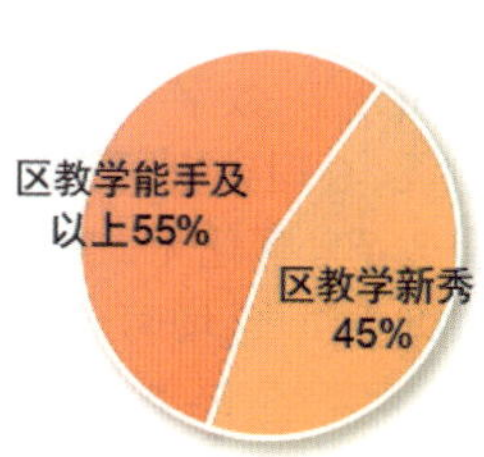

图3 全区教职工人数统计表 图4 骨干教师统计表

向教学一线倾斜，体现学段、办学质量和办学成效差异。健全人才激励机制，累计审批发放人才奖励经费2280万元。（孙明坤）

【交流轮岗】 2023年，区教育局落实《新吴区深化"区管校聘"管理体制改革实施办法》，实现教育更高水平的优质均衡。优化调整学校干部队伍，综合考虑年龄、学科等因素，新调整17名校级领导；推进"区管校聘"工作，384名教师通过竞聘上岗，促进校际间教师合理流动。优化区域内教师资源配置，破除"择一校终老"的现状，依托集群化办学优势，28名教师在区内外交流轮岗，盘活教师资源。通过竞聘上岗、竞争择优、能上能下的用人机制，增强教师队伍的职业获得感。（孙明坤）

【教育教学研究】 2023年，区教育局坚持以教科研引领和服务教育教学改革，以江苏省基础教育前瞻性教学改革重大实验项目"区域课程教学变革的新吴实践"为抓手，整体推动区域内涵项目和课题研究，通过全学段、全学校、全学科参与，扎实开展研究和实践活动，体现"三全两新、历学课堂"区域教学主张，改变课堂教学的样态，保证区域教育质量优质均衡。共有在研的江苏省规划课题和教研课题共计29个、无锡市规划课题55个。深化集群化办学阶段性成果，研究制定《关于进一步优化新吴区优质教育发展共同体教育集群化办学的实施意见》，在保留原基地校和幼儿园联盟校基础上，调整组建20个教育集团，其中初中教育集团4个、九年一贯制教育集团2个、小学教育集团6个、幼儿园教育集团8个。从优化管理机制、优化师资队伍、优化教师培训、优化课程教学、优化学生培养、优化质量评价六个方面加强统筹管理，集约发展。

以省级重大项目"区域课程教学变革的新吴实践"为切入点，举办新吴区第二届优质教育共同体学术月和全域课堂教学展评活动，开设讲座、沙龙等研讨活动19场次，展出47堂精品课，子项目子课题开展专题研讨、培训活动125次，集群化办学经验在《中国教育报》《江苏教师报》报道，省前瞻性项目"区域课程教学变革的新吴实践"高分通过省专家组视导，成果发表在核心期刊《中小学管理》，推动了学校内涵建设。

聚焦课堂，基于学生素养培养和关键品格的提升，推行"三全两新历学课堂"改革，完善各学科课堂教学主张，绘制学科课堂教学图式，提升区域教学质量。组织全区中小学教研活动、赛课、基本功比赛等90余次；承办市级教研活动、赛课、基本功等比赛15次，获得一等奖25人次、二等奖31人次。开展入校调研、蹲点调研45次。加强考试命题指导，重点加强小学毕业考试、初中中考的复习和命题研究。中考成绩在2022年的基础上再获新突破，其中700分以上28人，占13.5%，较2022年增加1.25%；分配线达线人数928人，占20.41%，较2022年增加2.7%；分配生完成率创历史最高，首次达到100%；区中考质量水平位于全市第一方阵。

聚焦课程建设共性问题展开区域"1+6+N"项目共研，形成指向同一研究课题的跨园所跨街道的协同教研新格局，通过持续深度的研究，切实解决幼儿园课程建设问题，提炼有推广价值的研究成果，以点带面辐射全区。各幼儿园在参与区域共研项目的同时，基于自身研究基础，开展N个园本样态下的自主深化研究，有效提升幼儿园文化内涵和课程品质。各项目组开展项目研究89次，幼儿园教研效能逐渐显现，教师专业能力快速提高，两名教师参加市级教育活动分获一、二等奖。（过同俭、顾春雨、浦叙德、陶颖）

【校园安全管理】 2023年，区教育局制定《新吴区校园安全专业委员会2023年工作要点及飞行检查计划的通知》《关于扎实开展校园基础建设强化推进年行动的通知》《关于组织实施新吴区教育系统校园安全七大行动的通知》《无锡市新吴区校园消防安全管

3月，无锡高新区（新吴区）第二届优质教育共同体学术月活动启动（区教育局 供图）

6月，区领导带队到中小学开展校园安全检查

（区教育局 供图）

理标准》等制度性文件20份，健全中小学幼儿园安全风险防控体系。制定《校园门卫规范化建设标准》《学校用电安全管理规范》《校园消防安全管理标准》《学校安全管理工作台账标准》《教育系统校园安全检查标准指导手册（SIP）》等学校管理规范，从安全管理、治安防控、消防、交通、燃气、应急管理等11个方面对校园安全工作进行标准化指导与检查，有效解决校园安全工作领域多、标准散而杂的问题。每月印发《新吴区教育局安全工作提醒单》，明确校园安全重点工作具体要求，确保每月校园安全重点工作无遗漏，在全区中小学、幼儿园设立安全保卫管理专门机构，中小学幼儿园安全风险防控体系不断健全。每季度召开校园安全专业委员会例会，每月召开区教育局校园安全会议，部署校园安全相关工作，防范化解校园安全风险隐患。学校、幼儿园开展学习习近平总书记关于安全生产的重要论述活动134场，发宣传报道45篇，主要负责人上安全课98场次，观看安全警示片135场，开展安全应急演练118次，邀请法治副校长、交警大队、消防救援大队相关负责人宣讲安全知识40余场。用好用活安全教育平台，教师授课情况、疏散演练均居全市第一。利用"防灾减灾日""消防安全月""一盔一戴"等专题安全教育契机，宣传学校消防安全专项整治"三注意、三不要、三牢记、三保持"以及"1530"安全教育（"1"即每天放学前1分钟、"5"是每周放学前5分钟、"30"是每个节假日放假前30分钟），有针对性地开展消防安全、交通安全、应急避险等专题教育，培养学生的安全意识和自救互救能力。组织区级检查20余次，下发安全检查意见书150余份，发现安全隐患1589条，全部得到整改，检查覆盖率和隐患到期整改率均为100%。（董泽华）

【**教育教学管理**】 2023年，区教育局以"建设无锡教育高质量发展第一区"为目标，构建优质均衡、公平包容的高质量教育体系。召开全区教育高质量发展大会，研究制定14份改革文件，涵盖教育体系优化、集团办学、数字教育、工程教育、尊师重道、特色学校建设、心理健康、课程改革等方面，深化教育领域综合改革。优化无锡高新区（新吴区）教育高质量发展咨询委员会，增聘7名全国教育领域权威专家，形成"全涵盖、全链条、全贯通"指导体系，精准把脉教育事业发展。优化资源布局，深入实施《新吴区教育资源布局三年计划（2022—2024）》，新建改扩建学校7所，累计增加学位3000余个，有效缓解入学难问题。调整办学模式，出台《关于进一步优化新吴区优质教育发展共同体集群化办学的实施意见》，调整组建20个教育集团，在全市率先实现公办中小学、幼儿园集团化办学全覆盖，教育集团在牵头学校按照一套班子两块牌子，健全集群组织架构，进一步调整集群办学考核条例，加大专项经费支持，促使各集群做到共建共享，共同发展。连续三年将基础教育质量提升工程列入区为民办实事项目，系统实施省前瞻性教学改革重大实验项目、基础教育"5+N"高品质创享行动，精准发力"五育"并举、课程改革、教育数字化转型等重点领域，创建国家级、省级体艺特色学校35所。巩固"双减"工作成效，推进校外培训机构治理攻坚行动，检查校外培训机构560多家次，义务教育阶段学科类培训机构压减率保持100%。（刘付利）

【**教育品牌**】 2023年，新吴区与锡师附小签约建立空港实验小学，太科城实验学校、金鸿实验学校、空港实验小学等一批名校落地。新吴实验中学、梅里中学等本土教育品牌崭露头角。中考成绩位居全市前列、再创历史新高，群众在家门口"上好学"的热切期盼得到有效回应。（刘付利）

【**教育保障**】 2023年，新吴区切实落实学生资助，从资助政策宣传、资助金申请、家庭情况调查、受助

12月4日，全区教育高质量发展大会

（区教育局 供图）

资格评审、结果公示，到资助金的发放等流程，秉持公平公正、阳光透明的操作原则，确保全面落实政策不缩水，执行不走样。资助学前困难幼儿 581 人次 114.72 万元、义务教育学段学生 3648 人次 435.57 万元，减免课后延时服务费 102.15 万元，保障了家庭经济困难学生顺利入学、安心就学。常态化开展“听民意、解难题、办实事”活动，项目化清单化办好民生实事。完成空调安装等为民办实事项目 17 个，增加学位 3000 余个，扩增优质义务教育学校、“市高质量融合教育示范校”各 3 所。强化“168”爱生行动，深化产教融合，提升教育国际化水平。（刘付利）

【党建引领发展】 2023 年，区教育局抓实主题教育，召开主题教育专题工作会议 7 次，制定主题教育工作计划、检视整改工作方案、信息报送工作机制，建立“四项清单”，深入有序推进主题教育。打造“1+3+6”体系化学习模式，强化“互动式”“情景式”教学。强化党团队一体化建设，组织开展党团队联合活动 300 余次。对带有苗头性、倾向性的教育热点难点问题开展系统调研，确立调研课题 8 个，走进各类学校、街道 130 余次，形成高质量调研报告。围绕主题教育着力解决突出问题，对调查研究发现的问题、推动发展遇到的问题、师生家长反映强烈的问题等，认真开展“三对照三排查”，形成问题清单 8 项，整改措施 20 条，全部整改到位；召开党委中心组（扩大）学习会 16 次，党委会 25 次、党建及宣传、意识形态工作会议 7 次，开展党务、宣传、意识形态专题培训。规范支部建设，新成立基层党支部 2 个、换届 1 个，增补支部委员 12 人，发展预备党员 13 名，预备党员转正 52 名。严肃组织生活，基层支部“三会一课”开展率、活动记录完成率 100% 达标。加强团群共建，创作“新吴教师誓言”“新吴学子箴言”，组织开展民族团结进步宣传月、

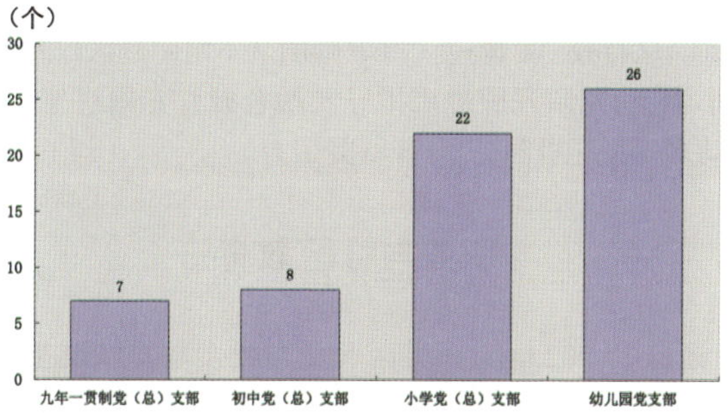

图 5 学校党支部数量

“师悦·她健康”等教师关爱活动。区委教育工委“同心向党凝‘知’聚力”入选全省思想政治工作典型案例。江溪小学党支部“江南燕”党建品牌获评“一校一品”省级项目，梅里中学党总支、旺庄实小党支部党建项目获评市级项目；坚持“三同步”，推进党建与业务有机结合、深度融合。印发《2023 年度新吴区义务教育综合考核实施方案》《党建引领教育高质量发展“四大行动”工作方案》。《吹响党员先锋号奏响爱生主旋律——党建引领“168”爱生研究》荣获 2023 年度优秀党建调研成果一等奖。（刘付利）

基础教育

【概况】 2023 年，新吴区基础教育事业规模稳步扩大。中学在校生 18008 人，其中非户籍学生 7995 人，占 44.40%；小学在校生 51933 人，其中非户籍学生 22614 人，占 43.54%；义务教育阶段特殊教育学校在校生 117 人，义务教育阶段在校生共计 70058 人。在园幼儿共计 22541 人，其中公办幼儿园在园幼儿 14279 名，占 63.35%；普惠性民办园在园幼儿 7585 名，普惠性幼儿园覆盖率为 97%；学前教育阶段特殊教育学校 8 人。（薛依涵、李霖卉）

【学前教育】 2023 年，新吴区各级各类幼儿园共计 70 所，其中公办幼儿园 48 所、普惠性民办幼儿园 20 所、非普惠性民办幼儿园 2 所。学前三年毛入园率 100%。推动学前教育普及普惠安全优质发展，制定《新吴区关于推进学前教育普及普惠安全优质发展实施意见》，在优化资源布局、完善体制机制、提升教师素养、推动优质发展等方面明确发展目标任务，细化具体实施路径，先后被教育部认定为“完善普惠性学前教育保障机制实验区”“学前教育普及普惠县”。以创建促整改、以整改促提高，做好省、市优质园创建，新增省优质幼儿园 6 所、市优质幼儿园 4 所，完成省优质园复审 12 所，省、市优质园覆盖率全市领先，省优质园覆盖率全市第一。推动区域学前教育内涵品质提升，开展“新吴区基础教育内涵建设发展暨 5+N 高品质创享行动”，培育遴选一批学前教育优秀项目，景渎幼儿园申报 2023 年市级“3~6 岁儿童学习与发展指南园”项目，观湖幼儿园和鸿山实验幼儿园申报 2023 年市级课程游戏化建设项目，江溪幼儿园和南星苑幼儿园完成市级“3~6 岁儿童学习与发展指南园”项目。（李霖卉）

【义务教育】 2023 年，新吴区义务教育学校标准化建设处于全市领先水平，区域内 47 所义务教育学校（包括区内民办院校，以及部分一校两区学校），占比 100% 的学校达成度超过 90%，有 45 所学校达成度超过 95%，占比 95.74%；有 10 所学校达成度达

100%。坚持阳光招生均衡分班，保障公平成长环境，外来人员随迁子女入学率达100%，义务教育巩固率达100%。基础教育质量提升工程纳入区政府年度“为民办实事”项目。深入实施新一轮“5+N”高品质创享行动，遴选区、校两级优质培育项目130个。贯彻落实“双减”工作要求，进一步减轻义务教育阶段学生作业负担和校外培训负担。投入专项资金210万元，遴选第二批第三方机构44家，体育、科技、艺术等115门课程助力课后服务。公办中小学学生课后服务参与率97.66%，选用各类第三方机构155家/次，开设各类第三方机构课程232门，3万余名学生参与第三方机构社团；中小学开设课后服务“双师课堂”素质教育课程近5万课时。（钱家奇）

【全面发展】 2023年，新吴区义务教育聚焦核心素养，德智体美劳全面培养体系进一步完善，立德树人落实机制进一步健全。围绕“普及各项运动、提高专业技能，完善赛事体系、增强发展活力，加大保障力度、优化发展环境”三项目标任务，全力保障体育教育的人员、经费，出台“3551”学校体育艺术成果奖励计划，助推体艺教育事业蓬勃发展。以“体教结合”“一校一品”建设为抓手，全面提高青少年身体素质，培育青少年体育特长、实现“人人有体育项目，班班有体育活动，校校有体育特色”的目标。组织中小学生运动会，通过田径、篮球、足球、跆拳道、羽毛球等11项区级赛事系列活动的开展，促使全区学校体育活动实现日常化、普及化，竞赛水平进一步提高，后备人才梯队建设得到加强。新城中学在青少年空手道锦标赛荣获2金1银；坊前实验小学在青少年跆拳道锦标赛荣获2金3铜；梅村实验小学在全国青少年棒球锦标赛荣获冠军（全国锦标赛十连冠）；旺庄实验小学在青少年羽毛球锦标赛荣获11岁、12岁男子团体冠军。组织开展“百灵鸟”“三独”“现场书法”等比赛和两年一届的校园文化艺术节活动，在无锡市第42届中小学生“百灵鸟”艺术展演中，荣获7金2银，“班班有歌声”中荣获2个一等奖。推进实施教育数字化转型战略，获评江苏省智慧教育样板区培育区域。（宋远凤、顾铭杰、辛烨）

南星苑幼儿园特色课程 （区教育局 供图）

春城实验小学“春之慧”创客社团活动 （区教育局 供图）

【特殊教育】 2023年，新吴区残疾适龄儿童零失学，特殊学生享受15年免费教育。强化特殊教育经费保障，义务教育阶段特殊教育生均公用经费按同级学校生均公用经费的8倍执行，对残疾学生发放慈善补助金24.5万元。完善特殊教育内部管理和运行机制，调整优化特殊教育指导中心领导小组、特殊教育专家委员会工作职责，加强特殊教育指导中心和专家委员会对融合教育资源中心建设、区域特教资源规划、教育诊断与评估等方面的管理。制定《新吴区关于完善特殊教育体系建设的实施意见》，规范特殊教育体系建设的阶段目标与预计成效。春星小学“融合+适合：让每一颗星星都闪光”融合教育建设项目入选江苏省特殊教育发展项目，学校获江苏省融合教育示范校。新增无锡市普通学校高质量融合教育示范校一所、新增27人参加省级特教专职教师上岗培训。区特校“暖暖·爱”好教师团队不定期赴区内外中小学、幼儿园开展进班指导和融合教育专题讲座，推动多元指导机制，提升普特凝聚力。（刘玉迪）

职业与社区教育

【概况】 2023年，新吴区职业与社会教育情况呈现出多样化且不断发展的态势，在区域发展中占据着举足轻重的地位，为当地居民提供了多样化的学习机会，助力个人成长与职业发展，也为地区的经济和社会发展注入了强大的动力。新吴区社区学院入选首批“中国成人教育协会终身教育项目研究基地”；获评国家级“职业院校服务全民终身学习项目”实验校；

获批首批“江苏省社区教育共同体”、2023年省级社区教育特色品牌建设项目和无锡市社会教育工作先进集体。（卞丽娟）

【无锡科技职业学院】 高等职业院校无锡科技职业学院，是江苏省中国特色高水平高职学校建设单位。坐落在拥有5000余家科技企业、1000余家国家高新技术企业的国家级开发区——无锡高新技术产业开发区的核心地带，在校生规模11900人，专兼职教师917人，其中具有硕士及以上学位比率为71.29%，具有高级职称比率为35.29%，“双师”素质比率为79.33%。学校秉承“立足高新区、融入高新区、服务高新区”的办学宗旨，构建“区校一体、三环耦合、四院融通”的办学格局，探索形成了“创新驱动，区校一体”的全国高新区高职教育新吴模式。设有集成电路学院（无锡高新区紧缺人才实训学院）、物联网与人工智能学院、智能制造学院、商学院（空港物流学院）、文化旅游学院（新吴区社区学院）、数字艺术学院、继续教育学院、海外教育学院8个二级学院。对接高新区“6+2+X”现代产业集群，设置31个专业，形成了工、理、文、艺并行发展的专业格局。其中，微电子技术专业入选国家工业和信息化部产教融合专业合作建设试点，移动互联应用技术和现代物流专业为江苏省高水平专业群，建有省高水平骨干专业3个。（田甜）

【思政教育和学校管理】 2023年，无锡科技职业学院着力抓好落实思政教育，认真落实党委会“第一议题”制度，建立师生“弘毅”宣讲团，成为“理响无锡”宣讲联盟成员，学校荣膺“理响无锡”宣讲大联盟研学教育基地。邀请全国人大代表、政协委员、全国劳动模范等讲思政课。“学习强国”线下体验馆获评江苏省社科普及基地、省大中小学思政课一体化建设示范项目基地。“‘学习强国’线下体验馆融合打造思政新平台”，作为优秀典型案例纳入2023年中国职业教育质量年度报告。党建工作与学校改革发展稳定工作同谋划、同部署、同落实、同考核。专题开展主题党日活动，启动“四敢精神大讨论”；组建“人才培养”“技术服务创新”党员先锋队；开展党务工作“四查四清四严”专项行动“回头看”工作，完成省样板支部中期验收。完成高水平学校专项建设项目第一批场地改造；推进智慧校园三期工程；落地“一站式”学生社区综合管理模式；获评“江苏省绿色学校”“江苏省节水型高校”。与市公安局新吴分局共建学校警务室，组织开展各类反诈主题系列活动；抓好校园安全风险排查整治，关口前移、重心下沉，横向到边、纵向到底，杜绝各类安全隐患，筑牢校园安全防线。（田甜）

【区校一体】 2023年，无锡科技职业学院围绕“学思想、强党性、重实践、建新功”总要求，科学谋划高水平学校建设的方向路径，有机融合理论学习、调查研究、推动发展、检视整改、建章立制等，推动学校事业高质量发展。“区校一体”塑造发展新优势，“两体”建设加力提速。9月28日，依托无锡国家高新技术产业开发区，由华润微集成电路（无锡）有限公司和学校共同牵头申报的无锡市集成电路产教联合体成功入选国家第一批市域产教联合体。10月12日，学校与中科芯集成电路有限公司、南京邮电大学共同牵头组建的全国半导体行业产教融合共同体在第60届中国高等教育博览会上成立，政产企校合力服务和促进产业高质量发展。探索科教融汇的新路径，与无锡高新区管委会共建“无锡高新区产学研协同创新研究院”，下设7个科研中心（习近平新时代中国特色社会主义思想研究中心、无锡高新区高质量发展研究中心、新吴区基层治理现代化研究中心、AIGC数字创意研究发展中心、集成电路半导体器件可靠性检测中心、工业人工智能工程中心、智改数转公共服务中心），形成“平台为载体、项目为核心、应用为目标”的“科院+”产学研协同创新平台；面向支柱产业设立现代学徒制班，定制培养毕业生；聚焦区内头部企业，新建“阿里云数字技术产业学院”“新吴天极数字艺术产业学院”；实施“科技特派员”“硕博志愿团”校企合作挂职计划。招收来自辽宁科技大学、辽宁中医药大学等的127名本科生。（田甜）

【科研成果】 2023年，新吴区集成电路专精特新产业学院获批工业和信息化部第一批“专精特新产业学院”建设项目。集成电路虚拟仿真实训基地获批江苏省示范性虚拟仿真实训基地；与北京中软国际教育科技股份有限公司联合申报的现场工程师联合培养项目，获批江苏省第一批现场工程师专项培养计划项目；获评职业教育专业教学资源库、职业教育一流核心线下课程；4部教材获批国家级“十四五”规划教材；立项2023年江苏省高等教育教改研究重中之重课题；获批无锡市重点实验室，江苏省科普基地。探索职普融通的新路径，与江苏理工学院开展本科专业人才培养，“0+2”项目首批录取154人。申报专利84项，授权专利38项，实现知识产权转化34项，转化金额12万余元；完成各类社会培训36992人次；获省哲学社会科学优秀成果奖1项、省轻工协会科学技术进步奖1项；蝉联中国产学研合作创新奖。（田甜）

【竞赛获奖】 2023年，无锡科技职业学院获第十三届“挑战杯”中国大学生创业计划竞赛金奖；获全国

11 月 26 日，无锡科技职业学院高质量发展大会

（区教育局　供图）

职业院校技能大赛高职组二等奖 1 项、三等奖 2 项；获 2023 年江苏省职业院校教师教学能力大赛一等奖 1 项、二等奖 2 项；获江苏省职业院校技能大赛一等奖 6 项；获 2023 年“一带一路”暨金砖国家技能发展与技术创新大赛“区块链应用开发与运维竞赛”一等奖；获江苏省“互联网 +”创新创业大赛创意赛道二等奖 1 项；获首届无锡市大学生创新创意创业精英赛创业赛道一等奖 2 项，创新赛道一等奖 1 项。（田甜）

【人才培育】 2023 年，无锡科技职业学院新增省“青蓝工程”优秀青年骨干教师培养对象 3 名、省“青蓝工程”中青年学术带头人 2 名；立项省职业教育职能装备制造技术“双师型”名师工作室 1 个；获无锡市有突出贡献中青年专家 1 人，首批“无锡市太湖文化优青”1 人；无锡市职业教育名师工坊 1 个。面向全国 5 个省、市、自治区招生，新生报到 3859 人，迎来“一带一路”国家首批 23 名留学生。毕业生年终就业率为 94.19%，留在无锡高新区工作比率为 40.2%。“校园文化吐故纳新”入选全国职业院校“美育 + 专业”优秀案例、全国职业教育优秀成果建设培育项目；举办第四届“新吴文化校园博览会”等品牌活动。涌现出中国大学生自强之星何健、江苏省最美职校生标兵王济勇、江苏省优秀志愿者涂琼等先进人物。获批“江苏省书香校园建设示范点”。（田甜）

10 月，新吴区社区学院开设“名师工作室”公益培训班

（区教育局　供图）

【社区教育】 2023 年，新吴区通过加强政府统筹，形成全域化社区教育资源覆盖，构建完善的社区教育制度与终身学习型城区，在满足社区居民精神文化需求的同时，提高了社区居民科学文化素质和专业技能。完善社区教育三级办学网络、四级教育运行模式，推动社区教育高质量发展示范性街道建设，鸿山街道鸿泰苑第一社区鸿邻学苑居民学校、新光社区“融享学堂”通过第二批无锡市教育现代化示范性居民学校终期评估验收。举办第十三期新吴区社区教育管理者培训班，提升社区教育管理队伍的理论业务水平。开展“送教进社区”活动，区教育局联合鸿山街道鸿泰苑第一社区举办网络直播课程，发挥居民的自主能动性。提升服务品质，推动社区教育与社会发展相融合，提优具有新吴特色的终身学习服务。加强社区教育教学共同体培育，新吴区社区学院牵头组建的“非遗活化共学传承基地”获评首批“江苏省社区教育共同体”，新吴区社区学院入选全国“职业院校服务全民终身学习项目”第二批实验校，社区学院张丽获评 2023 年度省级社区教育领军人才培养对象。以“让学习成为一种生活方式”为主题，承办 2023 年无锡市暨新吴区全民终身学习活动启动仪式。以“弘扬吴地传统文化”为主题，打造一批百姓喜闻乐见的品牌项目和贴近百姓需求的优质课程。“匠心传承，守正创新”公益培训项目获评 2023 年江苏省社区教育特色品牌建设项目、2023 年无锡市“终身区教育品牌项目”。区社区学院开办紫砂、泥人、锔瓷、竹刻等“名师工作室”公益培训班，推进新吴区社区教育的文化传承。以“弘扬吴地传统文化”为主题，打造具有新吴地方特色的优质课程，开发社区教育乡土课程 15 门、社区教育读本 20 多本。宣传全民学习、终身学习理念，动员群众积极参与到“学习新吴”建设中，助力人人皆学、处处能学、时时可学的学习型社会、学习型大省建设。（卞丽娟）

民办与国际教育

【概况】 2023 年，新吴区坚持公办与民办相结合，自身提质与国际接轨始终走在改革创新的前沿，充分利用区内外优质教育资源，“让区域教育更多彩、让每所学校更精彩、让每个孩子更出彩”。多元化、高标准、

全融合推进民办教育、国际教育呈向上向好的发展态势，初步实现新吴教育开放融合、充满活力的教育发展新格局。规范民办教育，实施《无锡市新吴区规范民办义务教育发展专项工作方案》，分阶段、分类别推进规范民办义务教育学校办学行为，民办义务教育学生数量控制在5%以内。（辛烨）

【民办教育】 2023年，新吴区开展民办义务教育学校办学情况专项排查，重点排查学校资产情况、负债情况、债务规模比例、举办者财务资产情况，以及可能影响民办义务学校办学质量、办学秩序、引发办学风险的不稳定因素。做好民办学校规范办学(园)积分制管理和年度检查综合考核工作，到25家民办学校重点检查党的建设、依法治校、办学条件、办学行为、财务资产管理、师生权益等工作，通过听取汇报、查阅台账、现场问询、实地考核等方式，全面考察民办学校实际办学行为。（杨春峰）

【"双减"工作】 2023年，新吴区深化落实上级"双减"工作部署，区"双减"工作联席会议办公室在寒暑假、国庆等重要时间节点召开会议，制定《无锡市新吴区关于进一步加强学科类隐形变异培训防范治理工作的实施方案》，针对培训材料规范年、"监管护苗"暑期专项行动、学科类隐形变异培训整治、安全生产、从业人员准入查询、非学科类校外培训机构审批、"平安消费"专项行动等工作，精心谋划部署，注重横向配合、纵向联动，开展专项整治行动。对教育部下发的319家校外培训进行现场数据稽核工作。区、街道出动126人次开展安全检查，发现整改各类消防隐患50处。对2家使用国外教材不符合材料规范管理要求的校外培训机构进行处理。加强隐形变异学科培训机构检查，检查校外培训机构560多家次，发现违规机构26家，取缔9家，其余17家勒令停业整顿、退还学费等。（杨春峰）

【国际教育】 2023年，区教育局完善国际教育与粤港澳教育交流合作顶层设计，出台《新吴区关于深化国际教育发展的实施意见》，明确建立由统战、教育、科技、商务等部门协同联动的工作机制，牢牢抓住苏港澳基础教育合作联盟机遇，持续优化三地教育交流合作，秉持双向平等交流原则，以有价值的主题和优秀的项目吸引更多粤港澳地区学生到新吴区开展交流合作。加强对区内交流项目、学校的交流合作水平的综合评估，充分发挥项目学校的引领示范作用，深化国际交流。优先扶持非项目学校在文化交流、师资培训、教育科研等内容上创建中长期的合作项目。深化合作，推进区校两级友好结对交流工作，区教育局与香港博爱医院历届总理联谊会梁省德中学、澳门劳效中学在签署友好合作协议的基础上，不断深化国际理解教育，共建省级基础教育职业教育对外合作交流重点建设项目；与香港理工大学、圣博德学校就基础教育、高等教育的交流合作事项进行对接洽谈，凝聚优质教育资源。拓宽渠道，开展多元化的交流互动活动，无锡市梅里中学组建学习交流团，以"深化交流、融合发展、共同提升"为理念，通过与粤港澳学校师生交流、教学合作与文化交流等形式，建立起常态化的交流互动机制，搭建互动平台，促进共同发展，探寻国际教育合作项目的新形式，不断拓展合作领域与合作空间。依托"吴文化"资源，泰伯实验小学与香港吴氏宗亲总会泰伯纪念学校持续开展"寻源铸魂，至德通融"吴文化交流系列活动，共同参与学校吴文化节启动仪式。（辛烨）

文化产业

【概况】 2023 年，新吴区实施重大项目带动，突出文化与科技融合，以数字文化为引领，推动文化产业提档升级，文化产业进一步繁荣发展。实现文化产业增加值 165.03 亿元，占地区生产总值比重达 6.56%。123 家规模以上文化企业实现营收总额 732.37 亿元，利润总额 33.8 亿元。亿元以上文化企业 42 家，其中十亿元级企业 5 家、百亿元级企业 2 家。开展互联网广告特色产业统计，增加值达 33 亿元；夏普 AR/VR 高清液晶显示模组项目、58 集团本地服务项目、西山居电竞等一批文化及相关产业项目签约落地。梅里古镇获评第三批省级夜间文化和旅游消费集聚区。开展“品千年文化看万象高新”双层巴士文农旅研学游 16 期。区委宣传部（文体旅游局）协同区统计局开展“五经普”文化产业单位清查统计及入库核查工作，初步认定文化法人单位 5881 家，文化个体户 2934 家。（刘保宏、尤冰）

【文化市场活力显现】 2023 年，新吴区闻泰科技股份有限公司、邦道科技有限公司 2 家企业入选第五批江苏省民营文化企业 30 强，占全市三分之一。邦道科技有限公司、江苏云工场信息技术有限公司、无锡珍岛数字生态服务平台技术有限公司 3 家企业入选第五批江苏省重点文化科技企业，占全市二分之一。闪耀现实（无锡）科技有限公司、江苏范特科技有限公司、多塔智能科技（无锡）有限公司等 VR/AR 虚拟现实技术企业进一步集聚，今日头条、58 同城等平台型经济引领文化产业新增长，大鲤鱼文化科技发展有限公司、江苏辰锐网络科技有限公司打造网络直播基地。无锡（国家）软件园载体扩容，综合出租率 75.52%，新入驻企业办公面积 6.65 万平方米。在建五期、六期项目新增办公载体 38 万平方米。新型企业的集聚和壮大，增强文化产业发展后劲。（刘保宏）

【文旅融合】 2023 年，新吴区举办 2023 吴文化发展大会、鸿山吴文化旅游季、葡萄文化旅游季、第四届乡村文化旅游季、“鸿山秋韵”音乐产业峰会等重大文旅推介活动，以节庆经济为支撑，发展新 IP、打造文旅休闲新高地。（刘保宏）

【梅里古镇获评第三批省级夜间文化和旅游消费集聚区建设单位】 2023 年，梅里古镇上榜江苏省文化和旅游厅公布第三批省级夜间文化和旅游消费集聚区建设单位名单。梅里古镇位于梅村街道核心位置，东临新友路，西靠新华路，北至泰伯大道，南至梅里中路，伯渎河和梅花浜等水系贯穿其中。古镇占地 20 公顷，总建筑面积约 15 万平方米，入驻商户 244 家，基础配套设施完备。创新发展夜演、夜展、夜娱、夜秀、夜食、夜购、夜宿等多种夜间经济业态，推进古镇亮化工程，打造“我爱梅里”、“我爱中国”、“幸福梅满”、灯笼长廊等多个网红打卡点，呈现多层次、多视角、立体化，并集文化性、观赏性于一身的现代化江南水乡夜景空间。推出吴歌台小剧场、花灯展、城墙

梅里古镇夜间经济　　（区委宣传部　供图）

6月18日，“凤飞高新 乐动新吴”无锡高新区（新吴区）第八届运动会电子竞技大赛总决赛 （区委宣传部 供图）

秀《梅里古都》、水幕秀《夜泊伯渎》画舫天籁音乐会5项夜间精品演艺活动，市民游客“白天观景，晚上品戏”，以身临其境的互动模式与娱乐体验游览古镇。（刘保宏）

【电竞产业】 2023年，4月21日，无锡鲨客电子竞技俱乐部、无锡KONE电子竞技俱乐部签约落户无锡高新区（新吴区）电子竞技产业基地。无锡鲨客电子竞技俱乐部是FSL（中国FIFA足球顶级职业联赛）传统强队，获得2020年FCC（FIFA职业冠军杯）亚军、FSL（中国FIFA足球顶级职业联赛）的S7赛季季军。无锡KONE电子竞技俱乐部致力于Moba类（多人战术竞技项目）、FPS类（第一人称射击项目）电竞项目，业务涵盖战队运营、IP衍生、整合营销，直播经纪等，是国内新兴电竞公司中的后起之秀。旗下的和平精英战队是PEL（《和平精英》最高级别职业联赛）冠军争夺者，连续两年在PEL联赛中保持前三位置。（刘保宏）

【文化产业招商】 5月下旬，区委宣传部牵头，组织区商务局、新发集团、无锡软件产业发展有限公司、无锡智慧体育产业园管理有限公司等单位参加无锡市（粤港澳）文化产业招商活动。跟团考察拜访香港江苏社团总会、澳门中华文化促进会、澳门江苏联谊会、深圳交响音乐团等单位。在2023无锡—粤港澳大湾区文化产业合作大会上，签约7个数字文化项目，无锡（国家）软件园在大会作招商推介。11月上旬，区委宣传部牵头组织无锡吴文化博览园建设发展有限公司、无锡智慧体育产业园管理有限公司、无锡市电竞协会等单位参加无锡市（成渝地区）文化产业招商活动，考察山城巷、戴家巷、北仓文创街区、二厂文创园，学习活化利用历史文化资源发展文化旅游业的先进经验；考察西山居世游科技有限公司，无锡市电竞协会与西山居签署剑网3电竞项目意向合作协议。（刘保宏）

【无锡1969创意工场入选江苏省文化产业示范园区创建单位】 2023年，无锡1969创意工场入选江苏省文化和旅游厅公布的江苏省文化产业示范园区创建单位名单。无锡1969创意工场前身为南方不锈钢市场，占地17.33公顷，核心区域建筑约10万平方米，前有江海高架、后有太湖大道、东连华夏路、西枕广南立交，地理位置优越、交通十分便利。无锡1969创意工场以不锈钢市场为历史记忆点，以钢铁为表现元素，以新旧嫁接为表现手法，唤醒老厂房活力。园区分为文化艺术、运动健身、美学设计、餐饮娱乐、时尚潮玩、创意办公六大集聚区。（刘保宏）

公共文化

【概况】 2023年，新吴区推进无锡太湖湾国际文化艺术中心暨无锡市交响音乐厅、伯渎河文化中心地和伯渎河体育中心项目建设。获第四批江苏书香城市建设示范城区，承办无锡市2023“世界读书日”系列活动暨“钟书”阅读季启动式；梅村二胡文化园、硕放街道文化站入选省“最美公共文化空间”打造对象；硕放街道通过省“扫黄打非”示范点建设无锡市评审。（区委宣传部）

【博物馆】 2023年，新吴区博物馆累计入馆游客117.208万人次，其中无锡市鸿山遗址博物馆30.8482万人次、无锡新四军江抗东进纪念馆2.8894万人次、无锡市梅里遗址博物馆83.4704万人次。3家博物馆策划举办临时展览12场。其中，梅里遗址博物馆策划了“方法：考古学中的地层学和类型学”，鸿山遗址博物馆共开展11场展览，包括“徐州市福兔呈祥生肖大赛作品全国巡展·无锡展”“世家望族佳器天成——无锡前房桥钱氏家族精品金银器展”，与无锡博物院合办的“江河辉映——中原与江南青铜时代考古文物展”，出借37件文物参展，其中一级文物17件、二级文物13件；结合国际博物馆日，开展6场博物馆精品文物图片展进校园项目以及向非等级博物馆（梅里遗址博物馆、中华赏石园）送展2场。梅里遗址博物馆开展多种形式的教育项目，组织梅村实验小学校三年级师生参加“5·18”博物馆日的特别活动，举办“月神飞天”、音乐节等假期活动；与澳门文化产业协会进行深度互动和交流。鸿山遗址博物馆开展74场社教活动与公益讲座，参与人数累计4.4万人次。包括吴地风俗元宵节、清明节、端午节、中秋节传统手工体验、博物馆里的儿童集市等系列活动；国际博物馆日“兔年说兔”展览、讲座进校园活动，到新吴区6所小学展览；走进梅里遗址博物馆、文化遗产日系列非遗体验活动；暑期“第三期小小讲解员”活动、双层巴士活动；“传统文化中的兔”及“文物建筑风险预警和防控体系建立”两场讲座。博物馆收获线上粉丝量超2.7万余人，推送公众号73篇、视频号14篇、微博93篇，共计180篇次，总浏览量75万人次。通过报纸、网络、电视等平台，对外宣传70余次。其中，国家级报道22次，国际报道9次。“6·10”文化和自然遗产日、鸿山国家考古遗址公园文化艺术周启动仪式及博物馆非遗体验项目，获得国内外媒体广泛关注与报道。实施鸿山遗址博物馆数字化保护展示二期项目，建设藏品数字管理系统，开发文物知识图谱，提升博物馆的数字化、信息化管理水平。

（逯俊宁）

【全民阅读】 2023年，区图书馆推进新吴区全民阅读高质量发展，提升新吴区全民阅读指数，建设“书香新吴”，从总分馆建设、馆员管理、读者服务、品牌活动、企业服务等多角度规划总体工作和重点工作，落实推进各项工作。在文献资源、阅读推广、文化服务方面实现共建共享，推动新吴区全民阅读工作向纵深发展。（逯俊宁）

【图书馆】 2023年，区图书馆区总分馆体系达到128个，包括1个总馆、3个直属分馆、6个街道分馆、78个社区图书馆、6个24小时图书驿站、12个钟书房。总分馆体系新增馆藏图书3.3万册，年到馆人数为245.3万人次，年文献外借量为60.6万册次。重点进行馆藏分析与读者需求分析，优化馆藏结构，加大地方文献征集力度，对本地文献进行征集、录入、整理和宣传，接受无锡地方作家邹叙源、李进、方长荣等捐赠地方文献52册。搭建数字资源平台，吸纳优秀的数字资源，通过官网、微信公众号，向辖区读者免费开放，对外数字资源总量607TB，搭建购买库、免费库、试用库、自建库四大库，包含期刊、报纸、音视频、考试、电子图书五个大类。依托区图书馆官网、微信公众号平台定期推送，打造丰富便捷的云端数字化服务。构建城市阅读空间，不断延伸服务触角，搭建图书通借通还系统，实现图书馆服务向全区网格化拓展。中标市委宣传部、市社科联开展的2023年度无锡市哲学社会科学招标课题（宣传文化专项），以“激发‘公益性+市场化’”运维活力推动基层公共阅读服务创新发展”为课题，完成结项评审。共建15分钟可达的城市阅读圈，借助社会力量，在无锡奥特维科技股份有限公司新建1个阅读点，总计有26个社会阅读点。下沉服务培训20次，街道社区开展各类阅读活动49场，调拨各类图书1181册，打造老百姓身边的书房和家门口的书房。被授牌江苏省社会科学普及基地，获评“国家一级图书馆”，举办的汉字听写大赛被推选为科普周重点活动，作为无锡市第20届社会科普周代表活动上报至省社科联，图书馆运营及管理工作得到社会认可。（逯俊宁）

【图书馆交流】 2023年，新吴区推进图书馆行业交流合作，参加地、市级及以上图书馆学术会议、业务培训、专业研讨会等业务交流活动。4月23日，参加太湖文化交流活动，邀请湖州、无锡两地专家分享太湖文化研究工作；7月25日，赴张家港市图书馆开展科技查新工作调研；11月11日，赴常州参加江苏省图书馆年会，深度参与图书馆行业间交流学习；12月27日，与无锡科技职业学院图书馆签署《馆际合作协议书》。积极组织馆员参加职称评审，13名馆员顺利通过初级职称初定。（逯俊宁）

【版权工作站】 2023年，新吴区建立区版权工作一站。版权作品登记工作是建设版权公共服务、社会服务体系的重要内容，6月初，被确定为新吴区版权工作一站。建点以后，区版权工作一站办理作品1413件，成功登记作品893件。（逯俊宁）

文化活动

【概况】 2023年，新吴区文化馆坚持以人民为中心，承办全区“白玉兰”文化惠民工程，举办文艺巡演162场次，包含千人以上大型广场文化惠民演出39场、中小型志愿服务送戏15场、评弹季演出90场、“新吴艺角”皮影戏专场12场、滑稽戏专场6场，举办公益培训约630课次、展览86场、各类讲座39场。创作现代锡剧《蔡凤仪》、电影《泰伯》等11部优质作品；《似是故人来》获第十三届北京国际电影节短视频单元优创作品奖；举行中鹰黑森林交响音乐、“我在新吴过大年”等系列活动，“白玉兰”文化惠民工程入选江苏省第三届群众文化“百千万”工程优秀群文活动品牌。（陈敏娜）

【新吴区作家协会成立】 4月22日，新吴区作家协会成立大会举行，会议宣读《关于同意成立“无锡市新吴区作家协会”的批复》，听取筹备组关于区作协筹备工作情况的报告，表决通过《无锡市新吴区作家协会章程》，选举产生了新吴区作家协会第一届理事会21名理事、2名监事，表决通过了主席、副主席、秘

书长、副秘书长人选。 （区委宣传部）

【公益演出】 2023年，春季巡演从3底至5月底，共分“新吴春光美”“五月欢歌畅响新吴”两大系列和原创锡剧《山花烂漫红盈盈》专场，演出27场；秋季巡演从9月中旬至10月中旬，开展新吴区第二届“玉飞凤”原创文艺精品节目展演、“月满中秋迎国庆”广场文艺演出系列秋季大型巡演12场；春节和重阳将中小型演出活动送到社区、文化站、敬老院，共计15场；夏季的评弹季覆盖6个街道，共演出90场；冬季依托“新吴艺角”开展非遗皮影戏12场、滑稽戏6场，丰富了群众精神文化需求。区文化馆创新推行“新吴艺角”文化小剧场模式，建设首批30个“新吴艺角”，开展文化惠民活动1377场次。打造14个新吴小剧场，全年演出324场次，服务近27万人次。 （陈敏娜）

【大型活动】 2023年，新吴区注重做大做精具有新吴特色的文化活动，连续第3年新春举办“我在新吴过大年”系列文化活动，包含鸿兔添福“艺”展风采优秀文艺节目征集、“卯兔献瑞春送万福”新春送戏送春联、“春到新吴”春节摄影摄像作品征集、“鸿兔添福”线上猜灯谜、“NICE兔MEETU”元宵灯会等主要活动，线上服务突破50万人次，线下服务上千人次。激励引导更多文艺工作者和爱好者参与文化创作和服务供给，5月，开展首次“星耀新吴”优秀群众文艺团队选拔赛，分器乐专场和舞蹈专场公开比赛，选拔出来的20支获奖团队，进行3场巡演。参与协助“品千年文化，看万象高新”暑期研学游、“吴韵书香满庭芳”新吴湖畔阅读分享会等，在文旅融合、文体融合等方面不断探索，扩大新吴文化的品牌格局。 （陈敏娜）

【群众文艺】 2023年，新吴区组织开展区第二届“玉飞凤”文艺精品（舞台类）评奖活动，面向全区征集小品、曲艺、歌曲、舞蹈等群众原创文艺作品29件。深入各街道、社区开展文艺展演，以文惠民；选送13件群众文艺作品参加第七届无锡市“群芳奖”比赛，获2金、3银、8铜。参与市场化创作，区文化馆根据定制单位要求，完成以新吴好人为题材创作的3件文艺作品：情景剧《青春志愿别样红》、快板《新吴好人好事竞风流》、歌曲《光明》。 （陈敏娜）

【公益课堂】 连续四年举办“玉兰传芳”公益课堂，提升人文素质，开展普及性文化艺术教育活动。3—5月，“玉兰传芳”春季课堂开办22班次220课次；7—8月，暑期开设13班次130课次；9—12月，秋季班开设21班次210课次；长期开设舞韵、瑜伽课程，近200课次。全年举办公益课堂约630课次。输出到社区及学校的“吴文化传习学校”成人锡剧、少儿锡剧、少儿泥人3个项目，共开展60课次培训，惠及学员近百人。 （陈敏娜）

【展览讲座】 2023年，区文化馆与区文联资源共享，联动开展各类展览、讲座、培训、征文等活动。开展“春到新吴”摄影展、“人类命运共同体”漫画插画展、“吴韵书香·德润心灵”公益广告设计展、“笔尖黑白”徐尚德钢笔画展、2023年“玉飞凤”杯“中国式现代化新吴新实践”、“余霞成绮”老年书画展、“四季看新吴”摄影作品展7个区级展览，向街道、园区、企业、社区、学校、文旅场馆输出，共展出86场。公益讲座十分丰富，线上线下举办“高雅艺术进校园”24场、“平墟说吴艺术汇”2场、“名师摄影讲座”5场、“行走的民间艺术课堂”6场，“中青年书法培训班”2期，服务群众0.7565万人次。“名师摄影讲座”线上直播超4万人观看。（陈敏娜）

文化市场管理

【行政许可】 2023年，新吴区文化市场监管门类包括：互联网上网服务营业场所、歌舞娱乐场所、电子游艺场所、剧本娱乐场所、文化艺术类校外培训机构、公共文化场馆、文化类民办非企业单位七大类。文化市场单位共421家，其中互联网上网服务营业场所76家、歌舞娱乐场所58家、电子游艺场所3家、剧本娱乐场所1家、文化艺术类校外培训机构269家、公共文化场馆8家、文化类民办非企业单位6家。 （刘保宏）

【市场监管】 2023年，新吴区根据《娱乐场所管理条例》要求，加强对娱乐场所日常经营活动的监督管理，发现违法经营行为，及时上报市文化市场综合行政执法支队并配合处理；配合区政务服务中心开展娱乐场所新设立及延续换证实地探勘工作。加强内地营业性演出备案工作，由区政务服务中心负责审批，区文体旅游局备案。涉及临时搭台或大型群众性活动，区文体旅游局联合市文化市场综合行政执法支队开展演出现场检查。根据《关于加快推进游戏游艺设备电子标识管理工作的通知》要求，加强游戏游艺设备管理，全面摸排辖区内游戏游艺设备底数，推进游戏游艺设备电子标识张贴工作，强化企业主体责任。根据《关于加强剧本娱乐经营场所管理的通知》要求，加强剧本娱乐场所管理，对剧本娱乐经营场所经营信息、剧本内容等进行备案，注重剧本内容正向，符合意识形态要求。加强投诉工单处置，受理、处置各类文化市场“12345”、信访工单，如培训机构退费纠纷、场所环境、工作人员态度等。（刘保宏）

【安全监管】 2023年，新吴区切实落实文化市场安全监督责任，做好“九小”场所消防整治提升工作，按会同属地街道对行业领域内的小网吧、文化艺术类校外培训机构开展消防整治检查。重点围绕场所安全疏散、用火用电、消防设施、人员培训、应急处置等消防安全突出问题，督促场所配备烟感、“五件套”等设施。针对发现问题采取措施，责令限期整改。开展百日冬季安全风险排查整治行动，会同属地街道，对行业领域内的网吧、娱乐场所、剧本娱乐场所、文化艺术类校外培训机构开展百日冬季安全风险排查，重点检查是否落实安全生产和消防安全主体责任、安全生产和消防管理制度是否健全、消防设施是否完好有效、疏散通道和安全出口是否畅通、疏散指示标志是否规范、应急演练记录是否真实规范等，督促文化经营单位签订安全生产承诺书，新业态单位签订房屋安全管理协议。每周将检查情况报送至区安委办，及时下发整改通知单，明确整改日期，确保“消灭”消防安全隐患。开展校外培训机构专项整治行动，成立体育类、文化艺术类校外培训机构专项整治行动工作专班，按照底数督促机构开展消防安全及业务规范自查，部署属地街道开展全覆盖检查，每日报送检查情况，分析薄弱环节和突出问题，定期反馈至双减办。配合做好督导检查工作。（刘保宏）

文化遗产保护

【“文化和自然遗产日”无锡系列活动暨首届鸿山国家考古遗址公园文化艺术周启动仪式】 6月9日，新吴区“文化和自然遗产日”无锡系列活动暨首届鸿山国家考古遗址公园文化艺术周启动仪式举行。无锡鸿山国家考古遗址公园是国家首批、江苏唯一的国家级考古遗址公园，通过讲述千年历史文脉，打造年轻态古遗址研学路线，让人们见证千年遗址焕发新生，感知江南文明的魅力，增强对中华文明的认同感与自豪感。无锡市文化广电和旅游局党委书记、局长蒋蕴洁，无锡市文化遗产保护基金会理事长王慧芬，无锡高新区党工委书记、新吴区委书记崔荣国，无锡高新区党工委副书记、管委会副主任、新吴区委副书记、区长章金伟参加启动仪式。鸿山遗址出土文物数字回归仪式同时举行，完成了文物数字化回归签约。（逯俊宁）

怀海义庄 （鸿山街道 供图）

【第三次全国文物普查登录点核查】 2023年，新吴区组织人员与各街道一起，对区内第三次全国文物普查登录点公布、升级、变更等情况进行复核，共复核36处，补充1处第三次全国文物普查结束后新登录文物点信息，就坊前13号住宅等5处消失的登录点形成报告。开展省文化和旅游资源普查系统“不可移动文物”信息核对工作，以及《新吴区志》的内容组织与编写。（逯俊宁）

【土地储备考古前置及文物保护区域评估】 2023年，新吴区认真做好土地储备考古前置及文物保护区域评估工作，开展了电缆厂二期地块、无锡远见精细化工有限公司地块、青晏路与宁和路交叉口西北侧地块、科技创业园地块、中和羊绒（无锡）有限公司新吴分公司A、B地块、博西威家用电器有限公司地块、南站花园二期地块、路劲东侧地块、江苏速升自动化装备股份有限公司西侧地块、走马塘B地块等地块的考古前置工作。做好无锡市锡宅路与规划黄更上路交叉口东南侧地块一期等地块的文物资源区域评估。（逯俊宁）

【“百宅百院”活化利用】 2023年，新吴区按照市委书记杜小刚“意义重大，要压实推进”的批示要求，推进落实“百宅百院”活化利用项目。完成泰伯庙、钱穆钱伟长故居（钱氏素书堂）、怀海义庄活化利用和文化展陈项目，完成泰伯庙圣堂活化利用项目。启动“百宅百院”活化利用项目——大坊桥民居建筑群28号活化利用工程，立项获批复，完成测绘及大坊桥民居建筑群28号修缮方、活化利用方案。（逯俊宁）

【文物申报及修缮保护】 2023年，新吴区开展第六批市级文物保护单位申报工作，对区内6处市控单位（集义桥等）和1处不可移动文物（梅里遗址）进行申报。申报西仓老街金魁厅、西仓老街长明堂和毓秀桥为一般不可移动文物，获市局批复。完成市级文物保护单位怀海义庄和钱穆钱伟长故居（钱氏素书堂）保养维护工程；完成泰伯庙（香花桥）维护保养工程，通

过市局验收;完成泰伯墓庑间及享堂维护保养方案、大坊桥民居建筑群28号修缮方案的申报,获市局批复。（逯俊宁）

【文物安全监管】 2023年,新吴区编制了《2023年新吴区文物建筑安全监管实施方案》和《2023年新吴区文物建筑安全监管工作计划表》,组织召开区文物建筑安全监管工作部署会,举办风险预警和防控体系建立培训班。组织开展文物建筑安全监管督查抽查,对区内文物建筑安全风险自评估情况进行督查复核。联合区消防救援大队、属地街道、第三方专业机构,开展文物建筑安全监管督查抽查,督促指导各文物建筑单位认真开展文物建筑安全工作,严格落实整改措施。根据《新吴区消防安全"五大工程""十项行动""四个专项"的实施意见》和相关法律法规要求,结合区内文物建筑管理单位调研及实际情况,会同区消防救援大队编制了《新吴区文物古建筑消防安全管理标准(试行)》和《新吴区文物古建筑消防安全标准化管理达标评定标准(试行)》。组织区内10家文物建筑管理单位根据标准开展标准化达标自查自纠,撰写情况报告,列出整改计划,落实整改责任、整改措施、整改时间。组织并统计各街道的复核情况。9月、10月,联合区消防救援大队对泰伯墓、钱氏素书堂、怀海义庄、泰伯庙4处文物古建筑开展了文物古建筑消防安全标准化达标验收工作。（逯俊宁）

【鸿山国家考古遗址公园建设】 2023年,新吴区完成了鸿山墓群BH3、BH4、BH5本体保护展示工程,对鸿山遗址42万平方米范围内52座土墩墓,通过原状保护、覆土保护、网罩保护等方式进行展示。开展环境整治、游步道修整、阐释系统建设,充分展示鸿山遗址完整的文化价值和历史信息。入编《中国古建筑行业年鉴2022》,为江苏省唯一获得的"中国文物保护示范工程"称号。项目10月通过省文物局终验。推进鸿山墓群九曲河片区保护展示方案设计工作,对鸿山墓群BH2、BH7、BH8、BH9、BH10范围内土墩墓的本体保护设计,共计86.4万平方米,设计土墩37座,设计方案报省文物局审批。开展鸿山墓群和鸿山遗址博物馆安防改造工程,对鸿山遗址7.5平方千米范围内的文物遗存建立全方位安防体系,确保达到国家安防要求。墓群及博物馆安防改造工程完成市局验收,申请省局终验。根据2022—2024年度鸿山遗址九曲河以南区域考古勘探计划,完成年度勘探任务,勘探区域西至老虎墩西侧,东至张家里北部南北向的水泥路,北部边界西侧至振鸿路、东侧至占吴路,南至寒儒桥河,总勘探面积约34.1万平方米。普通勘探面积约32.3万平方米,重点勘探面积约1.8万平方米,主要为鸿山遗址S2区的13座土墩。形成年度考古工作报告。完成鸿山墓群保护总体规划编制修订招投标工作,确定设计单位,根据鸿山墓群最新考古成果及吴家浜遗址重大发现,对保护规划进行及时修编,为鸿山国家考古遗址公园建设提供指导依据。（逯俊宁）

大运河文化带建设

【建设推进】 2023年,新吴区大运河文化带建设坚持高强度推进和高起点规划相结合。3月下旬,无锡高新区党工委书记、新吴区委书记崔荣国主持召开大运河(伯渎河)文化带建设发展领导小组(指挥部)会议,专题研究推动大运河(伯渎河)文化带建设。就大运河(伯渎河)文化带规划设计、融资开发、项目建设及征收拆迁等建设发展工作重点进行研究,部署重点工作任务,把大运河文化带建设与鸿山国家考古遗址公园建设紧密结合,共同推进,按下大运河(伯渎河)文化带建设"快进键"。（刘保宏）

【文旅融合】 作为大运河文化公园特色展示点,2023年,新吴区在梅里古镇举办各类文化艺术节和商业活动,打造水幕灯光秀、滨河戏台、古船夜游等夜间旅游项目,商户入住率98%,"夜间经济"蓬勃发展,获评省夜间文化和旅游消费集聚区建设单位。泰伯渎、泰伯庙、伯渎河文化公园等新吴元素被央视纪录片《大运河之歌》采用。举办伯渎河龙舟、皮划艇和桨板大赛,承办2023年"文化和自然遗产日"无锡系列活动启动式,举办首届鸿山国家考古遗址公园文化艺术周,新华社连发7篇报道介绍宣传梅村二胡,策划16期伯渎河沿线双层巴士文农旅研学游活动。一系列全景式文化传播,进一步亮化了大运河(新吴段)吴地文化标识,打响文旅融合品牌。（刘保宏）

【运河环境整治】 2023年,新吴区围绕大运河文化带建设,加大环境整治力度,空间更新与生态优化相融。落实运河整治提升60米线范围要求,所涉4家企业完成拆迁。精心打造绿化景观项目,提升运河西路南匝道—高凯路段景观。建成"三水汇"科技生态公园,运河西岸沿线堤防加高加固工程、西岸沿线景观提升工程同步完工。加快4条跨运河桥梁亮化美化品质提升,其中丰乐桥亮化改造工程完工。（刘保宏）

档案史志

【档案收集整理】 2023年,区档案史志馆规范各类

10 月 31 日，无锡市公安局新吴分局、区法院接受省级示范档案室检查评价　　（区档案史志馆　供图）

档案接收进馆，制定印发《关于加强档案资料移交与接收进馆工作的通知》，推动各进馆单位档案资料应收尽收、应归尽归。接收、整理党史学习教育专题档案 12109 件；接收出生医学证明专业档案 6573 件；接收文书档案 1693 件、照片档案 2563 件。做好 1992 年至 1998 年 4 个全宗进馆文书档案 33357 件的鉴定开放工作。基本完成建区前（2015 年前）文书档案接收进馆工作。至年末，馆藏档案 215001 卷、452601 件，馆藏实物 745 件、图书 1201 件、汇编 778 件、照片档案 18223 张。（尤维娜）

【档案业务指导】 2023 年，区档案史志馆以评价工作为抓手，强化创建指导、突出亮点特色。指导区委党校、中国电子系统工程第二建设有限公司、新吴公安分局及区法院 4 家代表不同领域的单位，分别以高分通过省级“示范档案室”评价，率先成为全市首批占比最高的省级“示范档案室”创建区。以点带面，指导 5 个街道 5 家社区通过“规范档案室”评价。做好档案安全专项抽查，5 家单位通过档案安全专项执法检查。推行机关部门、单位《档案收集归档范围和保管期限及分类方案三合一》制度，在全市率先完成所有进馆单位“三合一”制度的制定、审核工作。抓好街道国有（集体）资产档案管理工作，制定符合实际的分类方案并加强落实。抓好“数字档案室”建设工作，完成 2 个街道和 4 家单位“市级数字档案室”验收。抓好省星级档案室满 5 年周期复查，完成 24 家星级档案室复查、验收工作。被市档案局评为档案治理体系建设优秀单位。（尤维娜）

【档案信息化建设】 2023 年，区档案史志馆组织开展全区 109 个社区档案系统业务培训，完成社区档案从单机版向网络版顺利过渡，实现区、街道、社区三级互通的档案系统管理模式。不断完善数字档案室管理系统功能升级，实现区委、区政府电子文件从 OA 到档案馆系统的接收及整理归档，提升机关、街道、社区档案数字化水平。区档案史志馆被市档案局评为档案信息化建设优秀单位。（尤维娜）

【档案安全管理】 2023 年，区档案史志馆组织开展安全教育培训、安全应急演练和消防演练，做好日常安全巡查和实时监控，做好机房、网络、信息系统、办公设备、馆库设施设备整修维护工作，确保档案安全管理工作落到实处。与浙江省衢州市衢江区档案馆建立友好档案异地备份合作机制，签订《衢江区档案馆与新吴区档案史志馆档案数据异地备份协议》，做好数据异地异质备份安全存储。（尤维娜）

【档案查档服务】 2023 年，区档案史志馆锚定服务群众所需，持续提升服务质效。聚焦群众查档需求，及时调整查档模式；深化异地查档便民服务，在长三角民生档案跨区域查询基础上，应用全国查档网络，方便群众异地跨馆查档，民生档案远程利用服务数量和服务质量不断提升。统筹做好机关文书档案、社会民生档案、住建基建档案等大量进馆档案查档接待工作，先后提供 1181 人次查档服务，调阅档案 2697 卷、643 件，电话查档 900 余人次。复印文件 1835 页、图

小学生参观无锡高新区（新吴区）档案史料陈列馆

（区档案史志馆　供图）

8月3日，《新吴区志》业务培训班开班　　（区档案史志馆　供图）

纸501张，异地查档42人次。提升档案查实率和窗口服务水平，推动查档服务常态化运作。（尤维娜）

【档案征集宣传】 2023年，区档案史志馆精心组织“奋进新征程　兰台谱新篇”国际档案日系列宣传活动。通过举办“档案进社区服务为百姓——‘6·9’国际档案日档案服务进基层”活动，和街道联合举办档案咨询服务，面对面与社区档案工作者、居民交流。组织开展“奋进新征程　兰台谱新篇”档案主题征文活动，报送主题征文10篇。开展“我给家乡照张相，我为城市存份档”照片档案公益征集活动，征集反应城市、农村景象照片百余张。发挥红色资源重要作用，参与省档案文化精品申报参评资料10件。就无锡慈善博物馆征集档案资料事宜，梳理馆藏慈善档案文件资料1288件，查找相关图片照片83张，馆藏实物14件，大事记涉及内容26条，慈善公益视频2个、照片20张，媒体报道信息1篇。开通“新吴档案”微信公众号，及时进行信息更新和发布，加强各类信息报送，强化对外宣传力度。（尤维娜）

【党史工作】 2023年，区档案史志馆响应市档案史志馆组织的读书日抓阅读总体要求，组织全区109个社区开展“悦读新时代　奋进新征程”主题阅读系列活动。通过“档案开放日”，让大家走进档案、了解档案，接待无锡深南电路有限公司及无锡市部分小学员工、学生来档案史志陈列馆参观学习。开展现场解读档案知识与馆藏特色、播放相关宣传视频、档案史料展览展示等多种形式的交流活动。档案史志陈列馆被无锡市委宣传部评为“无锡市爱国主义教育基地”。（尤维娜）

【方志工作】 2023年，《新吴年鉴（2022）》荣获县级综合年鉴二等年鉴，这是继《新吴年鉴（2020）》荣获第八届全国地方志评审优秀成果（年鉴类）二等年鉴后，第二次获此殊荣。继续依托专业团队，采用政府购买服务方式，做好《新吴年鉴（2023）》的编纂出版工作。启动街道年鉴试点工作，确定硕放街道为试点单位。做好《无锡高新区（新吴区）志（1992—2022）》编研工作，完成了《无锡新区历史研究（2013—2022）》约70万字的资料长编。《鸿山镇志》2022年12月正式定稿，2024年印刷出版。《大坊桥村志》编纂工作启动，被列入中国传统村落名录。（尤维娜）

吴文化博览园

【重点项目】 2023年，吴文化博览园建设发展有限公司（以下简称吴博园公司）稳步推进2个重大项目建设，其中美华里商业街（吴越水街）提升改造项目与万达集团签订战略合作仪式，年末完成总工程量的90%，引进万达影城等优质商铺36个；金鸿实验学校项目竣工，9月4日正式开学。安鸿路（鸿山路—飞凤路）项目海绵城市工程被评为“2023年度无锡市群众最喜爱的十大海绵项目”；丽笙酒店一期更新改造工程10月完成正式投入使用；丽笙酒店二期工程项目获2023年度无锡市“太湖杯”优质工程奖；鸿山国家考古遗址公园整体提升项目按时序推进；鸿山墓群本体保护展示工程获评全省唯一“中国文物保护示范工程”。（黄婉莹）

【景区配套设施建设】 2023年，梁鸿国家湿地公园引进新型房车住宿“暮野星舍”IP旅游特色项目，占地34000平方米，建有17台美式头等舱大型景观房车，划分为暮野露营区、星舍房车区、亲子活动区三个板块，9月完成建设、10月对外试运营。中华赏石园与无锡蔚来出行汽车租赁有限公司新吴区第一分公司合作建设蔚来充电桩，提供景区便捷服务。鸿山遗址博物馆推进落实展陈提升、配套设施及周边景观提升项目，完成前期立项、研讨等准备工作。（黄婉莹）

【景区影响力提升】 2023年，吴博园公司促进所属景区“旅游+科普”“旅游+研学”“旅游+文化”深度发展，以“游”带“学”，打造教育实践第二课堂，开展科教、文化活动96场，社会效益和经济效益双丰收。梁鸿国家湿地公园获评无锡首个“湿地学校”“无锡市生态环境损害赔偿示范修复基地”，中华赏石园获评首批“无锡市自然资源科普基地”；鸿山遗址博物馆加入大运河博物馆联盟、中国考古学会考古遗产专业委员会，入选文旅部10条长江主题国家级旅游线路之长江文明溯源之旅，博物馆乐库华章陈列展获评“2023年度江苏省博物馆纪念馆精品展览项目”。（黄婉莹）

【国企改革推进】 2023年，按照区国资国企改革工作要求，12月，成立无锡市高新区文商旅产业集团有限公司(以下简称文商旅集团)，吴博园公司为文商旅集团管理的公司。自改革工作启动后，吴博园公司贯彻落实区委、区政府决策部署，召开2次全体员工大会，加强宣传引导，统一人员思想认识，10月起，配合文商旅集团完成人员交接和安置分流、资产托管接洽协商等工作，国企改革有序稳妥推进。（黄婉莹）

【安全生产】 2023年，吴博园公司压实安全主体责任，层层签订安全责任书，严格落实安全生产检查工作制，举办安全培训30次，开展应急演练35次、各类安全检查89次，实现了安全零事故。（黄婉莹）

【债务置换】 2023年，吴博园公司获备案增量发行债券4.5亿元，针对尚未到期的存量债券，抢抓机遇、果断行动，提前兑付并置换2020年公司债3.5亿元，实现发行价格和发行量的双突破，创下2022年12月以来全国同期可比债券发行利率的最低。年化节约财务费用1420万元，大幅降低融资成本，提高资金使用率。（黄婉莹）

综　述

【概况】 2023 年，新吴区有登记注册的医疗卫生机构 283 家，其中综合医院 5 家，社区卫生服务中心(卫生院)7 家，社区卫生服务站(村卫生室)36 家，护理院 8 家。实有床位 4409 张。年末有卫生技术人员 4988 人、执业(助理)医师 2080 人、注册护士 2177 人。居民预期寿命提升至 83.55 岁，健康素养水平上升至 42%，位居全市第一。新增江苏省社区医院 1 家，完成社区卫生服务中心(站)升级改造 3 个。　(王倩、王绞呈)

【服务能力提升】 2023 年，新吴区通过落实等级医院评审、公立医院绩效考核等措施，实施医疗机构能力提升项目。瑞金医院无锡分院制定出台综合管理三年行动计划总体方案，实施党建聚力赋能、加强内部治理等 6 大专项行动，顺利通过国家胸痛中心资格审核，年内新增骨科、肿瘤科 2 个市级临床重点专科；新安医院、区康复医院完成等级医院现场评审工作；以“三名战略”为统领，依托长三角优质资源，累计建成名医工作室 39 个，涵盖心血管内科、消化内科、中医骨伤等中西各类科室；印发《关于新吴区区域医疗联合体建设的指导意见》，以提升医疗机构服务能力、完善分级诊疗制度为重点，着力推动区域医疗资源内循环；各医疗机构围绕改善就医感受、全面提升医疗质量等实施方案，创新门诊及住院服务模式，梳理形成提升患者体验项目清单 102 条，优化看病就医全流程管理。　(王倩)

疾病防控

【传染病防控】 2023 年，新吴区加强传染病疫情流行态势监测分析，全面推进传染病报告信息系统建设，建立疾病预警多点触发机制，规范落实重点人群、重点场所流感等疫情监测与风险评估，累计完成重点场所监测 3493 人次、血清抗体水平监测 357 人次，处置各类传染病聚集性疫情 144 起、预警信息 182 条，突发公共卫生事件 4 起，规范处置率 100%；组织开展基层医护人员肺炎、支原体肺炎、猴痘、登革热等重点传染病医疗救治和应急处置培训，覆盖 4000 余人次。　(王倩)

【慢性病管理】 2023 年，新吴区开展消化道肿瘤、脑卒中等重大慢病早诊早治工作，联合中国门静脉高压联盟和无锡市人民医院专家团队，在全市率先开展糖尿病人群肝纤维化筛查项目，完成肝纤维化筛查 10092 人、消化道肿瘤筛查 10280 人、脑卒中高危人群筛查 13133 人。累计管理高血压 59854 例、糖尿病 18842 例，随访肿瘤 7045 例，新发“慢五病”7810 例。　(王倩)

【疫苗接种】 2023 年，新吴区接种免疫规划疫苗和非免疫规划疫苗 27.4766 万剂次，免疫规划内适龄儿童的疫苗接种率为 98.81%；地方性水痘第一剂接种率 98.52%，第二剂接种率 97.14%。　(王倩)

基层卫生与妇幼保健

【基层卫生】 2023 年，新吴区江溪街道第二社区卫生服务中心、鸿山街道社区卫生服务中心完成新址搬迁投入使用，硕放街道社区卫生服务中心异地新建工作有序推进。梅村街道社区卫生服务中心创成江苏省社区医院。推进国家优质服务基层行，新安街道社区卫生服务中心、硕放街道社区卫生服务中心、旺庄街道社区卫生服务中心、梅村街道社区卫生服务中心、江溪街道第二社区卫生服务中心经省级评审通过推荐标准，鸿山街道社区卫生服务中心、江溪街道社区卫生服务中心通过基本标准评审。组建家庭医生服务团队186个，签约333553人，签约率46.06%；重点人群签约151806人，签约率73.03%，中重度失能老年人签约1102人，签约率93.15%。建居家医养服务床位100张。聚焦群众需求，制定个性化签约服务包14个。（王倩）

【妇幼保健】 2023年，新吴区规范开展妇幼健康服务，全年新生儿死亡率1.42‰，婴儿死亡率1.83‰，5岁以下儿童死亡率2.03‰，未发生责任性孕产妇死亡；完成妇女“两癌”检查19053人次，年度目标完成率104%；适龄女生HPV疫苗首剂接种率95.89%。完善妇幼健康服务网络，有序推进区级妇幼保健院建设，围产期心理咨询门诊及儿童行为发育门诊年服务人数累计725人次。强化行业监管，开展出生医学证明督查7次，规范助产机构出生医学证明日常管理和签发服务，全面落实新生儿“出生一件事”。新吴区作为国家婴幼儿营养喂养咨询能力提升培训项目试点地区，组织开展婴幼儿营养喂养咨询活动15场，惠及群众累计8000余人次；作为省内首批试点地区入选国家青少年心理健康发展项目，联合区教育局、团区委等部门，以试点学校为切入点，整体推动“政、家、校、社、医”协同发力。（王倩）

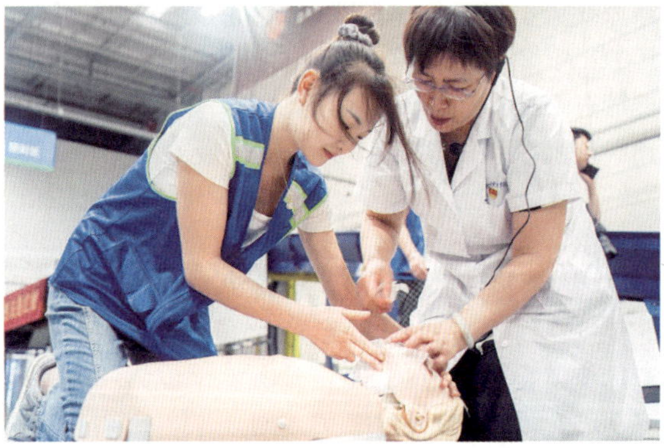

8月31日，区妇幼保健计划生育服务中心党员志愿者走进菜鸟网络无锡空港园区，开展应急救护培训

（区民政卫健局　供图）

健康促进

【健康新吴建设】 2023年，新吴区以省级健康区建设为抓手，结合文明城市建设、国家卫生城市长效管理等工作，全面深化健康新吴建设，推进“将健康融入所有政策”落地见效。6月，被命名为江苏省健康区，建设工作获得省级评估组的高度评价；积极落实《新吴区国家卫生城市长效管理机制实施方案》，3月，顺利通过全国爱卫办复审；持续推进“健康细胞”建设，建成省级健康社区8个、省级健康促进医院3个，爱国卫生教育基地1个，健康单位、健康小屋、病媒生物防制示范小区等共15个，探索建设病媒生物防制示范农贸市场1个。（顾青）

【职业健康宣讲】 2023年，新吴区大力开展健康宣教，开展“健康新吴大讲堂”、健康直播间、区级健康宣讲团巡讲等50次，累计惠及人数超50万人次；健康支持性工具普惠工程，累计发放健康工具包33000份；全区居民健康素养水平达42.3%。（顾青）

老龄健康和职业健康

【老龄健康】 2023年，新吴区深化“安康关爱行动”，户籍老年人意外伤害保险覆盖率100%。新安医院、康复医院和九鸿护理院3家单位被评为省级老年友善医疗机构优秀单位。持续开展“老年健康宣传周”“敬老月”等老龄健康宣教、慰问活动，走访慰问百岁、困难老人800余人次。为老年人提供健康咨询以及血压、血糖、心肺听诊等义诊服务，惠及群众5000余人次。江溪街道太湖花园第二社区建成全国示范性老年友好社区。开展老年人运用智能技术专项普及培训，累计培训4995人次。完成老年人健康体检5.2万人，覆盖率64.5%。获评省级全国医养结合示范区建设单位。（顾青）

【职业健康】 2023年，新吴区有序推进职业病防治工作，开展国家“双随机、一公开”、职业健康领域风险隐患排查化解工作、疑似职业病未诊断、职业病危害申报、非医疗机构放射等多项专项监督检查。完成32家用人单位工作场所职业病危害因素监测。开展“健康企业”创建，6家申报企业全部通过区级“健康

4月5日，新吴区第21个《职业病防治法》宣传周活动启动

（区民政卫健局　供图）

企业”验收评估；组织区疾控中心、辖区职业卫生技术服务机构参加无锡市职业健康技能竞赛，获“职业卫生技术服务专业”团体二等奖、“职业健康检查和职业病诊断专业”团体三等奖。完成职业健康宣传培训8次，印发宣传材料12000份，宣传受众人数超10000人。（王倩）

中医中药

【中医药服务能力建设】 2023年，区中医医院加入无锡市中医医院城市医疗集团，合作共建无锡市龙砂医学流派研究院推广工作站。梅村街道社区卫生服务中心通过省级现场评审被确认为五级中医馆建设单位，旺庄街道社区卫生服务中心获评四级中医馆。21家社区卫生服务站完成中医阁建设，卫生服务站中医阁覆盖率达58%，提前完成“十四五”期末50%的建设要求。（王倩）

【中医惠民活动】 2023年，新吴区深入推进“中医药就在你身边”、岐黄校园行、中医冬病夏治、膏方节等系列中医药文化科普宣传及惠民活动共计22场，建设校园中医药文化知识角2处，提供中医药惠民服务3万余人次，开展中医药健康管理8万余人次。（王倩）

卫生执法与监督

【卫生执法】 2023年，新吴区全面落实行政执法公示、记录、法制审核三项制度，所有行政检查均按照执法全过程记录制度实施。落实在监管过程中随机抽取检查对象、随机选派执法检查人员、抽查情况及查处结果及时向社会公开的“双随机、一公开”任务，完成国家“双随机”任务541件，完结率100%，立案查处案件20件。积极履行普法责任，开展“法润百千万　卫监护你行”等普法主题活动，在市级以上媒体发表宣传报道24篇。（王倩）

【卫生监督】 2023年，新吴区完善综合监管机制，以加强事中事后监管为重点，开展各类监督检查3597户次，医疗机构监督检查覆盖率达到100%。聚焦医疗机构、职业卫生、公共场所、学校卫生等重点领域开展专项监督，同步推进39个专项检查。推进立案查处违法案件68起，到账罚没款138.638万元。强化智慧监管，加强信息化在卫生监督工作中的运用，全面落实“互联网+”监管和信用监管。（王倩）

7月21日，新吴区第六批共12名卫生人才奔赴青海省互助县、陕西省宜川县进行医疗支援（民政卫健局　供图）

综 述

【概况】 2023年，新吴区全面贯彻实施《全民健身条例》和《新吴区全民健身实施计划（2021—2025年）》，围绕加快建设新时代体育强国目标，推进全区高质量公共体育服务体系建设、全民健身和健康中国的国家战略，创新提出“全面实现文体载体更国际化、更高质量发展”的总目标，以及“全面建设更具人文品位、更具科技创新的综合型文体设施”“全面构筑更均等普惠、更高效便捷的复合型文体设施”的分目标。通过开展群众体育活动，打造精品赛事，强化体育基础设施建设，将全民健康和产业发展深度融合，提高全民体育参与意识，推动体育事业蓬勃发展。（李定运）

【体育设施建设】 2023年，新吴区明确“分级、均等、优质”的三级体系，明确设施的引领、普惠与便利，推进“1+3+10+N”文体设施建设（1个区级文化中心、3个片区级文体中心、10个“十五分钟生活圈”级文体设施、N处基层社区级文体游园）和其他公共体育设施建设，具备全民健身、体育培训、专业训练及商业配套功能，匹配“十五分钟生活圈”，不断满足承办地区综合型运动会和群众性单项赛事需要，满足全民健身需要。除大型场馆外，共建设智能健身驿站、智能室外体测仪、负重健身路径、二代健身路径等新型健身设施8000余件，为群众带来更好的健身体验。（李定运）

【赋能区域生产力】 2023年，新吴区竞技体育、群众体育和体育产业相互赋能，构建“多点支撑、科技带动”发展新图景。打造“乐动高新”全民健身节系列活动品牌，获全国群众体育先进单位等称号。智慧网球馆利用新吴区物联网领域的强劲实力，首造智慧网球场，满足群众个性化的健身需求，“物联＋体育”有效提升产业的智能化水平和市场竞争力。通过“体育＋乡村＋旅游”的融合模式，举办“乐享金秋　醉美鸿山”徒步活动，赋能乡村振兴，让广大人民群众充分享受体育运动的同时，推进新吴区经济社会可持续发展。（李定运）

特色体育场所

【概况】 6个街道分别设有文体活动中心，活动中心内设有器械健身房、乒乓球等功能室，全年无休免费对居民开放。为居民提供多样化的体育设施和场地，使居民能够在家门口方便地参与体育锻炼，提高体育活动的普及率和参与度。（李定运）

【伯渎河体育公园】 伯渎河体育公园坐落于新吴区伯渎河畔，占地面积约3.8万平方米。公园以“运动、娱乐、休闲”为主题，创造“活力永驻、魅力永恒、生态永葆”的特色，是一座生态优先、以人为本、适合各个年龄段的综合性体育公园。园区内还设有笼式足球场、门球场、篮球场以及环形跑道等多元空间。（李定运）

【“乐享空间”】 2023年，新吴区充分利用机场路高浪路高架桥下十字路口四个角，共6.4公顷城市“灰空间”，打造全市规模最大的桥下“乐享空间”。1月竣工，投入使用。“乐享空间”总投资2056万元，是新吴区重点打造的惠民工程，也是省民生实事项目。该项目充分“激活”桥下空间，打造全龄体育公园，构建多个共享功能区，儿童区有挖沙、滑板、跑步、篮球场地；青年竞技区有1片5人制足球场、1片标准全场篮球场、1片标准网球场、4片半场篮球场；老年休闲区有乒乓球、健身、广场舞、健身器材，不断满足周边居民全家老小的游园和健身需求。（李定运）

【网球运动中心】 位于金城路以南、兴昌南路以东，用地面积5909.1平方米，总建筑面积约1938.65平方米。包含一栋二层配套建筑，约492.96平方米；一栋一层网球场，1441.03平方米；不计容面积4.66平方米。容积率0.33，建筑密度29.15%，地面停车位共有21个。场地人行步道配合景观设计，与小游园相连通，也可进入北侧球场。项目包含两片室内网球场及一片室外网球场，配套用房提供淋浴室、更衣室、公共卫生间、休息室等多种功能。网球运动中心结合河畔地貌环境与温带气候条件形成“廊桥街景”，有效改善新吴区公共文体设施情况。（李定运）

【智慧网球场】 2023年，新吴区首造智慧网球场，使用智能化系统，让群众足不出户线上预定场地，合理安排时间，满足群众个性化健身需求，半年客流量超过3000人次。智慧网球馆利用新吴区物联网领域的强劲实力，通过无人化管理、全球场覆盖智能监控及照明系统等先进的技术和设备，显著提高场馆的运营和管理效率。（李定运）

群众体育

【概况】 2023年，新吴区深入落实“体育强国”战略，丰富群众身边的体育健身活动，建好群众身边的运动场馆，伯渎河体育中心项目的启动和闲置空间、废旧场地的体育设施建设，为群众性体育运动蓬勃兴起打下坚实的物质基础和群众基础。举办第八届运动会，其中伯渎河赛龙舟、皮划艇、桨板赛，网球、高尔夫、电子竞技、游泳、台球电子竞技大赛等，深受广大居民喜爱。（李定运）

【第八届运动会】 10月22日，无锡高新区（新吴区）“凤飞高新　乐动新吴”第八届运动会开幕式在无锡科技职业学院田径场举办。本届运动会分设机关企业部、街道部、中小学部和高校部，共设置43个单项比赛项目，189个小项。本届运动会增设了网球、高尔夫、皮划艇、桨板、电子竞技、游泳、台球等新型项目，参赛运动员达到8041人，运动会保障人员2万余人，赛事规模、参与人数再创新高。区机关各部门代表、2656名演出人员以及40个代表团方队，共计5200余人参加开幕式，约50万人通过线上直播观看开幕式。（李定运）

【龙舟、皮划艇、桨板大赛】 6月11日，新吴区第八届运动会龙舟、皮划艇、桨板大赛在伯渎河公园举行。大赛设置龙舟200米静水直道竞速、皮划艇200米静水直道竞速团体积分赛和桨板100米静水直道竞速团体积分赛三个项目，吸引了来自无锡高新区（新吴区）各街道和企事业单位的200余名水上运动爱好者参加。（李定运）

【电子竞技大赛】 6月20日，新吴区第八届运动会电子竞技大赛总决赛在无锡百联奥特莱斯广场举办。本次大赛的比赛项目为《王者荣耀》，来自无锡高新区企事业单位的32支队伍参赛，NTTDATA（中国）信息技术有限公司（维克特瑞队）和无锡欣旺大酒店有限公司（欣旺王者队）晋级决赛。活动当天，通过五大网络平台同步直播，直播间总点击量近90万人次。新吴区有20余家电竞相关企业落户无锡高新区电子竞技产业基地，其中包括和平精英顶级联赛争冠

新吴区第八届运动会　（区融媒体　供图）

战队无锡 KONE、FIFA 足球顶级联赛传统强队无锡鲨客、王者荣耀 KGL 冠军无锡 JXG 等知名职业电子竞技俱乐部和未来人类、迪锐克斯等电竞游戏产业规模企业。（李定运）

【社区运动会】 8 月 6 日，新吴区第八届运动会社区运动会在 BOB 运动街区开赛。社区运动会以“全民健身动起来”为主题，设有团队项目和家庭项目，来自新吴区 6 个街道近百个社区的 360 余名居民家庭参与了本次活动。据统计，新吴区经常参加体育锻炼的人数比例达到 43% 以上。（李定运）

【掼蛋、中国象棋比赛】 8 月 26 日，新吴区第八届运动会扑克掼蛋、中国象棋比赛在新安街道软件园 iPark 运动馆开赛。本次比赛吸引了众多扑克掼蛋和中国象棋爱好者，共有来自机关园区部和街道部的近 200 名运动员共同竞技。（李定运）

【太极拳剑赛】 9 月 2 日，新吴区第八届运动会街道部太极拳(剑)比赛落幕。本次比赛会聚来自各街道的优秀太极拳(剑)选手，最终旺庄街道勇夺街道部团体冠军，新安街道、江溪街道分获二、三名。（李定运）

【网球比赛】 9 月 2—3 日，新吴区第八届运动会网球比赛在无锡(国家)软件园网球馆举行。机关代表队和朗新科技代表队进入决赛。最终，机关代表队取得冠军，朗新科技代表队获得亚军，普利司通代表队获得季军。（李定运）

【健身气功赛】 9 月 16 日，新吴区第八届运动会街道部健身气功比赛完赛。来自全区 6 个街道的 200 余名中老年人参加 3 个集体项目及 4 个个人项目比赛。本次健身气功赛分为集体项目易筋经、大舞比赛，个人项目八段锦、易筋经、大舞、导引养生功十二法等比赛。（李定运）

【高尔夫比赛】 10 月 15 日，新吴区高尔夫球比赛挥杆开赛。本次比赛吸引了无锡高新区(新吴区)区域内海力士半导体(中国)有限公司、村田电子有限公司、阿尔卑斯电子有限公司、捷普电子无锡有限公司等众多企业报名参赛，15 支队伍、70 余名高尔夫球运动爱好者同场竞技。（李定运）

【达标赛】 11 月 5 日，新吴区第八届运动会达标赛完赛。本届达标赛执行《国家体育锻炼标准》施行办法及评分标准，参加各项目的选手均进行一次性比赛，并获得对应分值。（李定运）

【广场舞比赛】 11 月 16 日，新吴区第八届运动会广场舞比赛在宝龙广场中庭举行。全区 6 个街道的 6 支队伍，约 120 余人次参加比赛。爱国情怀、江南风情等各种风格的广场舞在舞台上演绎，烟火气十足而又生机勃勃。（李定运）

竞技体育

【“无锡杯”足球联赛季军】 11 月 11 日，第二届“无锡杯”足球联赛总决赛在市体育中心举行。在争夺季军的比赛中，新吴足球队迎战锡山足球队，最终新吴足球队以 4 ∶ 1 战胜对手，获得本届联赛季军。新吴区获得优秀组织奖。（李定运）

【“无锡杯”篮球联赛】 10 月 4 日至 6 日，在“无锡杯”三人制篮球联赛中，新吴区“三人制”篮球代表队历经八站比赛，最终获得第五的好成绩。新吴区被大赛组委会授予“无锡杯”三人篮球联赛 3 个最佳赛区之一。（李定运）

综　述

【居民人均可支配收入】 2023年，新吴区城镇居民人均可支配收入75300元，同比增长4.6%。按收入来源分，居民人均可支配收入49095.6元，同比增长4.9%；人均经营净收入5640.3元，同比增长3.7%；人均财产净收入8122元，同比增长3.2%；人均转移净收入12442.1元，同比增长5%。（陆尔乐）

【住房保障】 2023年，新吴区完成筹集（新建）保障性租赁住房3706套，获得中央财政城镇保障性安居工程补助资金2150万元，省级城镇保障性安居工程补助资金195万元。累计受理公（廉）租房新申请20户，开展公（廉）租房配租活动2次，19户保障家庭获得新居；累计发放廉租房租赁补贴家庭共8户，金额37592元；落实70周岁以上老人廉租房租金免交政策1户。（王远）

创业就业

【概况】 2023年，新吴区强化机制建设，加强就业工作调度和应急处置，确保全区就业局势总体稳定，城镇新增就业2.6万人。树立人才是第一资源和人才优先的工作理念，通过制定政策、搭建平台、优化环境等举措提升人才服务水平，促进产才融合，为区域发展提供充足的人才保障。（吴薇燕）

【就业服务】 2023年，新吴区开展“就业援助月”“春风行动”“民营企业招聘月”“大中城市联合招聘高校毕业生专场”“百日千万招聘专项行动”等专项服务活动，服务就业困难群体，提升就业援助质效。公共、国资人力资源机构通过“线上线下”渠道举办系列公益招聘活动229场，组织5000余家次企业参加，提供岗位9.31万个，帮助9745名城镇失业人员和2160名就业困难人员实现就业。新创设城乡公益性岗位安置困难人员1553人，完成率287.59%。开展春、秋两季校园招聘会，组织920家次企业赴清华大学、南京航空航天大学、电子科技大学等30余所高校开展招才引智活动，达成初步就业意向5900余人。促进离校未就业高校毕业生和登记失业青年就业，推动区、街道、社区三级联动，打好“政策+服务”组合拳，促进高校毕业生等青年高质量充分就业。举办“乐业无锡·就在身边”人才夜市青年专场，引导20余家企业“赶集”，近350个涉及智能制造、生物医药、信息技术等领域优质岗位到夜市摆“地摊”，为青年求职者打造“边逛边选”人才招聘新模式。（吴薇燕、周婷）

【就业服务体系】 2023年，区力资源社会保障局探索街道公共就业创业服务中心建站新模式，建成江溪街道工博园、新安街道微纳园公共就业创业服务中心，首次把站点建在重点园区，为园区企业员工提供“园区事园区办”的一站式服务。围绕“15分钟就业服务圈”建设，搭建平台，优化就业服务，新建公共就业创业服务中心2个、标准化“家门口”就业服务站25个，新建站点数全市第一。提供岗位需求登记、就业创业指导、社保政策咨询等服务，通过服务站兜底帮扶困难群体就业1262人，社会化就业技能培训1462人。建设就业服务星光驿站，与区公共就业创业服务中心和服务站形成有效互补。打造省级劳务品牌无锡“飞凤”智邮人，突出区域产业特色。

（吴薇燕、周婷）

【创业扶持】 2023年，新吴区围绕援企、稳岗、扩就业，通过政策红利叠加，帮助企业减负降本，稳定和扩大就业岗位。发放社保补贴和公益性岗位补贴

6941.44万元，惠及企业9243家次；发放失业保险金（补助金）1.97亿元，惠及10.37万人次；发放技能提升补贴1395.53万元，惠及9173人次。落实创业扶持政策，支持成功自主创业3134人、离校5年内高校毕业生新创业588人，发放各类创业补贴300.69万元，惠及创业者317人次。优化创业孵化基地服务效能，新增省级创业示范基地1家（无锡国家软件园）、市级创业孵化基地2家（北邮国昊物联生态园、长三角新就业产业孵化基地），2个项目获第五届“创响无锡”全民创业大赛主体赛二等奖，1个项目获三等奖，入选创业项目无偿资助17个。拓宽宣传富民创业担保贷款政策渠道，发放富民创业担保贷款8903.5万元，放贷数和完成率均位列全市第一。（吴薇燕）

【人力资源】 2023年，新吴区人力资源工作以省级人力资源服务产业园为载体，指导区人力资源服务行业协会发布36家优质人力资源服务机构名录，举办无锡高新区（新吴区）优质人力资源服务发展大会暨人力资源行业数字化赋能创新论坛，助推人力资源服务业提质增效。全区持证人力资源服务机构近700家，机构总数、产业规模等居无锡市第一；获评省、市诚信人力资源服务机构、市人力资源服务骨干企业数均居全市第一，发展质量领跑全市。起草《关于推进新时代江苏无锡高新区人力资源服务产业园高质量发展的意见》，促进产业园提档升级，4家机构获评省诚信人力资源服务机构，8家机构获评市诚信人力资源服务机构，占全市“半壁江山”，3家机构被认定为市人力资源服务骨干企业，上榜机构数均居全市第一。（储霞）

【人才引育】 2023年，新吴区新增留学回国人员创新创业650人，引进高层次人才3371人，引进大学生24932人，引才数均居全市第一。引进博士后人才29人，创历史新高。新增数字技能人才4707人，全市第一；新增高技能人才6119人，完成率204%，其中技师及以上366人，全市第一。（区人力资源社会保障局）

【产业人才实训】 2023年，新吴区生物医药、集成电路设计、智能装备、集成电路制造、物联网及数字人才5个班次，报名人数达5927人，覆盖海内外高校720所，完成实训1014人，留新人数达508人，有效留新率超八成。联合高校推动人才共育，试点学院实训课程与复旦大学、哈尔滨工业大学、厦门大学等校内课程学分互认，与复旦大学、华东师范大学等高校院系合作成立“人才联合培养社会实践基地”，与澳门科技大学签订《产业人才实训合作备忘录》。

（区人力资源社会保障局）

【人才政策】 完成2023年度“飞凤人才计划”人才奖补政策申报审核工作，开展区飞凤人才计划3.0的政策研究，牵头完善人社人才相关政策条款。推进落实产业人才政策，审核和发放“锡引”工程大学生补贴超1.29亿元，涉及企业5592家次，惠及大学生约11.18万人次。（区人力资源社会保障局）

【高层次人才引育】 2023年，新吴区开展省海外高层次人才持证专家个税奖励、太湖人才计划“乡土人才大师工作室”建设项目评估申报等高层次人才精准靶向服务，高层次人才分类认定新增66人。2个项目团队获评首届江苏省博士后创新创业大赛优胜团队；1名博士入选首届江苏省留学回国人员创新创业大赛“优秀创业项目”，占全市一半;33人入选省“双创博士”，指导推荐33人申报省“双创博士”。指导博士后林良良获“中博基金”面上资助；指导领军人才汤强入选2023年度“江苏留学回国先进个人奖”，占全市三分之一；江苏微导纳米科技股份有限公司、无锡华光环保能源集团股份有限公司专家入选2023年江苏省享受政府特殊津贴人员；无锡华润上华科技有限公司、无锡市电力滤波有限公司、无锡宝通科技股份有限公司等5家单位专家入选2023年无锡市有突出贡献中青年专家（专技类），入选数全市第一。以清华大学研究生社会实践基地为载体，搭建柔性引才平台，进行点对点精准推介，9家企业申报21个清华大学研究生社会实践项目，需求27人，最终14名博士研究生成功对接。

（区人力资源社会保障局）

【技能人才培育】 2023年，区委、区政府出台《关于在重点产业集群龙头企业中推行企业新型学徒制加强技能人才培育的实施办法》，对企业推行新型学徒制培训的各环节、各主体给予全方位的激励，大规模推进企业开展自主评价，指导朗新科技集团股份有限公司备案计算机程序设计员、无锡华润上华科技有限公司备案半导体芯片制造工，新增企业职业技能等级认定备案企业20家，其中重点产业龙头企业3家、专精特新企业4家，开展技能等级培训和考核认定超230批次，涉及6000余人。深化产教融合和校企合作，推动无锡科技职业学院与德国工商大会（AHK）签订“双元制”合作培养协议，无锡高新区（新吴区）企业新型学徒制培训基地在科技职业学院正式揭牌。获评“太湖人才计划——先进制造技能领军人才项目”1人，江苏技能大奖、无锡市技能大师工作室和企业首席技师等技能人才项目申报认定数突破新高，新获评省、市级企业首席技师总数全市第一。举办无锡工匠·无锡高新区（新吴区）第七届职业技能大赛，涉及制造业、服务业和数字新职业3大类9个工种，2000多名参赛选手同台竞技。第六届无锡市技能精英赛中包揽了全市工业机器人系统运维员职工组前5名。

（区人力资源社会保障局）

社零消费

【概况】 2023年，新吴区通过创新消费场景、优化消费供给、强化商贸布局等多种措施，激发居民消费潜力，使居民消费呈现持续增长态势。全年社会消费品零售额完成426.86亿元，同比增长1.8%，保持了持续增长态势。（周炜）

【消费潜力激发】 2023年，新吴区在消费市场供需两端共同发力，激发消费潜力。在供给端，编制《无锡高新区（新吴区）"美食之都、购物天堂"品牌建设行动计划》，搭建"约惠新吴"促消费活动平台，在"五一"、"十一"、春节等节庆日，组织区内重点商贸综合体开展系列促消费活动。在需求端，发放新能源汽车消费券1200万元，发放数字人民币消费券100万元。（周炜）

【消费能级提升】 2023年，新吴区注重以创新消费场景提升消费能级。开展智慧商圈、智慧商店示范创建，鼓励引导商业载体引入新业态，发展新消费，实现线上线下融合发展。举办新吴区第一届夏日啤酒节、金秋消费季启动仪式暨第一届国际咖啡节，促销效应显著，有力带动消费快速升温。（周炜）

【消费供给优化】 2023年，新吴区通过打造消费场景进一步优化消费供给。推进商业街区改造升级，百联奥特莱斯获评全市首批"数字商圈商街（商店）示范单位"，梅里古镇获评省级示范步行街。杨和尚羊肉馆获评"2023年无锡老字号"。指导创建"一刻钟便民生活圈"，江溪街道春城家园社区、梅村街道梅里社区通过商务部复审，新安街道新安二社区、鸿山街道建新社区获评2023年度城市"一刻钟便民生活圈"示范社区。（周炜）

【商贸布局规划】 2023年，新吴区注重以强化商贸布局规划推动产城融合，加强消费布局统筹，构建"一轴两带五区多点"的消费空间结构。"一轴"为长江路购物消费轴，"两带"为大运河历史文化带（新吴段）、伯渎港吴文化商业服务带，"五区"分别为硕放临空商业区、旺庄宝龙广场商圈、梅村古镇商贸区、鸿山旅游度假区、新安文化艺术街区，赋予六大板块重点商圈发展新内涵，构建高能级协同发展消费空间新体系。（周炜）

劳动权益保障

【概况】 2023年，新吴区着眼于劳动关系矛盾的系统治理、依法治理、源头治理和综合治理，不断促进和谐劳动关系创建，加强劳动监察执法效能，提升劳动人事争议仲裁能力水平。全年接收处置全国根治欠薪线索反映平台线索3202条、受理劳动仲裁申请2277件；办结工伤认定案件3227余件；办结279件特殊工时审批；完成劳务派遣单位年度核验425家、等级评价543家。开展工伤预防主题宣传培训活动，在6个街道开展12天培训，培训总人数达1700余人，3辆工伤预防主题厂车上线运营，接送职工上下班，宣传期内载客量达万余人次。（沈颖妮）

【和谐劳动关系】 2023年，新吴区获评首届全国和谐劳动关系创建工作先进集体。推进区劳动人事争议联合调处中心建设，建立"三融三联"工作机制赋能联合调处工作。通过协同联动法律援助、人民调解、区委政法委，成功调解化解劳动人事争议案件450余起，稳妥处置家乐福（宝龙店）、王兴记、华智杰等集体争议。组建区农民工工资争议速裁庭，建立案源甄别、要素式办案、速调速裁等配套机制，完成市人力资源社会保障局下达的"2023年10月底全部完成速裁庭组建并挂牌运行"目标任务。发挥协同联动积极作用，打好监裁联调、案前调解和庭中调解等组合拳，监裁联调调解成功579件劳动纠纷（其中集体性纠纷14件），立案案件量下降17.77%，案前调解成功670件，调解率36.12%，庭中调解结案1044件，占比超50%。（沈颖妮）

【根治欠薪工作】 2023年，区人力资源社会保障局通过召开宣讲会、实地走访等方式，推进工程建设领域农民工工资月结月清工作，114个在建项目中符合月结月清标准的项目在全市排名第一。发挥"治欠办"职能作用，做好国欠平台"降增量、去存量、防变量"工作，国欠平台线索总量同比下降34.3%，降幅全市第一。推进农民工工资保证金收取工作，除1个尚未存储工资保证金的项目依法作出行政处罚外，全区262个项目存储工资保证金。统筹推进根治欠薪考核，牵头制定考核细则，督促各成员单位守土尽责，组织工地项目约谈20余次，重点检查工地项目80余家。（沈颖妮）

【清理整顿人力资源市场】 2023年，区人力资源社

2月11日，区人力资源社会保障局举办“创响江苏”春风行动就业招聘会 （新安街道 供图）

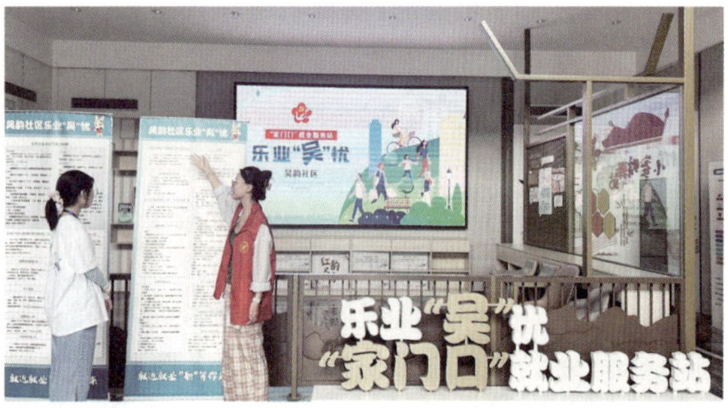

5月12日，梅村街道吴韵社区“家门口”就业服务站工作人员为社区未就业大学生讲解政策（梅村街道 供图）

9月6日，区人力资源社会保障局举办就业服务星光驿站人才夜市青年专场 （区人力资源社会保障局 供图）

会保障局会同区市场监管局、城管局等部门和街道开展6次联合执法活动，检查中介机构50余家。执行推进人力资源机构劳动纠纷先行调处工作，构建执法机构、人力资源机构、劳动者三方对话协调机制，注重异常纠纷的预警工作，约谈机构110余家次，有效降低潜在劳资纠纷矛盾的发生。 （沈颖妮）

【探索新就业劳动关系】 2023年，区人力资源社会保障局常态化做好线上线下快递物流领域劳动争议调解，接处“安薪无忧”小程序快递物流领域线索251件，调解成功率74.35%。组织开展《新就业形态劳动者劳动合同和书面协议订立指引（试行）》开展新就业形态劳动者劳动保障权益培训、新就业形态领域典型案例公开庭审观摩、“双11”和谐用工专题辅导等系列活动，切实维护新业态劳动者权益，相关做法在央视《新闻1+1》《朝闻天下》栏目播报。牵头研究共享用工，会同相关部门拟制《共享用工促进办法》，编制《共享用工劳动关系工作指引》，鼓励企业间开展共享用工，提升人力资源配置效率，稳定就业和劳动关系。组织高新人才集团撰写《关于共享用工服务平台建设运营的报告》，扎实推进平台运营。 （沈颖妮）

社会保险

【养老、失业保险】 2023年，新吴区及时足额发放居民养老保险待遇6.2亿元，惠及54.35万人次，确保辖区居民的基本生活保障。落实市城乡居民基本养老保险基础养老金和被征地农民政府保养金标准调整机制，稳步提高居民保障待遇水平，城乡居民基本养老保险基础养老金增幅达4.03%。发放失业保险金、失业补助金等各类补贴1.98亿元，保障失业人员基本生活。发放社保补贴和公益性岗位补贴6941.43万元；企业技能提升补贴1743.25万元；65周岁以下社会化管理企业退休人员健康体检1.1万人。 （周婷）

【社保扩面】 2023年，新吴区落实贴息续保政策，通过梳理人员信息，“一对一”上门动员，申请办理64人，办结46人，保障困难群众享受政策扶持，应享尽享。实施全民参保计划，对辖区2628人开展登记核查，完成率100%，有效采集2255人，采集率达85.81%。企业职工基本养老保险在职参保56.69万人，完成率达100%。职工基本医疗保险和生育保险参保率100%。 （周婷）

【居民参保】 2023年，新吴区强化政策宣传，开展“社会保障政策宣传进社区”活动，赴街道、社区发放社会保障政策宣传材料，现场咨询服务，提高居民对社保政策的知晓度和参保意愿，鼓励应保尽保。居民养老保险参保4400人，完成率100%。 （周婷）

【退捕渔民动态管理】 2023年，新吴区建立精准帮扶机制，动态跟踪退捕渔民的就业去向和就业需求，确保就业安置和社会保障全覆盖。对有就业创业需求的退捕渔民，加强就业指导、创业服务，落实就业援助措施；对有培训需求的退捕渔民开展针对性技能培训，落实退捕渔民免费职业技能培训政策，确保“应培尽培，应帮尽帮”。190 名退捕渔民中，劳动年龄段内 69 人全部实现稳定就业。（周婷）

社会救助

【概况】 2023 年，新吴区持续开展特殊困难群体救助帮扶专项排查整治和关爱探访行动，做好低收入人口动态监测和精准帮扶，进一步兜住、兜牢、兜好民生底线，形成分层分类和群策群力的社会救助工作大格局，困难群众服务保障覆盖率达 100%，实现了应保尽保。2023 年年末，共有在册低保对象 112 户、167 人，特困对象 161 户、162 人；困难残疾人生活补贴对象 838 人、重度残疾人护理补贴对象 2356 人。（王娟娟）

【资金保障】 2023 年，新吴区按照各级社会救助专项资金绩效评价工作要求，进一步提高资金使用绩效，核发各级民政救助资金 1503.79 万元，其中低保金 168.13 万元、特困对象基本生活供养金 168.38 万元、残疾人生活补贴 764.42 万元、护理补贴 397.86 万元、临时救助金 5 万元。（王娟娟）

【救助认定】 2023 年，新吴区出台《无锡市新吴区建立健全分层分类社会救助制度的实施意见》《关于推进检察机关国家司法救助与社会救助衔接工作的实施办法》《关于规范社会救助管理工作的通知》《关于规范社会救助档案管理工作的通知》等文件，进一步规范精确认定流程。全年认定低收入住房保障 49 户，低保边缘和支出型困难家庭 4 户、5 人。（王娟娟）

【困境儿童救助】 2023 年，新吴区巩固以“三步排查、四色管理、N 重关爱”为核心的常态化困境儿童“主动发现”机制，确保“应保尽保”“应救尽救”“应帮尽帮”。以迎接民政部儿童福利工作专项督查、全省未成年人保护工作督查为契机，对照问题清单，全面梳理儿童福利和未成年人保护工作的相关情况。召开区未成年人保护委员会全体会议，进一步就未成年人救助保护工作达成共识、形成合力。落实困境儿童关爱巡访机制，发展服务类保障，联合儿童类专业机构共同组织儿童关爱保护活动，开展“类别化 + 差异化”的关爱服务，确保困境儿童关爱保障覆盖率达到 100%。年末，全区在册困境儿童 360 人，发放生活补贴 3649 人次、381.86 万元，实现应保尽保下的动态管理。借鉴“苏童成长”协同关爱机制试点单位的经验做法，开展儿童督导员、儿童主任专项业务培训 6 场，参训人员达 150 多人次。区级未成年人救助保护中心完成编办认可的挂牌成立手续，纳入区级综合民生服务平台建设规划。梅村街道建省级示范性未成年人保护工作站。（王娟娟）

12 月 2 日，“时间胶囊”志愿之光点燃新吴精彩

（区民政卫健局　供图）

保供稳价

【概况】 2023 年，新吴区主副食品价格走势呈现以下特点：粮油和鸡蛋价格基本保持稳定，猪肉价格普遍下跌，淡水鱼和蔬菜价格整体小幅度上升。全球贸易投资放缓，地缘政治风险上升，经济整体呈现弱复苏态势，但保持一定韧性。国内国民经济总体回升向好，高质量发展扎实推进。受外部地缘政治紧张、国内宏观利好政策推进、下游需求缓慢复苏等多重因素影响，市场工业生产资料价格总体呈震荡偏弱运行态势。（李赟）

【价格监测预警】 2023 年，新吴区密切关注粮油肉蛋菜等基本民生商品市场供应和价格变化情况，多视角、深层次分析研判价格变化趋势，及时发现苗头性、倾向性、潜在性问题，面对国内外影响价格的不确定因素、复杂多变的形势，时刻紧盯价格异常品种和异常现象，避免个别产品涨价沿产业链传导，防止局部矛盾演化为系统风险。做好对钢铁、有色金属、化工等大宗商品价格走势及对下游产品价格影响的监测、预测。按进度要求采集价格数据，编印《无锡市新吴区价格简报》，编辑生产资料要素价格《新吴区价格简报增刊》，为招商部门提供服务。（李赟）

社会事务

人口服务

【概况】 2023年年末，新吴区户籍人口41.34万人，比上年增长1.8%。全年出生人口2965人，出生率7.2‰；死亡人口3325人，死亡率8.0‰；人口自然增长率-0.8‰。（区统计局）

【出生人口监测服务】 2023年，新吴区受理一孩生育登记服务3641例、二孩生育登记服务1769例、三孩生育登记服务210例，出生数据监测准确率达90%以上。发放农村计划生育奖励扶助资金1109.104万元，受益12002人；发放农村计划生育特别扶助资金886.55万余元，受益964人。（顾青）

【托育服务】 2023年，新吴区加强普惠托育机构建设，推进民办公助、公建民营、托幼一体化等多种方式发展格局，备案托育机构11家、新增普惠托育机构9家，遴选5家机构参评省、市级普惠托育机构，新增托位690个；4家机构被列入市级普惠托育项目库，

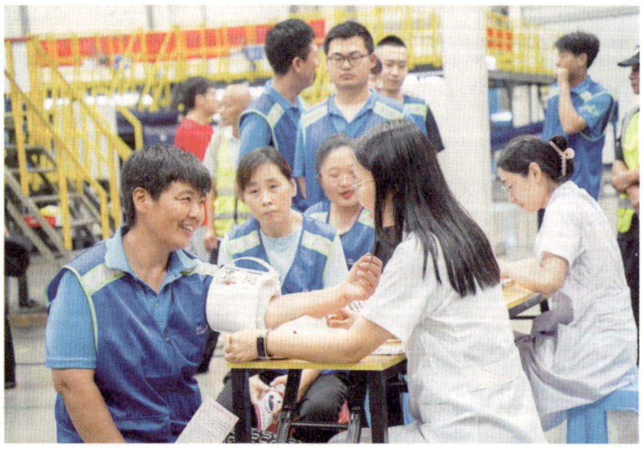

8月31日，区民政卫健局开展“民卫使者 暖心为民”主题实践活动。（区民政卫健局 供图）

2家获评省级普惠托育机构，实现“一街道一普惠”。年末，全区有托育机构47家（30家完成备案），可提供托位3605个，每千人托位数超4.5个，提前完成“十四五”每千人托位数4.5个的指标。（顾青）

【人口管理】 2023年，新吴公安分局围绕基层基础工作更牢、实有人口管理服务更强、行政管理服务更优、服务基层服务群众更实的工作目标，以服务管理实有人口为基础，以信息化手段为依托，全力打造质态更优、水平更高、人民群众更满意的人口管理服务品牌。年末，全区有户籍人口413414人，总户数155579户，其中男性199507人、女性213907人；外来暂住人口591876人。（杨茜涵）

婚姻家庭

【婚姻登记服务】 2023年，新吴区婚姻登记服务中心完成婚姻登记7192对，其中结婚登记4079对（含补结、补办），离婚登记3113对（含申请、补离）；受理跨省跨市跨区婚姻登记2434对，其中跨省业务居全市首位。（钱为）

【婚姻家庭辅导服务】 2023年，新吴区婚姻登记服务中心开展“爱·成长”新婚陪跑计划，此项目是全国率先提出从新婚开始介入婚姻家庭支持，并提供持续陪伴婚姻成长，以期缓解离婚风险，助力家庭幸福的全公益项目，为近900余对新婚夫妇提供了新婚辅导服务。开展“婚姻家庭幸福护航行动计划”，在全市率先开展“离婚冷静期”危机干预公益服务，接待和筛查700多个婚姻问题家庭，为170多个进入离婚冷静期家庭提供危机干预和心理辅导服务。区婚姻登记服务中心获评“无锡市家庭工作先进集体”。选送离婚冷静期干预辅导案例获“第一批江苏省婚姻家

庭辅导典型案例”。（钱为）

养老事务

【养老体系建设】 2023年，新吴区构建统筹推进、各负其责、上下联动工作机制，健全养老服务政策体系，获省政府真抓实干督查激励表扬。优化特殊困难老年人探访关爱服务举措和机制，出台《新吴区关于优化特殊困难老年人探访关爱服务的实施方案》。持续扩大服务供给，推进养老机构提档升级2家。截至2023年年末，全区养老机构7家，其中公建民营6家、纯民营1家，机构养老床位3918张，护理型床位占比达94%，医养结合率达100%，社会化运营率100%；街道综合性养老服务中心达到三级以上养老机构标准，居家养老服务机构82家；全区区域性助餐中心9家、助餐点68个，新建并投入运营社区助餐点10个，其中净湖社区助餐点成为全市首家社区级“智慧餐厅”，全区基本实现城乡社区养老服务机构全覆盖。（顾青）

【养老创新发展】 2023年，新吴区打造全市首个“适老生活体验馆”和社区级“智慧餐厅”，“锡心医养”区级呼叫服务中心和养老顾问建设工作列为全市先行先试区。在全市率先出台区级《居家医养服务床位建设实施方案》，形成9大类103项服务内容指导清单，为老年人提供复合型“医养康护”服务，新增建床101张，累计建床417张；探索街道综合养老服务中心、社区卫生服务中心“双中心联动”模式，试点开展中医适宜技术、康复理疗、慢病管理、健康讲座等“一站式”医养服务，服务万余人次；居家上门服务打造“养老不离家”模式，根据老人自身需求，提供居家援助、助餐、站点延伸等个性化服务，服务覆盖率达30%以上。在全市率先实施老年人能力和需求“双评估”机制，评估范围扩面至67周岁及以上，累计评估13.2万人次；以全国医养结合示范区建设为抓手，推动区内首家公立医养结合机构（江溪护理院）建设；深化机构品牌建设，积极开展安宁疗护、认知症照护、旅居康养等品牌建设，加强机构差异化发展；指导养老机构开展老年认识障碍照护服务，聚焦失能、失智老年人照护需求，设置认知障碍照护专区，年内改造提升标准化认知障碍照护床位110张。深化人才队伍建设，开展“暖阳行动”养老人才增量培优项目，养老护理员持证率提升至75%以上，全市领先，区级养老护理员获省赛三等奖，全市唯一。（顾青）

【养老综合监管】 2023年，新吴区持续加强养老综合监管，完善区级养老机构监管规范，开展养老机构年度考核暨服务安全能力综合考核，实行量化评分，形成奖优罚劣机制；推动养老服务机构等级评定工作，加快提升机构服务管理水平，养老机构等级评定率达80%以上，居家养老服务机构等级评定率达85%以上；开展防范化解养老服务领域诈骗专项行动，切实维护广大老年人的合法权益。养老机构消防安全标准化创建达标率100%，提升养老服务安全能力达标率100%，养老机构燃气金属包覆管、熄火保护装置、燃气切断阀安装实现全覆盖，全部接入市监管平台，“互联网＋明厨亮灶”完成率100%，养老服务机构房屋甄别完成率100%。组织开展各类安全应急培训和演练15次，参与人员1500余人次。全年未发生安全生产事故。（顾青）

社区建设

【概况】 2023年，新吴区聚焦“五社联动”，持续擦亮“善治新吴”品牌，多措并举推进和创新社区治理各项工作，社区治理体系不断健全，完善“区、街道、社区”三级社会工作服务平台，打造社区治理服务全域化新模式。持续五年举办“善治新吴”城乡社区治理创新项目评选，培育数百个治理项目，获得国家级项目2个，省、市级项目50余个。（季婷）

【基层组织建设】 2023年年末，新吴区共有119个村（社区），其中社区114个、村5个。优化城乡社区规划布局，新成立5个社区，撤销村委会2个，实施5个社区改造提升项目。持续推进村（居）务公开规范。区民政卫健局联合区纪委、区委组织部和区农业农村局开展村（居）务公开检查工作，结合市域社会治理现代化试点督查工作，统一对村（社区）委员会、自治章程、村规民约、居民公约等进行指导，4个村（社区）获全市优秀村规民约和居民公约。举办全区骨干社区工作者暨村（居）务监督委员会主任能力提升培训班，聚焦党建引领、居民自治、基层治理、党风廉政等内容，进一步提高社区工作者思想政治素质和创新社区治理服务能力。指导街道依法依规做好补选工作，完成4个社区委员会选举及138个村（居）委会成员补选。（季婷）

【城乡社区治理】 2023年，新吴区持续深化“善治新吴”品牌，面向街道、社区征集到48个社区治理创新项目，邀请社区治理领域专家老师开展系列专题培训，组织线上线下多轮评选，获无锡市社区治理创新项目成果二等奖1个、三等奖2个、优秀奖3个。举办“善治新吴”社区治理成果展示会，通过宣传片、情景剧、经验分享等形式，展现新吴区近年来在社区治理领域取得的丰硕成果。江溪、新安街道入围全省首批“五社联动”机制创新试点单位，新安街道基层治理创新项目获省级提名奖，硕放街道入围全省“智慧社区”建设特色应用试点单位。推进街道和社区两级社区基金项目扩面，成立全市首个区级“全域善治”社区基金发展联盟，开展系列社区基金运营管理等业务培训。全区拥有5个街道级社区基金，覆盖104个村（社区），通过“居民参捐、社区募捐、慈善配捐”的特色募集模式，共筹集资金170余万元。打造“时间胶囊”志愿服务品牌项目，打造全市首个公益志愿街区，建立“时间胶囊”志愿服务平台。（季婷）

【社工人才培养】 2023年，新吴区举办“社说‘新’语　‘吴’境善治”区级社工实务技能大赛，参加全市“全科社工”技能竞赛，获集体最高奖项和个人一等奖等多项奖。面向社会公开统一招录社区工作者79名。根据《关于构建新吴区社区工作者职业体系的实施方案》，实施“星级+双证”评定管理，新增一星社工161人、二星社工24人、三星社工33人，累计培养星级社工1226名，全科社工1284名；拥有全国优秀城乡社区工作者2人，省级最美社工2人、领军人才1人，高级社工师1人。“以培促优”培育社会工作者，成立新吴区社会协同发展创新中心，发布“社区治理体系协同创新行动、社会组织提质增能培优行动、社会工作人才集聚赋能行动、社区志愿服务品牌深化提升行动、社区基金生态系统共建行动”社会工作五大行动。建成政产学研社区治理创新实践和校外实习两大基地，组建区级首批社会工作专家智库，开展社会工作增能培训、项目评审、评估和督导，开展培训督导20场，督导项目80余个，覆盖社会工作者600余人次。新增持证社会工作者490人，其中高级社工师1名。（季婷）

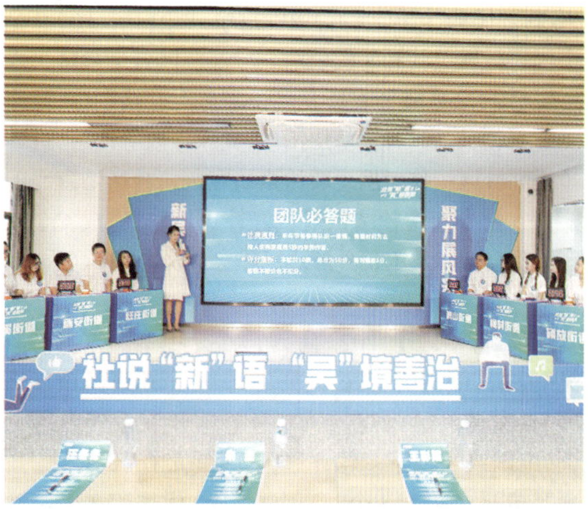

9月15日，新吴区举办“社说‘新’语　‘吴’境善治”社工技能大赛　（区民政卫健局　供图）

3月31日，“新吴区社会协同发展创新中心”成立暨新吴区2023年国际社工日主题活动举办

（区民政卫健局　供图）

社会组织管理

【概况】 2023年末，新吴区社会组织发展成效显著，注册登记的社会组织358家，其中社团114家、民办非企业单位244家。社区社会组织1800家，城市社区平均拥有社区社会组织15.3个，农村社区平均拥有社区社会组织10.8个。34家“僵尸型”社会组织完成注销。区、街道两级发布购买社会组织服务项目百余个，吸引多方资金1500余万元。全区等级社会组织覆盖率达61.65%，其中AAAAA等级社会组织2家，AAAA等级社会组织7家，AAA等级社会组织16家。（季婷）

【社会组织培育发展】 2023年，新吴区推动公益发展园提档升级，打造集“社会组织党建指导、社会工作政策研究、社工人才培养、社会组织孵化、社会资源链接、社工督导实训”六大功能于一体的区级平台，“平台+”互助共享模式，获无锡市第一批社会组织培育基地案例。推进政府购买社会组织服务工作，实施基层治理类、文明志愿类和重点人群关爱类等8个社会组织服务项目。搭建“政企社”供需资源对接平台，为政府、企业、社区、社会组织提供“招才引智、资源整合、共建共享”的区域协作空间。发布《无锡市新吴区社会服务供需推介手册》，推动社会服务资源流动。支持社会组织参与重大战略任务和公益慈善事业，与连云港海州区民政局签订协会商会合作框架协议，全面深化南北结对帮扶合作，促进两地协会商会合作交流、双向融合。（季婷）

【日常规范化管理】 2023年，新吴区依据社会组织登记管理条例，结合全市统一部署，对370家社会组

织开展年度检查。组织开展社会组织等级评估现场评审会，对申报AAA及以上的10家社会组织进行评审，通过听取汇报、资料核查、询问交流的方式，围绕党建工作、基础条件、内部治理、工作绩效、社会评价等方面情况进行综合评价。4家社会组织获评AAA等级，3家社会组织获评AAAA等级。召开社会组织管理工作联席会议暨成员单位业务培训，通报区上年度社会组织检查、2023年度社会组织等级评估及“僵尸型”社会组织推进情况，部署常态化规范行业协会商会涉企收费及防范非法集资宣传工作。围绕社会组织登记、党建、日常监管、专项工作、民间非营利组织会计制度等日常管理中的热点问题，对成员单位开展培训，提升对社会组织的管理和服务能力。举办“学习二十大　奋进新征程”主题培训，强化社会组织党组织政治属性和政治功能。组织开展新吴区社会组织规范化建设培训，就社会组织年检系统操作、年检工作流程、年检填报注意事项等内容详细讲解，解读等级评估中基础条件、内部治理、工作绩效和社会评价等指标，提高社会组织的规范化管理水平。（季婷）

【重点领域专项监管】 2023年，新吴区委托专业会计师事务所，联合业务主管单位、行业管理部门，对12家社会组织开展实地抽查工作，抽查比例达3.4%。主要检查社会组织的年度报告、信息公开、内部治理、财务状况、业务活动等情况。结合抽查推进“僵尸型”社会组织清理整治工作，常态化开展打击整治非法社会组织工作，加强社会组织违规评选评奖治理和收费行为监管；常态化规范行业协会商会涉企收费工作，发动5家行业协会商会开展自查自纠，通过减免、降低、规范收费等举措，减轻企业负担金额17.2万元，惠及企业122家，为其他市场主体让利减轻企业负担6万元。（季婷）

民族宗教事务

【思想政治引领】 2023年，新吴区坚持宗教中国化方向，立足实际、创新方法、落实责任、加强管理，不断推动民族宗教工作高质量发展。召开区委常委会、区民族宗教工作领导小组会议、区委统一战线工作领导小组民族宗教工作专题会议和宗教专班会议，谋划部署和推动落实民族宗教事务重点目标任务，做好贯彻中央民族工作会议精神检查暨宗教工作督查迎检工作。深入学习贯彻落实中共二十大精神，举办民族宗教工作专题培训班、学习会，开展“4·15国家安全日”“政策法规学习月”等普法系列活动，不断提升基层民族宗教干部队伍能力素质，持续抓好宗教界人士、少数民族群众和信教群众系列政策法规学习宣传教育工作。（龙维维）

【民族团结促进】 2023年，新吴区深化促进民族团结进步，将民族工作纳入各级党委重要议事日程、纳入党的建设和意识形态工作责任制、纳入政治考察、巡视巡察、政绩考核，压实各级党委（党组）履行民族工作主体责任。开展示范创建，组织省级红石榴家园参与“精品单位”观摩交流和创建互评，做好民族团结进步示范创建工作，中国电子系统工程第二建设有限公司获评省级民族团结进步“示范单位”。建设铸牢中华民族共同体意识教育基地，命名7所“示范学校”，全面开展中小学、高校铸牢中华民族共同体意识教育工作。创新宣教载体，6个街道建设红石榴主题公园（广场）阵地6处、“民族团结号”便民服务专线2条、“红石榴”主题公交站台10个，通过公交巴士、站台、景点，串点成线构建全方位、多层次的民族团结宣教新矩阵。深化品牌内涵，建设“同新石榴红”新吴民族工作品牌，创作《石榴花开》民族工作主题MV，打造“强基铸魂、文化浸润、互融共富、宣传教育和赋能增效”五大工程。依托端午等传统佳节，开展形式多样的文体活动和文艺演出，承办“全市铸牢中华民族共同体意识进基层文艺会演活动”。促进互融共富，深化各族群众互嵌式发展暨“红石榴就业行动”，依托三级政务服务，打造区红石榴就业促进“1+6+N”服务体系，面向创业孵化载体、重点企业和各族群众举办“同新石榴红服务暖民心”就业创业政策宣贯会，挂牌成立“新吴区—互助县红石榴就业促进中心”，吸纳8省、区各族群众就业6000余人。深化协作交流，与青海省海东市互助县、吉林省延吉市开展民族工作结对共建，联动落实国家民委“三项计划”合作，开启经济、文化等多领域的协作交流。积极对上争取，申报基地牌子，探索开展海峡两岸少数民族交流与合作工作，深化两岸感情认同，促进共同认知。（龙维维）

【治理水平提升】 2023年，新吴区采取多项举措，提升宗教事务治理水平。突出思想引领，深化“爱党爱国爱社会主义”主题教育，面向全区宗教界开展中共二十大精神专题宣讲，推进“四进”活动，增进“五个认同”。打造宣教品牌，启动宗教中国化“新吴微课堂”工程，成立巡回宣讲团，建设6处“宗教中国化读书角”，结合“书香润教”活动，深入场所开展社会主义核心价值观、中华优秀传统文化宣讲工作，全年面向宗教界人士和信教群众开展活动20场次，参与学习教育千余人次。推进规范管理，从树牢法治思维、规范场所活动、筑牢安全基石三个方面贯彻落实《宗教活动场所管理办法》，通过专题学习、观摩评比、调研检查，推进宗教活动场所标准化管理、规范化建设。完善工作机制，发挥国际礼拜堂五星级场所示范带头作用，设立新吴区基督教场所联席会议制度，定期开展学习交流、工作研讨、外出调研等活动，凝聚基督教界力量和引导发挥积极作用。加强教风建设，在宗教界开展教风建设专项行动，将崇俭戒奢教育融入日常、抓在经常，支持引导宗教界加强自我教育、自我管理、自我约束，推动宗教实现健康有序传承和发展。创新工作实践，探索宗教中国化新吴实践和宗教界代表人士素质提升工作，承办全市宗教界代表人士素质提升“五大行动”交流推进会暨无锡市宗教中国化研究中心成立仪式。（龙维维）

【风险隐患防范】 2023 年，新吴区坚持“总体国家安全观”守护好宗教领域意识形态安全，开展整治非法宗教活动、遏制宗教渗透蔓延和抵御境外宗教渗透等专项工作，联动公安等相关部门和属地街道，依法查处基督教私设聚会点 4 处，落实“谁执法、谁普法”工作责任制，教育转化参与非法活动群众 150 余人。严格落实行政执法责任和宗教工作专班机制，健全完善与公安、文旅、市场监管等部门关于宗教事务联合执法、综合执法机制建设，定期开展联动排查和执法查处。将辖区韩国人教会首次集体宗教活动纳入国际礼拜堂专场，为全市加强外国人宗教活动管理提供参考经验。健全互联网宗教信息服务管理协调机制，加大网络巡查力度，围绕互联网宗教信息服务主体开展清理整顿工作，辖区 5 家场所取得互联网宗教信息服务许可。（龙维维）

【安全专项整治】 2023 年，新吴区开展宗教活动场所消防安全标准化管理创建工作，落实好安全生产风险专项整治巩固提升年、重大事故隐患专项排查整治等行动，发现和整改一般问题隐患 64 处，组织宗教教职人员、安全员和信教群众参与专题学习、应急演练 400 余人次。（龙维维）

应急管理

【组织机构】 2023年，新吴区应急管理局共有工作人员53人。局机关设有5个处室，行政编制17个，现有17人；下属参公事业单位1个，为新吴区应急管理综合行政执法大队，设参公编制20个，现有17人；下属事业单位1个，为区应急管理中心，设事业编制10个，现有8人；设编外指标11个，现有10人；另有挂职人员1名。（陈安琪）

【应急救援能力建设】 2023年，新吴区构建以综合性消防救援队伍为主力、重点领域专业救援队伍为骨干、社会应急救援力量为辅助、专家队伍为支撑的应急救援队伍体系，全区有各类应急救援队伍150支、3648人。9月19日，在盛隆资源再生（无锡）有限公司举行无锡市高新区（新吴区）应急救援队伍、协议物资储备仓库授牌暨检阅仪式，为14支应急救援队伍和1个协议物资储备仓库进行了授牌，进一步强化政府部门与社会力量的应急协作，健全应急救援的社会化共建共治体系。11月30日、12月1日，新吴区减灾委员会办公室组织开展了应急救援合作共训共练活动，加强社会应急救援力量间的协同配合，提升各队伍救援能力。统计汇总并制定《新吴区防灾减灾救灾工作手册》，全区共有236种、163137件应急物资分别以直接或协议储存的方式进行储备。制定《关于区级2023年救灾物资储备需求计划的函》，并会同区发展改革委对应急物资进行采购和验收。（陈安琪）

【信息收集会商研判】 2023年，新吴区完善信息收集会商研判机制，运用市应急指挥和安全生产监管系统，通过监督管理、监测预警、指挥救援、应急资源、应急预案、大屏可视化、视频联网、视频会商等功能模块，加强信息收集和会商研判机制。建立健全值班值守工作制度、节假日值班值守工作制度，提高事故灾害信息报告处置时效。通过规范值班值守期间报送工作，更好地应对突发事件，进一步提高灾害防治准备和能力。节假日、特殊时期增设加强值班员，加强应急响应能力，对突发事件作出快速反应，切实保

10月30日，区应急管理局举办新吴区安全与绿色发展促进会揭牌仪式（陈安琪 供图）

6月10日，无锡高新区（新吴区）2023年“安全生产月”启动仪式暨安全生产宣传咨询活动举行（陈安琪 供图）

障人民群众生命财产安全。（陈安琪）

【事故灾害联动处置】 2023 年，新吴区完善事故灾害联动处置机制，加强灾害事故现场态势感知和信息传输能力。新吴区应急管理局配备无人机、布控球、指挥箱、应急宝、卫星电话、执法箱等装备；出动无人机拍摄火灾、事故现场 5 次，巡查鸿山林场 3 次，无人机画面可实现实时回传，现场直播。9 月 19 日，新增签约 7 支危险化学品事故应急救援队伍、2 支工程类应急救援队伍、3 支综合应急救援队伍、1 支应急救援物资运输保障车队、1 个应急救援队伍协议储备库等资源。（陈安琪）

防灾减灾

【概况】 2023 年，新吴区全面推进“两个坚持，三个转变”，牢牢把握全面提升防灾减灾救灾能力主线，不断提高应对各类自然灾害的预警响应能力、隐患治理能力、预案管理能力、应急救援能力、物资储备能力，全年未发生因自然灾害造成的人员伤亡和财产损失情况。（陈安琪）

【防灾减灾机制优化】 2023 年，新吴区发挥减灾委员会牵头抓总的核心作用，以“全域安全”责任意识推动减灾办实体化运作。8 月 15 日，召开无锡高新区（新吴区）2023 年减灾委员会全体会议，根据人员变动，及时调整发布减灾委成员名单，细化完善各成员单位的工作职责，更新发布《区减灾委员会成员单位工作职责》；讨论并通过《新吴区防灾减灾会商工作机制》，建立减灾委与防汛抗旱、森林防火、地质灾害防治等专项指挥部之间工作协同机制，完善工作规程，衔接好“防”和“救”的责任链条；健全和完善了调度联络制度，构建横向到部门、纵向到地方的联络网和责任网，建立新吴区减灾委工作群、新吴区灾害信息员等工作群，确保工作部署推进和落实反馈顺畅高效，特别是应对重大或突发自然灾害中不耽搁、不缺位。全年累计发布各类自然灾害预警提示单 50 余件，通过微信公众号、政务公开网站、社区大屏等渠道向社会面发布应急科普、气象预警提示信息 98 次，做到预警发布全覆盖。（陈安琪）

【应急预案体系建设】 2023 年，新吴区区级层面已基本形成“1+40”应急预案体系，由各部门牵头制定的区级应急预案 40 件。同时指导 6 个街道构建“1+13+X+Y”基层应急预案体系，做到横向到边、纵向到底、上下衔接、务实管用。全区 116 个社区（村）均已制定突发事件现场处置方案。修订《无锡高新区（新吴区）突发事件总体应急预案》，对《无锡高新区（新吴区）突发事件总体预案应急指挥体系与职责》《新吴区工业企业事故应急预案》《新吴区危险化学品事故应急预案》《新吴区雨雪冰冻灾害应急预案》《无锡高新区（新吴区）建筑工程安全事故应急指挥体系与职责》《无锡高新区（新吴区）火灾事故应急预案应急指挥体系与职责》6 个应急预案制定了简单有效的应急处置卡，并督促其他部门牵头的 35 个区级预案按规定组织修订，下发应急预案学习手册，组织各成员单位学习。开展应急预案演练，创新应用推广应急演练新模式。委托 3 家第三方机构对全区 495 家工业企业应急预案和应急演练开展情况进行检查并形成调研报告，根据调研报告出台应急预案编制和应急演练指导意见。组织开展 2023 年无锡高新区（新吴区）数字孪生仿真应急预案演练活动，进一步深化演练成果，推广数字孪生应急演练新模式。借助物联网数字技术，有效提升应急演练的深度和广度。（陈安琪）

【防灾减灾救灾宣传】 2023 年，新吴区持续推进常态化防灾减灾救灾宣传。“5·12”防灾减灾周期间，印发《2023 年新吴区“5·12”防灾减灾宣传活动方案》，全区累计制作发放宣传册约 85000 份，播放宣传视频 60 余次，宣传横幅、电子屏 100 余条，知识竞赛 2 场，利用黑板报、展板、橱窗、电子屏宣传 350 余次，现场活动 60 余次，应急演练 40 余场；社区网格、企业公众号、网络媒体广泛宣传，累计发布相关活动报道 70 余条，中国江苏网、凤凰新闻、无锡广电、无锡新传媒、《无锡日报》等省、市主流媒体先后刊播报道 8 篇次，“无锡高新区在线”政务微信公众号发布防灾减灾宣传海报 34 次。“10·13”国际减灾日期间，围绕“共同打造有韧性的未来”活动主题，印发《国家减灾

11 月 15 日，区应急管理局举办全市首次数字孪生仿真应急预案演练活动（陈安琪 供图）

委员会办公室关于做好2023年国际减灾日有关工作的通知》，督促减灾委各成员单位和各街道及时组织相关人员召开2023年国际减灾日科普宣传活动部署会，及时向各相关部门和街道转发相关文件精神，并结合自身特点，充分利用微信和安质监站微信公众号，广泛宣传防灾减灾救灾科普知识。（陈安琪）

安全生产监督管理

【责任体系建设】 2023年，新吴区明确责任分工、清除监管盲区、强化红黑榜评比、发挥监督考核作用，全面落实安全生产监督责任体系建设。按照“三管三必须”、职责法定、业务相近等原则，固化针对月子中心、非等级景区、专业市场、“九小”场所等模糊领域的安全职责，闭合“监管链条”。督促成立相关专委或专项工作组，开展底数排摸和隐患排查，严防安全风险失控漏管；围绕重点行业领域、重点区域等，以清单化、指令式形式分解落实“易记易操作”责任清单。定期召开全区推进会通报红黑榜结果，让红榜“露脸亮绩”，落后者“自省出汗。”督促各街道精准“滴灌式”发力，切实提升排名。截至四季度，新吴区安全生产净红榜数为3，在全市8个板块中排名第一。全年组织对各街道开展22次巡查督导，共编制总结6份、印发通报14份、下发交办函26单。针对15个专委及消委会的专项开展暗访检查，问题条目式交办至相关专委及街道并督促整改，通报报送分管区长，强化高位统筹协调和督促督办，推动责任、措施落细落实。（陈安琪）

【专项整治督导】 2023年，新吴区高质量完成各类常规及自选安全专项整治任务。全区企业自查重大事故隐患62个，完成整改62个，整改率100%。加强常规检查，围绕11个方面开展中小型工业企业安全集中治理，规范3045家中小企业现场安全管理条件；危险化学品使用安全专项检查1825家，完成率为100%，共发现问题隐患3156条，整改完成2995条，整改率94.9%；电气线路安全提升专项对火灾事故“解剖麻雀式”剖析，对易燃易爆、仓储物流、劳动密集型等重点企业“立体画像”，盯牢电气安全、违规动火、电动车充电三类重点问题加强整改，创新推出“用电安全＋保险＋物联网”的监管模式，关口前移“治未病”；实现工业企业消防安全专项检查4373家工业企业全覆盖，召开7次专项整治推进会，晒成效、找不足。针对涉及“两易一密一新”重点对象以及其他企业中的重点消防隐患进行“再排查、再整治”；“厂中厂”安全联合整治动态掌握企业底数，细化联合整治标准，监管执法、督查检查“两手硬”，全区累计排查发现问题隐患8927项，100%完成整改，关停腾退企业108家。加强自选检查，洁净厂房专项整治围绕洁净厂房安全风险、规范危险化学品的使用、强化应急疏散演练和加强危险作业安全管理四个方面进行拉网式排查，共检查企业108家，发现隐患546条；金属熔融专项整治完成65家企业全覆盖检查，发现一般隐患708条，其中18家企业发现重大隐患25条，完成整改复查18家，整改隐患548条；对重点领域50家重点监管企业，进行安全生产综合性安全审计督查检查，通过专家的独特专业和有理有据的“望闻问切”安全疗法，帮助企业查改隐患、补齐短板、建章立制、改进提升。（陈安琪）

【精准安全执法】 2023年，新吴区共执法检查各类生产经营单位1203家，其中重点领域全覆盖488家、一般领域“双随机”715家。共查处一般隐患10414条，重大隐患80条。事前立案491起，“一案双罚”379起，“一案双罚”率77.19%，事前处罚1473.75万元，案均值3.18万元。坚持刀刃向内，加大“一案多查”力度，重点调查行业主管部门监管责任和属地党政领导责任，制度建设及履职情况，确保对失职失责的“板子”打准打实。做好“执法能手”和“典型案例”培育，在全市执法条线争先创优，两名执法人员分获市一、二季度“执法能手”。在全系统岗位执法技能竞赛中，新吴区应急管理局代表队荣获团体一等奖。（陈安琪）

【监管执法服务】 2023年，新吴区开展“前置式”安全管理执法服务。自5月起，针对每月被列入执法计划的企业，提前集中开展一次“小班辅导”，预先告知

3月24日，区应急管理局组织开展危险化学品企业装置“带病”运行安全专项整治（孙卫卫 摄）

执法重点事项清单等，引导企业主动整改。融合党建联盟由执法人员上门“体检”，发放《安全生产合规提醒及行政处罚风险警示》，告知隐患“预处罚”后果，提出改进建议。探索“逢查必考”机制，对被处罚企业，开展主要负责人“现场抽题问考”，推动自觉依法履职。突出正向引导，创新开展示范企业创建，制定积分评价指标体系，运用线上交流和线下座谈相结合，激励 33 家示范企业发挥“头雁”效应，以点带面助推全域企业安全生产水平提升。（陈安琪）

消防安全

【概况】 2023 年，新吴区消防救援队伍共接出警 1690 起，其中火灾 578 起，无人员伤亡，直接财产损失 652.12 万元，火灾起数同比下降 27.11%；抢救疏散被困人员 146 人，抢救财产价值 2200 万元，圆满完成“1・6”华友微电子厂、“1・30”小天鹅电器有限公司、“9・11”新奇生电器有限公司等火灾扑救，以及“4・21”沪宁高速油罐车侧翻事故、“7・9”国威摩托车有限公司火灾增援等处置任务。（陆绩）

【责任体系建设】 2023 年，新吴区持续推动消防安全责任体系建设，下发《新吴区消防安全责任制实施细则》，进一步明确 21 个部门 22 项消防安全职责，6 个属地街道 8 项职责。全力封堵“九小”场所监管盲区，落实《关于进一步明确新吴区“九小”场所部分行业领域消防安全主管部门的通知》，解决行业部门单位因无法规依据而导致的消防安全责任制不落实、法定职责履行不到位、基层基础火灾防控不牢固等问题。依托新吴区各级消委办，推动 11 个“重点专项”消防整治工作，确保整治底数完整，消除消防安全隐患，攻坚“老大难”问题。50 名消防专职检查员扩充到 6 个街道，发挥消防检查、宣传、承上启下等作用；6 个街道消防委托执法进入正轨，为推动消防监管全覆盖，化解基层末梢消防安全风险打下基础。（陆绩）

【消防隐患整治】 2023 年，新吴区持续整治消防隐患，实现动态清零。开展“消防本质安全提升攻坚年”行动，在全市率先启动部署消防本质安全提升“五大工程”“十项行动”以及消防问题隐患排查整治 11 个“重点专项”，对照市消防安全整治提升方案，细化梳理重点目标任务 42 项，完成 2023 年的目标任务 40 项；推进隐患排查整治，累计排查问题风险隐患 30734 个，完成整改 29158 个，整改率达 94.87%。其中“九小”场所各部门、各街道定期多轮次全覆盖，做到底数清、情况明，进一步夯实火灾防控基础，有效减少“小火亡人”事故发生；群租房持续开展专项行动，配备消防设备器材 2429 件、逃生“四件套”9408 套、烟感 4792 个、应急照明灯 759 个，公安部门查处房东（二房东）342 起 342 人，以实际行动还民“安居”；农贸市场由第三方消防专业机构细致排查，推动市场消防设备设施提升改造，有效提高市场消防设施可靠性和应对突发事件能力；高层建筑全面摸排，强化处理室内消火栓管网无水，火灾自动报警系统、喷淋系统瘫痪等突出问题，保持全区高层公共建筑消防水正常运行，火灾报警系统、防排烟系统等自动消防设施全面落实第三方维护保养。（陆绩）

【攻坚除患能力提升】 2023 年，新吴区完成省、市挂牌督办的无锡德仕邦家具有限公司和五洲国际工业博览城“老大难”问题的整改。在五洲国际工业博览城综合整治过程中，属地街道和部门的密切配合，五洲国际工业博览城先后投入 630 余万元专项资金，用于更新火灾自动报警系统、消火栓系统、雨污水网改造、电动车充电点位改造、公共区域翻新改造、路面沥青翻新等工程性改造项目。全年新吴区督促整改消防隐患 4000 余条，制定公共部位消防安全管理、房东安全承诺书、房西承租安全须知、招商消防安全管理等制度共 10 余项，形成有效攻坚除患管理体系。（陆绩）

【消防基础设施建设】 2023 年，新吴区工业企业开展电气线路安全提升行动，按照“一辨识、两配备、七必查、一提升”工作思路，全面提升工业企业火灾防控能力。共排查企业 4529 家，发现电气线路安全隐患 3974 条，完成企业专兼职电工配备 4052 家，实施老旧线路、设备改造 1153 家，完成电气线路智能化监测设备安装 526 家。在 390 家劳动密集型等重点

3 月 4 日，全区消防本质安全提升攻坚年部署会暨消防安全“五大工程”“十大行动”启动仪式举行

（区融媒体　供图）

企业中，全部配备专职电工和专业检测设备，335 家完成老旧线路、设备改造，334 家安装了智能化监测设备；电气火灾超前预警系统，安装单位 397 家，安装点位数 1479；小旅馆、小娱乐场所等“九小”场所安装短路保护装置，安装 799 家，覆盖率 100%；完成安置房小区、老旧小区以及既有住宅加装电梯的梯控安装，完成梯控安装 203 套，设置 5602 个充电点位；完成 200 个市政消火栓新增任务，实现消火栓信息化管理，在产业集中区试点设立智能取水码头；推广安装电动自行车集中充电系统 120 套，新增安装独立式感烟探测报警器千余只，简易喷淋 120 余套；消防队站建设取得突破，坊前、梅村消防站竣工，鸿山消防站完成主体工程，进入内部装修阶段，旺庄东站、沿塘站、硕放北站、江溪站完成立项，“十四五”期间原规划建设为小型站、二级站全部提升为一级站进行建设。 （陆绩）

【消防宣传】 2023 年，新吴区定期组织开展消防救援人员、消委办人员，网格员的消防业务培训，及时提升一线消防人员发现和解决问题的能力水平；做好“协调人”作用，指导区教育局、民政卫健局、住房城乡建设局、商务局、文体旅游局等消委会成员单位开展行业系统内消防宣传教育培训和应急消防演练等活动；积极串联地方，广泛开展群众喜闻乐见的消防宣传活动，发动辖区单位和群众注册使用全民消防安全学习平台提升自身的消防安全意识，营造全社会关注消防、参与消防的良好氛围。 （陆绩）

社会治安防控

【概况】 2023 年，新吴区持续推进社会治安防控体系建设与社会治理现代化建设的深度融合，全面提升防范重大风险、维护治安稳定、服务社会治理、保障经济发展的能力水平。无锡市公安局新吴分局综合绩效连续 12 年位居无锡城区分局第一。 （杨茜涵）

【社会稳定风险防控】 2023 年，新吴区全力做好反渗透、反颠覆、反分裂、反邪教斗争，先后开展社会调查 14 次，形成调查报告 11 篇；落地查证各类涉政线索 38 条，查处涉政人员 61 人；查获邪教人员 7 名，捣毁邪教活动点 1 处，取缔境外渗透组织 1 个，彻底化解韩国人基督教宗教渗透风险隐患；成功破获涉台部督专案，涉案金额 9000 多万元。启动常态化重点人员查控专班实体化运作，积极配合会同相关部门落实吸附、稳控、化解等措施，成功化解重点上访人员 13 人，途中劝返 19 人次，打击处理 8 人，实现了“零非访”“零滋事”。全区违法犯罪警情总量、刑事发案同比压降 19.8%、22%。 （杨茜涵）

【矛盾激化风险防控】 2023 年，新吴区充分发挥社区警务“采集、管人、控案、提线、除患、服务”等核心职能，在全面落实派出所和社区民警警力配置“两个 40% 以上”规定的基础上，“公安 +N”的联动联调机制，充分运用人民调解、行政调解、司法调解等手段，形成工作合力，成功处置中奥滨河境楼盘维权等突出不稳定事件 202 起。排查、发现、化解企业涉稳矛盾风险 25 起，排改安全隐患、营运风险 760 余处。关注“楼宇经济”风险隐患，对企业金融投资类业务，常态开展合规性审查和监督管理。帮助科讯建工等大型企业及多家中小型民营企业避免大额电诈案件 7 起、保住企业资金 2500 余万元。全量汇总社区走访、“110”重复警情、窗口接待、信访件、“12345”市民热线等渠道收集的矛盾纠纷，按照“预警在先、及时处理、就地化解”工作要求，在矛盾纠纷初始阶段，认真、及时、妥善地开展现场化解，有效避免将“小纠纷、小矛盾”拖至“大问题、大隐患”，全年共现场化解矛盾纠纷 22590 起。 （杨茜涵）

2 月 21 日，新吴公安分局铁鹰路面巡逻防控

（无锡市公安局新吴分局　供图）

4 月 1 日，新吴分局“社区超图”正式投入使用

（无锡市公安局新吴分局　供图）

【安全事故风险防控】 2023年,新吴区聚焦群租房、危化品以及公安派出所监管的"三合一"场所、"九小"场所,开展拉网排查,组织多轮次、动态化全量排查,累计排整群租房隐患2810处,配备安全设施9020套,群租房100%上"社区超图",检查场所单位2791家,整改消防安全隐患283处,重大事故案件零发生。投入5800万元推进老旧小区技防改造,确保居民安全居住体验。完善新业态管理机制,加强对无前台住宿场所排查力度,会同政府职能部门健全常态化监管模式,通过联席会议、联合整治加强对各类风险的科学研判,着力解决影响安全的根本性问题,共检查新业态场所79家次,发现整改问题128处,责令限期整改12家,停业整顿5家。提升日常监管效能,在"社区超图"上将基础要素、业务要素、风险要素等逐一标绘上图,为日常安全监管工作提供可视化支撑与精准化指引。对多次报警、群众举报、自主发现的情况,基管中心通过平台下发指令,由社区民警上门见底、反馈信息,确保形成闭环。 (杨茜涵)

【交通安全风险防控】 2023年,新吴区道路交通事故亡人数实现4年连降,在全市道路交通事故预防"红榜"上榜8次,为历年最多。全区15条主次干道、168千米道路里程隐患完成整改,在潮汐现象突出路段建成7条绿波带,打造村田交通安全体验营、梅村警保合作交通安全劝导站,形成新吴特色交通安全宣传服务品牌。对"两客一危一货"驾驶人进行"兜底翻",对其中50名从业资质、身体状况、安全守法等存在问题的驾驶人,协调行业主管部门督促企业调整工作岗位。对全区3255辆7～9座逾期未检验小客车开展集中攻坚清理,检验率由85.94%提升至95.51%。建立实行交通安全管理"两个核查"和事故深度调查机制,压紧压实企业主体责任,累计处罚超载企业69次、罚款32.4万元,对8起涉营运车辆重大交通事故开展联合调查,落实联合惩戒措施。加密对施工路段周边的流动巡逻管理力度,处罚63起违规占道施工,下发14份抄告函,督促施工单位落实安全责任,确保施工路段安全。 (杨茜涵)

农产品和食品药品安全

【农产品风险监测】 2023年,新吴区进一步提升对农产品质量安全监管的要求,共完成区级风险监测1150批次,食用农产品抽检达到1.8批次/千人的要求。同时,配合省、市两级完成132个风险监测和20批次监督抽查,农产品风险监测合格率为99.2%,监督抽查合格率为100%。 (华嘉)

【专项整治行动】 2023年,新吴区连续三年开展"治违禁控药残促提升"专项整治行动,检查范围覆盖全区重点品种及对象,开展"豇豆专项整治",强化投入品管控,不断提升农产品安全要素。开展区级农产品质量安全培训50人次。监督抽检农药10个批次,合格率100%。 (华嘉)

【农产品质量追溯】 2023年,新吴区不断完善农产品质量追溯制度,对辖区内130户追溯主体完成纳省追溯平台数据维护,其中农产品生产企业、合作社和家庭农场实现100%追溯管理。开展承诺达标合格证"亮证"行动,共生成打印农产品追溯码(含承诺达标合格证)14万余张,实现大米、葡萄和蔬菜全程可追溯,并关联电商实现在线销售,进一步提高种植户的经济效益。 (华嘉)

【网格化监管】 2023年,新吴区进一步强化农产品质量安全网格化监管,在鸿山街道五星级监管站的基础上,建成3个村级服务站点,完成农产品快检2500批次,针对葡萄和地产蔬菜完成胶体金速测800批次,共发放农产品质量安全法规、禁限用农药目录、农产品质量安全宣传册等宣传用品总共800份。 (华嘉)

【食品抽检监测】 2023年,区市场监管局完成食品抽检8500批次,千人批次率达11.8,校园食品安全专项抽检42批次,合格率100%。推出"新吴点点检"3.0版本,进一步拓宽抽检范围,8000余人次参与线上投票,累计开展专项抽检50批次,合格率100%。(黄栋)

【食品安全日常监管】 2023年,区市场监管局起草,区政府印发《无锡市新吴区食品小作坊智慧产业园建设运营补贴专项资金发放方案》,预计节约运营成本600余万元。组织开展食品生产企业日常监督检查121家次,发现问题隐患数466个;开展食品小作坊监督检查69家次,发现问题隐患数172个。联合开展学校食堂、校外培训机构检查458家次,检查学生集体用餐配送单位8家次,发现各类风险隐患624个,问题整改率100%。开展医院、养老院、机关等单位食堂检查324家次。依托"无锡市数字食安平台"小程序,以社区(村)为单位开展基层网格巡查,检查19187次,发现风险隐患26527个,处置率100%。 (黄栋)

【药品安全日常监管】 2023年,区市场监管局加强对药品、医疗器械、化妆品市场监管,先后组织开展了含兴奋剂药品经营、药品流通环节、疫苗质量安全、一类医疗器械生产、化妆品一号多用、儿童化妆品等多领域监督检查，累计检查药品经营、医疗器械经营、化妆品经营、医疗机构等单位460家次，其中药品经营企业237家次、一类医疗器械生产企业14家、医疗器械经营企业105家次、医疗机构36家次、化妆品经营企业68家次，发出整改意见185项；收集药品不良反应、医疗器械不良事件、化妆品不良反应信息1186条，其中药品不良反应958例、医疗器械不良事件224例。（蒋峰）

【药品化妆品检测】 2023年，区市场监管局开展省药品质量安全监督抽检65批次、化妆品专项质量抽检24批次，其中包含儿童类化妆品5批次。检测结果全部合格。（蒋峰）

网络安全

【概况】 2023年，新吴区高度重视网络安全，积极构筑网络安全防护墙，组织开展网络安全应急实战演练及培训、“网安2023”专项行动、全区外包网络安全风险及违规提供数据服务排查行动，网络安全事件通报“三率”（网络安全意识普及率、网络安全技能掌握率、网络安全事件报告率）均达100%。约谈网络安全漏洞较为集中的单位共计6家。开展以“网络安全为人民、网络安全靠人民”为主题的2023年国家网络安全宣传周活动43场。新吴公安分局按照上级部署，推进“净网2023”专项行动、“太湖鹰击2号”夏季治安打击整治行动、“打谣百日专项行动”，打好网络安全阻击战。调研文章《提高网游行业监管效能打造健康网游产业》获评年度全市网信工作优秀调研成果。（区委宣传部、杨茜涵）

【打击网络犯罪】 2023年，新吴公安分局将“清网2023”与“净网2023”专项行动有机结合，突出三类重点：打击网上黄赌毒、网络涉枪涉爆、网络诈骗、侵犯公民个人信息等严重影响群众安全感和满意度的违法犯罪；加强情报预警，严密防范网上相约、线下实施的严重暴力犯罪、个人极端行为和自杀自残等突出敏感案事件；打击网络黑灰产犯罪，按照市局党委“打大打新打集群”的要求，加大对新型涉网案件、网络黑灰产案件的全链条打击，在行动期间侦破一批在全国有影响力的重大案件。同时，继续加强与互联网科技公司的联动协作，开展深度合作，为攻坚新型违法犯罪案件提供有力支撑。全年共侦办涉政“三个一律”专案11起，落地查证各类网民1023人（其中涉政网民94人），行政处罚23人。（杨茜涵）

【网络秩序整治】 2023年，新吴公安分局立足互联网安全监管职责，聚焦易被违法犯罪人员利用、易滋生网络黑灰产、应重点加强监管的网络运营者，强化网络监管领域的行政执法。通过提升行政执法数量和质量，营造浓厚整治氛围，进一步压实互联网平台真实身份核验、网络信息安全管理等主体责任，促进网络生态秩序持续向好。通过梳理下发网络活跃分子、个体电商业主等特定名单、专线网站、等保单位、网吧等分类清单，开展网络安全法制宣传，引导树立“网络不是法外之地”理念，引导更多个体、单位主动加入全市网络安全通报体系。落实对户外大屏主体单位、重点网络平台的全面检查，督促指导压实主体安全责任，持续保持重大网络安全案事件零发生。全年共计查处网络行政案件27起。（杨茜涵）

旺庄街道

【概况】 旺庄街道位于无锡市东南郊，地处无锡市新吴区腹地，南距无锡机场2千米，北距无锡市中心3千米，距无锡火车站4千米。内有无锡城际高铁新区站，无锡地铁3号线贯穿而过，京杭大运河沿街道西边纵贯全境，沪宁城际高铁新区站坐落于境内，是新吴区、无锡东南地区的重要交通枢纽，街道的水陆空交通十分便捷。辖区总面积43平方千米。街道下辖19个社区，户籍人口7.08万人，常住人口13.78万人。无锡高新技术开发区和百余家国际国内著名企业坐落境内。2023年，旺庄街道完成一般公共预算收入24.08亿元、增幅31.5%，总量、增幅均为全区街道板块第一；完成规模以上工业产值400.23亿元、增幅20.2%，其中智能装备、新能源、生物医药等新产业占比达82%；完成固定资产投资54.27亿元，其中工业投资17.4亿元、增幅115.6%；完成重点服务业收入116.88亿元、增幅16.3%；完成限额以上社会消费品零售总额41.45亿元；完成限额以上批发业销售额705.1亿元。举办无锡新加坡工业园合作开发30周年暨无锡新加坡科创城高质量建设大会。获评省现代服务业高质量发展示范集聚区、市基层党员冬训工作示范街道、执法为民先进单位，获评市“季季评”真抓实干奖3次，区流动红旗、真抓实干、攻坚创新奖3次。 （章斌斌、华晓鹏、高理燕、缪毅）

【党的建设】 2023年，旺庄街道有基层党组织202个，其中党委7个、党总支11个、党支部184个，党员3947人。街道指导成立党支部10个，评定基准型党支部161个、创新型党支部8个，122个党组织完成规范党务工作“四查四清四严”专项行动“回头看”。深化产业链党建探索实践，启用全省首个长三角新就业产业园党群服务中心，打造“红色驿站”32个，基层党组织“融智V+”项目收集上报37个，4个入选区党建创优实践项目。深化落实“融智赋能计划”，链接华东政法大学资源，定制基层治理“三章十讲”系列课程，举办书记论坛等15场次、各类党务专题培训9期。组织开展理论学习中心组集中学习16次、交流研讨6次、现场研学2次。深入开展学习贯彻习近平新时代中国特色社会主义思想主题教育，开展专题学习研讨4次，基层党组织书记讲授专题党课197次，结合在职党员“三报到三服务”，常态开展志愿服务200余场次，协调解决民生问题249个。履行全面从严治党主体责任，制定下发全面从严治党“三张清单”，创新“青廉U盾计划”，召开领导干部警示教育大会3次。配合市委提级巡察和区委联动巡察，以一手抓“当下改”、一手抓“长久立”，扎实做好巡察整改“后半篇文章”。严格落实意识形态工作责任制，制定落实意识形态强基计划“7＋7”综合试点工作三年行动计划，专题研究意识形态工作2次、召开分析研判联席会议2次。 （严晓芳、张莹、陈丹燕）

【群团建设】 2023年，旺庄街道全面凝聚新阶层人士力量，密切联系党外知识分子、非公有制经济人士、出国和归国留学人员建设新地假日广场“市华侨文化交流基地”，无锡日联科技股份有限公司、江苏微导纳米科技股份有限公司获评市“模范侨资企业”。用好群团组织桥梁纽带，完成6家单位工会建会、10家非公团组织建设，“好轻松”盲人推拿按摩有限公司获评省级五四红旗团支部，嘉城社区获选省级共青团县域改革试点社区。启动儿童友好“十五分钟生活圈”项目，街道妇联获评市三八红旗集体。

（朱海燕、刘福贤、赵雯）

【招商引资】 2023年，旺庄街道新批招引超亿元重

2023 年旺庄街道社区基本情况表

表 4

序号	社区名称	办公地址	常住户数(户)	常住人数(人)	户籍户数(户)	户籍人数(人)
1	新光社区	旺庄老街新光嘉园 8-11	3228	9397	1686	4907
2	春雷社区	春雷社区荷花井 1 号	3417	8000	1549	4419
3	红旗社区	红旗路大尤巷 1 号旁	2753	8784	1625	4887
4	春丰社区	春潮花园二区 187 号	2422	10028	1147	3505
5	群星社区	群星社区鲍庙桥 108 号	1319	9550	1026	3550
6	高浪社区	高浪嘉园 80 号	2806	9123	850	2369
7	联心嘉园第一社区	联心嘉园 5 号	2069	7262	669	1518
8	联心嘉园第二社区	暂借联心嘉园 5 号	2389	8010	183	375
9	长欣公寓社区	长欣公寓 159 号	2517	8315	2317	4709
10	春潮园第一社区	春潮花园一区 70-2 号	2665	8818	1533	3547
11	春潮园第二社区	春潮花园一区 253 号	2534	8356	1935	5571
12	春潮园第三社区	春潮花园二区 43 号	2634	9680	1494	4323
13	春潮园第四社区	锡士路 468 号三楼	4423	13047	2010	5375
14	长江社区会	旺庄街道新光路 306-7	3237	9000	1636	3069
15	新洲社区	高浪东路 25 号	3783	11723	1311	3646
16	尚泽社区	湘江路 6 号	3486	12000	1460	4610
17	嘉城社区	长江南路 22-2 号	7046	16978	750	890
18	泰山路社区	春潮花园二区北区 355-1	1331	3803	436	1192
19	红蕾社区	红蕾佳苑 2-102	1411	2063	—	—

大项目 13 个，其中 5 亿～10 亿元 2 个、超 50 亿元 1 个。1 个省级、4 个市级、6 个区级重点项目投资完成率、开竣工率均为 100%。新增国家级专精特新“小巨人”企业 7 家，“智改数转”综合排名全区第二。

（高理燕、缪毅）

【科技创新】 2023 年，旺庄街道发挥科技创新优势，聚焦“6+2+X”新兴产业、“5+N”未来产业方向，升级完善融智英才、现代产业基金政策，深化推进科技创新企业梯队孵育扶持计划。新增国家高新技术企业 29 家、科技型中小企业 286 家；雏鹰、瞪羚、准独角兽企业 45 家；上市 1 家；入选国家重大人才工程 2 个、省级重点人才和博士项目 4 个、市级人才项目 3 个。推进新加坡科创城“园街合一”模式，深化落实市、区功能区建设部署要求，完成机构人员设置与区属国资公司设立。完善“区街”联合招商机制，与胜科、盛裕集团新一轮合作启动，与特斯联科技集团有限公司、高匠资本等达成战略合作，与西南交大、港中大（深圳）等校地共建，举办瑞士博力吉纳项目签约等重大活动，推动产业资源向城市竞争优势转化。

（高理燕、缪毅）

【城市建设】 2023 年，旺庄街道以新加坡科创城建设为契机，聚焦整体综合提升和区域重点打造，加速“两带、四轴、三心、五板块”国际化城市形态呈现。

确保抓好东裕智造园、专精特新产业园等特色园区土地保障，完成拆迁42.7万平方米、拆除50.1万平方米，征收拆迁、三优化三提升综合排名全区第一；建成交付安置房3018套，其中春丰佳苑、新光嘉园交付即交证。创建国家生态园林城市，完成“席地而坐”城市客厅建设2个、“先离场后付费”场景建设18个、新增绿地面积3万平方米，新建改造游园4个、公厕7座，获评市、区年度红榜4个、季度红榜13个，精细化管理排名全区第二。（张志军、唐震、周志坚）

【环境整治】 2023年，旺庄街道扎实打好污染防治攻坚战，7件中央生态环境保护督察交办、10件上级交办问题全部办结。常态化抓好拆建工地、物料堆场、道路扬尘、餐饮油烟及企业VOCs等综合治理，旺庄国控站空气优良天数比率81.7%，改善幅度全市第三。综合运用“排查溯源、控源截污、监测监管”形式，2个国、省考断面水质优Ⅲ比例100%。

（朱建良、罗年康）

【民生事业】 2023年，旺庄街道精准对接民生供给，以资金高效使用确保民生实事落地见效。投入6.3亿元实施完成8大类民生实事项目35个，嘉慧、红蕾、新光3所幼儿园启用；新建养老院投入运营；新增安置房小区充电桩近3000个；早教中心、区域性老年人助餐中心精准布局，在全市首创推出家庭医生健康助理，服务超7万人次。（过敏洁、朱明、秦振新）

【法治建设】 2023年，旺庄街道深入推进法治旺庄建设，全面推进法制审查工作，累计完成63件“三重一大”事项审查并提出意见、52份文件合法性审查。积极响应“八五”普法规划，并做好执法指导监督，累计开展法治宣传活动140余场次，提供法律服务200余人次。

（朱建良、罗年康）

【社区治理】 2023年，旺庄街道激发自治活力，深化拓展“益创空间”“微爱旺庄”社区治理品牌内涵，成立“微爱旺庄发展”基金，上线社区基金项目12个，并培育吸纳社会组织15家，结合“一站16室”体系打造，创新探索社会生态系统视角下“一核四平台五联动”协同创新发展模式，获选无锡市社会组织高质量发展案例。推动双拥工作基层规范化建设，创成“优抚之家”6个，发展拥军优待联盟单位29家，擦亮“戎耀旺庄”品牌。牢固树立总体国家安全观，健全落实社会及信访工作联动机制，有效化解信访积案10件，调处各类重点矛盾96起。“‘全覆盖、全过程、多途径’矛盾纠纷多元化解体系”荣获全国新时代“枫

2023年旺庄街道上市企业一览表

表5

序号	证券代码	证券名称	类型	企业名称	企业地址	上市日期
1	600475	华光环能	主板	无锡华光环保能源集团股份有限公司	无锡市新吴区城南路3号	2003.7.21
2	300680	隆盛科技	创业板	无锡隆盛科技股份有限公司	无锡市新吴区城南路231-3号	2017.7.25
3	688516	奥特维	科创板	无锡奥特维科技股份有限公司	无锡市新吴区珠江路25号	2020.5.21
4	688508	芯朋微	科创板	无锡芯朋微电子股份有限公司	无锡市新吴区龙山路2-18-2401、2402	2020.7.22
5	688147	微导纳米	科创板	江苏微导纳米科技股份有限公司	无锡市新吴区漓江路11号	2022.12.23
6	831285	常欣科技	新三板	无锡常欣科技股份有限公司	无锡市新吴区城南路209号	2014.11.5
7	833112	海宏电力	新三板	江苏海宏电力工程顾问股份有限公司	无锡市新吴区龙山路旺庄科技创业中心B栋8楼	2015.8.13
8	834763	万力粘合	新三板	无锡市万力粘合材料股份有限公司	无锡市新吴区长江南路17-17号	2015.12.18
9	839890	外贸印刷	新三板	外贸无锡印刷股份有限公司	无锡市新吴区机场路59号	2016.11.29
10	839830	晶晟股份	新三板	无锡晶晟科技股份有限公司	无锡新区汉江路9号	2016.11.21
11	873324	阳光精机	新三板	无锡阳光精机股份有限公司	无锡市新吴区城南路220号中鑫丝绸有限公司院内B栋	2022.12.1
12	38072	日联科技	科创板	无锡日联科技股份有限公司	无锡市新吴区漓江路11号	2023.3.31

桥经验”优秀案例。高效构建“1+1+4+X”舆情应对体系，妥善处置涉街网络舆情36起。

（鲍佩萍、邹浩良、朱建良、罗年康）

【安全管理】 2023年，旺庄街道从严从实抓好安全生产，聚焦消防安全“五大工程”“十项行动”“十一个专项”，累计检查各类主体5637家次，排查发现问题隐患10438项，整改率达99.3%，其余限期整改；完成新地假日广场“瓶改管”“瓶改电”春潮商业街燃气整改等“老大难”问题。（旺庄街道）

【长三角新就业产业园党群服务中心】 4月10日，无锡高新区（新吴区）新就业群体融智聚力行动发布暨长三角新就业产业园党群服务中心启用仪式在旺庄街道科技创新园举行。长三角新就业产业园是国内首个以新就业产业培育和新职业技能培训为主题的创新型产业园区，园区坐落于旺庄科技创新园。依托园区，该中心以党建引领为航向，以暖心服务为基调，探索打造“1+N+X”发展模式，全生命周期护航新就业群体成长。长三角新就业产业园各院校、基地、商圈代表集体签约，构建“新火燎吾”发展共同体。由院校每年输送高校人才5000余名，助力“政产学研用”融合；基地实施千人“素人矩阵”计划，积极推动东西部协作，激发互助家政企业与个体户增收，促进商圈引流降本增效；商圈则提供约30万平方米商户实训平台，优化资源配置。长三角新就业产业园综合党委、长三角新就业产业园“流动党员e家”揭牌。

（旺庄街道）

硕放街道

【概况】 硕放街道地处无锡市东南方，以苏南硕放国际机场为中心，北至锡梅路，东侧以通锡高速、沪宁高速公路为界，南至京杭大运河和望虞河，西抵新梅路、新韵路，规划面积55.88平方千米，实际管辖面积为26.21平方千米，下辖18个社区居委会、1个筹建组，常住人口约14万人。2023年，硕放街道以深化“三个年”落实“九项行动”为抓手，推动各项事业发展提质增效。完成规模以上工业总产值620亿元，同比增长18%，总量位居全区第一，占全区9.5%；重点服务业实现营业收入70.85亿元；固定资产投资完成61.68亿元；其中工业投资完成23.8亿元，同比增长36.8%。完成一般预算收入19.78亿元，同比增长24.4%，占全区比重达7.5%。（徐玲颖）

【党的建设】 2023年，硕放街道有基层党组织134个，其中党委4个、党总支13个、党支部117个，党员2950人。街道从严从实推进党支部标准化规范化建设，完成108个基层党支部建设分类晋级评价工作，101个党支部综合评定为基准型党支部，3个党支部被评定为创新型党支部，无锡市快递物流党群服务中心入围五星级党群阵地评选，基层党建工作指导站“蜂巢式”工作法被市委组织部评为“优秀工作法”。以“党建链”引领“产业链”，举办航空航天产业链党建“‘擎’动太湖畔　聚‘链’探苍穹”专项行动，推动航空航天产业创新发展。深化思想文化建设，开展第二批学习贯彻习近平新时代中国特色社会主义思想主题教育，常态化做好“三联三强基”工作；创新理论传播方式，举办“贯彻二十大　奋进新征程”理论宣讲品牌发布暨“延安，永恒的精神丰碑”主题宣讲活动，构建“硕学课堂”“同心·润硕大讲堂”“凉亭畔百姓家”“香楠雅集”“墙门夜话”“乡聚E堂”六大品牌项目。“学习强国”平台录用报道209篇；市级以上媒体报道342篇，其中中央媒体48篇。同时，加强党的领导，多渠道提高群团和政协统战工作水平。（徐玲颖）

【招商引资】 2023年，硕放街道坚持“项目为王”工作导向，围绕新一代信息技术、智能制造、生物医药、高端商贸等优势产业，强化项目招引，加速新质生产力培育。完成安道供应链、三联生物、尚实发动机等

11月2日，香港理工大学无锡科技创新研究院产学研合作项目签约　（硕放街道　供图）

9月27日，“花好月圆共相约”——2023年无锡高新区（新吴区）中秋主题活动在硕放便民服务中心广场举办　（硕放街道　供图）

表 6

2023 年硕放街道社区基本情况表

序号	社区名称	地址	常住户数(户)	居民小组数(个)	常住人口(人)	户籍人口(人)
1	新硕社区	硕放街道政通路 16 号	1250	13	3864	2522
2	振发社区	硕放街道振发路 116 号	1024	17	2870	2456
3	润硕苑社区	硕放街道润硕苑 44 号	1584	22	4531	2078
4	咏硕苑社区	硕放街道咏硕苑 156 号	2692	25	7571	4652
5	新锦园社区	硕放街道新锦园 20-1	1220	19	3559	2853
6	南星苑第一社区	硕放街道南星苑 180 号	2621	28	6850	3350
7	南星苑第二社区	硕放街道南星苑二路 101 号	2303	20	5069	2316
8	丽景佳苑第一社区	薛典路丽景佳苑一期 31 号	1434	14	4000	1801
9	香楠佳苑社区	硕放街道裕丰路香楠佳苑 7 号	3774	32	8844	3660
10	锦硕苑社区	硕放街道锦硕苑 37 号	1008	11	2975	370
11	吉祥社区	硕放街道通祥北路 77-1	2431	19	3234	3234
12	丽新社区	硕放街道丽景佳苑 172-1 号	3191	25	9300	5120
13	丽富社区	硕放街道丽景佳苑三期 390 号	3367	21	7365	2756
14	西典社区	硕放街道香墅嘉苑 63 号	2599	21	7959	1404
15	南星苑第三社区	硕放街道南星苑 289 号	2596	23	7929	3870
16	大墙门社区	硕放街道经发七路 17 号	157	7	1581	689
17	墙联社区	硕放街道唐南路 79 号	186	33	2085	612
18	墙裕社区	硕放街道墙裕村 1 号	223	5	735	697
19	硕望社区筹建组	硕放街道中南君悦府 60 栋旁	1186	11	2941	574

超亿元重大项目备案 15 个，累计总投资 60 亿元，其中超 10 亿元项目 1 个、超 5 亿元项目 2 个。新开工项目 13 个、竣工 11 个，其中列入省重大项目 1 个、市和区项目 13 个。无锡深南电路有限公司 IC 载板产品项目、格林美（无锡）能源材料有限公司二期等 6 个项目竣工。外资到位 1118 万美元，完成无锡嘉能电机技术有限公司、江苏新银叶传动机电有限公司、无锡军工智能电气股份有限公司等 8 宗地共计 14.53 公顷土地出让。（徐玲颖）

【科技创新】 2023 年，硕放街道加快培育以科技型企业、高新技术企业、专精特新企业和三类企业为主体的创新矩阵，形成科技型企业良性成长机制，持续壮大创新型科技企业集群。新引进科技企业 197 家，申报国家高新技术企业 121 家，完成率列街道板块第一；入选国家级专精特新"小巨人"企业 5 家；通过认定入库雏鹰企业 23 家、瞪羚企业 18 家、准独角兽企业 1 家。促进科技创新载体建设，香港理工大学无锡科技创新研究院正式启用并入选 2023 年无锡"十大新闻"，哈尔滨工程大学联合创新中心揭牌，"I 硕坊""H 硕坊"均入围无锡市科技创业孵化器。加强人才引育，入选国家重大人才工程 1 个、省"双创"人才 1 个、全区唯一的省级最高人才计划"登峰计划" 1 个，获省级专项扶持资金 3000 万元；市"太湖人才计

9月6日，“腾飞，空港教育”2023年空港经济开发区（硕放街道）教育高质量发展大会暨第39个教师节庆祝表彰大会　　（硕放街道　供图）

9月12日，隆基氢能无锡二期扩建项目签约仪式　　（硕放街道　供图）

划”项目5个，辖区创业团队企业恒益健康实现全市特医食品注册证书“零的突破”。（徐玲颖）

【**城市建设**】 2023年，硕放街道围绕“一区四园”空间布局，做好区域整体规划编制工作，推进硕北城市更新工作。完成征收拆迁面积40.22万平方米，拆除违建13.82万平方米，新增绿地10.2万平方米。深化“新街吴韵”道路街巷更新治理，85条道路长效管理，24条道路整治提升，完成“魅力南星”美丽街区建设、3座桥下空间提升整治、3条道路沿线绿色步道提升改造。加快垃圾分类达标小区建设，生活垃圾分类覆盖率、生活垃圾运输密闭化率、生活垃圾无害化处理率100%，住宅小区114个垃圾分类点位均接入市平台在线监管。硕放街道被市城管委评为2023年度打造“全国最干净城市”工作优秀街道，魅力南星单元被市城管委评为2023年度打造“全国最干净城市”区域性综合提升优秀单元。（徐玲颖）

【**社会事业**】 2023年，硕放街道社会保障持续完善，做好低保、大病救助等社会救助工作，特殊人群精准救助率、救助资金及时发放率100%，累计发放各类补助1000余万元；完善“一老一小”服务设施，完成丽富、西典、硕望3个社区居家养老服务站的建设。教育事业稳步提升，梅村高中空港分校正式投入使用，与锡师附小合作办学的空港实验小学正式签约落地；硕放中学2023年中考成绩再创新高，达到市一中、梅村、辅仁分配线人数68人，同比增加54.5%，达普通高中分数线以上人数229人，同比增加35.5%。发展文体事业，围绕“我们的节日·精神的家园”，开展文化惠民活动10余场次，举办“凝心聚力兴文化　奋楫扬帆启新程”第八届睦邻文化节，开展“我们的中国梦　文化进万家”社区文艺巡演40多场；开设“绽放·硕艺学堂”春秋两季全民艺术普及公益课程20个门类58个班级，惠及居民群众上万人次。发放合作社2022年度股金分红4856万元，加速推进丽景二期南、丽景五期、丽景三期东、锦硕苑二期等安居房建设。（徐玲颖）

【**安全生产**】 2023年，硕放街道聚焦“查大问题、除大隐患、防大事故”总体目标任务，先后开展企业安全生产突出风险隐患排查治理、物流企业专项治理等各类专项整治行动，推进28个行业领域分级分类监管排查。深入推进火灾防控工作，排查辖区重点场所消防安全隐患，组织“厂中厂”企业开展应急救援演练活动，落实隐患治理“全链条”。空港经开区（硕放街道）应急管理局被省应急管理厅表彰为2023年度江苏省应急管理综合行政执法工作先进集体，获全市安全生产四季度红榜，高质量通过全市首批镇（街道）应急管理综合行政执法队伍规范化建设验收。（徐玲颖）

【**基层治理**】 2023年，硕放街道以服务提升社会治理效能，推进“精网微格”行动，做细做实网格管理。网格员共计入户走访88261次，发现问题15000余处，处理办结率100%。加快技防建设步伐，加大技防建设投入，各住宅小区及主要交通道口基本实现技防监控全覆盖。矛盾化解下沉压实，开展“信访突出问题攻坚化解巩固提升年”行动，通过强化矛盾源头预防、畅通群众信访渠道等方法，将矛盾化解在萌芽状态，坚决守住“四个不发生”工作底线。（徐玲颖）

【**生态环境**】 2023年，硕放街道以建设美丽硕放为主线，持续打好污染防治攻坚战，对照年度目标任务统筹推进163个年度攻坚目标任务，中央环保督查交办件及省、市专项交办件13个，全部完成整改并销号。区、街道联动立案查处违法企业12家，处罚金额100万余元。紧盯空气质量优良天数等关键指标，推进VOCs治理，完成大气治理项目98个，$PM_{2.5}$浓度和空气质量优良天数比率实现“双改善”。推进美丽河湖建设，辖区68条河道实现河长全覆盖管理，对方家门浜、安桥浜等13条河湖进行点面治理、水生态修复和景观提升，国、省考断面优Ⅲ比例稳定达标，硕放街道登上四季度“美丽河湖”市级红榜。（徐玲颖）

【小学合作办学】 6月29日，无锡市新吴区空港实验小学（暂定名）与江苏省无锡师范附属小学合作办学签约仪式举行，硕放街道与江苏省无锡师范附属小学正式签约，无锡市新吴区空港实验小学（暂定名）挂牌江苏省无锡师范附属小学教育集团，纳入锡师附小一体化管理。江苏省无锡师范附属小学委派本部领导担任学校校长，并选派骨干教师参与学校管理和教学。（徐玲颖）

【香港理工大学无锡科技创新研究院启用】 11月2日，位于硕放街道航空产业孵化园的香港理工大学无锡科技创新研究院正式启用。香港理工大学无锡科技创新研究院与亚太科技、祥生医疗、航亚科技等10家高新技术企业签约合作，通过香港理工大学专家团队及其技术创新成果、研究院创新平台为企业提供技术服务，打造产学研合作新标杆，助力空港经开区（硕放街道）经济社会发展，加快形成新质生产力。（徐玲颖）

【航空航天产业链党建专项行动】 11月9日，2023年无锡高新区（新吴区）航空航天产业链党建“‘擎’动太湖畔　聚‘链’探苍穹”专项行动启动，中航工业雷华电子技术研究所民机中心党支部与空港经开区（硕放街道）党工委签署航空航天产业链党建共建结对备忘录，以党建推动产业全面发展，不断探索创新党建和产业的双向融入，加强互动合作。活动现场发起组建无锡市航空航天产业联盟。联盟由空港经开区（硕放街道）联合无锡市航空航天领域具有代表性和影响力的研究、开发、制造、运营、服务企事业单位和有关机构共同发起，充分集聚无锡市航空航天领域优势资源，促进航空航天相关企事业间协同合作，推动“政产学研用融”一体化发展，提升无锡市航空航天产业凝聚力和竞争力，推进航空航天产业“建圈强链”发展。（徐玲颖）

江溪街道

【概况】 江溪街道位于无锡市东南，新吴区北端，东接梅村街道，南与旺庄街道相邻，西隔古运河与梁溪区相望，北与锡山区东亭街道、梁溪区广益街道和江海街道交接。沪宁铁路、京沪高速公路、312国道以及太湖大道、金城东路均穿越街道。广南立交、景云立交、景渎立交和金城路公铁立交亦在街道境内。街道总面积25.37平方千米，总人口约30万人，下辖32个社区、20个村级股份经济合作社。派出所3个、警务站1个，幼儿园22所，社区卫生服务中心2个。2023年，街道完成一般公共预算收入20.24亿元，规模以上工业总产值突破300亿元，固定资产投资75.55亿元，其中工业投资5.29亿元，规模以上服务业营业收入37.96亿元，限额以上批发业零售额560.37亿元。20个股份合作社、街道资产公司全年收入实现“双过亿”。在“担使命作贡献”季季评活动中，获市“真抓实干奖”2次，区“真抓实干奖”2次和区“四争”（强保障、提能力、争一流、创品牌）先进集体1次。（黄卓君）

【党的建设】 2023年，江溪街道有党组织272个、其中党委6个、党总支28个、党支部238个，党员6500余名。街道全面贯彻从严治党方针要求，严格落实党风廉政建设责任制，从严抓好作风整治、从细抓好监督检查、从实抓好建章立制。深入开展国资、营商环境、民生资金等领域专项督查，扎实推进区委巡察反馈意见有效整改落实，以“小切口”推动“大整治”，巩固拓展作风建设成效，营造风清气正的政治生态。深化“一核双微”建设，“江溪之声”微信公众号长居无锡新媒体榜单街道社区板块前五，街道获评无锡市宣传信息工作“先进单位”。扎实推进精神文明建设，星级楼道总数占全区榜首，获评市文明城市创建二季度“红榜”，街道新时代文明实践所入选市新时代文明实践优秀阵地。（黄卓君）

【招商引资】 2023年，江溪街道新招引超亿元重大项目4个，投资总额约9亿元，实际到位外资874万美元，新批协议外资3000万美元项目1个，与德国申思特公司就传感器项目达成合作，拓宽街道产业赛道。5个区级重大项目完成投资3.28亿元，其中3个项目竣工投产，2个项目进展顺利。聚焦基础设施建设，实施街道投资项目5个，总投资4.83亿元。新增内外资企业2074家，总量位居全区第一，新增“四上”企业（规模以上工业企业、资质等级建筑业企业、限额以上批零住餐企业、规模以上服务业企业四类规模以上企业的统称）44家，同比增长25.7%。支持民营经济发展，民营企业产值超亿元企业34家、10亿元企业3家，获认国家专精特新“小巨人”企业2家、省专精特新中小企业7家，获评省两化融合贯标AA级示范企业3家、省工业互联网资源池企业1家、市级智能标杆11个。（黄卓君）

表 7

2023 年江溪街道社区基本情况表

序号	社区名称	办公地址	常住户数(户)	常住人数(人)	户籍户数(户)	户籍人数(人)
1	卫星社区	长江国际泓园 58-2 号	3953	11067	1813	4440
2	缇香社区	缇香路 21 号	3697	8715	1182	3597
3	春暖第一社区	春华路 8 号国信世家璞园 116 号	2762	8137	1039	3118
4	春暖第二社区	国信世家璞园 115 号	4009	10865	1563	4689
5	鼎城社区	锡兴北路 111-39 号	4522	12390	2070	5420
6	春阳社区	花郡家园 1 号楼 3 楼	5027	15793	3480	5084
7	太湖花园第一社区	太湖花园一期 160 号	4243	9156	2693	5936
8	太湖花园第二社区	长江北路 78 号	3523	8367	2445	6454
9	奕淳社区居民委员会	江溪街道天悦华府 17 号	4580	12321	2128	5190
10	叙康里社区	江溪街道春城家园 B 区 14 号	4216	12265	2602	6287
11	叙丰里社区	江溪街道叙丰里社区叙丰里 5 号	3128	8056	2394	5586
12	叙丰家园第一社区	江溪街道叙丰家园 B 区 265 号	3276	8240	2588	5316
13	叙丰家园第二社区	江溪街道南丰路 24 号	3748	10376	2610	6013
14	景渎社区	欧典家园 146 号	4916	12894	2489	6326
15	东风家园社区	长江北路东风家园 59 号	3041	8759	1351	3097
16	春城家园社区	春城家园社区 2 号二楼	4538	12719	1320	4063
17	万裕苑第二社区	万裕苑二区 68 号	3828	11746	1716	4561
18	新丰苑第一社区	新丰苑三期 19 号	2823	10568	1029	2658
19	坊前社区	国际一花园 25 单元	4150	11694	1435	5427
20	塘南社区	锡甘路 8 号	1283	2522	409	1571
21	曙光社区	塘南路 118-1 号	29	133	29	1061
22	东风社区	东风家园 77-1 号	2000	6148	725	2651
23	风雷社区	兴雷路 5 号欣风家园 7 号楼	145	523	224	501
24	兴竹社区	兴竹家园 14 号	2287	7303	1385	3448
25	万裕苑第一社区	万裕苑一区 190 号	3213	9929	3162	5838
26	前进花园社区	前进花园社区 278 号	4045	12038	1250	3751
27	新丰苑第二社区	新丰苑二区 57 号	2920	9525	1620	4313

续表 7

序号	社区名称	办公地址	常住户数(户)	常住人数(人)	户籍户数(户)	户籍人数(人)
28	华丰第一社区	江溪街道金科米兰公寓楼 63 号	3016	6956	850	1796
29	华丰第二社区	江华路与融华路交接处(橄榄绿健身房西侧)	2661	10138	1509	5220
30	江陂社区	春富路 12-101	4478	12263	3518	5642
31	中海社区	海雅锦园一区 2 栋(寰宇生鲜后背)	3502	7958	1372	3284
32	工博园社区	工业博览园总部 333 号 A 栋 2 楼	2064	4854	–	–

【城市建设】 2023 年,江溪街道深入开展征收拆迁,完成市级攻坚拔点项目 11 个,累计拆房总量 29.22 万平方米,综合考核排名全区前列。人居品质加快提升,风雷嘉苑交付安置,南站花园一期全面封顶,叙丰家园老旧小区改造按期完成,加装电梯实施、竣工数超额完成,景渎、新世界停车场与幼儿园相关配套竣工使用,溪悦邻里中心项目正式启动,完成坊溪路建设、协新路改造,苏巷路、宏源路、大墩巷路等多条道路提升出新。 (黄卓君)

【城市管理】 2023 年,江溪街道坚持“721 工作法”、“一长五员”工作机制,完成文明创建、红黑榜等专项工作 2500 余件,拆除违法建设 14.02 万平方米。强化垃圾分类物业化管理,新增 15 个省达标示范小区。环卫一体化作业实体化运行,完成桥下空间综合提升项目 2 个、公园游园改造 2 个,前进路美丽街区建设提前完成,春城家园社区入选无锡市首批“城市一刻钟便民生活圈”示范社区。 (黄卓君)

【生态环境】 2023 年,江溪街道完成各类环保专项督查反馈问题整改,包装印刷、铸造行业、活性炭治理设施提标改造、餐饮油烟企业整治完成率均达 100%。狠抓大气污染防治,全年优良天数比率 79.8%,大气改善幅度全区第一。系统开展水环境治理,完成涉磷、涉氟企业规范化整治 82 家,汛期联动机制进一步强化,市级考核 5 条河道优三类水质达 100%,驴桥头浜获评市级红榜河道,美丽河湖建设不断深化,生态环境不断改善。 (黄卓君)

7 月 24 日,双拥月启动暨双拥集市开市仪式在江溪街道举办 (江溪街道 供图)

【经济管理】 2023 年,江溪街道强化企业服务专员工作机制,加大政企对接、招商护商力度,完成第五次全国经济普查单位清查,办理增值税留抵退税 4.5 亿元,获批专项债券 2.5 亿元。企业对上争取各类扶持资金 5 笔、1214 万元;兑现街道工业经济专项发展资金 22 笔、380 万元。启动辖区商圈“焕新”工程,助力新之城、哥伦布等老旧综合体品质、服务双提升,推动雷迪森酒店拍卖,利华广场新管理方入场。兴昌南路汽车生活休闲广场融合电车零售与高端餐饮,特斯拉、小鹏、红樽等品牌相继开店。开展数字人民币优惠券发放活动,发布消费地图,打造更多消费热点。 (黄卓君)

【科技创新】 2023 年,江溪街道新引进科技企业 178 家,新入库科技型中小企业 265 家,有效期内高新技术企业 147 家,完成市雏鹰、瞪羚、准独角兽企业培育入库 30 家,新认定省、市企业技术中心 6 家。坚持人才引领驱动,入选国家重大人才工程 1 个、市“太湖人才”2 人、区“飞凤人才”6 人,企业研发人员增幅超 20%,研发支出增幅达 48.4%,指标位居全区前列。坚持产业金融协同发展,街道基金大厦集聚创投机构 115 家,年内新增 37 家,基金规模达 125 亿元,聚焦生物医药、智能制造、集成电路等领域投资项目 116 个。新建园区载体产业加速聚集,联东 U 谷、云马大厦入驻企业90家。高标准建成3个省级科技企业孵化器、2个省级众创空间、1个市级众创空间,北航科创中心启动建设,西安科技飞地成效初显,产业创新能力持续提升。 (黄卓君)

【社会事业】 2023年,江溪街道十大类21项民生实事项目按计划完成,社会事业逐步实现从“基本保障”向“多元共享”转型。稳就业促发展,举办大型招聘会4场,提供岗位3000余个,累计新增再就业4653人;新吴区中医医院建成启用,与上海光华医院、市中医院加强医联体建设,第二社区卫生服务中心顺利搬迁,承办2023年紫金转化医学峰会,获评省健康社区2个;学前教育扩优提质,新增省优质幼儿园1家、市优质幼儿园2家,省、市优质园覆盖率达100%;深化巩固“江小悉”“全科窗口”等品牌成果,街道便民服务中心荣获“15分钟医保服务圈”省级示范点。精准落实救助帮扶政策,全年累计发放惠残、民政保障及各类救助金1225.6万元,发放政府奖学金、助学金共计89.03万元,全面构建困难群体一体化服务保障体系;社区养老服务智慧化水平持续提升,完成居家适老化改造1908户,推广特色化助餐项目,社区食堂做法获市委主要领导批示肯定,获评省级智慧健康养老示范街道;加大托育服务供给,新增托育机构4家、托位数280个,每千人托位数超额完成。文体惠民内容丰富,精心筹办“悦美江溪”优秀群众文艺演出、“溪润行、悦美好”公益文化展演等文艺活动,开展全民阅读活动722场,睦邻中心完成“钟书房”建设;在区第八届运动会中,荣获4金、3银、2铜,奖牌数位居街道板块第一;1969创意工场被《人民日报》畅游路线重点推荐,获“江苏省文化产业示范园区创建单位”称号,园内“崧·美术馆”落成开放,举办长三角地区中青年中国画名家作品邀请展、市“国际友人文化周”开幕式等多个活动,区域文化影响力不断增强。 (黄卓君)

【基层治理】 2023年,江溪街道“三调联动”多元化解机制见成效,妥善办理阳光信访件223件,接待来访310批480人次,及时受理率、按期办结率、责任单位满意率均达100%。依托街道“民和调解室”“伯渎善治”工作室,解决日常物业纠纷等事项80余件,快速办结群众“急难愁盼”件30余件,街道劳动人事争议调解中心获评省2023年“金牌劳动人事争议调解组织”。金科中心“保交房”项目获评市“2023年民生留言板优秀案例”。街道指挥中心全年受理“12345”有效诉求13290件,按期办结率达100%。推进“吹哨报到”机制,闭环解决“疑难杂症”事项

11月11日,“紫金峰会”大型专家义诊活动在新吴区中医医院(江溪街道第二社区卫生服务中心)举行 (江溪街道 供图)

17件。“全要素”网格员完成出租房屋检查、治安信息采集、各类事件上报等17.8万次,街道入选省“五社联动”机制创新乡镇(街道)级试点单位,《“经纬治理法”嵌入社区治理现代化建设的江溪实践》被评为市2023年度社会组织高质量发展案例。开展重大事故隐患专项排查整治、专项整治巩固提升年行动,安委办、消委办实体化运行,27个专项整治小组、16个专委会成员聚焦危化品、冶金工贸、建筑施工等监管单位2445家,检查企业(场所)4679家次,整改隐患6391项,招商城、五洲国际消防隐患整治成效显著。城镇燃气安全瓶改、灶改提前完成,管阀技防安装超额完成。 (黄卓君)

【新吴区中医医院新址启用】 12月24日,新吴区中医医院(江溪街道第二社区卫生服务中心)新址启用仪式在医院门诊大厅举行。新吴区中医医院(江溪街道第二社区卫生服务中心)位于苏巷路199号,总建筑面积近4.6万平方米,开设床位250张,设有全科、内科、外科、妇产科、儿科、皮肤科、针灸科、康复科、肾内科、急诊、住院部、血液透析中心、预防保健部(公共卫生科)等科室。医院中医肾病专科成立于1993年,是省级基层特色专科、无锡市重点专病专科,针灸康复科是无锡市基层特色科室。新吴区中医医院与上海中医药大学附属光华医院签订合作协议,建立了紧密型医疗合作关系,积极融入长三角中医药一体化项目。双方通过深层次合作,不断提高新吴区中医医院的服务水平,为居民提供更高质量医疗服务。

(黄卓君)

【盘活“问题楼盘”】 2023年,江溪街道“疏堵点、解难点,盘活‘问题楼盘’”项目位列“市长在线·民声留言板”十大优秀案例榜首。金科中心长江樾楼盘

江溪街道新时代文明实践主题公园

（江溪街道 供稿）

项目，合同约定交付时间为2022年6月30日，后因楼盘项目资金链断裂导致多次延期无法交付。接到“市长在线·民声留言板”群众诉求后，江溪街道成立“保交楼”工作专班，综合运用法律、政策、经济、行政等手段，以及教育、调解、疏导等办法，通过建立资金监管账户、协助解决围挡拆除、道路修复、配套完善等民生举措，采取容缺验收的方式完成竣备，支持和推动项目有条件重启，最大程度盘活问题楼盘。（黄卓君）

【新华日报“同心圆”创新实践基地】 5月26日，“荟炬江溪同心奋进”统战教育实践体验馆揭牌仪式暨新华日报“同心圆”创新实践基地挂牌仪式在江溪街道举行。江溪街道借助《新华日报》多渠道、多层次、多功能的全媒体传播体系，做好新时代基层统战宣传工作。街道统战教育实践体验馆位于中国工业博览园内，占地面积161平方米，由画好“同心圆”、共筑“中国梦”、释放“新活力”、拓展“朋友圈”、发展“助推器”、共叙“桑梓情”、织密“安全网”、谱写“新篇章”、培育“石榴花”9个部分组成。馆内通过统一战线理论和政策可视化阅读、街道统战工作亮点和成效多元化展示，集教育功能与实践功能于一体，这是全省首家街道层级以统战工作为主题的体验馆，由此，江溪街道统战工作全方位接轨融入工博园商圈，成为江溪园区统战特色新品牌。（黄卓君）

【新时代文明实践主题公园】 5月11日，2023年无锡市“文明家门口”文明实践进社区活动正式启动，全市首个新时代文明实践主题公园——江溪街道新时代文明实践主题公园在江溪街道正式开园。主题公园位于江溪街道前进花园西区靠近兴昌南路地块，沿界泾浜河道而建，占地约34085平方米。以“建文明家园，享生态宜居”为主题，采用新中式景观设计手法，用叠石塑造错落的河岸景观，堆坡地形塑造“绿丘”，串联不同文明景观，构建起一个凝聚群众、引导群众，以文化人、成风化俗的新时代文明实践主阵地。园内设有沉浸乐学长廊、乡音思响课堂、非遗文化驿站、幸福河湖乐园、伯渎善治法苑、跃动篮球空间六大平台功能性区域，以口袋公园为圆心，向周边新时代文明实践站辐射。其中，非遗文化驿站作为文化服务平台区，引入新吴区非物质文化遗产推广协会组织和“忆江南”品牌，深化拓展“我们的节日·精神的家园”主题活动。（黄卓君）

【“15分钟医保服务圈”获评省级示范点】 2023年，江溪街道便民服务中心在2021年取得“15分钟医保服务圈”市级示范点的基础上，配强配齐包括负责人在内的医保经办团队，设立3个医保综合服务窗口，建立以街道便民服务中心为核心、大型社区为补充的“1+N”服务体系，通过“前台＋后台”、“街道＋社区”、“窗口＋部门”合力联动，推动医保公共服务在街道便民服务中心、社区便民服务站实现“网上办”“自助办”“就近办”“一次办”，惠及街道辖区32个社区超30万常住人口，服务各类企业2万余家。单位参保登记、异地转诊、住院费用报销等18项医保业务均可办理。（黄卓君）

梅村街道

【概况】 梅村街道地处新吴区北部，南临苏南硕放国际机场，北枕京沪高速铁路，沪宁高速公路、312国道、锡太路穿境而过，江南第一条运河——伯渎河贯穿全境。梅村街道辖区面积25.5平方千米，下辖16个社区、1个村、14个股份合作社。辖区内户籍人口约5.58万人，外来登记人口约9.44万人，常住人口约11.66万人。2023年，梅村街道规模工业企业151家，完成规模以上工业总产值328.31亿元，同比增长12.92%；完成固定资产投资45.95亿元，其中工业投资8.36亿元，同比增长47.44%；完成限额以上批发业销售额80.4亿元，同比增幅6.7%；完成限额以上零售业销售额15.7亿元，同比增幅11.64%；完成规模以上服务业营业收入58.8亿元，同比增幅12.7%。

（顾成、支晓艳、魏宁）

【党的建设】 2023年，梅村街道有基层党组织157个，其中党委5个、党总支14个、党支部138个，党员总数2599人。梅村街道红色会客厅招募来自机关单位、联盟单位、“两新”党组织的120多名青年志愿者及党员志愿者，接待服务游客群众8300余人，开展各

表 8

2023 年梅村街道社区(村)基本情况表

序号	社区(村)名称	地址	常住户数(户)	居民小组数(个)	常住人口数(人)	户籍人口数(人)
1	永新村	梅村街道泰伯三期西大门 547-5	23	7	120	976
2	梅荆花苑第一社区	梅村街道梅荆花苑 65-1	2476	17	6773	5776
3	梅荆花苑第二社区	梅村街道梅荆花苑二期 236 号西侧	2670	21	8000	3450
4	梅荆花苑第三社区	梅村街道梅荆花苑六期 477 号 3 楼	2879	19	8523	1647
5	泰伯花苑第一社区	梅村街道泰伯花苑第一社区 185 号	3164	19	9890	5353
6	泰伯花苑第二社区	梅村街道泰伯二社区 399 号	1950	15	8000	2347
7	泰伯花苑第三社区	梅村街道泰伯三期 515 号	3748	19	10000	3160
8	香梅第一社区	梅村街道香梅花园二期 290 号二楼	3683	30	8596	3683
9	香梅第二社区	梅村街道城色佳园 50 号	2610	18	8895	2710
10	香梅第三社区	梅村街道清枫华景门面房 8-40	2989	8	6000	2500
11	梅里社区	梅村街道泰伯西路 104 号	1822	28	5298	4474
12	西蠡社区	梅村街道梅里花苑 39 号	1667	19	4200	1637
13	吴韵社区	梅村街道泰伯大道梅都府售楼处	2165	19	6500	2256
14	尚品社区	梅村街道清枫华景门面房 8-40	4300	20	10000	2500
15	吴泰社区	梅村街道海天紫郡 98-22	3681	17	11000	3000
16	吴锦社区	梅村街道香梅人家 33 号一楼	2911	24	5500	4800
17	梅育社区	梅村街道梅里花苑三区 103 栋 -101	330	0	602	203

类活动 50 余场,为 136 个基层党组织个性化定制“沉浸式”红色路线。打造宝通、绿点和探矿等 6 个党建创优项目,以党建工作项目化为企业高质量发展赋能。以党建创优实践项目助推党组织品牌建设,走访调研 16 个社区党组织,指导申报基层党建创优实践项目 29 个,择优推荐上报区里 10 个,被区录用 4 个。指导 17 个村(社区)积极申报年度书记项目,列入 2023 年度党建重点考核内容。举办“‘聚合聚力邻里圈 共建共享新福里’无锡高新区(新吴区)党建引领基层治理”项目启动暨泰伯大道三大联体成立仪式,推动沿线基层党建融合发展,促进基层善治水平持续提升。 (张莉、魏宁)

【招商引资】 2023 年,梅村街道聚力“产业强街”目标,在“双招双引”重大产业项目上着力攻坚。聚焦“6+2+X”先进产业领域,共对接洽谈各类产业项目 45 个,签约项目 42 个,累计完成超亿元项目备案 14 家,其中总投资超 10 亿元项目 2 个、超 5 亿元项目 3 个,超额完成年度项目招引任务。共认证市级企业技术中心 8 家(无锡德申精密机械制造有限公司、无锡海天机械有限公司、无锡市远方机械有限公司、无锡齐高科技有限公司、无锡市索克赛斯科技有限公司、无锡谱隆精密机械有限公司、无锡莱恩科技有限公司、无锡耐思生命科技股份有限公司),获认定省级绿色工厂 2 家(无锡百年通工业输送有限公司、无锡市标准件厂),市级绿色工厂 1 家,绿色一、二星工厂总计 40 家。 (华艳、魏宁)

【城市建设】 2023 年,梅村街道关注推进民生工程建设,优化城市功能与产业布局。完成区级清点拆平项目9个(其中4个为市级攻坚拔点项目);完成签约住宅44户、非住宅16家,签约面积13.73万平方米,完成签约率46%;完成拆除面积20.01万平方米,拆除率80%。完成梅村村安置房工程8楼主体建设。完成梅荆花苑五区三期D1续建工程主体和装修;完成中心幼儿园改造及地下停车场项目、泰伯西路48~62号改建工程。完成新锦路(金城东路—泰伯大道)改造提升工程、梅里花苑内部桥梁新建工程、老街二期菜场东路电杆迁改工程、上品花园二期东侧沿街停车位改造工程、梅育路热力管迁移工程。

(徐丹、刘星辰、魏宁)

【城市管理】 2023年,梅村街道商贸领域共计检查商超、酒店496家次,排查整改安全隐患57个,全部按时整改完成。“三合一”场所经过两年的整治由原先的344家减少至240家,整改到位203家,其中符合商业“三合一”场所居住规范,即满足“六个一”标准的48家,未整改到位37家,整改率84.58%。“瓶改电”整治行动联合燃气办、社区组织开展宣传、动员、整改,初见成效,在原235家瓶装气单位中,有195家单位改电完成,剩余商户基本改管。对街道4家在营的加油站和5家废品回收站进行全面检查,查出问题18项,全部落实限期整改措施。(谢薇、魏宁)

【科技创新】 2023年,梅村街道围绕人才引进、高新技术企业倍增、企业研发普及、关键技术突破等重点任务和指标,精细化推动科技创新工作发展。新增科技型中小企业入库265家,同比增长16%;新招引科技企业185家,其中符合科技人才培育项目13家、符合高新技术企业培育项目42家;五批共95家企业申报国家高新技术企业,通过66家,净增19家,街道有效期内高新技术企业共181家,同比增长10%;市雏鹰、瞪羚、准独角兽企业培育入库分别为21家、11家和1家,实现“三类企业”每年稳步增长。申报江苏省“双创计划”科技创新类项目2个,入选1个;申报无锡市“太湖人才计划”创新创业领军人才项目7个,入选5个,位列全区街道第二;申报区“飞凤人才计划”创新创业领军人才项目23个,申报数创历年新高,经评审后入选17个,通过率为74%,科技人才项目既有量的递增,也有质的提升,人才工作成绩再创历史新高。新增省级工程技术研究中心6家,入选数占高新区总入选数的27%,入选数量位列全区街道第一。

(周云峰、魏宁)

【社会事业】 2023年,梅村街道城镇新增就业4382人;城镇登记失业率5%,保持低位运行;城镇失业人员再就业1518人;城乡就业困难人员再就业212人;支持成功自主创业472人;实现创业带动就业1096人;引领大学生创业28人;新增公益性岗位安置就业困难18人。街道累计为低保、特困人员、残疾人、困难家庭等发放各类补助、救助和物资共计259.54万余元。养老服务阵地建设不断完善,新建养老院自2022年8月正式启用,护理型床位占比达100%,集养老、护理、医疗、康复等于一体,可满足居民日趋增长的养老服务需求。街道居家养老服务机构社会化占比提升至75%。年度共计完成39人评残工作,完成儿童康复训练申请62人,为街道3名儿童免费安装了假肢矫形器,完成5台电动轮椅的申请评定以及发放工作,为街道18名残疾人配发助听器、盲杖等适配辅具。街道共计支出慈善捐款31万余元,用于“情暖梅里”春节慰问、困难群众资助等。崇德幼儿园建成投用,增加420个学位,明德幼儿园正在建设中。秋季学期接收符合条件的幼儿园新生1015人,小学一年级新生1770人。梅里幼儿园、吴樾花园幼儿园通过省优质幼儿园现场评估,崇德幼儿园创成市优质园。 (钱溢贤、浦昕玥、顾恋、魏宁)

7月24日,御品东方环球中心党建引领基层治理项目启动暨泰伯大道“三大联体”成立仪式举办

(梅村街道 供图)

【基层治理】 2023年,梅村街道推进网格化社会治理,构建“街道+社区+网格+微网格”体系。街道现有街聘专职网格员120名、区聘网格员39名、微网格联络员460名、志愿者1212名,人员配备达标率100%。共接待来信来访约118批347人次、受理阳光信访系统信访件636件,办结636件,处理人民网领导留言板反映问题79件。 (陈娃、魏宁)

【安全生产】 2023年,梅村街道进行安全生产全覆盖排查整治,累计排查整治各类隐患9067个,其中重大事故隐患15个。工贸、化工、危险化学品领域监管对象951家,科学划分网格17个,已累计完成安全生产全覆盖巡查5次,整改率96%,到期整改率

100%。立案45件,行政处罚35件,立案率32.1%,处罚金额83.92万元。扎实推进“厂中厂”安全生产整治提升项目,完成4个自有园区全覆盖检查,排查隐患279个,大部分隐患均已形成闭环。开展“九小”场所“回头看”整治提升,共检查单位1888家,发现隐患216处,整改隐患216处。全面摸排高层住宅小区32个,共488栋建筑。全覆盖检查工业企业消防安全937家,共发现隐患2826处,已整改隐患2599处,整改率92%。 (张竹隐、魏宁)

【宣传文体】 2023年,梅村街道打造“花开梅里”梅村志愿服务联盟品牌,“文艺”“红娘”“摄影”等七大志愿队伍定期进社区、进企业、进学校,开展志愿服务活动130余场。新四军江抗东进纪念馆获评无锡市首批“红领巾”学雷锋志愿服务岗。梅村街道累计开展“贯彻二十大 奋进新征程”等各类宣讲231场,受众近13万人。整合基层文化阵地资源,深化新时代文明实践所、站建设,广泛开展“我们的节日·精神的家园”“文明无锡温暖秋冬”等有活力、可持续的文明实践活动近700场。电影《泰伯》还原吴地文化的艰辛发展历程;舞蹈《吴地映雪》获区“玉飞凤”群文比赛舞蹈组作品铜奖;小品《门对门》获戏剧、曲艺组铜奖;独唱《遇见美丽古都》获音乐组优秀奖。大型红色锡剧《蔡凤仪》《华阿金》展演10余场,以锡剧的形式再现英雄形象,赓续红色血脉,传承红色基因。承办市“2023世界读书日”系列活动暨“钟书”阅读季启动活动,区级钟书房旗舰店“知书梅里”建成开馆,新增18个公共阅读点,市级及以上多平台宣传39篇。 (陆佳红、魏宁)

12月6日,梅里古镇德城广场开展新就业群体应急救护专场公益培训 (梅村街道 供图)

2月20日,音诗画《似是故人来》文化交流活动在香港中文大学新亚书院精彩上演 (梅村街道 供图)

【产业园区建设】 11月28日,中欧产业创新区坤鼎·无锡未来智造园开园,该园区是中欧产业创新区加快园区产业迭代的阶段性示范性标杆项目,将打造成为长三角地区智能制造示范园区。景嘉微GPU产业园项目成功签约,景嘉微芯片产业链的国内头部芯片算力团队项目、光芯片设计项目在梅村落地注册设立公司,填补了街道集成电路核心产业的空白。

(华艳、魏宁)

鸿山街道

【概况】 鸿山街道位于无锡市东南部,东起漕河西底,南接苏州高新科技开发区,西靠无锡机场,北依锡东新城,312国道、沪宁高速公路、锡张高速、望虞河穿境而过,水陆空立体交通便捷,辖区总面积58.6平方千米。鸿山街道下辖鸿声社区、后宅社区、南塘社区、建新社区、大新社区、梁鸿社区、鸿山社区、鸿西社区、马桥社区、鸿新社区、鸿声第二社区、鸿运苑第一社区、鸿运苑第二社区、鸿泰苑第一社区、鸿泰苑第二社区、锦鸿社区16个社区,大坊桥村、七房桥村、后中村、东塘街村4个村,鸿悦社区筹建组和至宾社区筹建组2个筹建组,常住人口近12.4万人。鸿山有深厚的历史人文底蕴,素有“吴越古地、泰伯故里、文化名镇、院士之乡”的美誉。2023年,鸿山旅游度假区(鸿山街道)围绕壮大“6+2+X”现代产业集群,加快构建现代产业体系。深化科技创新载体升级和产业学合作,建成科创孵化载体“鸿山科技园”,入驻艾博思、源创中科等科技创新主体20余家。人均可支配收入10.8万元,完成规模以上工业产值294.6亿元,同比增长7.57%;完成工业投资13.63亿元,同比增长73.85%;完成零售销售5.71亿元,同比增长35.64%;完成规模以上服务业11.3亿元,同比增长42.83%;完成一般预算收入11.66亿元,同比增长20.9%。获新吴区一、二季度“真抓实干”奖。

(张琦彬)

【党的建设】 2023年,鸿山街道有基层党组织177

个，其中党委4个、党总支18个、党支部155个，党员3384人。街道以打造党建特色为重点，以夯实党建基础为保障，围绕“三个聚焦”精准发力，推动基层党建提质增效。入围区党建创优实践项目3个，入围市“三精三名”党课创优活动“精选名师”1名、“精彩名课”2部，《“微治理·大党建”打造乡村治理“鸿山样本”》获“无锡先锋”专题报道，七房桥第一书记拍摄的《吴越古地萄醉七房》受到《中国组织人事报》关注报道。组建全市首个新农人联合党支部，推动“支部＋电商”“支部＋合作社”“支部＋家庭农场”等新颖发展模式扎根鸿山，以“党建＋新农人”为乡村振兴注入“源头活水”，特色做法受到《中国组织人事报》关注报道。依托19个村(社区)小蜜蜂驿站，常态化开展红色观影、送福入“新”、培训进企等暖“新”服务，将党和政府的关心关爱送进企业、送入新业态新就业群体，特色做法在“交汇点”移动新闻客户端等媒体报道6篇。（张琦彬）

【招商引资】 2023年，鸿山街道聚焦“6+2+X”现代产业集群深化科技创新载体升级和产业学合作，建成科创孵化载体“鸿山科创园”，入驻艾博思自动化科技(无锡)有限公司、源创中科(无锡)智能科技有限公司等科技创新主体20余家。挂牌上海鸿雁、北京鸿鹭、西安鸿鹄3个离岸招商和科创孵化中心，全年备案亿元以上项目14个，其中超5亿元项目2个、超10亿元项目1个，到位外资超1991万美元。完善“新服务”，深化“6+6”现代园区管理服务体系，指导15家企业获评省级“专精特新”企业，无锡飞而康新材料科技有限公司、无锡巨力重工股份有限公司获评国家级“专精特新”企业。（张琦彬）

12月3—6日，鸿山旅游度假区（鸿山街道）鸿鹄创新中心成立（鸿山街道 供图）

【城市建设】 2023年，鸿山街道按照“强基础、保民生、促完善”工作要求推进各项工作。完成无锡新吴区高新区C区控制性详细规划鸿南—后宅南、后宅北管理单元动态更新，新吴区2023-01号土地征收成片开发泰伯大道南侧片区方案编制。鸿山创新基地功能定位规划，集成电路鸿山创新园功能定位规划均编制完成。持续推进东塘街谈更上美丽农居建设示范工作，总投资约3000万元，总用地面积5万平方米，涉及61户农房，包括提升改造56户、翻建5户，周边环境及配套设施提升。完成鸿运苑北区改造提升3062户，建筑面积约26.02万平方米，投资3000万元。金鸿学校和至德幼儿园开园。推进鸿山颐养院“一院一品”项目，医养结合率达100%，进一步满足居民日趋增长的养老服务需求。6月，鸿山医院正式投入运行，按照二级综合医院的标准，完善功能设置和布局。引进开业星巴克、元祖、晓秧锅等商业配套，与万达集团达成吴越水街商业综合体运营合作。（张琦彬）

【服务业管理】 2023年，鸿山街道完成跨境平台注册企业30家，实际完成跨境电商平台进出口额25732.04万美元，目标总进度完成率128.7%；完成规模以上服务业入库1家、限额以上服务业入库5家、限额以上零售业入库3家、餐饮入库1家。检查旅馆207家次，娱乐服务场所40家次，发现整改隐患25处。共排查列管重点人群458人。化解各类矛盾187件。（张琦彬）

【社会事业】 2023年，鸿山街道城镇失业人员再就业1469人；援助就业困难人员再就业217人，其中援助重点就业困难人员再就业189人。重点扶持自主创业428人，其中大学生50人，带动就业647人。2月16日，组织举办了“乐业前程，‘职’在鸿山”春风行动专场招聘会。成功对接6个社区，创建“家门口”就业服务站，以更好发挥基层平台作用服务辖区群众。各社区共举办261场次退休职工文体活动，对1250名退休工人进行帮困慰问，共计发放慰问金13.22万元；开展节日走访慰问91人，发放慰问金4.05万元。通过“15分钟医保服务圈”复审工作，指导20个村居社区便民服务站完成医保公共服务点标准化规范化的建设工作。（张琦彬）

【基层治理】 2023年，鸿山街道以“1+4+N”为导向打造“全链条、一站式”的社会治理综合平台，推动多网合一，整合16个部门落实“常驻、轮驻、随驻”机制，快速响应各类诉求，实现矛盾联调、问题联治、平安联创。共接待信访上访人员78批次、191人。网上信访一次性化解率 98.56%，责任单位满意度 100%（国信），重复信访同比下降 58.52%，共调处人身损害赔偿、工伤等各类矛盾纠纷共 39 起，调处成功率达 100%，共受理接待群众咨询 859 件。在 2023 年“善治新吴”城乡社区治理创新示范项目评选中，大新社区“新”星筑梦——她力量增能项目、大坊桥村一亩彩田“坊”邻YOU 助——大坊桥村村民自治项目分别荣获三等奖和优秀奖。规范村社区便民服务站“好差评”工作，对每月评价率和评价结果设定具体标准，实现线上线下评价方式的多样化，街道便民服务中心和各村社区便民服务站办件好评率 100%。（张琦彬）

【乡村振兴】 2023 年，鸿山街道聚焦“改革赋能、科技赋能、数据赋能”推进农业农村现代化先导镇和现

2023 年鸿山街道社区（村）基本情况表

表 9

序号	社区（村）名称	地址	居民户数（户）	居民小组数（个）	常住人口数（人）	户籍人口数（人）
1	大坊桥村	锡宅路金锡桥堍下	1138	41	2565	4461
2	七房桥村	泰伯大道与锡姚路交叉口西北 140 米	1211	24	3832	3974
3	东塘街村	建鸿路与飞凤路交会	550	18	1127	2071
4	后中村	建安桥 1 号	891	42	2106	3308
5	大新社区	锦鸿路 313 号	4133	20	8424	3913
6	鸿山社区	至德大道 805-11 号	742	6	2415	1123
7	鸿声第二社区	泰伯大道 56 号	2100	58	6150	4420
8	鸿西社区	至德大道 809-1 号	2320	53	4550	1821
9	鸿新社区	鸿泰苑三区 56 号 101 室	3724	21	5137	2573
10	建新社区	德育路 1003 号	3303	18	7751	1589
11	梁鸿社区	梁鸿路 1 号	4019	36	8500	4779
12	南塘社区	锦鸿东路与鸿海路交叉口西北 40 米	829	5	6900	2535
13	后宅社区	后宅中路 174 号	2150	9	6599	3693
14	鸿声社区	泰伯大道和振兴路交叉口往西 100 米	1133	21	3500	1210
15	马桥社区	鸿山路 528 号	5148	21	4604	2500
16	鸿运苑第一社区	鸿运街 115 号	2860	22	7890	4981
17	鸿运苑第二社区	鸿运苑六一期 460 号	2857	15	7200	3869
18	鸿泰苑第一社区	睦邻中心 668 号	3048	23	8641	5024
19	鸿泰苑第二社区	鸿泰苑六区 10 号	3171	42	7960	3896
20	锦鸿社区	鸿运街 92 号	1607	0	12840	4513
21	鸿悦社区筹建组	泰鸿路 100-8 号	1240	0	1445	17
22	至宾社区筹建组	至德大道 747 号	1220	0	3720	729

10月28日，新吴区第四届乡村文化旅游季暨“乐享金秋醉美鸿山”徒步活动在鸿山旅游度假区中华赏石园广场圆满举办　（鸿山街道　供图）

9月27日，钱伟长爱国精神纪念馆“中国民主同盟传统教育基地”揭牌仪式举行　（鸿山街道　供图）

代农业产园建设，七房桥、大坊桥、东塘街美丽乡村建设（二期）等3个美丽乡村建设工程项目建成新吴区新美丽乡村建设新样本。7月21—22日，2023葡萄文化旅游季开幕，举办首届长三角精品葡萄推介活动，以“萄醉鸿山　乡约仲夏”为主题，围绕“葡萄”“文旅”“音乐”等元素，展示美丽鸿山围绕葡萄开展的创新创业历程，进一步推广鸿山特色旅游资源，推动文农旅融合发展，探索“平台+”与“媒体+”产品销售新路径，为参与评选推介的各地葡萄种植户和当地农户形成更多文农旅融合发展溢出效应，加快构建具有区域影响力、带动力的“两山”理念实践区。鸿山葡萄再获长三角精品葡萄评比金奖，获评首届无锡市农产品品牌营销促销大赛“十强品牌”称号。　（张琦彬）

【文物遗产保护】 2023年，鸿山街道坚持文物保护利用与发展并举，在做好文物保护的同时，通过实地勘查和现场访谈对辖区文物重新梳理，对一些原本界定不清的疑似文物重新鉴定，申报消除三普点1处。申报西仓老街（长明堂、金魁厅）、毓秀桥等一般不可移动文物的本体、保护范围划定3处，获得市文旅局批复；申报市级文物6处；及时对接、上报上级文物行政部门所需材料。重点推进钱穆故居、怀海义庄修缮及活化利用工程竣工验收，其中钱穆故居活化利用工程获无锡市“百宅百院”活化利用五星项目、怀海义庄活化利用工程获无锡市“百宅百院”活化利用三星项目。　（张琦彬）

新安街道

【概况】 新安街道是无锡高新区（新吴区）行政中心所在地，辖区面积24.27平方千米，有7.8千米长的太湖湖岸线，是太湖水源地一级保护区。至2023年年底，辖区户籍人口近4万人，总人口8.3万人，下辖新安花苑第一社区、新安花苑第二社区、新安花苑第三社区、新安花苑第五社区、新安佳苑第一社区、新安社区、和风社区、净湖社区、菱湖社区、观湖社区、云湖社区、慧湖社区、宁湖社区等13个社区，新安佳苑第二社区筹建组、新湖社区筹建组、月湖社区筹建组3个社区筹建组。2023年，新安街道获市二季度、三季度、四季度“真抓实干奖”、区一季度“高质量发展考核”流动红旗和二季度、三季度“真抓实干奖”，累计获省级“红榜”项目1个、市级“红榜”项目13个、区级“红榜”项目30个。获评2022年度全省基层党员冬训工作示范街道，全市2022年度、2023年度信访工作示范镇，新安花苑第五社区团支部获评全国五四红旗团支部，新安花苑第五社区工会户外劳动者服务站点获评全国“最美工会户外劳动者服务站点”，净湖社区荣获江苏省巾帼志愿服务十大优秀社区、省级节水型居民小区，街道妇联获评江苏省妇联三八红旗集体示范工作室，残疾人之家获评省级“书香残疾人之家”。　（新安街道）

9月1日，新安街道“新雁计划”年轻干部培养工程“思想荟”专项课题研究汇报决赛举行　（新安街道　供图）

【党的建设】 2023年,新安街道有基层党组织186个,其中党委11个、党总支7个、党支部168个,党员3149人。街道认真做好187个基层党组织的党建指导,推进"三新"领域党建,年内新成立14个"两新"党组织(其中功能型党组织2个),撤销5个党组织,指导28个"两新"党组织换届选举、增补选委员,整建制转出2个党组织。评定基准型党支部153个、新申报评定创新型党支部5个,占比94%。申报四星级党群服务中心4个,基层党群服务站点3个,党建工作指导站分站1个。其中,和风社区第一党支部获评2022年度无锡市示范党支部,新安街道党群服务中心获评2022年度无锡市五星级党群服务中心。新发展党员22名,累计举办"新锋计划"党务培训9期,制作"慧聚新安·先锋说"党员教育片5期,2部作品在"牢记嘱托、感恩奋进、走在前列"全市党员教育作品创作大赛分获二等奖、三等奖。举办第二届太湖湾党建共同体创新大会,启用"湖湾青年干部培训基地",发布太湖湾党建生态圈先锋驿站地图,成立8个共创项目行动支部。协同开展产业链党建工作,积极推进红色物业。开展新业态新就业群体党建工作,累计开展各类活动120余次。5个基层党建创优实践项目入选区级项目立项,1个项目在2023年度全市党建引领基层治理典型案例中被评定为"优秀案例"。全年在省、市各级媒体共录用党建外宣信息58条。 (张志洁)

【招商引资】 2023年,新安街道(太湖湾科创城)新招引各类科技型企业1000余家,落地超亿元项目21个,包括总投资20亿美元的58集团本地服务、汽车服务总部项目,"新吴都时代"10亿美元QFLP基金项目。聚焦人形机器人、元宇宙、合成生物、硅基光电等未来产业,筑渠引流举办了首届中国硅光大会、首届太湖湾特殊食品生态圈大会、太湖湾首届美丽健康产业生态圈大会、小微特机器人专项邀请赛等系列生态活动。 (唐传钊)

【城市建设】 2023年,新安街道新增区本级政府投资项目共1项,工程投资总匡算367万元,区本级政府投资项目续建4项,工程总投资累计约13亿元;街道各部门零星项目申请约250项,涉及工程金额约1500万元。老镇区整体风貌提升改造完成。对老镇区沿街店铺外立面进行统一设计、包装出新,提升整体形象。以管线迁改和亮化为主,完成新湖北街、新湖中街的发光字安装,新湖一、二村空调外机装饰罩安装、新湖路电力电缆入地施工,新湖一、二村四合一网络线缆入地施工。一社区老旧小区改造基本完成。完成新安花苑第一社区老旧小区综合改造,改造面积45万平方米,惠及居民4408户;S230(雪梅路—沙墩港大桥)两侧绿化景观提升工程完成建设;清源路(菱湖大道—新湖中路)改造提升工程完工。 (吴敏倩)

【城市管理】 2023年,新安街道落实"721"工作法,走访辖区群众、商户,解决群众反映的各类问题。对所有养护单位开展月度、季度作业质量检查工作,累计发现问题1608处,扣除养护作业质量履约保证金286450元。建成区新增绿地面积达12889平方米,累计完成整治复绿17.11万平方米,主次干道洁净度超过95%、背街小巷洁净度超过80%,3条路达标"美丽示范道路",45条路达标"长效管理道路",重点完成新南路(南湖园路—新湖路)、宁韵路(浪新路—宁雅路)2条背街小巷的改造提升,完成菱湖大道1条道路共享单车管理整治管理;新建400平方米以上口袋公园2个(青年公社西侧公园、大溪港锡东水厂东侧公园),新建5000平方米以上游园1个(零碳体育公园),老旧游园改造提升1个(独立研发园),打造精品游园、儿童友好公园2个(慧海湾公园、大溪港儿童友好公园);完成新安花苑一社区睦邻中心商业广场改造提升项目;推进生活垃圾分类工作,增设延时投放时间,每个收集房增设了1小时的延时投放时间,供错过投放时间的居民进行生活垃圾投放;建立激励机制,制定并发布详细的积分兑换机制,《新安街道生活垃圾分类激励机制实施方案》实施以来,共发放垃圾袋50000卷、抽纸30000份;分类垃圾处置工作,按量完成年度目标任务书中1.6万吨的易腐垃圾、1.026万吨可回收物、3万吨建筑垃圾的处置任务。 (邹峰)

【社会事业】 2023年新安街道累计发放低保金额32.58万元(21户37人)、特困金额10.92万元(9人)、困境儿童补贴19.32万元(19人)、残疾人"两项补

6月22日,新安街道在大溪港湿地公园"溪有"大草坪举办"仲夏湖湾音乐会" (新安街道 供图)

表 10

2023 年新安街道社区基本情况表

序号	社区(村)名称	地址	常住户数(户)	居民小组数(个)	常住人口数(人)	户籍人口数(人)
1	新安花苑第一社区	新安花苑一区 26 号 104	2698	55	8608	5076
2	新安花苑第二社区	新安花苑二区睦邻中心行政服务大厅清源路 288 号	4098	47	10994	6952
3	新安花苑第三社区	新安街道清源路 6 号	4136	66	11574	5709
4	新安花苑第五社区	新安花苑第五社区 30 号新安花苑第五社区党群服务中心	4337	24	7369	1255
5	新安佳苑第一社区	新安花苑一区 401-101/102	2015	25	5089	4076
6	新安街道新安社区	新安街道振新路 33 号	857	17	4995	1600
7	新安街道和风社区	和风路和风家园南门 5 号	2022	27	5716	2247
8	新安街道净湖社区	朗诗绿色家园二期（浪新路 22 号）	4718	18	11363	2565
9	新安街道菱湖社区	慧湖路 118 号 6 号楼	1798	18	2837	1103
10	新安街道观湖社区	净慧东道耘林苑 2 号	2971	17	5132	1746
11	新安街道云湖社区	菱湖大道 8 号阿卡迪亚售楼处旁	2376	12	4431	2069
12	新安街道慧湖社区	新安街道琥珀澜湾 15 号门一楼	2062	–	3201	1555
13	新安街道宁湖社区	龙湖滟澜山 478 号 1 楼（龙湖文体中心）	2620	18	5010	2057
14	新湖社区筹建组	清晏路 28-1 号新安街道办事处下沉广场	1008	–	200	150
15	月湖社区筹建组	新安花苑第二社区睦邻中心	–	–	878	0
16	新安佳苑第二社区筹建组	新安佳苑社区 21 号 3 楼	4682	27	1650	144

贴”111.02 万元(284 人)、尊老金补贴 94.22 万元，慈善救助 32.9 万元；全年新增 2 户低保单人保，日常巡防街道 3 位分散供养特困人员、7 户重残、1 户重病低收入家庭，关注 13 户重点“空巢”独居老人以及 19 名困境儿童，完成低保家庭中燃气灶具的安全摸排，实现困难群众救助帮扶覆盖 100%。推广居家养老“中央食堂”、净湖社区“智慧餐厅”，辐射周边社区；围绕“332”服务行动，加强街道居家养老服务中心、日间照料机构、助餐服务点与卫生服务中心联动，探索家庭医生、“云医院”等医养结合方式，新增居家医养床位 10 张，完成适老化改造家庭数 630 户。为高龄、孤寡、“空巢”、失能以及低收入老人安装智能手环、SOS 报警以及老人生命体征监测等现代智能照护设备，完成街道 67 周岁及以上老年人能力和需求“双评估”工作。新增残疾人实名制就业 5 名，新增残疾人实名制托养 3 名，开展残疾人培训 4 次，建成残疾人创业点 1 个，举办残疾人专场招聘会 1 场，就业年龄段残疾人服务覆盖率 100%。新增区级居家康复托养 88 人；残疾人康复服务进社区推广活动惠及 200 人。完成困难残疾人家庭无障碍改造 6 户；残疾人康复器材进家庭 17 户；持证残疾人基本状况调查信息采集入户率 100%。新安街道残疾人之家入选无锡市“钟书·阅读”优秀机构。探索“互联网 + 托育服务”模式，8 月 26 日正式上线新安街道智慧托育大数据平台，成为全市首个街道级智慧托育系统。推进健康新吴建设，云湖社区创成省级健康社区；大溪港湿地公园创成省级健康公园；江苏中电创达建设装备科技有限公司创成省级健康单位、区级健康企业。 （朱小君）

【基层治理】 2023 年，新安街道报送项目风险评估

11月，新安花苑第一社区睦邻中心（新安商业广场）改造完成　　（新安街道　供图）

32条、预警信息34条，承包商拖欠民工工资、房屋质量问题业主维权等涉群矛盾3件；常态化开展网格化服务管理工作，深入推进“精网微格”工程，划分综合网格53个，专属网格6个，配备专职网格员88人；综治中心完成升级，整合人民来信来访接待中心、网格化服务管理中心、社会矛盾纠纷调处中心、公共法律服务中心职能；国家安全主题公园正式开园，净慧寺反邪教警示教育基地投入使用；开展老菜场房屋安全隐患、流动人口专项整治和反电信诈骗宣传教育，累计排查新安老菜场内安全隐患10处，新建微型消防站4个，登记流动人口39682人；排查整治出租房屋安全隐患364处；常态化开展反电信诈骗、禁毒、扫黑除恶宣传活动，开展反电信诈骗、禁毒、扫黑除恶等平安建设各类宣传活动40余场；落实严重精神障碍患者监护“以奖代补”政策166人。　　（吴雪峰）

【就业创业】 2023年，新安街道推进创业带动就业工作取得积极效果。街道城镇新增就业3100人，累计对接100多家企业发布招聘信息，举办各类招聘会5场，其中直播招聘会1场、线下招聘会4场，提供就业岗位800多个，满足不同群体的求职需求。新安街道和风社区家门口就业服务站4月正式上线，开展“送岗进社区”专场招聘会2场，筹集就业岗位600余个，为192人次提供定制化就业创业服务，打造专属的就业创业方案，实现点对点服务，为105位求职者成功对接。街道自主创业425人，创业带动就业2450人，审核大学生租房补贴3237人次、创业担保贷款995万元，发放各类创业补贴共计953678元。　　（陆宇峰）

【公共文化服务】 2023年，新安街道积极构建符合新安特色的文体旅服务体系，打响“新安文化”品牌。加强公共文化设施布局，深化“阅响新安”全民阅读项目，获评“江苏省最美步道”1处，申报公益小剧场1处，街道获评市“钟书·阅读”示范单位、市“钟书·阅读”优秀空间1处，第二届“玉飞凤”文艺精品创作获1金1银1铜，第七届无锡市群芳奖获2铜。累计演出小剧场近160余场，新建、更新器材健身路径2套，乒乓球桌2张，全套笼式篮球场2个，完成体育场地普查统计，新增体育场地面积约5万平方米。以“湖畔美好生活文化”“湖湾四季”为主题，深入开展“我们的中国梦　文化进万家”系列活动35场，创新开展“湖湾音乐会”系列、“花开新安”护苗系列、“跃动湖湾　未来与共”全民健身节系列、“阅响湖湾　书香新安”阅读系列、“新艺学院”公益培训班等惠民系列活动250余场。引入安全隐患风险第三方评估，统筹文体旅游行业、文保、艺术、体育校外培训机构安全生产，常态化监管辖区内文体旅游行业经营单位25家，非学科类艺术、体育培训机构41家，全年文体旅安全生产专委会共出动168人次，检查辖区内文体旅经4营单位792家次。　　（张雯斌）

【生态环境整治】 2023年，新安街道$PM_{2.5}$浓度20.2微克/立方米，优良天数占比83.1%，$PM_{2.5}$浓度绝对值连续2年排名全市75个乡镇（街道）第一。新安街道辖区国家和省考断面、综合整治河道优Ⅲ占比100%，太湖新安段水域总氮、总磷浓度和富营养化指数均创2007年以来最好水平。新安街道与国家环境监测总站合作建设无锡新吴大气综合观测研究基地（新安点），生态环境部监测司、中国环境监测总站主要领导两次调研基地科研进展，高度肯定取得成效。新安街道生态环境专题宣传片《绿色向新共筑生态》获全区一等奖，攻坚故事《环保“赵哥”》获市级二等奖，新安街道攻坚办连续两年获评全区污染防治攻坚宣传工作优秀组织单位。对辖区10个中大型园区开展园区企业生态环境隐患专项排查，共排查园区企业161家，进一步摸清生产业态及环

8月14日，央视CCTV13新闻频道《新闻直播间》推出“美丽中国新画卷”系列节目，新安大溪港湿地公园亮相首期海采节目——《晒晒你身边的绿水青山》　　（新安街道　供图）

境风险隐患。落实省生态环境厅《太湖一、二级保护区范围内工业企业摸排工作方案》文件要求，对辖区内登记工业生产企业进行专项摸排，排查企业43家，核实企业具体经营状况后系统内填报企业37家，高标准完成企业排查工作。同步推进一般固废全生命周期系统填报、新化学物质摸排、涉工业废盐企业摸排及平台填报、涉氟废水企业提升整治等工作，按要求完成相关整治任务。（缪经硕）

【美丽幸福河湖建设】 2023年，新安街道投入约820万元完成高墩港整治、三房桥（西段）驳岸整治工程，对小区内高墩港河驳岸坍塌局部修复，更换石材栏杆，新建步道，减少两岸塌陷安全隐患，使清源路高墩港河沿线环境面貌整体改观。完成京杭运河二级支浜黄墩头浜清淤疏浚工程，投入约50万元，清淤疏浚总长度约500米，加强沙墩港片区河道水体流动，有效提升水质。完成望虞河（沙墩港大桥至水利枢纽段）绿化提升工程，投入约17万元，经过草皮翻新，苗木点缀，有效减少违规钓鱼、乱扔垃圾现象。辖区六步港获得2023年全市美丽幸福河湖测评红黑榜（第六批）红榜河道。获全市美丽幸福河湖三季度红黑榜红榜，分数排名全市各乡镇第一。（许勇）

【民族工作】 2月21日，无锡市首个“红石榴驿站”落地新安街道新安花苑第二地区睦邻中心广场。4月18日，太科园（新安街道）“湖润同心”统战品牌暨统一战线“六大行动”正式发布;6月1日，“弘毅同心行　石榴‘惠’更红”主题宣传教育活动在新吴实验小学举行;6月20日，“同新石榴红　共筑中国梦”无锡市铸牢中华民族共同体意识宣传进基层文艺会演在新安文化广场举行;8月12日，中央统战部二局赴新安街道调研民族工作。大溪港民族主题公园完成红石榴主题公园创建验收，中国电子系统工程第二建设有限公司先后获评省级“红石榴家园”、全省民族团结进步示范单位，并列入全省“红石榴家园”精品单位名单。（浦家锦）

先进模范人物

江苏省三八红旗手 王文进，1986年6月生，女，汉族，中共党员，籍贯江苏太仓，硕士学历。无锡市新吴区社会工作协会副会长，秘书长，兼任新吴区妇联副主席、社会组织联合支部书记。曾获江苏省最美社工，江苏省社会工作领军人才，无锡市三八红旗手，无锡市三八红旗手标兵，无锡市优秀妇联执委等荣誉称号。多年来，王文进以专业引领社工人才培育、孵化女性社会组织、创新妇女儿童项目为使命，从社会组织、社工、妇女儿童的多元化需求出发，连续6年担任无锡市公益创投孵化培育类项目的负责人及区、街道社会组织孵化器负责人，担任旺庄街道、硕放街道、梅村街道多届社区治理项目第三方负责人和项目督导。从2014年起，为无锡市超过300家社会组织提供1000多次督导咨询服务，培训5000多人次。王文进有近9年(含研究生2年)社会组织培育、社工人才和妇女儿童项目经验，通过组织、人才、平台三维打造专业支撑链，推动当地社会工作项目运营和管理的规范性与专业性水平提升。探索建立女性社会组织、社工、社区联动路径，引导女性社会组织深耕社区，培育典型先进女性社会组织，理念持续创新，治理重心下沉。紧紧立足以人为本，为行业培养优秀人才，探索社工人才培育机制。以妇女微家"益"+伙伴支持空间为载体，以社会工作专业为支撑，运用项目化方式帮助妇女群众解决实际难题。她带领"巾帼团队"成立"抗疫心声带"线上公益咨询服务队，发挥专业优势开展咨询服务，普及心理健康知识进家庭、进社区、进学校。开展"一路童行"儿童保护、困境儿童保护、婚姻家庭指导服务、"益+伙伴"骨干赋能女性公益人培训等系列项目，参与构建新吴区儿童保护安全网络体系，部分项目进入"无锡市为民办实事"立项项目。在推动培育结构合理的社会组织生态体系、搭建素质优良的高质量专业社工队伍、促进社工专业服务匹配本土妇女儿童需求方面，取得一定成效。 （区妇联）

江苏省宣传系统先进工作者 刘保宏，出生于1983年10月，男，汉族，籍贯河北省衡水市，中国共产党党员，硕士研究生学历，现任无锡市新吴区公共文化中心副主任。负责文化产业、文艺创作、印刷出版、全民阅读和电影等相关工作，在工作中坚持以习近平新时代中国特色社会主义思想为指导，增强"四个意识"、坚定"四个自信"、做到"两个维护"，不断提升思想政治觉悟和业务能力，各项工作取得较好成绩。文化产业工作在无锡市文化产业高质量发展考核连续三年保持全市第一。2020年以来，先后具体负责完成《无锡高新区(新吴区)"十四五"文化产业发展规划》《关于推动无锡高新区(新吴区)文化产业高质量发展若干政策》《无锡高新区(新吴区)关于支持电子竞技产业发展的若干政策》等政策文件。亮化"白玉兰"群众文化惠民工程和"玉飞凤"文艺精品创作工程，新吴区"白玉兰"文化惠民工程入选江苏省第三批群众文化"百千万工程"优秀群文活动品牌，推动成功创建江苏省第四批书香城市建设示范区。2022年获评2021年度无锡市高质量发展先进个人，2023年获评全省宣传系统先进工作者。

江苏好人 谈闻安，男，1976年生，籍贯江苏无锡，逸龙工作室负责人，国家级非物质文化遗产"无锡留青竹刻"的传承人之一。擅长篆刻、竹刻、撕纸等非遗技艺，积极参与社会各类公益活动，注重对儿童传统非遗文化的兴趣培养，从一名热爱非遗的传承者，逐步成长为热爱公益的奉献人。从2006年5月起，17年来累计参与无偿献血150次，从一名乐于奉献的献血者，逐步成长为无锡市板友汇的队长，为许多危急险重的病患送去急需的临床用血，抢救了众多生命。先后获无锡市图书馆2010年度“文明使者”，2018年度无锡市图书馆优秀书评员，无锡市图书馆2022年度“读者之星”“年度热心公益读者”、2012年度“无锡好人”，2018—2019全国无偿献血奉献奖金奖、江苏省乡土人才“三带”新秀，2020—2021年度全国无偿献血奉献奖终身荣誉奖等荣誉。（区委宣传部）

2023年新吴区获省条线以上表彰的先进集体一览表

表11

序号	荣誉名称	获奖单位	颁发单位	级别	获奖时间
1	全国巾帼文明岗	新吴区税务局税源管理一科	全国妇女联合会	国家级	2023年2月
2	第六批中国传统村落名录村落	鸿山街道大坊桥村	中华人民共和国住房和城乡建设部等6个部门	国家级	2023年3月
3	2022中国城市停车平台公司创新标杆	锡慧停公司	停车邦知识服务平台	国家级	2023年3月
4	全国首批市域产教联合体建设单位	无锡科技职业学院	中华人民共和国教育部	国家级	2023年5月
5	全国营养与健康示范幼儿园	江溪街道江溪幼儿园、春城幼儿园	中国学生营养与健康促进会	国家级	2023年5月
6	第21届全国青年文明号	新吴区检察院第三检察部“小敏姐姐”工作室	共青团中央	国家级	2023年9月
7	第六批节水型社会建设达标县（区）	新吴区	中华人民共和国水利部	国家级	2023年9月
8	第七批国家生态文明建设示范区	新吴区	中华人民共和国生态环境部	国家级	2023年10月
9	老年友好型社区	江溪街道太湖花园第二社区	国家卫生健康委老龄司	国家级	2023年10月
10	全国维护青少年权益岗	新吴区检察院	共青团中央	国家级	2023年12月
11	全国青年安全生产示范岗	中国东方航空江苏有限公司无锡分公司地服部“青丽”青年班组	共青团中央	国家级	2023年12月
12	药品监管统计数据上报示范单位	新吴区市场监督管理局	国家药监局综合司	国家级	2023年12月
13	2022年度全省基层党员冬训工作示范县（市、区）	新吴区	中共江苏省委宣传部、中共江苏省委组织部	省级	2023年1月
14	2022年全省“安康关爱行动”先进单位	新吴区民政和卫生健康局	江苏省老龄工作委员会	省级	2023年1月
15	2022年全省党建引领社会工作服务示范点	江溪街道社工站	江苏省民政厅	省级	2023年1月
16	2022年度江苏省公共机构节能低碳示范单位	新吴区税务局	江苏省机关事务管理局、江苏省发展和改革委员会、江苏省工业和信息化厅、江苏省财政厅、江苏省生态环境厅	省级	2023年1月

续表 11

序号	荣誉名称	获奖单位	颁发单位	级别	获奖时间
17	2022 年度太湖禁捕退捕先进集体	新吴区农业农村局	江苏省太湖渔业管理委员会办公室	省级	2023 年 1 月
18	2022 年度太湖团结管湖先进集体	新吴区农业综合行政执法大队	江苏省太湖渔业管理委员会办公室	省级	2023 年 1 月
19	2022 年度血吸虫病监测先进集体	新吴区疾病预防控中心	江苏省血吸虫病防制研究所	省级	2023 年 2 月
20	江苏省推动厂务公开民主管理工作先进单位	江溪街道总工会	江苏省厂务公开协调小组	省级	2023 年 2 月
21	2022 年度省养老服务体系建设真抓实干成效明显地方	新吴区	江苏省民政厅	省级	2023 年 3 月
22	江苏省优秀志愿服务社区	江溪街道太湖花园第一社区	江苏省志愿服务工作协调小组、江苏省精神文明建设指导委员会办公室	省级	2023 年 3 月
23	全省法院打击整治养老诈骗专项行动先进集体	新吴区人民法院	江苏省高级人民法院	省级	2023 年 4 月
24	2022 年度全省交通运输现代化示范区建设先锋队暨党建引领“四个在前”·标兵党支部	新吴区交通运输局第六党支部	中共江苏省交通运输行业委员会	省级	2023 年 4 月
25	江苏省模范职工之家	梅村街道总工会	江苏省总工会	省级	2023 年 4 月
26	江苏省“影响力学校建设共同体”第三批成员单位	江溪街道江溪幼儿园	江苏教育报刊总社	省级	2023 年 1 月
27	省督查激励抓实干成效明显单位	新吴区市场监督管理局	江苏省人民政府办公厅	省级	2023 年 4 月
28	2022 年度江苏省重点职业病监测先进单位	新吴区疾病预防控制中心	江苏省疾病预防控制中心	省级	2023 年 5 月
29	全省法院司法警察工作先进集体	新吴区人民法院	江苏省高级人民法院	省级	2023 年 5 月
30	省夜间文化和旅游消费集聚区建设单位	无锡梅里古镇建设发展有限公司	江苏省文化和旅游厅	省级	2023 年 5 月
31	江苏省红十字会基层组织工作先进集体	鸿山街道	江苏省红十字会	省级	2023 年 5 月
32	江苏省健康区	新吴区	江苏省卫生健康委员会	省级	2023 年 6 月
33	全省“五社联动”机制创新试点单位	新安街道、江溪街道	江苏省民政厅	省级	2023 年 7 月
34	江苏省智慧社区建设特色应用试点单位	硕放街道	江苏省民政厅	省级	2023 年 7 月
35	2022 年度按比例安排残疾人就业工作成绩显著单位	新吴区残疾人联合会	江苏省人民政府残疾人工作委员会	省级	2023 年 7 月
36	劳动争议虚假诉讼监督模型	新吴区检察院	江苏省人民检察院	省级	2023 年 7 月

续表 11

序号	荣誉名称	获奖单位	颁发单位	级别	获奖时间
37	江苏省老年友善医疗机构优秀单位	新安医院、康复医院和九鸿护理院	江苏省卫生健康委员会、江苏省中医药管理局	省级	2023 年 8 月
38	全省法院优化营商环境工作先进集体	新吴区人民法院	江苏省高级人民法院	省级	2023 年 8 月
39	省级放心消费创建示范单位	无锡梅里古镇建设发展有限公司	江苏省放心消费创建活动办公室、江苏省市场监督管理局	省级	2023 年 8 月
40	“五社联动”机制创新试点单位	江溪街道	江苏省民政厅	省级	2023 年 8 月
41	2022 年度省级宜居示范居住区	江溪街道前进花园社区	江苏省住房和城乡建设厅	省级	2023 年 9 月
42	“致敬教育家 践行新使命”教科研党建共同体单位	无锡市梅村中心幼儿园	江苏省教育科学研究院	省级	2023 年 9 月
43	全省首批“江苏省仪器仪表产业园”	无锡微纳产业发展有限公司	江苏省市场监督管理局	省级	2023 年 9 月
44	全省法院首批“五好五强”领导班子	新吴区人民法院	中共江苏省高级人民法院党组	省级	2023 年 10 月
45	省级孵化器评价优秀（A 类）	无锡微纳产业发展有限公司	江苏省科技厅	省级	2023 年 10 月
46	2022—202 中国国际进口博览会溢出效应最佳承接园区	无锡国家高新技术产业开发区	中国国际进口博览会溢出效应论坛秘书处、上海市工业经济联合会	省级	2023 年 11 月
47	全省优秀人民法庭	江溪人民法庭	江苏省高级人民法院、江苏省人力资源和社会保障厅	省级	2023 年 11 月
48	全省统计系统先进集体	新吴区统计局	江苏省统计局	省级	2023 年 11 月
49	第二批江苏省示范步行街	无锡梅里古镇建设发展有限公司	江苏省商务厅	省级	2023 年 11 月
50	江苏省健康促进医院	梅村街道社区卫生服务中心	江苏省健康委员会	省级	2023 年 11 月
51	江苏省基层医疗机构五级中医馆建设单位	梅村街道社区卫生服务中心中医馆	江苏省中医药管理局	省级	2023 年 11 月
52	2022 年度健康促进医院	新瑞医院、梅村街道社区卫生服务中心、旺庄街道社区卫生服务中心	江苏省卫生健康委员会	省级	2023 年 11 月
53	江苏省师德师风建设宣传基地校	无锡市梅村中心幼儿园	江苏省教育厅	省级	2023 年 11 月
54	江苏省关爱阵地建设示范点	江溪街道	中共江苏省委政法委员会	省级	2023 年 11 月
55	2023 年度全省服务贸易统计工作成效显著单位	新吴区商务局	江苏省商务厅	省级	2023 年 12 月

续表 11

序号	荣誉名称	获奖单位	颁发单位	级别	获奖时间
56	江苏省妇联系统先进集体	新吴区妇女联合会	江苏省人力资源和社会保障厅、江苏省妇女联合会	省级	2023 年 12 月
57	全省交通运输系统先进集体	新吴区交通运输综合行政执法大队	江苏省人力资源和社会保障厅、江苏省交通运输厅	省级	2023 年 12 月
58	机关党建信息工作优秀组织单位	区机关工委	江苏省机关工委	省级	2023 年 12 月
59	全省退役军人就业创业工作先进集体	新吴区退役军人事务局	江苏省退役军人事务局	省级	2023 年 12 月
60	江苏省优质护理院	扬子护理院	江苏省卫生健康委员会	省级	2023 年 12 月
61	江苏省社区医院	梅村街道社区卫生服务中心	江苏省卫生健康委员会	省级	2023 年 12 月
62	江苏省老年友好型社区建设单位	硕放街道丽新社区、鸿山街道鸿泰苑第一社区	江苏省老龄办	省级	2023 年 12 月
63	优秀组织奖	新吴区红十字会	江苏省红十字会	省级	2023 年 12 月
64	江苏省优秀博爱家园	新吴区红十字会	江苏省红十字会	省级	2023 年 12 月
65	江苏省健康社区	江溪街道缇香社区、前进花园社区	江苏省爱国卫生运动委员会办公室	省级	2023 年 12 月
66	2023 年江苏省“四好”商会	梅村街道商会、空港经济开发区商会	江苏省工商业联合会	省级	2023 年 12 月
67	江苏省乡村振兴示范村创建单位	鸿山街道七房桥村	江苏省农业农村厅、江苏省乡村振兴局	省级	2023 年 12 月
68	第十二批次江苏省特色田园乡村	鸿山街道大坊桥村姚更上、金家里、寒儒桥	江苏省住房和城乡建设厅	省级	2023 年 12 月
69	江苏省青年学习社	新吴区税务局	共青团江苏省委	省级	2023 年 12 月
70	江苏省工会“职工书屋”示范点	新吴区税务局	江苏省总工会、江苏省全民阅读办	省级	2023 年 12 月

2023 年新吴区获省条线以上表彰的先进个人一览表

表 12

姓名	单位	荣誉	授予单位	授予时间
储铭铭	新吴区检察院	全国知识产权检察人才库成员	最高人民检察院知识产权检察办公室	2023 年 1 月
牛治国	新吴区检察院	全国案件质量评查人才	最高检案件管理办公室	2023 年 9 月
陈敏杰	区民政卫健局	2022 年全省“安康关爱行动”先进个人	江苏省老龄工作委员会	2023 年 1 月
吴诗佳	新吴区人民法院	全省法院“优化法治化营商环境执行年”1+4 专项行动先进个人	江苏省高级人民法院	2023 年 1 月
曹雪青	新吴区人民法院	全省法院立案信访工作先进个人	江苏省高级人民法院	2023 年 1 月
刘小娟	新吴区江溪街道春暖第一社区	江苏省群众文化“百千万工程”优秀文艺骨干	中共江苏省委宣传部	2023 年 1 月
杨　静	新吴区疾病预防控制中心	2022 年江苏省健康促进县（区）建设指导先进个人	江苏省健康教育协会	2023 年 2 月
黄仲妹	新吴区江溪街道景渎社区	江苏省 2021—2022 年度优秀农家书屋管理员	江苏省新闻出版局	2023 年 3 月
梁岱红	新吴区江溪街道办事处	江苏省优秀工会工作者	江苏省总工会	2023 年 3 月
周倩倩	新吴区人民法院	全省法院打击整治养老诈骗专项行动先进个人	江苏省高级人民法院	2023 年 4 月
过佳佳	新吴区税务局	2022 年度江苏省最美家庭	江苏省妇女联合会	2023 年 4 月
赵学彬	新吴区疾病预防控制中心	江苏省重点职业病监测先进个人	江苏省疾病预防控制中心	2023 年 5 月
盛　晟	新吴区疾病预防控制中心	江苏省疾控系统“百名卫生防疫之星”	江苏省疾病预防控制中心	2023 年 5 月
徐良俊	新吴区人民法院	全省法院系统先进工作者	江苏省人力资源和社会保障厅、江苏省高级人民法院	2023 年 5 月
华　韧	新吴区港航事业发展中心	全省船舶碰撞桥梁隐患治理三年行动先进个人	江苏省交通运输厅	2023 年 5 月
曹雪青	新吴区人民法院	全省法院党的二十大维稳安保工作先进个人	江苏省高级人民法院	2023 年 6 月
谈闻安	新吴区江溪街道太湖花园第一社区	江苏好人榜	江苏省文明办	2023 年 6 月
许　楠	新吴区交通运输综合行政执法大队	全省交通运输行业优秀共产党员	中共江苏省交通运输行业委员会	2023 年 8 月
蒋少文、孙森、于百平	新吴区人民法院	全省法院刑一、少年审判条线刑事案件优秀庭审	江苏省高级人民法院	2023 年 9 月
史济峰	新吴区检察院	全省检察机关先进工作者	江苏省人社厅、省检察院	2023 年 9 月
吴常坤	新吴区市场监督管理局	江苏省五一创新能手	江苏省总工会	2023 年 10 月
陈冰华	梅村街道志愿者	2023 年省级“暖心之星”	江苏省卫生健康委、江苏省计划生育协会	2023 年 11 月
刘保宏	新吴区公共文化中心	江苏省宣传系统先进工作者	中共江苏省委宣传部江苏省人力资源和社会保障厅	2023 年 11 月
王文进	新吴区社会工作协会	江苏省三八红旗手	江苏省妇女联合会	2023 年 12 月
徐晓磊	新吴区人民法院	全省法院金融审判工作先进个人	江苏省高级人民法院	2023 年 12 月
刘汉堂	无锡奥特维科技股份有限公司	江苏最美退役军人	江苏省退役军人事务局	2023 年 12 月

组织机构和负责人名录

1. 区四套班子

无锡高新技术产业开发区党工委

书　记　崔荣国
副书记　章金伟
　　　　洪延炜(2023.12止)
　　　　刘　霞(女)
委　员　顾国栋
　　　　罗功新
　　　　韩　杨
　　　　李伟敏(女)
　　　　丁洪军
　　　　王庆春
　　　　朱晓峰(2023.05起)

中共新吴区委员会

书　记　崔荣国
副书记　章金伟
　　　　洪延炜(2023.12止)
　　　　李　芬(女)
常　委　刘　霞(女)
　　　　顾国栋
　　　　罗功新
　　　　韩　杨
　　　　李伟敏(女)
　　　　丁洪军
　　　　王庆春
　　　　朱晓峰(2023.05起)
　　　　陈　龙

无锡高新技术产业开发区管委会

副主任　章金伟
　　　　洪延炜
　　　　丁洪军
　　　　顾国栋
　　　　孙　磊
　　　　华艳红(女)
　　　　吴　珂
　　　　冼　薇(女)
　　　　李桂林

新吴区人民政府

区　长　章金伟
副区长　李　芬(女)
　　　　丁洪军
　　　　顾国栋
　　　　孙　磊
　　　　华艳红(女)
　　　　吴　珂
　　　　冼　薇(女)
　　　　李桂林
　　　　赵　宏
　　　　周　卉(女)

新吴区人大常委会

主　任　余银龙
副主任　祝君乔
　　　　黄家传(兼)
　　　　张文荣
　　　　叶志浩

政协新吴区委员会

主　席　焦夕莲(女)

副主席　朱晓红
肖伟民(兼)
平　江
金　燕(女)
曹建兴

2. 区纪律检查委员会

无锡高新区纪工委
书　记　罗功新
副书记　王　佳(女)

中共新吴区纪委
书　记　罗功新
副书记　王　佳(女)
秦志超
常　委　朱　鼎
周　辰
钱振宇
王国柱(2023.04 起)

新吴区监察委员会
主　任　罗功新
副主任　王　佳(女)
秦志超
委　员　周　辰
钱振宇
王国柱(2023.04 止)
钱　旸
陈　鹏(2023.04 起)

3. 区委工作机构及直属单位

区党政办公室
主　任　吴建华
副主任　邵登云(2023.04 止)
郃学爱
束国军
彭啸宇
张　鹏(2023.04 起)
孙志敏(兼)

区委组织部
部　长　韩　杨
副部长　殷　璐(女)(兼)
孙　昊
阮　杰
戴　鹏(女)

区委宣传部
部　长　刘　霞(女)
常务副部长　万　江
副部长　鲍宇红(女)
赵　俊

区委统一战线工作部
部　长　李伟敏(女)
常务副部长　袁秋明(女)
副部长　孟　军(2023.05 起)
赵文斌

区委政法委
书　记　王庆春
常务副书记　王　松(2023.12 起)
副书记　王　松(2023.12 止)
平文杰
张　锋
秦晓伟(挂职)

区委机构编制委员会办公室
主　任　殷　璐(女)
副主任　王　珏(女)
秦向军
钱月霜(女)

4. 区人大常委会工作机构

区人大办公室(挂研究室牌子)
副主任　居宏健
黄　斌(女)

区人大人事代表联络工作委员会
主　任　周卫明

区人大监察和司法工作委员会
主　任　蒋少文

区人大财政经济工作委员会(挂农业农村工作委员会牌子)
主　任　郭雪强

区人大环境资源城乡建设工作委员会
主　任　金晓忠

区人大教育科学文化卫生工作委员会
主　任　朱中群

5. 区人民政府工作机构及直属单位

区发展和改革委员会
主　任　韩建中
副主任　汪雄飞
　　　　邵　丹(女)
　　　　邹　峰(2023.04 止)
　　　　翁希浩(2023.08 起)

区教育局
局　长　张　英(女)
副局长　罗生根
　　　　邹　萍(女)(2023.12 止)
　　　　彭　雷

区科学技术局
局　长　万　江
副局长　李振东
　　　　王学用
　　　　杨　凯

区工业和信息化局
局　长　吴　炜
副局长　吴宝龙
　　　　王　波
　　　　贺齐东(2023.05 起)

区民政和卫生健康局
局　长　卢军英(女)
副局长　钱敏锋(女)
　　　　杨坚波
　　　　肖雅平(女)
　　　　朱　杰

区司法局
局　长　封　雷
副局长　毛　卫(2023.05 止)
　　　　黄　娅(女)
　　　　唐　鹏

区财政局
局　长　吴宏达
副局长　雷老闲
　　　　张北顺(2023.05 起)
　　　　潘诗娴(女)

区人力资源和社会保障局
局　长　孙　昊
副局长　郭会文
　　　　张　铁
　　　　沈　爽(女)

区住房和城乡建设局
局　长　黄海清
副局长　邵志忠
　　　　张国强
　　　　黄　嵩
　　　　邓　峰
　　　　姚健华(女)(兼)

区城市管理局
局　长　洪　斌(2023.12 止)
　　　　尤　伟(2023.12 起)
副局长　周　晖
　　　　邹加春
　　　　覃春芳(女)(2023.12 止)
　　　　杜冬生(2023.07 起)
　　　　王瑶磊(2023.12 起)

区农业农村局
局　长　吴治军
副局长　王黎明
　　　　李　钧
　　　　费　贤

区商务局
局　长　郁　江
副局长　孟　军(2023.05 止)
　　　　陆鸿燕(女)
　　　　朴延蔓
　　　　王立涛

区退役军人事务局
局　长　邵登云
副局长　王夜明
　　　　俞　群(女)
　　　　秦震奇(兼)

区应急管理局
局　长　庞正方
党组书记　丁洪军(2023.05 止)
党委书记　张凡明(2023.05 起)

副局长　张凡明(2023.05起)
顾东方
钱国锋
杨晓杰

区审计局
局　长　丁少春
副局长　邓新福

区行政审批局(机构更名前)
局　长　沈　琦(女)(2023.07止)
副局长　庞建新(2023.07止)
罗　艳(女)(2023.07止)
严　垒(2023.07止)

区数据和政务局(机构更名后)
局　长　沈　琦(女)(2023.07起)
副局长　罗　艳(女)(2023.07起)
严　垒(2023.07起)
周晓斌(2023.07起)

区市场监管局
局　长　包旭东
副局长　吴　琪
王晓彦
许　璪
刘海鹏

区统计局
局　长　丁　伟(2023.12止)
朱志宏(2023.12起)
副局长　朱志宏(2023.12止)
孙士怡(女)

综合保税区管理局
局　长　王里成
副局长　蔡佶靓
徐勇坚
孙　妍(女)

6. 区政协工作机构
秘书长　周学芳(女)

区政协办公室
主　任　周学芳(女)

区政协提案委员会
主　任　朱宏军

区政协经济科技和农业农村委员会
主　任　沈　菲(女)(2023.07起)
副主任　沈　菲(女)(2023.07止)

区政协人口资源环境城乡建设委员会
主　任　诸国强

区政协文教卫体委员会
主　任　杜　旎(女)

区政协学习文史和社会法制委员会(挂港澳台侨和民族宗教委员会牌子)
主　任　王　磊(女)

7. 区纪委监委工作机构
办公室
主　任　杨春亮(2023.05止)

干部管理监督室
主　任　周　慧(女)

党风政风监督室
主　任　郭宏图

案件监督管理室
主　任　王海廷

第一监督检查室(区监委第一派出监察员办公室)
主　任　田碇君

第二监督检查室(区监委第二派出监察员办公室)
主　任　邱凯凯

第三监督检查室
主　任　韩嘉炜

第四审查调查室
主　任　侯　敏

第五审查调查室(监督审查技术室)
主　任　陈　鹏(2023.04止)

第六审查调查室
主　任　王　玺

案件审理室
主　任　张黎慧(女)(2023.08 起)

区纪委派驻第二纪检监察组
组　长　史文群
副组长　马宇红(女)

区纪委派驻第五纪检监察组
组　长　王　挺(2023.12 止)

区纪委派驻纪检监察组
组　长　蔡乾宇
　　　　朱超虎
　　　　徐　胜
　　　　蔡唯一(女)(2023.12 起)
副组长　付南林
　　　　刘　鹏
　　　　杨春亮(2023.05 起)
　　　　周燕兰(女)

区委巡察工作办公室
主　任　朱　鼎
副主任　庞建国
　　　　周　芳(女)

区委巡察组
组　长　沈　芳(女)
　　　　谢振胜
　　　　殷　翔
副组长　刘绪中
　　　　王　挺(2023.12 起)

区委巡察一组
副组长　窦兴龙

区委巡察二组
副组长　任　云
　　　　邹小英(女)

区委巡察三组
副组长　王智明
　　　　蔡唯一(女)(2023.12 止)

8、区人民法院：

无锡高新区(新吴区)人民法院
院　长　刘一勤
副院长　雷海亮
　　　　陈津波
　　　　邵　明

9. 区人民检察院

无锡高新区(新吴区)人民检察院
检察长　丁宏伟
副检察长　徐子良
　　　　　华　军
　　　　　杨一峰

10. 群众团体机构及工商联

区总工会
主　席　韩　杨(2023.05 止)
　　　　朱晓峰(2023.05 起)
党组书记　夏同军
副主席　夏同军
　　　　顾国祥(2023.10 起)
　　　　周　敏(女)(兼)
　　　　周梦璇(女)(挂职)
　　　　朱升皓(兼)

共青团新吴区委员会
书　记　刘　璐(女)
副书记　陈　铭(女)(2023.07 止)
　　　　林星州(挂职,2023.07 起)
　　　　徐苾芸(女)(挂职)
　　　　俞嘉伟(兼)

区妇女联合会
主　席　袁乃佳(女)
副主席　何慧瑶(女)
　　　　胡　雯(女)(挂职)
　　　　王文进(女)(挂职)
　　　　张丰园(女)(挂职)

区归国华侨联合会
主　席　吴立新
副主席　荚厚成
　　　　沈于蓝(兼)
　　　　段　涛(兼)
　　　　黄焕斌(兼)
　　　　魏绍鋆(兼)

区科学技术协会
主　席　郭中华
副主席　张小波
　　　　徐云峰（兼）
　　　　甘　宁（兼）
　　　　肖克来提（挂职）
　　　　瞿立新（挂职）

区文学艺术界联合会
主　席　万　江（挂职）
副主席　许斯筠（女）（2023.07 起）
　　　　罗生根（挂职）
　　　　黄秀敏（女）（挂职）

区残疾人联合会
理事长　肖伟民
副理事长　陈锡财
　　　　　费　洋（女）（挂职）

区红十字会
会　长　孙　磊
常务副会长　季　茗（女）
副会长　李　良
　　　　杨坚波（挂职，2023.05 起）

区法学会
会　长　王庆春（兼）
专职副会长　唐潇清（女）（兼）
副会长　王　松（挂职）
　　　　马　星（挂职）
　　　　蒋少文（挂职）
　　　　杨一峰（挂职）
　　　　唐　鹏（挂职）

区工商业联合会
主　席　黄家传（2023.05 止）
　　　　朱晓红（2023.05 起）
党组书记　孟　军（2023.05 起）
副主席　肖　品（兼）
　　　　王燕清（兼）
　　　　叶春明（兼）
　　　　包志方（兼）
　　　　刘海涛（兼）
　　　　严　奇（兼）
　　　　李一波（兼）
　　　　何双权（兼）
　　　　沈于蓝（兼）
　　　　张　翔（兼）
　　　　张立新（兼）
　　　　陆元明（兼）
　　　　范乐平（兼）
　　　　郁伟民（兼）
　　　　郁晓春（兼）
　　　　周胜荣（兼）
　　　　周福海（兼）
　　　　赵　磊（兼）
　　　　顾希红（兼）
　　　　谈国良（兼）

11. 各街道（园区）党工委、人大工委、办事处、纪工委

（1）中共无锡空港经济开发区工作委员会
书　记　陈伟良（2023.05 起）
副书记　陈伟良（2023.05 止）
　　　　朱春华
　　　　陆　斌
委　员　钱佳彬（2023.05 止）
　　　　周　丰
　　　　曹石韵（女）
　　　　季要芳（女）（2023.07 起）
　　　　徐　敏（2023.05 起）
纪工委书记　刘晴奇
纪工委副书记　董　伟

无锡空港经济开发区管理委员会
主　任　陈伟良（2023.05 起）
副主任　陈伟良（2023.05 止）
　　　　朱春华
　　　　钱佳彬（2023.05 止）
　　　　周　丰
　　　　曹石韵（女）
　　　　季要芳（女）（2023.07 起）
　　　　徐　敏（2023.05 起）

无锡市新吴区硕放街道
党工委
书　记　陈伟良
副书记　朱春华
　　　　陆　斌
委　员　周　丰
　　　　曹石韵（女）
　　　　季要芳（女）（2023.07 起）
徐　敏（2023.05 起）

贺齐东（挂职，2023.05 止）
张　庆（挂职）
组织委员　张浩宇（2023.12 起）
宣传委员　刘　义
统战委员　余一帆（女）
政法委员　徐　敏（2023.05 止）
陈　良（2023.07 起）
纪工委书记　刘晴奇
人武部长　丁秉毅
人大工委
主　任　殷晓军
办事处
主　任　朱春华
副主任　钱佳彬（2023.05 止）
周　丰
曹石韵（女）
季要芳（女）（2023.07 起）
徐　敏（2023.05 起）
贺齐东（挂职，2023.05 止）

（2）中共无锡新加坡科创城工作委员会
书　记　韩　杨
副书记　黄锡渭
杨二观（挂职，2023.04 止）
纪工委书记　李孟洁（女）（2023.05 起）

无锡新加坡科创城管理办公室
主　任　黄锡渭
副主任　焦柯寒
秦　霞（女）（挂职）

无锡市新吴区旺庄街道
党工委
书　记　黄锡渭
副书记　焦柯寒
杨　凯（2023.12 止）
高前锋（2023.01 止）
浦咏贤（女）
刘　华（挂职，2023.05 起）
朱　威（2023.12 起）
委　员　朱　威（2023.12 止）
李晓峰
张金玉
单义忠
刘宏伟
顾嘉毅（2023.12 止）
徐　增
李星星（2023.12 起）
戴松涛（挂职，2023.04 起）
组织委员　林星州
宣传委员　张　磊
统战委员　徐　增（2023.12 止）
政法委员　张　军
纪工委书记　李孟洁（女）
人武部长　鲍　波
人大工委
主　任　张汝洋
办事处
主　任　焦柯寒
副主任　朱　威（2023.12 止）
张金玉
单义忠
刘宏伟
李晓峰
顾嘉毅（2023.12 止）
徐　增（2023.12 起）
李星星（2023.12 起）

（3）无锡市新吴区江溪街道
党工委
书　记　陈卫红
副书记　周　栋
徐福伟
张凡明（2023.05 止）
陈　松
委　员　杜冬生（2023.07 止）
朱跃新（2023.05 止）
华怡钧
王艳霞（女）
胡凌燕（女）
顾　煜
孙　威（挂职，2023.04 起）
组织委员　祁　燕（女）
宣传委员　王艳霞（女）（2023.07 止）
陈　铭（女）（2023.07 起）
统战委员　辛圣旦
政法委员　徐之武（2023.07 止）
钱晓志（2023.08 起）
纪工委书记　王明蔚
人武部长　徐之武
人大工委
主　任　杨小栋

办事处
主　任　周　栋
副主任　杜冬生（2023.07止）
　　　　朱跃新（2023.05止）
　　　　华怡钧
　　　　王艳霞（女）（2023.07起）
　　　　胡凌燕（女）
　　　　顾　煜
　　　　秦佳泽

（4）中共无锡中欧产业创新区工作委员会
党工委
书　记　朱晓峰（2023.12起）
副书记　朱冬青（2023.12起）
委　员　高前锋（2023.12起）
　　　　邹　峰（2023.12起）
纪工委书记　李敏杰（2023.12起）

无锡中欧产业创新区管理办公室
主　任　朱冬青（2023.12起）
副主任　高前锋（2023.12起）
　　　　邹　峰（2023.12起）

无锡市新吴区梅村街道
党工委
书　记　朱冬青
副书记　高前锋（2023.01起）
　　　　邹　峰（2023.04起）
　　　　韩　理（女）
　　　　马伟华（2023.02止）
委　员　浦立军
　　　　陈加佐
　　　　郭　健
　　　　过云锋
　　　　董　青
　　　　丁　尧
　　　　封　杰（挂职，2023.12起）
组织委员　吴　俊
宣传委员　黄铭石（女）
统战委员　王小兰（女）
政法委员　蔡国新
纪工委书记　李敏杰
人武部长　裴　蓓
人大工委
主　任　张业生

办事处
主　任　高前锋（2023.01起）
副主任　浦立军
　　　　陈加佐
　　　　郭　健
　　　　过云锋
　　　　董　青
　　　　丁　尧
　　　　顾君尧（挂职，2023.05起）

（5）中共无锡鸿山旅游度假区管理办公室工作委员会
书　记　宋志明
副书记　方　军
委　员　许　瀛
　　　　蔡立海
纪工委书记　孙浩轩（2023.08起）

无锡鸿山旅游度假区管理办公室
主　任　宋志明（2023.05起）
副主任　宋志明（2023.05止）
　　　　方　军
　　　　许　瀛
　　　　蔡立海

无锡市新吴区鸿山街道
党工委
书　记　宋志明
副书记　方　军
　　　　许　瀛
　　　　贾敏东
委　员　蔡立海
　　　　惠　明
　　　　潘　明
　　　　张　群（女）
　　　　杜啸天
　　　　王新穗（挂职，2023.04起）
组织委员　陈　玥（女）
宣传委员　王亮凡
统战委员　刘桐佑
政法委员　贾敏东
纪工委书记　孙浩轩
人武部长　杨晓彬
人大工委
主　任　陆　侃

办事处
主　任　方　军
副主任　蔡立海
　　　　惠　明
　　　　潘　明
　　　　张　群（女）
　　　　杜啸天
　　　　王瑶磊
　　　　朱　音（女）（挂职，2023.12 止）
　　　　本国嫔（女）（挂职，2023.07 起）

（6）中共无锡太湖国际科技园工作委员会
党工委
书　记　顾国栋
副书记　尤　伟
　　　　汤华联
委　员　刘家祺
　　　　冷　晔
　　　　谢勇军
纪工委书记　史银坤

无锡太湖国际科技园管理办公室
主　任　朱晓红（2023.05 止）
　　　　阙尧尧（2023.05 起）
副主任　尤　伟
　　　　汤华联
　　　　刘家祺
　　　　冷　晔
　　　　谢勇军

无锡市新吴区新安街道
党工委
书　记　尤　伟
副书记　汤华联
　　　　何勇洲
　　　　张　鹏（挂职）
委　员　刘家祺
　　　　冷　晔
　　　　谢勇军
　　　　邹文伟
　　　　王晓伟（2023.08 止）
　　　　王　颖（女）
　　　　华永清（挂职，2023.04 起）
组织委员　朱品君（女）
宣传委员　王　颖（女）（2023.08 止）
　　　　　邓芳芳（女）（2023.10 起）
统战委员　郑周岚
政法委员　陈光银
纪工委书记　史银坤
人武部长　董大鹏
人大工委
主　任　庞建新（2023.07 起）
办事处
主　任　汤华联
副主任　刘家祺
　　　　冷　晔
　　　　谢勇军
　　　　邹文伟
　　　　王晓伟（2023.08 止）
　　　　王　颖（女）（2023.08 起）

12. 区直属单位

无锡高新区科技创新促进中心
主　任　李敏芸（女）
副主任　王建清
　　　　王曙东
　　　　郁　杨（女）
　　　　茅林玲（女）

无锡高新区招商发展中心
主　任　王光远
副主任　刘小瑜（女）
　　　　谢　艳（女）

中共无锡市新吴区委员会党校
校　长　韩　杨
常务副校长　卞惠忠
副校长　汪　英
　　　　周梦璇（女）

新吴区重点建设项目管理中心（重点工程建设办公室）
主　任　黄　强（2023.04 起）
副主任　王　鹏（2023.05 起）
　　　　张　峰（2023.08 起）

新吴区区域社会治理现代化指挥中心
主　任　周立峰
副主任　唐　浩
　　　　辛振国（2023.05 起）

重要文献选编

政府工作报告

——2024年1月10日在无锡市新吴区第二届人民代表大会第三次会议上

无锡市新吴区人民政府区长　章金伟

2023年工作情况

2023年是全面贯彻党的二十大精神的开局之年，是三年新冠疫情防控转段后经济恢复发展的一年。一年来，面对国际国内环境发生的一些超预期变化，全区上下坚持以习近平新时代中国特色社会主义思想为指导，坚持把深入学习宣传贯彻党的二十大精神、习近平总书记对江苏工作重要讲话重要指示精神和开展学习贯彻习近平新时代中国特色社会主义思想主题教育这三件大事紧密结合起来，在市委市政府和区委的坚强领导下，全面落实"四个走在前""四个新"重大任务，挑大梁、扛重任，全力推动经济运行率先整体好转，全力推动各项工作走在前列。

这一年，是极不平凡的一年，大事要事多，困难挑战多，取得硕果多。最鼓舞人心的是，市委市政府出台《关于支持无锡高新区开放创新高质量发展打造现代化国际化建设先行示范的意见》，鼓励支持全区上下踔厉奋发、勇毅前行，较好地完成年度经济社会发展目标任务，经济回升向好的基础越来越稳固，推进中国式现代化新吴新实践实现良好开局。最振奋人心的是，我们以学习贯彻习近平新时代中国特色社会主义思想主题教育为牵引，认真学习贯彻总书记参加江苏代表团审议和两次视察江苏重要讲话重要指示精神，按照省市和区委部署安排，锚定"十个聚焦"，学思践悟、奋勇争先，季季评获奖总数全市第一；获批国家生态文明建设示范区、全国首批自然资源节约集约示范区、国家级节水型社会建设达标区，全国首批、全省领先、全市唯一入选全国完善普惠性学前教育保障机制实验区，全区上下务实担当、干事创业的精气神持续高涨。最温暖人心的是，面对疫情"疤痕效应"、内外需承压、信心预期不稳等叠加难题，全区上下坚持把对美好生活的向往转化为强大精神动力，朝着共同富裕的方向，坚定信心、团结一致，只争朝夕、奋力拼搏，人民群众的获得感幸福感安全感持续提升，在困难面前展现出的坚韧不拔的毅力和持之以恒的努力，感动着每个新吴人。

一年来，主要做了以下几方面工作：

一是强支撑增信心，经济运行稳中有进。坚持把"推动经济运行率先整体好转"放在突出位置，落实中央和省市各项部署要求，采取扎实有效举措，市场预期和信心持续回暖。预计完成地区生产总值2530亿元、增长5.8%以上，全市"经济压舱石"作用愈发凸显。一般公共预算收入262.2亿元、总量位居全省县市区第三、全市第一，增长8.3%，税占比保持88.5%的高位、全市第一。规上工业总产值突破6500亿元，增长5%；规上工业增加值增长7.6%，贡献度全市第一。规上服务业营业收入635亿元、增长9%左右。完成固定资产投资804.62亿元，其中工业投资391.15亿元、增长6.4%。实际使用外资总量全市第一。进出口总额约3550亿元、继续保持全市占比50%以上。城镇居民人均可支配收入达到7.55万元，人均GDP全省县市区第一。市场运行稳健向上。落实"苏政42条""锡政22条"等一揽子稳增长政策，鼓励帮助企业走出去、抢订单、引投资，办理增值税留抵退税17.5亿元；全市率先出台金融支持实体经济高质量发展实施意见，签署350亿元规模政银企战略合作协议；抢抓国家专项债券窗口期，获批专项债券28.7亿元；各类市场主体持续扩容，新批内外资企业8057户、个体工商户1.5万余户，增幅均居全市前列。支持民营经济发展，民营企业产值超亿元企业270家、超百亿元企业3家，获评国家专精特新"小巨人"企业33家、是去年的2.5倍。居民消费提质扩容。开展新春年货节、啤酒音乐节等"约惠新吴"系列消费季活动，发放各类消费券2000万元，制定"美食之都·购物天堂"品牌建设行动计划，引入"东集西市"网红餐饮街区，梅里古镇获评省级步行街、省级夜间文化和旅游消费集聚区，实现社会消费品零售总额426亿元。"三保"要求全面落实。坚持民生优先，民生支出占比达75%左右，按时保质完成8大类20项人大票决民生实事项目，完成“微幸福”民生工程事项218件，办理“民声留言板”事项4647件，办结“12345”政务服务便民热线8.3万条。发放吸纳就业、公益性岗位等各类补贴2.7亿元，开展“春风行动”等招聘活动200场，城镇新增就业2.2万人以上，帮扶失业人员8187人、就业困难人员1752人实现再就业，支持成功自主创业2911人，残疾人就业率全市第一。全市率先出台分层分类社会救助意见，困难群众服务保障覆盖率连续四年全市领先。坚持过“紧日子”，严控“三公”经费和一般性支出，区街各级机关事业单位运转高效顺畅。

二是深谋划实推进，产业实力显著增强。产业基础更加坚实。出台12个产业三年行动计划，物联网、集成电路、生物医药、智能装备、新能源分别增长8.5%、10%、14.9%、10%、14%，物联网MEMS传感器产业集群入选省级中小企业特色产业集群，获批集成电路国家级创新型产业集群，荣获中国集成电路园区综合实力第二名。营利性服务业营收增长19.8%、全市第一，新增省级现代服务业高质量发展集聚示范区6个。产业质态持续提升。高新技术产业产值占规上工业产值比重达74.7%、较去年提高近3个百分点；数字经济核心产业营收达到3000亿元，稳居全市第一。深入推进转型升级，完成工业技改320亿元，占工业投资比重超80%；2家企业入选工业和信息化部物联网赋能行业发展典型案例，新增国家级智能制造示范工厂1家，实现全市零的突破，成功创建省信息技术应用创新先导区，智能制造能力成熟度蝉联全省区县第一；新增省长质量奖提名奖企业1家；产业园区“三优化三提升”三年行动圆满收官，腾退低效用地约1500亩，建成高标准工业载体超80万平方米。新增国家级绿色工业园区1家，连续六年获省自然资源节约集约利用评价考核奖励。发展后劲充足有力。着力强链补链延链，博世氢能及电气化、电科装备半导体等一批优质项目加速落地，新招引超亿元项目145个、总投资1087亿元，其中超10亿元项目18个、超100亿元项目2个。强化项目全周期服务，入围省重大项目数量全市第一，152个省市区级重大项目完成投资400亿元、投资完成率114.3%，省重大项目开工率、省市重大项目投资完成总量全市第一，奥特维二期、航亚科技等17个市级以上重大项目竣工投产。

三是谋创新提质效，动能转换加速推进。科创平台加快布局。引进中国药科大学无锡创新研究院，瑞金长三角健康研究院、香港理工大学无锡科技创新研究院、北京大学EDA研究院、长三角特殊食品健康营养研究院等揭牌启用，全国首个中欧疫苗研发与产业合作中心、区块链测评中心签约落地；入围省级新型研发机构12家、全市第一；西安交通大学储能创新联合体签约成立，技术合同成交额378亿元、位居全市第一；获批省知识产权示范园区。科创主体更加活跃。新引进科技企业2976家，新入库科技型中小企业2500家，有效期内高新技术企业超1520家、年度新认定首次超过600家、全市第一，55家企业跻身企业创新积分全国500强，7家企业上榜中国物联网“新物种”企业榜单，9家企业入围中国潜在“独角兽”企业榜单，入选数量占全市二分之一；2家企业获中国专利银奖和优秀奖，新增上市企业3家。举办“百企千才高校行”等活动30余场，出台“助企、引才、筑巢”安居计划；产业人才实训学院有效留“新”率超八成，引进高层次人才超3100人、全市第一，新增高技能人才超4100人，入选首批省级顶尖人才“登峰计划”1人、科技部高端外国专家引进项目4个，国家重大人才工程B类入选数全市占比78%。创新生态日趋完善。坚持科技金融协同发展，新增基金注册规模192.5亿元、增长150%，投放风险补偿类科技贷款19.3亿元，获批省科技金融创新试点。科创空间不断扩容提效，中电海康一期、亿利科创产业园等园区建成开园，科创载体运营面积超320万平方米；入围国家级科技企业孵化器2个，建设海外创新中心6个。举办首届中国硅光大会、中国物联网新物种企业大会、开放原子开发者大会等重大品牌活动，行业创新影响力持续扩大。

四是谋改革促开放，内生动力有效激发。重点领域改革蹄疾步稳。“两城四区”六大功能区总体规划落地，基本实现“功能区+街道”运行体制全覆盖。集成化创新改革成效明显，“龙头+”创新生态机制、“平台+”创新促进机制等不断优化。国资国企改革全面启动，明确打造五大集团十大公司，全面锻强国资国企核心竞争力。基层治理机制持续优化，创建“吹哨报到”机制，形成“上下联动、多方参与”的基层治理新格局；深化教育、医疗等领域综合改革，推出“出生一件事”等系列便民场景改革措施，让民生服务更有温度。营商环境打造成效明显。建设数字政府，推动政务服务“一网通办”、公共治理“一网统管”。不断推进企业开办“110”改革，优化商事登记流程，全省率先实现市场主体登记全生命周期全链通办；深化“三提三即”改革，探索“联合竣工验收”2.0版，全省率先实现工程建设项目从“拿地即开工”到“竣工即投用”全链审批服务；全省率先开展长三角远程异地评标。入选全口径权责清单编制全市唯一试点区。加强涉外法律服务，为涉外企业发展保驾护航。开放合作迈向更高水平。把深度融入长三角一体化发展和更高水平对外开放作为畅通双循环的关键举措。密集启动全球招商，开年即组织全市首个境外招商团外出招商，全年举办境外招商活动11场，新批协议注册外资超3000万美元项目15个。与锡山区合作共建新综保区，无锡中欧产业创新区启动建设；召开无锡新加坡工业园合作开发30周年大会，推动新一轮战略合作；2个园区入选省级国际合作园区示范案例。探索自贸联创区开放新路径，长三角电子元器件国际分拨中心高效运行，建设国家跨境电商综合试验区，综保区“保税+”新业态扩容发展，上港ICT（无锡）中心揭牌，服务贸易进出口总额约35亿美元、增长约8%，总量全市第一。赴“一带一路”沿线地区投资项目23个、协议资金2.07亿美元，创近年新高。全面启动无锡连云港工业园区共建，推动青海零碳产业园、宜川工业园规划建设，对口支援协作取得新成效。

五是强功能优品质，产城融合步伐加快。城市建设有序推进。完成无锡太湖湾科创城、无锡新加坡科创城、无锡中欧产业创新区等重点地区城市设计。文商旅配套日趋健全，太湖湾国际文化艺术中心暨交响音乐厅、伯渎河体育中心、伯渎河文化中心等重大设施加快推进，高新万达开业运营。京杭运河无锡段跨度最大桥梁——菱湖大桥建成通车，春达路、黄山路等7条道路顺利竣工。改造安置房小区6个、180万平方米，加装电梯42台。完成拆迁面积150万平方米。城市管理有效加强。聚力打造“全国最干净城市”，打造“席地而坐”城市客厅24处，新增“垃圾四分类”小区12个、省达标小区45个，拆除违法建设435处、80万平方米，打造区域性综合提升单元10个，新改建公厕20座，新增公共停车泊位1478个，新改建公园游园15个，新增绿地46公顷，积极构建“公园绿地10分钟服务圈”。城市生态更加良好。深入打好蓝天、碧水、净土保卫战，完成涉气项目411项，$PM_{2.5}$浓度和空气质量优良天数比例改善幅度均位居全市前列。统筹水资源、水环境、水生态、水安全治理，完成涉磷企业规范化整治1033家、入河（湖）排污口整治357个，改造管网12千米，智慧水质实验室通过认证，完成太科城片区全域水生态修复工程，国省考重点断面优Ⅲ比例100%，水源地地表水环境质量达到Ⅲ类要求；有序推进太湖治理工程14个，太湖藻情形势为2007年以来最好，实现连续十六年安全度夏。开展“无废城市”建设，完成首轮环境化学物质统计调查。

六是惠民生增福祉，公共服务持续改善。公共服务高标准优化。大桥清晏校区、金桥鸿山校区开办，锡师附小空港校区合作签约，新增“锡教名家”等高层次教师9人，区政府履行教育职责评价全市五连冠，高分通过国家义务教育优质均衡发展区、学前教育普及普惠区评估认定，中考成绩创历史新高，无锡科院牵头的集成电路产教联合体入选首批国家级名单。推进以瑞金无锡分院为龙头的区域医联体建设，成立“五大中心”，鸿山医院、区中医院新址启用，创成市级临床重点专科2个、省级社区医院1个，获评省健康区。打造全市首个“适老生活体验馆”“智慧餐厅”，养老服务体系建设获省级督查激励，通过全国医养结合示范区省级评估；打造全市首个园区托育点，每千人托位数提前实现“十四五”目标。文体惠民精彩纷呈。精心筹办“白玉兰”文化惠民演出工程、“玉飞凤”精品文艺创作展等文化活动，举办无锡交响乐团首演暨新年音乐会，荣获省书香城市建设示范区。鸿山墓群本体保护展示工程获评全省唯一“中国文物保护示范工程”，完成钱穆钱伟长故居活化利用工程。举办全区第八届运动会，赛事规模、参与人数再创新高。有效发挥新时代文明实践中心（所、站）作用，实施“彩虹圆”共创计划，开展“最美人物”走基层等互融共建活动，深化“幸福自治楼道”创建，人人参与共享文明创建成果。乡村振兴深层面推进。夯实耕地红线，建设高标准农田2000亩，粮食总产量稳中有增。壮大新型农业经营主体，获评全国数字农业农村“三新”优秀项目1个，鸿山农业产业园、七房桥村葡萄休闲特色园获评市级园区。开展农村人居环境整治、“三清三治”专项行动，长效管护合格村比例95%以上，农村生活污水全面纳管处理。建设和美乡村，大坊桥村跻身“中国传统村落”，七房桥入选省乡村振兴示范村。

七是守底线保安全，社会大局保持稳定。安全生产平稳有序。开展专项整治巩固提升年行动、重大事故隐患专项排查整治行动，实现规上及重点企业安全生产素质能力测试全覆盖，事故起数和死亡人数分别下降16.7%、20%。加强包容审慎监管，推行轻微违法行为“免罚轻罚”措施。治理能力明显提升。持续推进“精网微格”工程，构建“1+6+N”三级贯通矛盾纠纷多元化解机制，区级综治中心“一站式”服务平台成为省级示范观摩点。深入开展“信访突出问题攻坚化解巩固提升年”行动，涉法涉诉信访突出问题化解率居全市前列。公检法三方加强联动，严厉打击涉黑涉恶、电信诈骗等违法犯罪行为。防范风险惠及长远。坚持以人民为中心，积极推进“保交楼”，有效防范化解房地产、产业链供应链等领域风险；强化食品药品安全监管，保障群众饮食用药安全。综合施策，政府性债务率稳步下降。有效防御洪涝、台风等自然灾害和极端天气，最大程度保障生产生活秩序。

一年来，我们全面贯彻新时代党的建设总要求，持续加强政府自身建设。深入开展主题教育，着力“学思想、强党性、重实践、建新功”，切实以学铸魂、以学增智、以学正风、以学促干。自觉接受人大监督、政协民主监督、社会和舆论监督，办结人大代表建议59件、政协委员提案122件。将依法行政贯穿政府工作始终，推进基层综合执法规范化建设，强化政务公开，规范政府投资项目全流程管理。同时，民族、宗教、对台、侨务、国防动员、双拥、档案史志、老龄、妇女儿童、青少年、残疾人、工会、红十字、慈善、志愿服务、关心下一代等工作有了新的进步和发展。

各位代表，过去一年，既有拼搏的艰辛，更有收获的喜悦。这些成绩的取得，根本在于习近平总书记掌舵领航，根本在于习近平新时代中国特色社会主义思想科学指引，是市委、市政府和区委坚强领导的结果，是区人大、区政协和社会各界大力支持的结果，凝聚着全区干部群众的智慧和汗水。在此，我代表区人民政府，向广大市民，向区人大代表、政协委员，向各位老领导老同志，向区各民主党派、工商联、无党派人士、各人民团体和社会各界，向驻区解放军、武警官兵和民兵预备役人员，向驻区各条线部门及单位，向所有参与、支持、关心我区发展的海内外朋友，表示衷心感谢并致以崇高敬意！

思危方能居安，知忧才能克难。取得成绩的同时，我们也清醒地看到我区经济社会发展还存在不少困难和问题：外部环境依然严峻复杂，经济回升向好态势还不够稳固；创新策源力还不够强，重大科技基础设施未有大的突破；环境质量常态达标、提质增优的基础还不够稳固；教育、卫生等优质公共服务供给仍不充足；安全生产、消防等领域本质安全水平有待提升；基层社会治理水平与人口水平不匹配，政府职能转变仍需与时俱进、不断提升。对此，我们将切实采取措施，全力加以解决。

2024年主要任务

2024年是中华人民共和国成立75周年，是持续发力“十四五”规划后半程的关键之年，我们面临的形势依然严峻复杂，肩负的任务依然艰巨繁重，要做的工作依然千头万绪，需要我们始终保持坚定的信心，时刻保持蓬勃的朝气，总是保持充足的干劲，务实举措、勇挑大梁、走在前列。根据市委、市政府和区委部署，今年政府工作的总体要求是：坚持以习近平新时代中国特色社会主义思想为指导，全面贯彻党的二十大精神和习近平总书记对江苏工作重要讲话重要指示精神，深入落实中央经济工作会议部署，按照省委十四届五次全会、省委经济工作会议、市委十四届六次全会和区委二届五次全会提出的目标要求，聚焦经济建设这一中心工作和高质量发展这一首要任务，坚持稳中求进工作总基调，完整准确全面贯彻新发展理念，全面落实“四个走在前”“四个新”重大任务，锚定目标、奋发进取，扎扎实实、踏踏实实，巩固和增强经济回升向好态势，更好统筹发展和安全，努力在高质量发展上走在前列、在推进中国式现代化中走在前做示范多作贡献，不断谱写“强富美高”新吴区现代化建设新篇章。

综合各方面因素，全区经济社会发展的主要预期目标是：地区生产总值增长6%；一般公共预算收入增长5%左右，规上工业增加值增长7.5%；完成固定资产投资820亿元左右，其中工业投资410亿元左右；进出口总额稳中提质；实际使用外资14.5亿美元左右；社会消费品零售总额增长7%；规上服务业营业收入增长8.5%；城镇居民人均可支配收入与经济增长基本同步；城镇新增就业2万人以上，节能减排和大气、水环境质量等约束性指标完成市下达的目标任务。

围绕实现以上目标，今年将全面贯彻区委“重大项目提速、创新发展提质、改革开放提升、狠抓落实提效”四大行动的部署要求，勇挑大梁、狠抓落实，重点做好九个方面工作：

（一）坚持实干立区，推动经济持续回升向好

习近平总书记指出：“新征程是充满光荣和梦想的远征，没有捷径，唯有实干。”高新区走过了31年的漫长征途，创造了引人瞩目的辉煌成就，也在新吴人的血脉中镌刻了实干基因。面对百年未有之大变局、面对新要求新使命、面对心中的远大梦想，唯有实干。做好经济工作，需要我们牢牢把握稳字当头、实字为先，找准经济发展中的困难和问题，充分利用有利于经济发展的一切积极因素，以扎实有效举措提振市场预期、社会信心和发展动能，筑牢经济发展基础。

着力改善社会预期。全面落实国家和省、市关于促进经济持续回升向好等各项政策，实施好全区“政策措施22条”，严格执行减税降费系列政策，力促内外资各类市场主体信心回暖。持续开展产业链供应链配套对接活动，帮助企业稳定生产、开拓订单、提速发展。坚持把外资作为重要支撑力量，一如既往为外资企业发展提供优质服务和全要素保障。坚持“两个毫不动摇”，促进“两个健康”，始终把民营企业和民营企业家当作自己人，全面落实“民营经济31条”等政策，聚焦全区“实施方案21条”，加强民营企业资源要素保障能力，落实个体工商户转企业相关政策，助推民营经济持续发展壮大。

保持有效投资增长。着力“双招双引”，综合运用以商招商、基金招商等方式，新招引超100亿元项目2个、超50亿元项目3个、超10亿元项目18个、

超亿元项目100个，力争引进先进制造项目总投资1000亿元，高端软件项目150个、数字创意项目15个、高端商贸项目86个，未来产业项目200个、总投资300亿元。聚焦备案开工率、项目竣工率等“五率”，加大海力士七期、华虹二期、村田三工厂等重特大项目推进力度，确保省市区重点项目完成投资350亿元，新竣工项目30个。用好政策性金融工具，实施政府投资重大项目84个，总投资140亿元。

着力激发消费潜力。落实全省恢复和扩大消费“22条”等政策措施，培育新型消费场景，办好“约惠新吴”等系列促消费活动，稳定扩大汽车、家电等大宗消费，发展数字、健康等新型消费。推进新地假日广场二期、奥特莱斯二期建设。支持居民刚性和改善性住房需求，提振住房消费“景气指数”。

（二）坚持产业强区，锻造新的产业竞争优势

推动战略性新兴产业集群发展，深入推进新型工业化，全面提升产业竞争力和影响力。

做强重点产业集群。支持物联网、集成电路、生物医药等战略性新兴产业集群融合发展，提高产业集群垂直整合力、行业影响力，争创国家新型工业化示范区，物联网、集成电路、生物医药、智能装备、新能源等产业均实现两位数增长。聚焦产业链升级和居民消费升级，推动生产性服务业向专业化和价值链高端延伸，生活性服务业向高品质和多样化提升，新增主辅分离项目100个、服务业重点骨干企业150家以上。全面推动“产业集群+特色园区”发展，加快中国联通光电通信产业园、长三角数字经济产业园、国际生命科学创新园三期等特色园区建设，推动朗新科技产业园二期、中关村科技创新园二期扩建工程等园区竣工投用。

培育龙头链主企业。推动创新链、产业链、资金链、人才链深度融合，建立产业链分工合作、利益共享的一体化组织新模式，新增专精特新企业150家，其中国家专精特新“小巨人”企业16家以上，力争制造业单项冠军1家以上，让“小块头”释放大能量。紧盯新能源汽车、智能家居等“主链产业”，培育更多“链主企业”。推进华虹、58同城、中电海康等龙头企业生态圈建设，发挥产业链吸附效应，持续壮大产业集群。完善总部经济政策支持和服务管理体系，支持本土企业总部化发展。

狠抓产业转型提质。培育重点领域的工业互联网平台和生活性服务平台。统筹推进数字产业化、产业数字化，精准发力打造更多数字化转型硬核成果。更大力度落实“智改数转”，分批分类开展企业数字化诊断，完成“轻量化改造”项目48个，新增市级以上智能制造标杆及示范企业200家以上，完成工业技改投入300亿元。坚持集约集聚发展，启动新一轮产业园区优化提升。

（三）坚持创新兴区，塑造发展新优势新动能

坚持创新在现代化建设全局中的核心地位，加快形成以科创为核心、以企业为主体、以平台为枢纽、以人才为支撑的创新创业生态。

着力打造新质生产力。围绕未来产业“5+N”格局，发力化合物半导体和先进封测、氢能和新型储能、人工智能和机器人、细胞基因和合成生物、元宇宙和虚拟现实等5个主导型未来产业，探索谋划深海空天、硅基光电等N个前沿性未来产业，量身定制配齐“八个一”。构建以基础研究带动技术突破、以技术应用引领产业链发展、以产业繁荣推动科技创新的良性循环；实施跨界融合示范工程，打造更多应用场景；加紧项目导入和企业培养，实施孵化与加速计划，力争更多企业进入“首发阵容”。

做强科技创新引擎。深化产学研合作，加速汇聚国字号、省字号创新平台，支持华进半导体争创国家集成电路封装技术创新中心，加快中国药科大学无锡创新研究院、香港理工大学无锡科技创新研究院等项目建设，支持企业牵头组建创新联合体，促进高新技术产业化、规模化应用。鼓励企业“揭榜挂帅”，攻关创新链关键“卡脖子”技术，形成一批产业链关键“硬科技”产品。实施高价值知识产权培育工程，高标准推进知识产权强区建设。

力促创新主体成长。实施科技项目招引“373”计划，新招引30个上市后备科技项目、700个符合高企培育科技项目、3000个高质量科技项目。打造高企、瞪羚企业、准独角兽企业、上市企业雁阵梯队，新招引科技企业3000家，科技性中小企业评价入库超2500家，新增市级以上“三类企业”300家，有效期内高新技术企业达到1750家，新增上市企业3家。研究支持“卡脖子”技术攻关人才等政策，加快人才工作联络站、人才飞地建设，打造好“青年人才驿站”，引进各类高层次人才超2600人，培育高技能人才超3000人，引育科技领军人才创新创业项目220个，加快形成梯次合理的金字塔型人才结构。

优化创新创业环境。持续完善“众创空间—孵化器—加速器—产业园区”全链条科技企业培育体系，探索实施“百企百楼科技赋能”计划，运营好“科创飞地”“海外创新中心”，建设具有新空间、新模式、新产业、新生态“四新”特征的新型科创载体，开工建设科创载体超100万平方米、建成投用超100万平方米，确保科创载体高质量发展三年行动圆满收官。创响“高新金融谷”综合金融服务品牌，放大母基金撬动作用，加强与并购基金合作，强化基金的资源导入

整合作用，完善国有类金融工具，支持科技型中小企业创新发展。办好太湖湾生命健康未来大会生态圈系列会议、中国半导体设备年会等品牌活动，组织优质项目参加各类科技创新创业大赛，营造浓厚双创氛围。

（四）坚持改革开放，切实激发内在动力活力

强化改革开放双轮驱动、纵深推进，营造市场化法治化国际化一流营商环境，为发展破解瓶颈制约、打开更广空间。

打好改革组合拳。持续深化功能区管理体制改革，全面实施“管理办 + 街道办 + 国企”运行机制。探索构建新质生产力体系化培育发展体制机制。以数字政府建设为牵动，持续推进“一网通办”“一网统管”，推进政务流程的全面优化、系统再造和数字化提升。深化医疗卫生体制改革，实施“一院一品一特色”建设，建强紧密型医联体。“深化养老服务中心 + 社区卫生服务中心”双中心联动医养服务发展模式，建立整合型健康养老服务体系。全面落实国企改革任务，通过资产证券化、组建 SPV 公司等方式盘活整合经营性国有资产，促进国有资产提质增效；全面启动园街国企整合。落实好国防动员改革各项任务，抓好民兵整组和兵员征集，推动军民融合深度发展。全面完成好“五经普”任务。

构造营商强磁场。坚持“无难事、悉心办”，对标世界银行新一轮宜商环境评估体系，在产权保护、市场准入、社会信用等方面持续加力。推进“审批—监管—执法—信用”全链改革试点，推进“高效办成一件事”扩面集成，推动“双随机、一公开”监管，推行涉企行政合规全过程指导。推行包容审慎执法监管，深入实施“审慎执行 + 信用修复”专项行动。

迈出开放新步伐。主动融入长三角一体化发展、长江经济带发展，研究全面接轨上海大都市圈新路径，深化与粤港澳大湾区对接合作，深度参与“一带一路”建设。升级焕新更高层次的对外开放平台，申报国家数字服务出口基地、争创省级外资总部集聚区，全力争设江苏自贸区无锡新片区。放大 2 家省级国际合作园区示范效应，争取新获批省级中韩国际合作园区。发展跨境电商、海外仓、检测维修、离岸贸易外贸新业态，提升跨境电商综合试验区、长三角电子元器件国际分拨中心等载体开放能级。鼓励外企利润再投资，开拓更多股权投资、QFLP 基金等外资新业态。支持企业“走出去”开拓国际市场，增强企业全球资源配置能力。加快新综保区建设，建设区域性空港枢纽，打造“双循环”对外开放桥头堡。扎实推进东西部对口支援协作、南北合作共建。

（五）坚持产城融合，推进城市能级跃迁提档

深入践行“人民城市”理念，统筹谋划功能布局，因地制宜更新改造，深耕细作城市管理，增强城市综合承载力和发展能级。

提速两城四区建设。一张蓝图绘到底，加快“两城四区”功能区建设，持续完善功能配套。以“一号工程”定位推进无锡太湖湾科创城建设，启动 CBD 核心区建设，打造“湖湾明珠、科创名都”。围绕建设“国家级临空经济示范区”，做强航空航天产业园、生命科学创新园等园区。加快建设无锡新加坡科创城，深化国际开发合作，重点推进专精特新产业园，启动第一岗未来十字街区建设，打造国际化新型城区。以商贸服务为重点，与综保区协同发展，打响无锡粤港澳服务贸易区新名片。按照“创新街区 + 产业园区”模式，推进中德、中法、中瑞等产业园建设，构筑中欧产业创新合作新优势。推动鸿山旅游度假区早出新形象，促进农文旅融合发展，打造最具特色的现代旅游度假区。

持续完善城市功能。推进大运河（伯渎河）文化带建设，加快规划、启动建设大运河文化生态科技产业园、专精特新产业基地、物联网产业化基地、大运河文化生态展示区。统筹实施城市更新，重点推进华光锅炉厂地块省级试点项目、外下甸及硕北 2 个市级重点项目，导入总部办公、现代金融、高端商业，打造高品质城市客厅。畅通路网体系，协同推进轨道交通 4 号线、5 号线建设，全力保障高浪快速路、312 国道新吴段改造顺利竣工。实施城市生命线安全工程，加快道桥管网工程建设，推进京杭大运河、望虞河等沿线闸站建设。持续推进既有住宅加装电梯，对 18 个、120 万平方米老旧小区实施改造。确保完成市征收拆迁工作任务，其中市级攻坚项目 15 个。

深化城市精细管理。以绣花功夫系统提升管理水平，巩固“新街吴韵”道路街巷更新治理成果，更大力度推进美丽街区建设、更高标准打造区域性综合提升单元。加大立体绿化及公园绿地建设力度，打造群众“出门见绿、移步见景、小行见园”的宜居生活。统筹绿化养护、市政设施管护、环卫保洁等业务，促进“专业服务 + 指挥平台 + 行政力量”有机融合。坚持以人为本、文明执法，既管好城市秩序，又留住城市“烟火气”。

（六）坚持绿色低碳，打造美丽中国样板示范

深入贯彻习近平生态文明思想，坚定践行“两山”理念，以蓝天碧水净土保卫战为重点，持续深入打好污染防治攻坚战，全面推进“美丽新吴”建设。

污染防治再加力。扎实开展 $PM_{2.5}$ 和臭氧双控双减，强化重点行业、重污染天气管控措施，突出抓好工地扬尘、餐饮油烟治理，降低大气污染物排放量。把新一轮太湖治理作为标志性工程，统筹推进控

源截污、清淤疏浚、水系连通等工程，持续开展涉磷企业、氟化物整治提升，推进全域水生态修复，打造35条美丽幸福河湖市级样板工程，确保38条河道水质优Ⅲ比例100%、市考以上断面达标率100%，确保太湖安全度夏。以“无废城市”创建统筹推进环太湖有机废弃物示范区建设、一般工业固废等污染防治，分类推进危险废物贮存设施整治，开展好建设用地污染地块治理。

环境监管再加强。继续推进“绿刃”“两打”等专项行动，加大生态环境保护法律法规宣传力度，深化行政执法与刑事司法有效衔接。加快构建政府主导、部门协同、企业履责、社会参与、公众监督的生态环境监测格局，推动固定污染源自动监控监测体系建设，实现环境质量、生态质量、污染源监测全覆盖。

绿色发展再提速。落实能耗总量和强度双控制度，严控高能耗高排放项目发展。探索推动绿电认证、碳足迹认证与国际认证接轨，引导清洁生产、清洁能源等低碳产业发展，争创国家首批碳达峰试点园区。开展生物多样性保护和绿色生产生活创建行动，宣传推广简约适度、绿色低碳、文明健康的生活理念和生活方式，争创“绿水青山就是金山银山”全国实践创新基地。

（七）坚持共同富裕，推动民生福祉扩面提标

牢牢把握江山就是人民、人民就是江山这一根本立场，双管齐下统筹抓好文化“软实力”和富民“硬支撑”，增强人民群众获得感幸福感。

切实打造文化强区。认真贯彻习近平文化思想，大力践行社会主义核心价值观，加强优秀传统文化的保护传承和创新发展，更加注重革命传统教育和爱国主义教育，挖掘和弘扬吴文化的内在精神、时代价值，讲好新吴故事、展示江南之美、传播中华文化。推进“1+3+10+N”文体设施落地，启动2个片区级文体中心选址，加快鸿山国家考古遗址公园整体提升等文旅项目建设，推出一批沉浸式文旅消费新项目、新场景。打造“4321”文化工程，打造国家广告产业园、电子竞技产业基地、吴越文化数字科创谷、无锡1969创意工厂等4个特色文化产业园区集群，发挥好伯渎河文化中心、伯渎河体育中心、鸿山国家考古遗址公园3个文化载体效能，亮化“玉飞凤”“白玉兰”2个文化品牌，打造1支高水准交响乐团，举办“无锡交响·世界听见”音乐季等活动，打造更多文艺精品，推进文化事业和文化产业繁荣发展。建好用好基层公共文化空间，广泛开展全民阅读活动，深化省级书香城市示范区建设。

持续强化社会保障。深入实施就业优先战略，把稳就业促增收和扩大内需、拉动消费结合起来，做好高校毕业生、农民工、退役军人、城乡就业困难人员等重点群体就业工作。研究形成进一步提高就业质量、扩大中等收入群体、增加中低收入群体要素收入的有效举措。加快区级“一老一小”综合服务中心建设，实施好“锡心医养”社区居家“332”服务行动，做优“一院一品”特色医养服务，争创全国医养结合示范区。扎实开展低收入人口动态监测和精准帮扶“3610行动”，统筹社会救助、社会福利、慈善事业、扶残助残、双拥共建、优抚安置等工作，持续健全多层次社会保障体系。

不断提升公共服务。坚持教育优先发展，推动锡师附小空港校区、新吴实验文治学校、天一新吴分校等学校建设，依托合作办学、集团化办学，强化教育内涵发展和教学质量提升，注重拔尖创新人才早期培养和青少年身心健康，保持学业质量检测水平和中考成绩位居全市第一方阵，打造新吴教育高质量发展名片。启用爱思开无锡医院，完成硕放街道社区卫生服务中心新址搬迁，挂牌区级妇幼保健院，支持瑞金无锡分院创建“三甲”医院，打造区域医疗服务高地。聚焦人口发展新形势，统筹婚嫁、生育、养育全链条服务，营造婚育友好社会氛围。

大力实施乡村振兴。持续健全资金、建设用地支农机制，抓好1200亩高标准农田建设，确保1.5万亩粮食种植面积只增不减，保障粮食和重要农产品稳定安全供给。发展高科技现代农业、生态绿色农业、观光休闲农业，开展集体经济发展提质增效行动，推动实施一批街村联建、村村联合发展项目，再增一批“千万村”。学习运用“千万工程”经验，深入开展“三清三治”专项行动，确保农村生活污水处理率达到目标要求，打造吴韵美丽乡村风光带，描绘更多生态画卷，留住更多乡愁记忆。

民之所盼，政之所向。我们将深入贯彻以人民为中心的发展思想，着力统筹推进为民生实事项目、“微幸福”民生工程和“民声留言板”事项，办好群众牵肠挂肚的民生大事，做好群众天天有感的身边小事，遴选提出8大类25项民生实事候选项目提请人代会审议票决，持续增进民生福祉。

（八）坚持安全发展，营造和谐稳定社会环境

坚定不移贯彻总体国家安全观，保安全、护稳定、防风险，努力实现高质量发展和高水平安全良性互动。

全力以赴抓好安全生产。谋划安全生产治本攻坚三年行动，健全完善统一指挥、综合协调、平台互通、资源共享的大安全大应急框架，加强危化品、城镇燃气、厂中厂等重点行业领域安全监管。深入实施消防安全提升年行动，严防死守“两易一密一新”等

重点场所，坚决防范和遏制较大以上事故、减少一般事故。加快“全域安全监管平台”建设推广，打造新吴“城市安全大脑”。

着力维护社会安全稳定。纵深推进平安法治建设，完善网格化管理、精细化服务、信息化支撑的基层治理平台。践行新时代“枫桥经验”，深化源头治理三年攻坚，提升矛盾化解工作能力和质态，依法依规化解信访突出问题。开展餐饮食品安全环境卫生专项治理，争创国家食品安全示范城市。强化社会治安整体防控，推进扫黑除恶常态化，深化网络安全综合治理，确保社会大局和谐稳定。

严密防范化解各类风险。统筹做好房地产领域、建筑行业、大型企业、政府性债务等风险排查化解工作，坚决防止各类风险叠加碰头，守住不发生区域性系统性风险底线。全面加强金融监管，保持金融市场安全稳定。健全自然灾害防范应对体系，推进全国综合减灾示范社区创建，严格落实防汛防台责任，做好粮食、能源、水资源等应急储备，不断提高应对突发公共事件的能力。

（九）坚持勤廉务实，努力打造人民满意政府

全面学习贯彻习近平新时代中国特色社会主义思想，全面落实区委《关于开展“勇挑大梁、狠抓落实”机关作风建设专项行动的实施方案》，坚持忠诚为政、依法行政、务实勤政、廉洁从政，以敢为、敢闯、敢干、敢首创的担当作为，全面展现政府工作新业绩新风貌。

永葆绝对忠诚的政治底色。把党的政治建设摆在首位，不断完善坚定拥护“两个确立”的落实机制，持续提高坚决做到“两个维护”的落实能力，始终在思想上政治上行动上同以习近平同志为核心的党中央保持高度一致。巩固拓展主题教育成果，落实意识形态工作责任制，严明政治纪律和政治规矩，坚决落实党中央、国务院决策部署和省市区委要求，确保党的领导全面、系统、整体落实到政府工作各领域各方面。

打造公平正义的法治环境。依法接受区人大及其常委会监督，自觉接受人民政协民主监督，提高人大议案建议和政协提案办理质效，强化政务公开，主动接受纪检监察、司法、社会和舆论监督。稳妥推进基层行政执法“三项制度”建设，开展提升行政执法质量三年行动，夯实基层社会治理法治根基。

锤炼实干担当的过硬作风。牢记“三个务必”，勇挑大梁、狠抓落实，锤炼斗争本领，进一步调优状态、调高标准、调快节奏，在攻坚突破、克难奋进中开创新局。树立“一盘棋”观念，提升政府服务能力，用好一线工作、典型引路、闭环督办等方法，突出小切口、颗粒度，着力抓落实、求实效。

营造风清气正的干事氛围。深入贯彻全面从严治党战略部署，履行“一岗双责”，规范基层小微权力运行，严防群众身边“微腐败”，扎实推进巡视巡察和各类督查反馈问题整改。锲而不舍落实中央八项规定及其实施细则精神，坚决纠治形式主义、官僚主义。健全基层减负长效机制，为干部减负，为实干赋能。严格控制政投类项目成本，持续压减“三公”行政支出。强化对重点领域、关键环节的资金监管，做好国有资产清查利用，让廉洁用权、干净干事在政府系统蔚然成风。

太湖浩渺，激荡澎湃力量；吴韵悠扬，奏响奋进乐章。让我们更加紧密地团结在以习近平同志为核心的党中央周围，在市委、市政府和区委的坚强领导下，紧紧依靠和团结全区人民，不怕困难、不畏艰险，勇于斗争、敢于胜利，坚定信心抓发展，埋头苦干勇争先，为全面推进中国式现代化新吴新实践而努力奋斗！

政府工作报告专用词注释

1.“四个走在前”：2023年3月5日，习近平总书记参加十四届全国人大一次会议江苏代表团审议并发表重要讲话，对江苏提出“四个走在前”重大任务。“四个走在前”具体指：在科技自立自强上走在前、在构建新发展格局上走在前、在推进农业现代化上走在前、在强化基层治理和民生保障上走在前。

2.“四个新”：2023年7月5日至7日，习近平总书记在江苏考察时赋予江苏“四个新”的重大任务。“四个新”具体是指：在科技创新上取得新突破、在强链补链延链上展现新作为、在建设中华民族现代文明上探索新经验、在推进社会治理现代化上实现新提升。

3.“十个聚焦”：2023年7月，省委第十四届四次全会聚焦具有牵引性的重点工作，提出了十个方面必须着力推进的工作安排。“十个聚焦”具体是指：聚焦打造具有全球影响力的产业科技创新中心、打造具有国际竞争力的先进制造业基地、高水平建设农业强省、社会主义文化强省建设、创造人民群众高品质生活、美丽江苏建设、激发高质量发展动力活力、建设具有世界聚合力的双向开放枢纽、城乡基层治理、防范化解风险隐患。

4.“新物种”企业：以数据作为主要驱动要素、发展速度快、创新能力强、备受投资者青睐且数量稀少的新经济企业。目前认定独角兽企业、潜在独角兽企业、哪吒企业、数字驱动的瞪羚企业为新物种企业。

5.“两城四区”：无锡太湖湾科创城（新安）、无锡新加坡科创城（旺庄），无锡空港经济技术开

发区（硕放）、无锡粤港澳服务贸易区（江溪）、无锡中欧产业创新区（梅村）、无锡鸿山旅游度假区（鸿山）。

6.企业开办“110”改革：在企业开办全流程实行“一件事”“一次办结”“零成本”，进一步提高企业开办效率、提升办事体验感。

7.“三提三即”改革：通过评估论证再提前、审批服务再提效、验收发证再提速，实现重大项目策划即入库、拿地即开工、建成即投用。

8.“垃圾四分类”：垃圾以“有害垃圾”“可回收物”“易腐垃圾”“其他垃圾”四个分类为主。

9.“无废城市”：以新发展理念为引领，通过推动形成绿色发展方式和生活方式，持续推进固体废物源头减量和资源化利用，最大限度减少填埋量，将固体废物环境影响降至最低的城市发展模式。

10.全国数字农业农村“三新”优秀项目：由农业农村部牵头评比推介，每两年开展一轮数字农业农村领域新技术新产品和新模式三类项目评比。

11.“三清三治”：清理各类垃圾、清理违建违放、清理家河家塘，治理农村厕所、治理农村污水、治理农田风貌。

12.“1+6+N”三级贯穿矛盾纠纷多元化解机制：1个区综治中心+6个街道综治中心+N个村（社区）综治中心三级贯穿矛盾纠纷多元化解机制。

13.“八个一”：一支专业的招商队伍、一份产业研究报告、一个产业政策、一批特色产业园、一个研究机构（平台）、一只投资基金、一个专家智库、一张产业链招商图谱。

14.SPV公司：为满足特定的金融需求而创建的公司，通常用于资产隔离、资产证券化、灵活融资、分散风险和优化税务等。

15.QFLP基金：由外国投资者参与投资设立的，以非公开方式向境内外投资者募集资金，为投资者的利益进行股权投资活动的企业。

16.“1+3+10+N”文体设施：规划建设1个区级文化中心、3个片区级文体中心、10个“十分钟文体圈”级文体设施、N处基层社区级文体游园。

17.“锡心医养”社区居家“332”服务行动：聚焦老年群体“三难”（就医难、照护难、康养难）突出短板，以推进“三中心联动”（社区卫生服务中心+养老服务中心+呼叫服务中心）为抓手，以实现“两个融合”（社区居家融合、医养康养融合）为导向，推进社区居家医养服务发展。

18.低收入人口动态监测和精准帮扶“3610行动”：盯住3类群体（政策认定的低收入群体、专项救助帮扶的困难群体、其他重点关注群体），认真落实6个机制（主动发现机制、监测预警机制、分类施策机制、统管联办机制、动态更新机制、巡访关爱机制），精准实施10项工程（兜底保障工程、医疗救助工程、圆梦助学工程、温暖安居工程、就业促进工程、法护平安工程、扶老助残工程、急难纾困工程、社会共助工程、服务优享工程）。

19.行政执法“三项制度”：行政执法公示制度、全过程记录制度、重大执法决定法制审核制度。

2023年新吴区命名、调整地名一览表

表13

序号	地名名称	类型	地名类别	行政许可决定日期	所在街道
1	新瑞路	调整	道路	2023-03-29	旺庄街道
2	和韵路	命名	道路	2023-07-03	旺庄街道
3	皓学路	命名	道路	2023-07-03	硕放街道
4	裕典路	命名	道路	2023-07-03	硕放街道
5	文源路	命名	道路	2023-07-03	硕放街道
6	锦程路	命名	道路	2023-07-03	硕放街道
7	和润路	命名	道路	2023-07-03	硕放街道
8	兴雷路	命名	道路	2023-07-03	江溪街道
9	通善路	命名	道路	2023-08-28	硕放街道
10	双梅路	命名	道路	2023-08-28	硕放街道
11	苏石路	命名	道路	2023-09-26	江溪街道
12	张塘巷路	命名	道路	2023-10-19	鸿山街道
13	硕韵路	命名	道路	2023-12-14	硕放街道

索 引

D

E

F

G

H

J

K

L

M

N

O

P

Q

R

S

T

W

X

Y

Z